계명대학교 동산도서관 소장 고서의 자료적 가치

계명대학교 한국학연구 총서 24

계명대학교 동산도서관 소장 고서의 자료적 가치

김영진 외

계명대학교출판부

책을 펴내며

계명대학교(啓明大學校) 한국학연구원(韓國學硏究院)에서는 교육기술과학부 및 계명대학교의 지원과 동산도서관(童山圖書館)의 협조로 2007년 6월부터 2008년 12월까지 '동산도서관 소장 선본고서(善本古書) 해제 및 자료공개화 사업'을 하였다. 『계명대학교 동산도서관 소장 선본 고서 해제집 1·2』(문학류 총 131종을 해제) 및 '고문헌총서' 시리즈로 나온 『동인지문사륙(東人之文四六)』 등 총 10종의 고급 영인본, 『도은집(陶隱集)』 등 총 29종의 화상이미지(동산도서관 홈페이지에 탑재)는 그 결과물이다.

계명대 동산도서관은 현재 70,000여 책의 고서를 수장(收藏)하고 있고, 총 11종 20책의 국가문화재(國家文化財) 보물(寶物)을 보유하고 있는 우수한 고서 콜렉션으로, '족보(族譜) 전시회'(1994), '조선(朝鮮)의 명안(名案)'(2009) 등 여러 차례의 기획전시회 개최, 『고서종합목록(古書綜合目錄)』(2004), '계명대학교 동산도서관 고문헌총서' 등의 간행 등을 통하여 학계에 의미 있는 공헌을 해왔다.

상기(上記)한 '선본고서 해제 및 자료공개화 사업'은 본디 7차년으로 기획되었던 것이나 중간에 교과부의 사업 변경이 있어

부득이 2차년으로 마감하고 말았다. 문(文)·사(史)·철(哲)·기타 분야를 순차적 진행코자 하였으나 문학 부분만 정리된 셈이다. 한국학연구원에서는 이 사업을 계기로 하여 2008년 10월 '계명대학교 동산도서관 소장 고서의 자료적 가치'를 주제로 기획학술대회를 가졌다. 본 단행본은 이 학술대회의 성과물이다. 보물 지정 전적, 불교 전적, 국어사 자료, 조선후기 필사본 문집, 국문시가 자료, 고전소설 자료, 간찰첩·시첩(詩帖), 중국본을 중심으로 사계(斯界)의 중진(重鎭) 및 소장(少壯) 학자인 장인진, 남권희, 백두현, 김영진, 권순회, 김준형, 백승호, 박철상 등 총 여덟 분 선생님께서 옥고를 내주셨다. 역사, 지지(地誌), 경서(經書), 고문서 등 몇 분야가 빠진 아쉬움이 있지만 이를 통해 계명대 동산도서관 소장 고서의 대체적인 윤곽과 가치가 드러났다고 생각한다. 촉박한 시간임에도 불구하고 좋은 원고를 주신 여러 선생님들께 학술대회의 기안자로서, 본서의 편자로서 감사의 말씀 올린다. 본서에 실린 대부분의 원고들이 한국학연구원의 학술지 『한국학논집』(27집, 2008.12)에 실렸던 것에서 대폭 보완이 되었기에 그 정성에 더욱 경의를 표한다. 특히 남권희 선생님의 옥고는 학술지의 원고 분량 제한 때문에 최종 원고의 한 부분만을 싣게 되어 번거로움과 무례함을 끼쳐 드렸었다. 이제 본서에 그 전체 원고를 실음으로써 일말의 용서를 구하는 바이다.

고전적(古典籍)은 역사적 가치와 미래적 가치를 동시에 지닌 인류의 소중한 문화 자산이다. 이러한 귀한 자료가 국내외에 정확히 인식되고 다양하게 연구되어 '세계 속의 한국학'이 명실상부하게 자리잡아 가기를 희망해본다. '동산도서관 소장 선본고서 해제 및 자료공개화 사업'의 성과와 효용은 금번 단행본으로 그치지 않을 것이다. 본 사업의 과정에서 영남 문인들의 필사본 유일본들이 대거 발굴됨으로써 한국학연구원에서는 '조선후기 영남 한문학의 전개'를 후속 기획학술대회로 예정하고 있으며, 동산도서관에서는 이전 해제 사업의 중요성을 인식하고 도서관 단독 재원으로 해제 사업을 이어갈 예정이라고 한다. 반가운 소식들이다. 전체 학계 및 지역 사회에 의미 있는 성과들이 더 많이 제출되기를 기대한다.

이 책이 나오기까지 많은 격려와 도움을 주신 이윤갑 원장님 이하 한국학연구원 관계자분들께, 또 선본고서 해제 사업에 도움 주신 여러 분들께 감사를 드린다. 특히 본서의 교정 및 출판과 관련된 번다함에 고생하신 정혜숙 교수님께 깊은 감사를 드린다.

이 책이 예정보다 늦게 출판되는 것은 전적으로 필자 본인의 게으름 탓이다. 필진을 비롯하여 성책(成冊)으로의 탄생을 오래 기대하셨던 여러분들께 진심으로 송구하다는 말씀 올린다.

2009년 10월

필자를 대표하여 김 영 진

차 례

책을 펴내며 5

◎ 계명대학교 동산도서관 소장 보물 도서의 문헌적 가치　장인진　13

1. 서언 15
2. 계명대학교 동산도서관 소장 보물 자료 현황 17
3. 자료별 내용과 문헌적 가치 18
4. 결언 53

◎ 계명대학교 동산도서관 소장 한국 불교전적　남권희　59

1. 서언 59
2. 계명대학교 동산도서관 소장 고려시대 자료 60
3. 계명대학교 동산도서관 소장 조선전기 자료 112
4. 계명대학교 동산도서관 소장 조선후기 자료 133
5. 결언 141

◎ 계명대학교 동산도서관 소장 국어사자료의 가치　백두현　145

1. 서언 145
2. 계명대학교 동산도서관 소장 주요 간본 자료 147
3. 계명대학교 동산도서관 소장 주요 필사본 국어사 자료 200
4. 결언 211

◎ 계명대학교 동산도서관 소장 조선후기 필사본 문집 고찰　김영진　217

1. 서언 217
2. 계명대학교 동산도서관 소장 주요 조선후기 필사본 문집 선본 219
3. 계명대학교 동산도서관 소장 조선후기 기타 필사본 문집　273
4. 계명대학교 동산도서관 소장 조선후기 필사본 문집 선본의 가치 283

◎ 계명대학교 동산도서관 소장 국문시가 자료의 가치 권순회 290

1. 서언 290
2. 계명대학교 동산도서관 소장 국문시가 자료 개관 291
3. 주요 자료의 특성과 가치 298
4. 결언 322

◎ 계명대학교 동산도서관 소장 고전소설의 현황과 가치 김준형 327

1. 계명대학교 동산도서관 소장 고전소설의 현황 327
2. 계명대학교 동산도서관 소장 고전소설의 가치 342

◎ 계명대학교 동산도서관 소장 간찰첩·시첩의 자료적 가치 백승호 358

1. 서언 358
2. 계명대학교 동산도서관 소장 간찰첩·송별시첩 개관 363
3. 주요 자료의 내용과 가치 367
4. 결언 392

계명대학교 동산도서관 소장 중국본 고서의 가치 박철상 396

1. 서언 396
2. 한국에서 중국본 고서의 의미 397
3. 계명대학교 동산도서관 소장 중국본의 가치 399
4. 결언 412

계명대학교 동산도서관 소장 보물 도서의 문헌적 가치

장 인 진

이 논문은 계명대학교 동산도서관에 소장하고 있는 국가문화재 보물 11종에 대한 문헌적 가치를 검토하기 위하여 집필한 것이다. 각 내용을 요약하면 다음과 같다.

용비어천가(龍飛御天歌) 3책은 1447년에 판각(板刻)한 목판본이다. 한글을 적용한 최초의 작품이란 점에서 가치가 있으며, 훈민정음 창제 당시 우리 한글의 모습을 살필 수 있는 귀중한 자료이다.

분류두공부시언해(分類杜工部詩諺解) 1책은 당나라 시인 두보(杜甫)의 詩를 주제에 따라 분류하여 한글로 옮긴 것이다. 1481년에 을해자(乙亥字)로 찍은 금속활자본이며, 국어학, 국문학 연구에 중요한 자료가 된다.

금강경삼가해(金剛經三家解) 1책은 세조의 비(妃) 정희왕후(貞熹王后)가 학조(學祖)로 하여금 교정하게 한 후 1482년에 간행한 것이다. 금속활자인 정축자(丁丑字)와 을해자(乙亥字)로 찍은 것인데, 15세기 국어의 모습을 보여주고 있다.

무예제보번역속집(武藝諸譜飜譯續集) 1책은 훈련도감(訓鍊都監)의 도청(都廳)이었던 최기남(崔起南)이 왜군의 재침을 대비하기 위해 편찬한 병법서이다. 1610년경에 간행하였으며, 편찬 당시의 일본에 대한 군사정보를 알 수 있고, 17세기 초기의 국어 연구에도 중요한 자료가 된다.

동인지문사륙(東人之文四六) 1책은 1355년경에 진주(晋州)에서 간행한 것으로, 최해(崔瀣)가 신라로부터 고려 때까지 활동한 우리나라 문인의 사륙변려문을 문체별로 정리한 것이다. 이 책의 본문에는 고려본(高麗本)의 특징이 되는 것으로, 임금의 이름자를 피해서 표기하는 '피휘결획(避諱 缺劃)' 및 '피휘 대자(避諱 代字)'가 여러 곳에 나타나고 있다.

도은선생집(陶隱先生集) 1책은 고려 명신 이숭인(李崇仁)의 문집 초간본이다. 조선 태종(太宗)의 명에 따라 예문관 응교 변계량(卞季良)이 편차하여 1406년경에 간행하였던 귀중한 문헌이다.

진일유고(眞逸遺藁) 1책은 세조 때 左正言을 지낸 성간(成侃)의 문집 초간본이다. 성임(成任)·성현(成俔) 형제가 편집하여 1467년에 목판본으로 간행한 것이다.

대장일람집(大藏一覽集) 1책은 송나라 남자 신도인 진실(陳實)이 대장경을 주제별로 분류하여 정리한 불교경전의 목록집이다. 13세기 중엽의 간행본으로, 국내 전존본(傳存本) 가운데서 가장 오래된 책이란 점에서 가치가 있다.

예념미타도량참법(禮念彌陀道場懺法) 1책은 1376년에 간행한 것이다. 책 말미에 간행에 관여한 김윤귀(金允貴), 이인렬(李仁烈) 등의 명단과, 시주(施主)에 관여한 한중례(韓仲禮) 등의 명단이 들어 있는 유일본이다.

번역명의집(翻譯名義集) 8책은 송나라 승려 법운(法雲)이 편찬한 것으로, 불교의 단어를 해설한 불교사전이다. 세조 연간에 간행하였으며, 내용 중에는 불교 뿐 아니라, 유가(儒家)를 포함한 제자백가(諸子百家)의 사상을 인용한 것이 주목된다.

홍치십사년신유생원진사방(弘治十四年辛酉生員進士榜) 1책은 1501년에 시행한 생원・진사(生員・進士) 시험의 합격자 명부이다. 지금까지 전존본(傳存本)이 없는 유일본이며, 조선전기 과거제도 뿐 아니라 주요 인물의 자(字), 신분(身分), 가계(家系), 본관(本貫) 등을 연구하는데도 참고해야할 문헌이다.

핵심 단어 : 龍飛御天歌, 杜詩諺解, 金剛經三家解, 武藝諸譜飜譯續集, 壬辰倭亂, 東人之文四六, 崔瀣, 陶隱先生集, 李崇仁, 眞逸遺藁, 成侃, 大藏一覽集, 禮念彌陀道場懺法, 翻譯名義集, 弘治十四年辛酉生員進士榜, 司馬試, 甲寅字, 乙亥字, 丁丑字

1. 서언

계명대학교 동산도서관에서는 선조의 얼이 담긴 전통 고문헌을 수집하여 한국학을 바탕으로 세계화 정신을 구현하는데 선도적 자료센터로서의 역할을 수행함과 동시, 수집된 자료를 학문 연구 자료로 활용하게 하여 한국학의 발전을 기하고자 1960년대부터 고문헌을 수집하였다. 현재 7만 여 권에 달하는 귀중한 문헌을 소장하고 있으며, 그 가운데 11종 20책을 국가문화재 보물로 지정한 바 있다.

이처럼 전적 문화재를 다량으로 소장하고 있어서 2002년 6월에는 알렉산데르 크바스니에프스키 폴란드 대통령이 고문헌실을 방문한 일이 있고, 지난 2006년 5월의 연합뉴스에서는 동산도서관 고문헌실을 '보물 창고'로 평가하기도 했다.

그간 동산도서관에서는 고문헌 자료들을 체계적으로 분류 정리하여, 『고서목록』(1987년)과 『고서종합목록』(2004년)을 발간한 바 있고, 전국 최초의 '족보 전시회'(1994년)를 비롯하여 '귀중본 전시회'(1999년), '고성경 전시회'(2004년), '조선의 명안(名案) 전시회'(2009년) 등을 개최하였다. 또 1999년 5월의 '귀중본 도록' 간행과 그 해 9월의 '무예제보번역속집' 영인본 간행, 2000년 12월의 '두시언해' 영인본 및 2001년 7월 '퇴계잡영' 영인본 간행, 2008년 5월에 '계명대학교 소장 국가문화재 보물 도록' 및 그해 12월에 '텬로력뎡' 영인본을 간행하여 학계에 배포한 바 있다.

또한 동산도서관에서는 교내 한국학연구원에서 주관하는 고문헌의 해제사업에도 협조하고 있다. 이에 2008년 8월에는 『매월당시고』, 『매월당시사유록』, 『청파집』, 『허암유고』, 『잡훼원집』의 등 영인본 5책, 2009년 2월에는 『동인지문사륙』, 『철성연방집』, 『속문범』, 『남명선생집』, 『시여·청구영언』등의 영인본 5책 등 총 10책을 한국학연구원과 공동 편성하여 발간한 바 있다.

동산도서관 고문헌실에는 국학자료실, 귀중본실, 상설전시실, 오산문고, 우신문고, 이휴정 문고, 목판실 등을 두어 운영하고 있으며,[1] 국가문화재 보물 지정 사업의 경우는 1999년 8월부터 지속적으로 추진하여 현재 국가 문화재 보물 지정 자료 11종 20책을 소장하고 있는데,[2] 이는 국내 국가문화재 보유 기관으로서 상위에 속한다고 하겠다.

동산도서관 소장 국가문화재 11종에 대하여 주제별로 구성을 살펴보면 문학서 5종, 불경 4종, 병서 1종, 방목 1종이다. 그 중에는 최초의 한글 작품인 『용비어천가』를 포함한 4종의 언해서(諺解書)가 포함되어 있다.

2. 계명대학교 동산도서관 소장 보물 자료 현황

계명대학교 동산도서관에 소장하고 있는 보물 자료 11종은 다음과 같다.

지정번호	문 화 재 명	수량	간 행 연 대	주제	문자	지정연월
제1463호	용비어천가 龍飛御天歌(卷8-10)	3	1447(世宗 29)頃	문학	한글	2006. 4
제1051-2호	분류두공부시언해 分類杜工部詩諺解(卷11-12)	1	1481(成宗 12)	문학	한글	2001. 8

1) 그간에 오산문고 및 우신문고의 설치와 관련하여 홍영석 명예교수의 노고가 있었고, 『향산선생문집』 책판 인수와 관련해서는 고 이원주 교수의 노고가 있었으며, 『인재선생문집』 책판의 인수와 관련해서는 김난희 교수의 노고가 있었다. 이휴정 문고는 고 이인재 선생의 협조가 있어서 설치가 가능했으며, 근년에 벽오 김남석 선생께서도 고문헌의 기증과 고문헌의 구입 위한 발전기금을 쾌척한 일이 있어서 감사드린다.

2) 동산도서관에서는 1999년 8월부터 국가문화재 보물지정 신청을 한 결과, 2001년 8월에 5종, 2002년 1월에 1종, 2003년 2월에 1종, 2006년 4월에 4종 등 11종이 지정되었다.

지정번호	문 화 재 명	수량	간 행 연 대	주제	문자	지정연월
제772-4호	금강경삼가해 金剛經三家解(卷2)	1	1482(成宗 13)	불경	한글	2001. 8
제1321호	무예제보번역속집 武藝諸譜飜譯續集	1	1610(光海 2)頃	병법	한글	2001. 8
제710-6호	동인지문사륙 東人之文四六(卷7-9)	1	1355(恭愍王 4)頃	문학	한문	2001. 8
제1465호	도은선생집 陶隱先生集	1	1406(太宗 6)頃	문학	한문	2006. 4
제1466호	진일유고 眞逸遺藁	1	1467(世祖 13)	문학	한문	2006. 4
제1335호	대장일람집 大藏一覽集(卷1)	1	13세기 중엽	불경	한문	2002. 1
제1320호	예념미타도량참법 禮念彌陀道場懺法(卷7-10)	1	1376(禑王 2)	불경	한문	2001. 8
제1369호	번역명의집 翻譯名義集	8	세조 연간	불경	한문	2003. 2
제1464호	홍치십사년신유생원진사방 弘治十四年辛酉生員進士榜	1	1501(燕山 7)頃	과거	한문	2006. 4

3. 자료별 내용과 문헌적 가치

(1) 용비어천가(龍飛御天歌)

鄭麟趾 [1396-1478] 等 受命撰. - 木板本. - 1447(世宗 29)頃

3冊(零本) ; 31.2×21.8 cm. - 東裝. - 四周雙邊, 半郭 24.8×17.8 cm., 有界, 9行20字, 註雙行, 大黑口, 內向黑魚尾.

소장본(所藏本): 卷8-10.

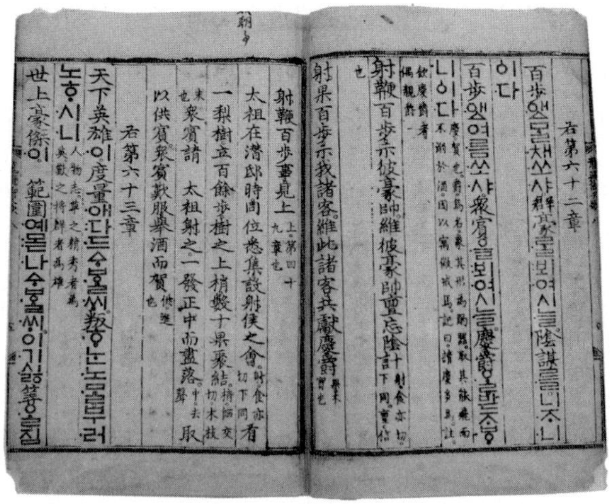

1445년(세종 27)에 정인지(鄭麟趾) 등이 왕명을 받아 왕실의 선조인 목조(穆祖), 익조(翼祖), 도조(度祖), 환조(桓祖), 태조(太祖), 태종(太宗)에 이르는 6대 조종(祖宗)의 사적을 훈민정음을 사용하여 악장(樂章) 125章으로 지어 올렸다. 세종이 이를 『용비어천가』라 명명하였고, 다시 박팽년(朴彭年), 신숙주(申叔舟), 강희안(姜希顔), 성삼문(成三問) 등에게 주해(註解)하도록 하였는데, 이 책은 1447년(세종 29)에 전체 10권으로 완성하여 간행한 초간본이다.[3)]

『용비어천가』의 어원은 『주역』, 「건괘(乾卦)」의 "날으는 용이 하늘에 있어서 대인을 보는데 이롭다(飛龍在天 利見大人)", "때로는 여섯 용을 타고서 하늘을 몰고 다닌다(時乘六龍 以御天)"에서 취한 것으로 조선

3) 『세종실록』 二十九年, '十月甲戌 條'에 의하면 "賜龍飛御天歌五百五十本 于群臣." 이라 하여 초간할 당시 550본을 간행하여 群臣에게 內賜했음을 알 수 있다.

왕조의 창업이 천명(天命)에 의한 것임을 명분으로 삼아서 합리화한 것이라고 본다.

지금까지 알려진 『용비어천가』의 판본은 1447년(세종 29)에 초간본(初刊本)이 나온 이후로 1612년(광해군 4)의 만력본(萬曆本), 1659년(효종 10)의 순치본(順治本), 1765년(영조 41)의 건륭본(乾隆本) 등의 판본이 있다.[4] 1938년에는 경성제국대학교 법문학부에서 전체 10권이 완전하게 남아 있는 이 책의 만력본을 『규장각총서』로 영인해서 간행한 일도 있다.

『용비어천가』의 체재를 살펴보면 전체 125章으로 구성되어 있으며, 대체로 각 장마다 앞뒤 절(前後 節)로 나누어져 있는데, 앞 절에는 중국의 성스러운 제왕의 업적을 들고, 뒷 절에는 6대 조종(祖宗)의 업적을 찬양하고 있으며(2장-109장), 후반부(110장 이후)에는 6대 조종의 업적과 고난(苦難)을 들면서 후세 임금에게 훈계하는 내용이 들어 있다.

동산도서관의 소장본은 10권 10책 가운데 3책(卷8-10)이며, 내용은 제59장-125장이다. 내용 가운데 92장에서는 당(唐)나라 태종(太宗)과 조선시대 태종의 효행 지극한 모습을 칭송하였고, 100장에서는 송(宋)나라 태조(太祖)와 조선시대 태종에게 용(龍)을 상징적으로 내세워서 임금의 자리(寶位)에 오른다는 것을 암시하는 내용이 들어 있다.

계명대학교 동산도서관에 소장된 이 초간본에 나타난 특징을 살펴보면 '一百八章(108장)'을 잘못하여 '一百七章(107장)'으로 표기하는 등, 장차(章次)의 표시가 잘 못 되어 있고,[5] 장차(章次) 가운데는 보각(補刻)

---

4) 『龍飛御天歌』의 萬曆本, 順治本, 乾隆本 등은 서울대학교 규장각에 소장되어 있다.

5) 전체 125章에 대한 章 표시에 있어서 '一百七章' 다음에 一百八章을 '一百七章'이

한 부분도 나타나고 있다.[6]

또 내용의 표기에 있어서도 아래와 같이 잘못 기록된 것을 살필 수 있다.

> 초 간 본 : 아ᄌᆞ미를 저ᄒᆞ샤 讓兄ㄱ ᄠᅳ들니신ᄃᆞᆯ.[7]
> 『세종실록』: 아ᄌᆞ미를 저ᄒᆞ샤 讓兄ㄱ ᄠᅳ들내신ᄃᆞᆯ.[8]

이 내용은 당나라 태평공주(太平公主)가 그 조카 현종(玄宗: 睿宗의 셋째아들)을 모함한 고사이다.

라 하여 '一百七章'이 두 번 새겨져 있고, 一百九章이 '一百八章'으로 되어있어서 一百九章이 누락되어 있다. 一百一十章은 뒤의 '一十'이 補刻되었으며, 그 다음 章도 '一十'이 補刻되어 一百一十章이 둘이다. 一百一十二章은 '一百一十一章'으로, 또 一百一十三章이 되어야 할 곳에는 '一百一十二章'으로 표시되어 있는데, 앞의 '一百一'만이 刻字되어 있고 뒤의 '十二'는 공백으로 남겨져 있던 것을 후대 사람이 붓으로 '十二'라고 가필한 사실을 알 수 있다.

그리고 114장 이하 119장까지도 113장에서 118장으로 표시하면서 끝 자가 모두 補刻되어 있다. 한편 120장 뒷부분의 경우도 一百二十章이 '一百一十九章'으로, 一百二十一章이 '一百二十章'으로, 一百二十二章이 '一百二十一章'으로 표시되고, 123장 이하는 바르게 기록되어 있어서 이 책의 체재로 본다면 '一百二十二章은 누락된 셈이다.

6) 이 책의 補刻한 부분에는 먹물이 진하게 나타나고 있는데, 이점은 판각할 당시 수정한 내용을 補刻하여 끼워둔 나무가 시일이 지남에 따라 드러나게 되어 나타난 인쇄 현상이라 할 수 있다. 또 위에서 밝힌 바와 같이 '一百一'만이 刻字되어 있고 뒤의 '十二'는 공백으로 남겨져 있던 것을 후대 사람이 붓으로 '十二'라고 가필한 사실에서도 補刻하여 끼운 '十二'가 시일이 지남에 따라 탈락한 것이라 하겠다. 따라서 이 책은 初刊 初刷가 아닌 15세기 후반에 찍은 것이 아닌가 한다. 그러나 이 책은 당시의 초간본을 수정하지 않고 그대로 인쇄했다는 점에서 가치가 있다.

7) 동산도서관 소장, 『용비어천가』 卷10의 15板 앞면에 '讓兄意懷'의 의미를 노래한 내용임.

8) 『세종실록』(국보 151호, 서울대학교 규장각 소장, '奎12722')의 卷145의 30版.

초간본의 내용을 풀이하면 '아주머니를 두려워 하시어 양형(讓兄)할 뜻을 니신들'이 된다. 그런데 『용비어천가』를 간행한 후 7년이 지난 1454년에 편찬, 간행한 『세종실록』을 보면 "아즈미를 저흐샤 讓兄ㄱ 쁘들내신돌"로 표기하여 용어 가운데 '니신돌(니신들)'을 '내신돌(내신들)'로 수정하였음을 알 수 있다. 그리고 뒤에 나온 『용비어천가』의 만력본(1612년)에서도 『세종실록』의 수정 내용과 같이 '니신돌'을 '내신돌'로 바르게 교정하였던 것이다.

『용비어천가』의 초간본이 이처럼 장차(章次)의 표시가 잘못되어 있거나, 내용에 오기를 보인 것은 창업 초기에 세종대왕이 새로 창조한 한글을 사용하여 그 어느 것보다 왕조를 칭송하고자 하였으나, 단 시일에 간행사업을 추진함에 따른 급조되는 과정에서 발생한 것이라고 생각한다. 그래서 1612년의 '만력본'에서는 초간본의 내용을 교정하고 장차(章次)를 바로잡았음을 알 수 있다.[9)]

동산도서관 소장본의 자체(字體)는 조선 초기에 유행하였던 조맹부(趙孟頫)의 송설체(松雪體)로 판각한 것이며, 판심(版心)에는 조선초기의 형식인 흑구(黑口)에 내향흑어미(內向黑魚尾)가 들어 있다. 이 책은 한글을 적용한 최초의 작품집이므로, 훈민정음 창제 당시 우리 한글의 모습을 살필 수 있으며, 국어학 연구에도 중요한 자료가 되는 것이다.

9) 『용비어천가』의 萬曆本은 초간본의 교정본이다. 그러나 卷9, 49板 앞면의 가사 내용 가운데 '尙有傲色'을 번역한 부분을 보면 초간본에서는 '傲色 잇더니'라 하여 '有'의 의미를 바르게 표기하였는데, 만력본에서는 '傲色 엇더니'라 하여 誤記한 부분이 나타나기도 한다. 백두현. 「국어사 자료의 가치」. 계명대학교 한국학연구원. '계명대학교 동산도서관 소장 고서의 자료적 가치' 학술대회 발표집. 2008. 10. 17. 63쪽 참조.

(2) 분류두공부시언해(分類杜工部詩諺解)

杜甫 [唐] 著. - 乙亥字本. - 1481(成宗 12)

1冊(零本) ; 28.3×18.3 cm. - 東裝. - 四周單邊, 半郭 21.8×14.5 cm., 有界, 8行17字, 註雙行, 內向黑魚尾.

내용 : 언해본(諺解本)임.

소장본(所藏本) : 卷11-12.

이 책은 당나라 시인 두보(杜甫: 712~770)의 詩를 주제에 따라 분류해서 한글로 옮긴 조선조 최초의 시문 언해서(諺解書)이다.

성종(재위; 1470~1494)의 명으로 홍문관 전적(弘文館 典翰) 유윤겸(柳允謙) 등이 『찬주분류두시(纂註分類杜詩)』 등을 참고하여 25권으로 편찬하고, 1481년(성종12) 12월에 완성하여[10] 금속활자인 을해자(乙亥字)[11]로 인출하였다.

이 책의 초간본은 전체 25권 가운데 현재 1, 2, 4, 5권이 전해지지 않아서 완질을 이루지 못한 채 여러 기관에 산재(散在)해 있다. 책의 인출에는 금속활자인 을해자의 중자(中字)와 소자(小字) 및 한글자를 사용하였고, 한문의 원문은 단행(單行), 언해는 쌍행(雙行)으로 되어 있으며, 한글에는 사성(四聲)의 방점(傍點)이 표기되어 있다. 중간본은 150여 년이 지난

---

10) 曺偉, 『梅溪先生文集』(석판본, 1928년), 권5, 「杜詩序」를 보면 1481년 가을에 왕명을 받고 柳允謙 등과 諺解하여 이 해 12월 上澣에 완성한 것으로 기록되어 있다.

11) 을해자는 1455년(世祖 즉위년)에 姜希顔(1417~1464)의 글씨를 자본으로 만든 동활자로 글자가 만들어진 해의 간지를 따서 '을해자'라고 하며, 일명 강희안자라고도 불린다. 큰 자, 중간 자, 작은 자 3종이 만들어졌고, 중간 자에 넓고 평평한 강희안 글씨의 특징이 잘 나타난다. 큰 자는 1.8×2.3cm, 중간자는 1.3×1.5cm, 작은 자는 1.0×1.0cm이고, 만들어진 글자 수는 알려져 있지 않다.

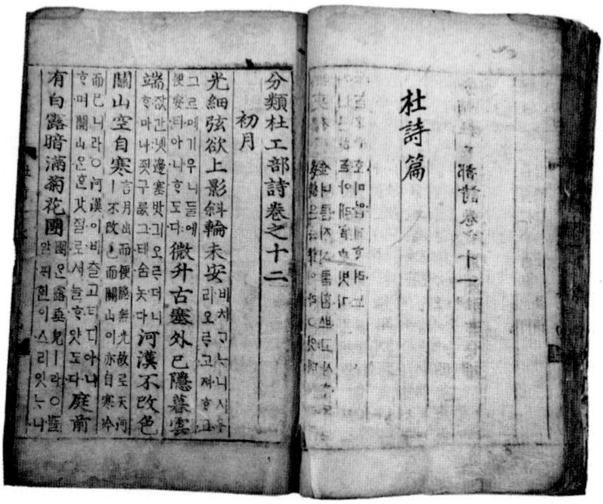

1632년(인조 10)에 경상도 관찰사 오숙(吳䎘)이 대구부사 김상복(金尙宓)의 도움으로 초간본을 교정하여 개각(改刻)하였는데, 현재 완질이 전하고 있다.

동산도서관에서는 전체 25권 중 권11-12의 1책을 소장하고 있는데, 내용을 살펴보면 앞의 8장이 없는 卷11에는 「사일양편(社日兩篇)」으로부터 「주몽(晝夢)」까지 50편의 詩가 들어 있고, 끝의 8장이 없어진 卷12는 「초월(初月)」로부터 「청(晴)」까지 47편이 들어 있다. 권12는 현재 유일본이다. 그리고 한문으로 된 원문은 한줄, 한글로 해석해 놓은 언해문은 두 줄로 되어 있으며, 한글에는 사성의 방점 표기가 되어 있다.

한편 1632년에 나온 중간본의 내용을 살펴보면 초간본을 그대로 번각한 것이 아니라, 당시의 언어로 개각(改刻)되었음을 알 수 있다.

이 초간본의 卷11의 앞부분부터 20頁까지 나타난 주요 낱말을 중심으로 1632년의 중간본과 비교해보면 다음과 차이점이 나타난다. 다만 초간본에 표기되어 있는 방점은 생략한다.

9a : 일우니(成) → 일오니
9b : 오늘낤(今日) → 오늘날
10a : 솔잣(松栢) → 솔잔
10b : ᄆᆞᅀᆞᄆᆞᆯ(心) → ᄆᆞᄋᆞ믈
11a : 봆므렛(春水) → 봄므렛
13a : 잢간(暫) → 잠간, 잠ᄭᅡᆫ[12)]
아ᅀᆞ(弟) → 아ᄋᆞ
13b : ᄀᆞᄅᆞᇝ빗(湖色) → ᄀᆞᄅᆞᆷ빗
조햇도다(淨) → 조햇도다
ᄂᆞ치(顏) → ᄂᆞᆾ치
14a : 눉믈(淚) → 눈믈
15a : 님긊(主) → 님금
16a : 존ᄌᆞ(隧) → 좃ᄌᆞ
17a : 하ᄂᆞᇙ(天) → 하ᄂᆞᆯ
믏ᄀᆞᅀᅵ(水邊) → 믈ᄀᆞᅌᅵ
18b : 엇뎨(何) → 엇졔
19b : ᄀᆞᄅᆞᇝ(江) → ᄀᆞᄅᆞᆷ
20a : 버듨(楊) → 버들

또 중간본의 번역 방법에 있어서는 초간본과 동일한 언어형식의 체재에 따라 표기했는데도 「상사일 서사록 임원연집(上巳日 徐司錄 林園宴

12) 이 책 重刊本 卷11의 21頁b에 표기되어 있음

集)」의 마지막 구절인 '무로문전봉(無勞問轉蓬)'13)과 「곡강대주(曲江對酒)」의 중간 구절인 '나조진여세상위(懶朝眞與世相違)'14)를 번역한 아래의 두 문장 내용을 보면 일부분이 다르게 표기되어 있다.

초간본 : 올마ᄃᆞ니ᄂᆞᆫ 다봇 **올마ᄃᆞ니ᄃᆞᆺ ᄒᆞ물** 무루믈 잇비 아니 ᄒᆞ리로다.
중간본 : 올마ᄃᆞ니ᄂᆞᆫ 다봇 **ᄀᆞᆺᄒᆞ믈** 무루믈 잇비 아니 ᄒᆞ리로다.

초간본 : 朝會호ᄆᆞᆯ 게을이호니 眞實로 **世로 다ᄆᆞᆺᄒᆞ야** 어그릇도다
중간본 : 朝會호ᄆᆞᆯ 게을이호니 眞實로 **世와ᄒᆞ야 서르** 어그릇도다

이와 같이 두시언해의 초간본은 중간본에서 한글의 변화를 살필 수 있는 귀중한 자료가 되는 것이다.15)

이 책은 현재 남아 있는 것 가운데 매우 희귀한 판본이며, 국어학·국문학 연구 및 옛날 인쇄사의 연구에 중요한 자료라고 평가할 수 있는 것이다.

(3) 금강경삼가해(金剛經三家解)

世祖 [朝鮮] 命編. - 丁丑字本(註解文: 乙亥字). - 1482(成宗 13)
1冊(零本) ; 38.7×25.4 cm. - 束裝. - 四周單邊, 半郭 27.1×20 cm., 有界,

13) 兩 本 卷11의 22頁b에 표기되어 있음
14) 兩 本 卷11의 20頁b에 표기되어 있음
15) 이 책의 표기법에 대한 연구는 김영일. 2000.「초간본 ≪두시언해≫ 권12의 어학적 고찰」. 계명대학교 동산도서관 편.『杜詩諺解』영인본. 해제. 153-163쪽에 수록되어 있다.

11行 大字15字 小字21字, 註雙行, 內向黑魚尾.

내용 : 언해본(諺解本)임.

소장본(所藏本) : 卷2.

『금강경삼가해』는 조선 초기의 고승인 함허당(涵虛堂) 득통 화상(得通 和尙)인 기화(己和: 1376~1433)가 『금강경』에 대한 오가(五家)의 풀이를 모아서 정리하였던 『금강경오가해』 중에서, 특히 송나라의 승려 야보(冶父)의 송(頌)과 종경(宗鏡)의 제강(提綱)에 우리나라 승려 득통의 설의(說誼)와 결의(決議) 등 3항목을 뽑아서 구결을 달고, 한글로 번역하여 5권 5책으로 편차한 책이다.

이 책은 1446년(세종 28)에 소헌왕후 심씨(昭憲王后 沈氏)가 세상을 떠나자 세종이 명복을 빌기 위해 세자(문종)와 수양대군(세조)에게 번역

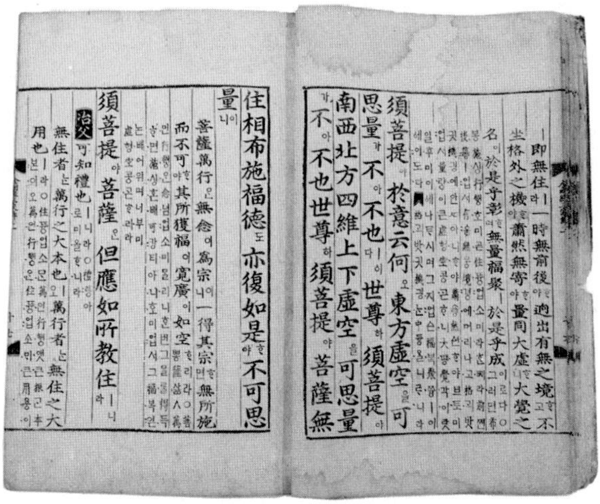

하도록 하여 초고를 마쳤으나, 교정을 하기 전에 세종이 붕어하여 간행이 지연되었다. 세조도 끝을 맺지 못하고 붕어하자, 세조의 비 정희왕후(貞熹王后)가 학조(學祖)로 하여금 교정하게 한 후, 완성시켜서 1482년(성종 13)에 간행하였다.16)

이 책의 활자를 살펴보면 『금강경』의 본문은 세조의 글씨로 만든 정축자(丁丑字)17)를, 삼가(三家)의 주석은 강희안(姜希顔: 1417~1464)의 글

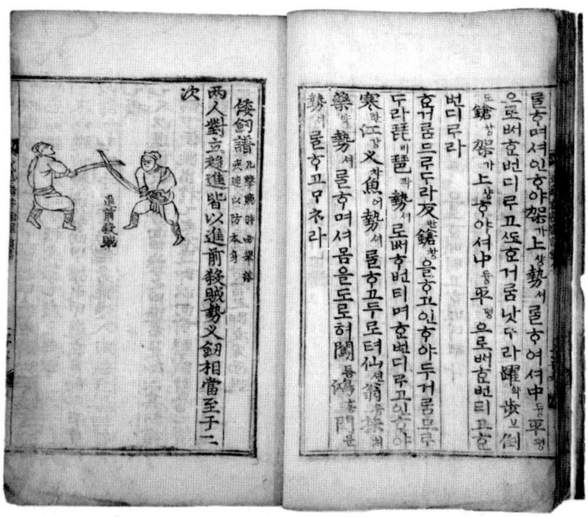

16) 尹炳泰 편, 『韓國書誌年表』(한국도서관협회, 1972), p.35에 의하면 1482년에 이미 간행한 이 책을 다시 내수사(內需司)에 300부를 模印토록 명하여 널리 여러 사찰에 배포토록 하였다.

17) 丁丑字는 1457년(세조 3) 9월에 20세의 젊은 나이로 세상을 떠난 의경세자(세조의 아들, 성종의 아비지)의 명복을 빌기 위하여 『금강경』을 간행하고자 세조가 직접 글씨를 써서 동활자를 만들었는데, 이를 '정축자'라고 한다. 『금강경』의 큰 자를 찍기 위한 것이므로 '금강경대자'라고도 하며, 활자의 크기는 2.0×1.9㎝이다.

씨로 만든 을해자(乙亥字)의 중자(中字)를, 구결과 번역문은 을해자의 소자(小字)를 사용한 것이다.

동산도서관에는 권2의 영본 1책이 소장되어 있다. 내용을 살펴보면 善現起請分, 大乘正宗分, 妙行無住分, 如理實見分, 正信希有分, 無得無說分, 依法出生分, 一相無相分, 莊嚴淨土分, 無爲福勝分 등 총 10편으로 세분하여 설명하고 있다. 특히 15세기 국어의 모습을 보여주는 귀중한 자료일 뿐만 아니라, 조선 전기의 활자 인쇄술을 알 수 있는 귀중한 자료로 평가되고 있다.[18)]

이 판본은 현재 국내 각 기관에 산재된 것을 합하면 5권 5책의 완질이 되며, 소장처별로 내용을 살펴보면 다음과 같다.

소 장 처	소 장 사 항	비 고
세종대왕기념관	2책(권1, 5)	보물 772호
서울대학교 가람문고	4책(권2-5)	보물 772-2호
성암 고서박물관	2책(권3, 4)	
계명대학교 동산도서관	1책(권2)	보물 772-4호
장흥 보림사	1책(권1)	보물 772-3호

(4) 무예제보번역속집(武藝諸譜飜譯續集)

崔起南 [1559~1619] 編. - 木板本. - 訓鍊都監, 1610(光海 2)頃

1冊 : 圖 ; 30×19.3 cm. - 東裝. - 四周雙邊, 半郭 22×14.4 cm., 有界, 9行20

---

18) 『금강경삼가해』의 해제에 대해서는 沈載完 註解, 『金剛經三家解』(영남대학교출판부, 1981년)와 김영배. 1975. 「金剛經三家解 卷1에 대하여 -그 어휘를 중심으로-」. 부산여자대학교. 『睡蓮語文論集 3』이 있다.

字, 註雙行, 內向花紋魚尾.

跋 : 萬曆三十八年(1610)…崔起南.

부록(附錄) : 日本考 1卷.

이 책은 훈련도감의 도청(都廳)인 최기남(崔起南: 1559~1619)[19]이 1610년(광해2)에 『무예제보(武藝諸譜)』의 내용을 보충하여 속집으로 편찬한 후, 훈련도감에서 간행한 병법서이다.[20]

임진왜란 직후 조정에서는 군사병법의 중요성을 인식하게 되었다. 당시 한교(韓嶠: 1556~1627)[21]가 선조(宣祖)의 명을 받고 1598년에 『무예제보』를 편찬한 바 있는데, 최기남이 이 책에서 빠진 것을 보충하여 속집(續集)으로 간행한 것이 이 책이다.

이 책의 본문은 41장으로 구성되어 있는데, 내용은 여러 가지 형태의 '주먹으로 치는 보(拳譜)' 42圖와 그에 대한 번역문, 청룡언월도보(靑龍

---

19) 최기남의 字는 與叔, 호는 晩翁인데 전주인으로 秀俊의 아들이며, 영의정 鳴吉의 부친이다. 成渾의 문인이며, 1585년 생원시 입격, 1602년 알성문과에 급제한 후 永興府使를 지냈으나, 1613년 李爾瞻으로 인한 계축옥사에 연루되어 삭직되었다. 뒤에 아들 鳴吉의 공으로 영의정에 추증됨.

20) 당시 훈련도감에서는 유휴 병력을 활용하여 여러 유형의 목활자(훈련도감자)를 만들어서 각종 서적을 간행하였는데, 이 책은 훈련도감에서 간행한 목판본이란 점에서 지정토론자 서병패 선생님의 문제 제기가 있었다.
이점에 대해 필자는 이 판본을 살펴본 결과 이 책은 圖版, 漢文, 한글 등으로 구성된 單卷이고, 임진왜란 이후 일본의 재침에 대비하고자 편성한 것이므로 널리 배포할 필요가 있었으며, 간본을 많이 인출하는 데는 활자본 보다는 목판본이 유리하여 이에 목판본으로 찍었을 것이라 답변하였다.

21) 한교의 字는 士昂, 호는 東潭인데, 청주인으로 韓明澮의 5세손 秀雲의 아들이다. 李珥와 成渾의 문인이며, 임진란 때 倡義하였고, 벼슬은 호조참의, 곡산부사를 지냈으며, 西原君에 봉군되었다. 著書로는 武藝諸譜 외에 『家禮補解』, 『洪範衍義』, 『四七圖說』, 『操練圖式』, 『小學續編』, 『深衣攷證』, 『新書節要』 등이 있다.

偃月刀譜)와 그 번역문, 협도곤보(夾刀棍譜)와 그 번역문, 왜검보(倭劍譜)와 그 번역문, 신서왜검도(新書倭劍圖), 일본국 지도 등이 들어 있다. 그리고 부록 14장에는 일본고(日本考), 왜선(倭船), 왜도(倭刀), 정전출행일진(征戰出行日辰), 첩법(捷法), 정행소금(征行所禁) 등에 대해 설명하고 있다.

최기남은 다음과 같이 말한다.

> 대개 적을 막는 병기(兵器)에는 원기(遠技)와 근기(近技)가 있다. 궁시(弓矢)와 조총(鳥銃)은 원기(遠技)이고 도·검·창·파(刀·劍·槍·鈀)의 류는 근기(近技)이다. 왜노(倭奴)들은 전투 시에 멀리 있으면 총을 쏘아서 잘 맞히고 가까이 있으면 칼을 뽑아서 돌진하니 이로써 천하에 그 칼끝을 당할 자 없다. 만약 한갓 원기(遠技)만 믿고 근기(近技)를 익히지 않는다면 원기(遠技)를 쓸 수 없게 되었을 때는 비록 수백 수천의 무리라 할지라도 한 칼에 베이는 것을 면하지 못할 것이다.22)

그는 이처럼 근기(近技)의 중요성을 설파하고, 내용 중에 권보(拳譜), 왜검보(倭劍譜) 등을 비중 있게 다루었다.

부록에 실려 있는 「일본고」는 당시 훈련도감의 제조(提調)인 김수(金睟)가 우연히 『일본고(日本考)』 4책을 구하여 최기남에게 보여 준 것인데, 내용을 살펴보니 그 가운데는 일본의 지지(地志), 토속(土俗), 구술

22) 최기남 편, 『무예제보번역속집』, 권말, 발문, "盖禦敵之器 有遠技近技 弓矢鳥銃遠技也 刀劍槍鈀之屬近技也 倭奴之於戰也 遠則放銃巧中 近則挺刃突進 以此天下莫能當其鋒 若徒恃遠技不習近技 而或致遠技之窮 則雖百千之衆 未免爲一劍之所芟刈."

(寇術), 검제(劍制)가 들어 있었다. 최기남은 "적국(敵國)에 대해 알지 못하면 안 된다." 하고, 「일본고」의 내용을 간략하게 초록(抄錄)한 후 약간의 조목(條目)을 권 말미에 실어서 간행하였다. 책 말미에 최기남의 발문(跋文)이 있다.

이 책의 내용을 검토해보면 ①원문의 "進二步"(두 걸음 나아가)를 언해문에서 "흔거름 낫드라"로 표기하여 원문과 언해문의 불일치 현상, ②원문의 "以右拳 打左肘 作順鸞肘勢"(오른 주먹으로 왼쪽 팔꿈치를 쳐서 순란주세로 하고)에 대한 언해문의 누락 현상, ③원문의 "以右手 打左足"(오른손으로 왼발을 치며)에 대한 "올흔 손으로 왼픅를 티며"와 같이 표기한 언해문의 오류 현상 등이 나타나기도 한다.[23)]

가치 면에서 이 책은 『무예제보』와 더불어 조선 중기 무예와 병법을 이해할 수 있는 귀중한 자료가 된다.[24)]

권수면(卷首面)에 '○○鄕校上'이라는 지기(識記)가 있으며, 당시 일본에 대한 군사 정보를 알 수 있는 중요한 문헌일 뿐 아니라, 17세기 초기의 국어 연구에도 중요한 자료가 되는 것이다.

---

23) 김영일. 1999. 「≪무예제보 번역속집≫의 국어학적 이해」. 계명대학교 동산도서관 편. 『무예제보번역속집』 영인본. 해제. 118-121쪽.

24) 한 예로 本書에 수록된 「倭劍譜」의 내용에 대하여 1790년에 正祖의 命으로 편찬된 『武藝圖譜通志』의 내용과 비교해보면, 前者는 進前殺賊勢, 向前擊賊勢, 持劍對賊勢 등의 대응법으로 설명하였으나, 後者는 土由流, 運光流, 千柳流, 柳彼流 등으로 설명하여 차이가 있다. 또 전자는 交戰에 있어서도 甲이 乙의 손목을 치고, 을의 목을 치고… 등과 같이 구체적인데, 후자는 칼을 감추어 右便에 끼고 바로 섰다가 右手 右脚으로 좌편을 한번 치고… 등과 같이 되어 있다. 따라서 『무예도보통지』를 편찬할 때 韓嶠가 편한 『武藝諸譜』는 참고했으나, 本書는 참고하지 않은 듯하다.

(5) 동인지문사륙(東人之文四六)

崔瀣 [1287~1340] 編. - 木板本. - 慶尙道 晋州牧 : 1355(恭愍王 4)頃

1冊(零本) ; 33.5×20.4 cm. - 東裝. - 四周單邊, 半郭 27×16.1 cm., 無界, 9行17字, 下向黑魚尾.

소장본(所藏本): 卷7-9.

7권 말미 : '晋州牧 開板' 표기.

『동인지문사륙』은 1338년(충숙왕 복위 7)에 졸재(拙齋) 최해(崔瀣 : 1287~1340)가 신라시대로부터 고려 때까지 활동한 우리나라 문인의 사륙변려문을 문체별로 정리한 것이다.

이 책이 편찬된 배경을 살펴보면 편자 최해가 1321년(35세) 중국 유학시절에 중국의 문인과 교유하면서 우리나라를 대표할만한 문선집이 없음을 부끄럽게 생각한 바 있었다. 이에 우리나라의 문장이 중국의 문장과 비교해도 손색이 없다는 자부심을 갖고서는 1336년에 「五七」 9권, 「千百」 1권, 「四六」 15권의 순서로 내용을 구성하여 총 25권의 『동인지문』을 편찬하였다. 그 중에 「사륙」은 2년 후인 1338년에 재편(再編)하여 『동인지문사륙』을 편찬한 것이다.

최해에 의해 편성된 이 책은 그 후 복주(福州: 安東)와 진주(晋州) 두 곳에서 개판(開板)되었는데, 복주판은 1354-55년 사이에 목사 최재(崔宰)의 주도로 판각이 이루어졌고(권12, 15의 卷末 刊記),[25] 진주판은 목사 최용생(崔龍生)[26]의 주도로 편자 최해의 문집인 『졸고천백(拙藁千

25) 千惠鳳. 1981. 「麗刻本 東人之文四六에 대하여」. 성균관대학교 대동문화연구원. 『大東文化研究』. 14輯. 145-147쪽.

26) 최용생은 全州人이며 侍中 崔阿의 아들인데, 福州에서 『동인지문사륙』을 開板

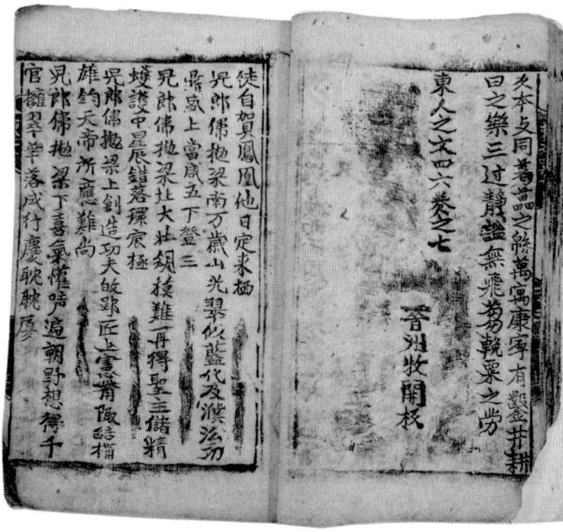

百)』과 함께 1355년경에 간행되었다.[27]

그런데 현재 전하고 있는 『동인지문사륙』의 판본을 살펴보면 卷7-9는 진주판본 뿐이고, 卷10-15는 복주판본[28] 뿐이다. 두 곳에서 이 책을 판각

한 목사 崔宰의 從姪이다.

27) 千惠鳳. 앞의 「麗刻本 東人之文四六에 대하여」. 148-149쪽에 의하면 『동인지문사륙』의 편자였던 최해(崔瀣)의 문집 『졸고천백(拙藁千百)』의 권말에 '至正十四年甲午(1354년) 八月 日, 晋州開板' 이라 하고, 이어서 각수(刻手) 정련(正連), 행명(行明), 사원(思遠), 고청렬(高淸烈)) 등과 목사 최용생(崔龍生)의 이름을 기록했음을 알 수 있다.
이에 이 『동인지문사륙』과 『졸고천백』을 비교해보면 판식(板式)이 동일하고, 또 이 『동인지문사륙』卷七의 六板과 十三板의 어미(魚尾)에 '正', '高'와 같은 각수 이름의 첫 자가 음각(陰刻)되어 있어서 正은 정련(正連), 高는 고청렬(高淸烈)임을 쉽게 알 수 있는 것이다. 따라서 이 책은 목사 최용생의 주도로 『졸고천백』을 개판할 때 같은 사람들에 의해 이루어졌음을 알 수 있다.

28) 이 책은 보물710호, 보물710호-3호, 보물710-4호로 지정되어 있는데, 고려대학교

한 시기도 비슷하다. 따라서 『동인지문사륙』은 복주와 진주에서 각각 1질(15권)씩 별도로 판각(板刻)한 것이라기보다는, 아마도 1355년경에 전체 15권을 두 곳에서 몇 권씩 분담해서 간행한 것이라 하겠다.[29)]

동산도서관 소장본은 진주에서 개판한 것이며, 권7-9의 1책(전체 15권 5책)으로 된 계선(界線)이 없는 목판본이다. 이 책에서는 정련(正連), 고청렬(高淸烈) 등의 각수(刻手) 이름을 밝힐 수 있으며, 七卷의 말미에 '晋州牧 開板'이란 간기가 있다.

현재 전하고 있는 진주판본을 살펴보면 다음과 같다.

소 장 처	소 장 내 용	지 정 번 호
계 명 대 학 교	권7-9, 1책	보물 710-6호
고 려 대 학 교	권7-9, 1책	보물 710-5호

이 책에 수록되어 있는 내용을 살펴보면 신라 말 최치원(崔致遠)에서 고려의 박인량(朴寅亮), 김부식(金富軾), 이규보(李奎報) 등 69명의 문인들이 조정의 공무와 관련하여 작성한 교서(敎書), 비답(批答), 축문(祝文), 도사(道詞), 불소(佛疏), 악어(樂語), 상량문(上樑文), 표장(表狀) 등, 주로 외교, 행정 관련 사륙변려문이다. 변려문이란 문장에서 대구(對句)를 많이 사용하여 거의 전부가 넉 자 또는 여섯 자가 한 구가 되게

도서관, 국립중앙도서관, (재)아단문고 등에 소장되어 있다.
한편 千惠鳳. 앞의 「麗刻本 東人之文四六에 대하여」. 146쪽에 의하면 『동인지문사륙』의 卷1-6도 福州에서 간행한 것으로 밝히고 있다.

29) 간행 기록을 한 곳(예컨대 권수 또는 끝 권말)에 표기하지 않고 7권, 12권, 15권 등의 말미에 표기한 것도 이 점을 고려해 볼 수 있는 例라 하겠다.

하였으며, 성음(聲音)의 조화를 중시하여 문장을 아름답게 꾸미면서 전고(典故)를 많이 사용하는 것이 특징이다.

이 책의 본문 여러 곳에서는 고려시대 역대 왕의 휘자(諱字)를 피휘(避諱)한 사실을 살펴볼 수 있다. 피휘(避諱)란 문장을 작성할 때 국왕의 이름자가 나타나면 이름 쓰기를 피하는 현상인데, 고려본의 공통된 특징이며, 그 방법을 살펴보면 글자의 획을 빠뜨리는 '피휘 결획(避諱 缺劃)'과 동일한 뜻의 다른 글자로 대체하는 '피휘 대자(避諱 代字)'가 있다.

이 책에서 피휘 결획한 내용을 살펴보면 '건(建)'(고려 태조의 이름), '무(武)'(혜종의 이름), '요(堯)'(정종의 이름) 등이 들어 있고, 피휘 대자의 경우는 '무(武)'를 대신한 '호(虎)' 및 '치(治)'(성종의 이름)를 대신한 '리(理)'가 들어 있다.[30] 이러한 점은 고려본의 시대적 특징을 알 수 있는 단서가 된다.

왕의 이름	방 법	용 례
武(혜종)	획을 생략함	
武(혜종)	虎로 대체함	文武 → 文虎, 洪武 → 洪虎
治(성종)	理로 대체함	至治 → 至理

이 책이 갖는 문화재적 가치를 살펴보면, 고려본의 대다수가 '불경(佛經)'임을 감안할 때, 문학서로서 현재 전하는 최초의 우리나라 시문선집(詩文選集)이라는 점, 후대에 편찬된 『동문선』에 수록되지 않은 작품이

30) 예컨대 治의 경우 治國 → 理國, 治道 → 理道 / 武의 경우 武臣 → 虎臣, 武帝 → 虎帝

92종이나 있다는 점,[31] 그리고 고려 후기 지방 판본의 형태를 살필 수 있다는 점 등을 들 수 있다.

(6) 도은선생집(陶隱先生集)

李崇仁 [1349~1392] 著 ; 卞季良 [朝鮮] 奉敎編. - 木板本. - 1406(太宗 6)頃
5卷1冊 ; 25.2×16.2 cm. - 東裝. - 四周單邊, 半郭 20.4×12.8 cm., 無界, 11行19字, 白口, 無魚尾.
序 : 永樂四年(1406)…權近.
跋 : 李穡, 鄭道傳.

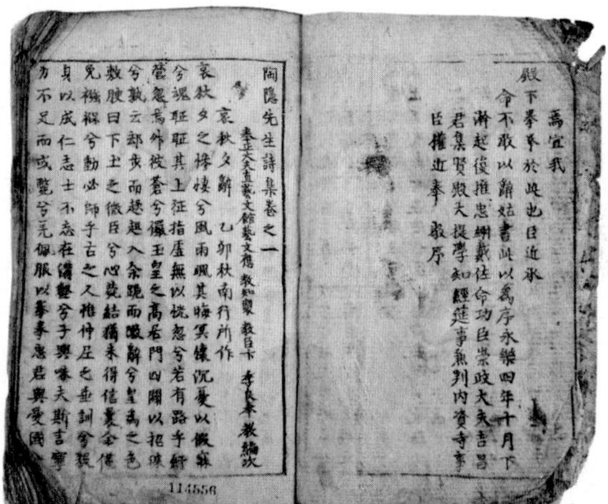

고려 때 명신인 도은(陶隱) 이숭인(李崇仁 : 1349~1392)의 문집 초간본이다.

---

31) 千惠鳳. 앞의 「麗刻本 東人之文四六에 대하여」. 140-143쪽.

이 책은 태종의 명에 의하여 예문관 응교 변계량이 편차한 것인데, 권수에는 길창군 권근(吉昌君 權近)의 봉교서(奉教序)가 있고, 권 말미에는 목은(牧隱) 이색(李穡) 및 삼봉(三峰) 정도전(鄭道傳)의 발(跋)이 들어있는 1406년(태종 6)경의 간본이다.32)

이 책의 내용을 살펴보면, 권1의 제1행에 위치한 권수서명은 「도은선생시집 권지일(陶隱先生詩集 卷之一)」로 되어 있고, 제 2행에는 "봉정대부 직예문관 예문응교 지제교 신 변계량 봉교편차(奉正大夫 直藝文館 藝文應教 知製教 臣 卞季良 奉教編次)"라 표기되어 있다. 제3행은 작품 내용의 첫머리에 해당하는데, 「애추석사(哀秋夕辭)」로부터 시작하는 시집이 총 3권으로 편성되어 있다. 다음으로 권4의 첫 행에는 「도은선생문집 권지사(陶隱先生文集 卷之四)」로 표기되어 있고, 내용은 「복재기(復齋記)」로부터 시작하는 문집이 총 2권으로 편성되어 있다. 따라서 이 책은 5권 1책으로 구성되어 있음을 알 수 있다.

각 권의 작품수를 보면 권1에는 사(辭) 1편, 오・칠언고시 30題, 권2에는 오・칠언율시 154제, 권3에는 오・육・칠언절구 153제가 수록되어 있다. 권4에는 기(記) 7편, 지(誌) 1편, 서(序) 12편이 들어 있고, 권5에는 전(傳) 2편, 제후(題後) 3편, 의(議) 1편, 행장(行狀) 1편, 찬(讚) 1편, 자설(字說) 1편, 표(表) 16편, 전(箋) 5편이 들어 있다. 따라서 시집 3권에 수록된 총 작품은 사(辭) 1편, 시(詩) 337題이고, 문집 2권에 수록된 총 작품은 50편이다.

또 기문(記文)의 내용 가운데는 「상죽헌기(霜竹軒記)」와 「여흥군신

---

32) 성암 고서박물관에 동일 판본으로 추정되는 책(성암4-591)이 1종 있다.

륵사대장각기(驪興郡新勒寺大藏閣記)」가 실려 있다.[33] 그런데 신축년(辛丑年)에 19세손 이규형(李圭衡)이 성주(星州)의 이요정(二樂亭)에서 찍은 『도은선생문집』을 보면 이 글이 본래 기문이었던 것을 여기서는 서문(序文)으로 고쳐서 「상죽헌서(霜竹軒序)」와 「여흥군신륵사대장각서(驪興郡新勒寺大藏閣序)」라 하였다.[34] 당초에 '기문(記文)'이라고 정해진 것을 후대에 와서 '서문(序文)'으로 고친 것은 잘못 처리한 것이라 하겠다.

이 책은 조선 초기의 문집 초간본으로 글씨가 선명하고, 보존상태가 매우 양호하며, 희귀성이 있는 귀중한 문헌이다. 특히 계선(界線)이 없는 목판본이며, 본문의 첩차(疊字)의 경우에는 한자(漢字)를 쓰지 않고 중복부호(〻)를 사용하였다. 또 조선시대 왕명에 따라 간행된 첫 번째 문집이란 점에서, 조선시대 문집간행의 흐름을 연구하는데 중요한 자료가 된다.

이번에 계명대학교 한국학연구원에서 간행한 '동산도서관 소장' 『善本古書 해제집1』 속에 이 책에 대한 해제(解題)가 수록되어 있다.[35]

(7) 진일유고(眞逸遺藁)

成侃 [1427~1456] 著 ; 成任 [朝鮮] 編. - 木板本. - 1467(世祖 13)
4卷1冊 ; 26.3×15.9 cm. - 東裝. - 左右雙邊, 半郭 19.4×13.3 cm., 有界,

33) 李崇仁. 위의 『陶隱先生集』. 권4. 2-5頁.
34) 李崇仁. 『陶隱先生文集』(목판본, 星州, 二樂齋, 辛丑年). 권4. 末尾.
35) 계명대학교 한국학연구원 편. 2008. 『계명대 동산도서관 소장 善本古書 해제집1』. 19-22쪽.

11行20字, 黑口, 內向黑魚尾.

序 : 成化三年(1467)…徐居正.

이 책은 세조 때 좌정언(左正言)을 지낸 진일재(眞逸齋) 성간(成侃: 1427~1456)의 문집인데, 저자 사후에 형 성임(成任)이 유고(遺稿)를 모으고, 동생 성현(成俔)이 편집하여 1467년(세조 13)에 목판본으로 간행한 초간본이다.

저자 성간의 자(字)는 화중(和仲)인데 29세로 요절하였지만 허균의 「성수시화(惺叟詩話)」에서는 "성화중은 안연지 · 도연명 · 포조(顔延之 · 陶淵明 · 鮑照)의 삼가(三家) 시법을 깊이 체득하였으며, 여러 소절구(小絶句)는 당나라 악부체(樂府體)를 체득했다." 하였고, 임경(任

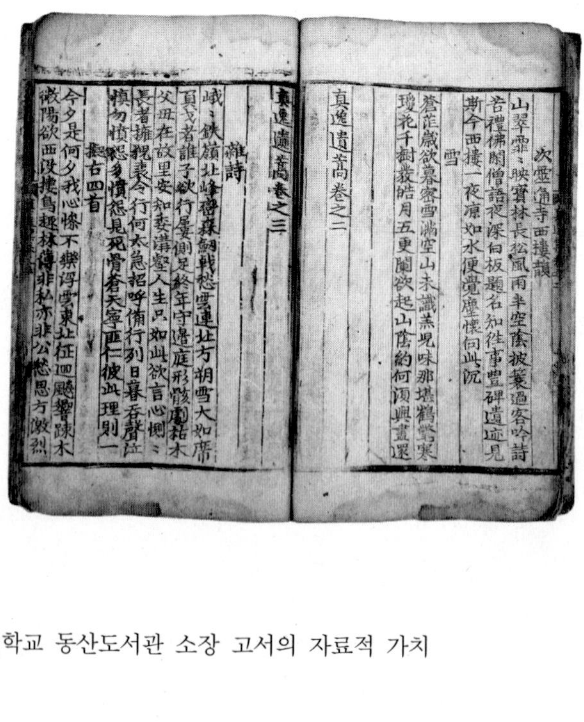

璟)의 「현호쇄담(玄湖瑣談)」에서는 "성간의 詩는 학이 청전(靑田)에 날고, 봉황이 단혈(丹穴)에 깃든 것과 같다."고 평하였다.

4권 1책으로 구성된 이 책의 내용을 살펴보면 권수에는 서거정(徐居正)의 서문이 있고, 다음으로 동생 성현(成俔)이 찬한 행장(行狀)이 실려 있으며, 본문은 권1에서 권3까지는 「잡시 삼수(雜詩 三首)」를 포함한 총 107제 241수의 詩가 들어 있다. 권4에는 「신설부(新雪賦)」를 포함한 부(賦) 2편과 서(序) 4편, 기(記) 3편, 기타 4편 등이 들어 있다. 권말에는 이윤보(李胤保: 이름은 承召)의 발문이 있다.

이 초간본은 지금까지 계명대 동산도서관 소장본과 고려대 소장본 등 2종만 확인할 수 있는 희귀본이며, 동산도서관 소장본의 경우 글씨가 선명하고, 보존상태가 매우 양호하다.

특히 이 문집에는 그와 교유한 강희맹(姜希孟), 김수온(金守溫), 김수녕(金壽寧), 노사신(盧思愼), 서거정(徐居正), 이승소(李承召), 임원준(任元濬), 이파(李坡) 등과 같은 당대의 명사들과 주고받은 글이 다수 수록되어 있어서 조선 초기 문인들의 문학과 사상의 연구에 중요한 자료가 된다. 조선 초기에 간행된 몇 종 안 되는 문집으로 조선 초기 문학과 서지학 연구에 귀중한 자료이다.

이번에 계명대학교 한국학연구원에서 간행한 『계명대 동산도서관 소장 善本古書 해제집1』에 이 책에 대한 해제(解題)가 수록되어 있다.[36)]

---

36) 위의 책. 69-74쪽.

(8) 대장일람집(大藏一覽集)

陳實 [宋] 編. - 木板本. - [13세기 중엽]

1冊(零本) ; 27.3×16.3 cm. - 東裝. - 四周單邊, 半郭 21.8×13.1 cm., 無界, 10行23字, 註雙行, 上黑魚尾.

소장본(所藏本) : 卷1 上中下.

이 책은 송나라의 남자 신도 진실(陳實)이 『대장경』의 중요한 정수만을 가려서 집대성한 일종의 사서(辭書)이고, 대장경을 한 눈에 훑어볼 수 있도록 주제별로 분류하여 정리해 놓은 불교 경전의 목록집이다.

동산도서관에는 권1의 상중하 1책의 영본(零本)을 소장하고 있는데, 내용을 살펴보면 卷首 첫머리에는 “영덕 우바새 진실 근편(寧德 優婆塞

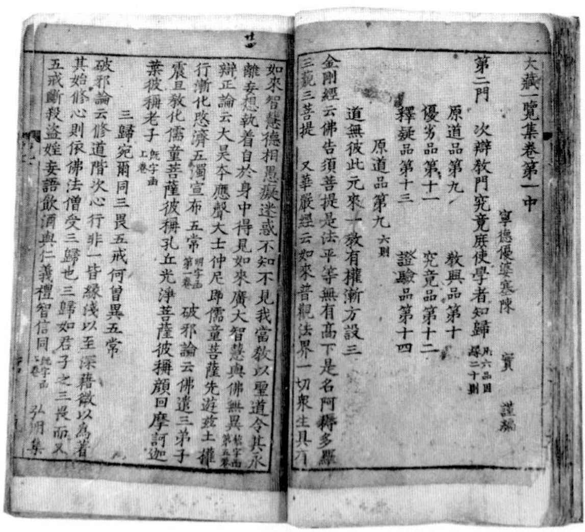
大藏一覽集卷第一中　寧德優婆塞陳　實　謹編
第二門　次辯教門究竟庶使學者知歸
原道品第九　教興品第十
優劣品第十一　究竟品第十二
釋疑品第十三　證驗品第十四
原道品第九
道無彼此元來一致有權漸方設三
金剛經云佛告須菩提是法平等無有高下是名阿耨多羅
三藐三菩提　又華嚴經云如來普觀法界一切衆生具有
如來智慧德相愚癡迷惑不知不見我當教以聖道令其永
離妄想執着自於身中得見如來廣大智慧與佛無異
辯正論云大昊本應聲大士仲尼即儒童菩薩先遊兹土權
行漸化愍濟五濁宣布五常　破邪論云佛遣三弟子
震旦教化儒童菩薩彼稱孔丘光淨菩薩彼稱顔回摩訶迦
葉彼稱老子
三歸宛爾同三畏五戒何曾異五常
破邪論云修道階次心行非一皆緣淺以至深藉微以爲著
其始修心則依佛法僧受三歸也三歸如君子之三畏而又
五戒斷殺盜婬妄語飲酒與仁義禮智信同　弘明集

陳實 謹編)”이라 표기되어 있고, 본문은 전체 8門 60品 1,181則 가운데서 권1의 3문 17품 94칙을 수록하고 있다.

이 책의 판식을 살펴보면 송본(宋本)의 형태를 유지하고 있다. 좁은 판심에 흑어미(黑魚尾)가 가늘게 처리되는 모습은 같은 시기의 『능엄경』이나 『선문염송』의 판심과도 유사하다. 본문 일부에는 붓으로 구결을 달고 있어서 구결 연구에도 귀중한 자료가 될 수 있는 것이다.

판심의 하단부에 존식(存植), 정안(正安) 등의 각수 이름이 새겨져 있는데,[37] 이들은 재조대장경(1236~1251) 가운데 『대반야바라밀다경(大般若波羅蜜多經)』, 『금강반야바라밀경(金剛般若波羅密經)』, 『대방편불보은경(大方便佛報恩經)』 등의 판각에도 참여했던 각수(刻手)들이다.[38] 이러한 점이 나타나므로 이 책의 간행 시기는 13세기 중엽임을 알 수 있다.

이 책은 현재 전해지고 있는 국내 전존본(傳存本) 가운데서 가장 오래된 『대장일람집』이라 하겠다.

(9) 예념미타도량참법(禮念彌陀道場懺法)

王子成 [元] 集 ; 慧朗 刊. - 木板本. - 1376(禑王 2)

1冊(零本) ; 31×19.8 cm. - 東裝. - 四周單邊, 半郭 25.2×18.3 cm., 無界, 7行15字, 無魚尾.

---

37) 이 『대장일람집』 ‘卷第一 上’의 10-12頁의 하단부와 ‘卷第一 下’의 41頁의 하단부에 각수 ‘存植,’이 보이고, ‘卷第一 上’의 3頁의 하단부에 각수 ‘正安’이 보인다.

38) 崔然柱. 2006. 『高麗大藏經 硏究』. 경인문화사. 287-288쪽 및 김윤곤 편. 2001. 『高麗大藏經 彫成名錄集』. 영남대학교 출판부. 3-8쪽 참조.

跋 : 倉龍丙辰(1376)…朴免.

소장본(所藏本): 卷7-10.

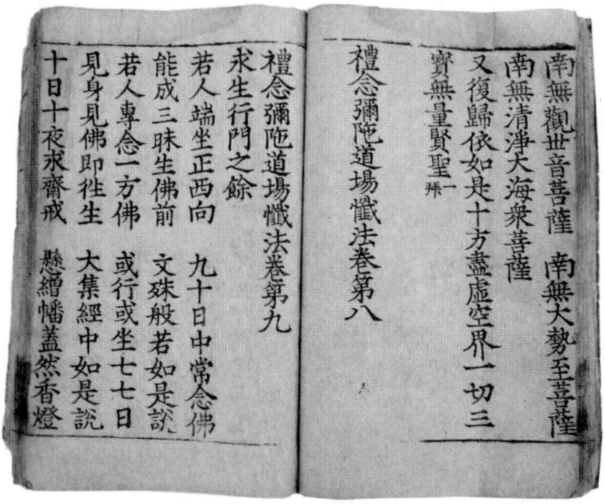

이 책은 아미타불(阿彌陀佛)에게 지극한 마음을 갖고 여러 가지 지은 악업(惡業)을 참회하는 법회의 절차를 수록한 참법서(懺法書)인데, 원(元)나라 왕자성(王子成)이 집록(集錄)한 것을 고려의 승려 혜랑(慧朗)이 간행한 것이다.

참법이란 경전을 읽으면서 죄를 참회하는 불교 의식을 말하는데, 서방 극락정토의 아미타불을 대상으로 삼는 것을 미타참법이라 하였다. 우리나라에서는 특히 서방 극락정토에서 왕생하는 것을 바라는 신앙인들이 많아서 삼국시대부터 크게 성행하였다.

이 책의 간행은 고려 1376년(우왕 2)이고, 권 말미에 박면(朴免: 字 妥夫)의 발문과 간행에 관여한 인물의 기록이 보인다. 간행에 참여한 인명을 살펴보면 우바새(優婆塞)[39]인 김윤귀(金允貴)와 이인렬(李仁烈), 그리고 노간자수(老刊字手)를 담당한 전 산원(前 散員)인 신천서(申天瑞)와 평련판심(平鍊板心)을 담당한 전 오위(前 伍尉)인 이단(李端) 등의 명단이 있다.

이 책을 판각할 때 시주(施主)를 담당한 사람은 다음과 같다.

삼중대광(三重大匡) 상당군(上黨君) 한중례(韓仲禮)[40]

수성익대공신(輸誠翊戴功臣) 광정대부 판숭경부사 진현관대제학 상호군 지공거(匡靖大夫判崇敬府事 進賢館大提學 上護軍 知貢擧) 한(韓)○○[41]

졸 대사간(卒 大司諫) 정설곡지실 완산군부인(鄭雪谷之室 完山郡夫人) 최씨(崔氏)[42]

졸 좌윤(卒 左尹) 전씨지실 고창군부인(全氏之室 高敞郡夫人) 오씨(吳氏),

모 대관지실(某 大官之室) 상당군부인(上黨郡夫人) 정씨(鄭氏)[43]

위의 정설곡(鄭雪谷)은 청주인으로, 성명은 정포(鄭誧: 1309~1345)인데 『설곡시고(雪谷詩藁)』2권1책이 전한다.[44]

---

39) 우바새는 남자 신도를 지칭함

40) 韓孝仲 編, 『淸州韓氏世譜』(목판본, 1617년), 권1, 1-3頁에 의하면 '韓仲禮'는 우정승 韓渥의 아들이며, 雪谷 鄭誧의 사돈(鄭樞의 丈人)의 동생이다. 이로 보면 이 책은 청주한씨 韓渥 系와 청주정씨 鄭誧 系의 친인척이 주관하여 간행한 것으로 보인다.

41) 이 부분을 살펴보면 韓이라는 姓氏만 나타나고 이름은 찢겨져 나가 훼손되었다. 그러나 官職을 중심으로 고증해보면 韓脩(1333~1384)로 추정된다.

42) 鄭來成 編, 『淸州鄭氏世譜』(목활자본, 1827년), 권1, 9頁에 수록된 '鄭誧'의 譜註에 의하면 配位 '完山郡夫人 崔氏'를 족보에는 '貞淑宅主 全州崔氏'로, 父는 '良敬公 文度[? ~1345]'라 하였다.

43) 淸州鄭氏임.

이 책은 고려시대에 초간(初刊)된 이후 몇 차례의 간행이 있었다. 보물로 지정된 것은 지금까지 5종인데, 그 중 동산도서관 소장본이 고려시대 간본이 되므로, 가장 앞서는 판본임을 알 수 있다.

『예념미타도량참법』 보물 5종에 대한 소장처별 현황

지정번호	권 차	간행연도	소장처
보물1320호	권7-10	1376(우왕2)	계명대학교 동산도서관
보물1144호	권6-10	1474(성종5)	여주 목아박물관
보물1165호	권3,4,7,8	1474(성종5)	대전 개인소장
보물949호	권1-5, 6-10	1474(성종5), 1503(연산9)	국립중앙박물관
보물1241호	권6-10	1503(연산9)	김천 직지사

이 책을 살펴보면 고려 말의 절첩(折帖)에서 선장(線裝)의 형태로 넘어가는 도서 장정의 특징을 보여주고 있다. 동산도서관에는 권7-10(전10권3책)의 1책이 소장되어 있다.

(10) 번역명의집(翻譯名義集)

法雲 [宋] 編. - 木板本. - [세조 연간]

14卷8冊 ; 33.2×24.6 cm. - 東裝. - 四周單邊, 半郭 24.1×21 cm., 無界, 12行17字, 大黑口, 內向黑魚尾.

序 : 紹興丁丑(1157)…周敦義.

인기(印記) : 「孤雲寺印」

44) 鄭誧의 『설곡시고』 2권1책은 그 7世孫인 鄭逑가 編한 『西原世稿』에 들어 있다.

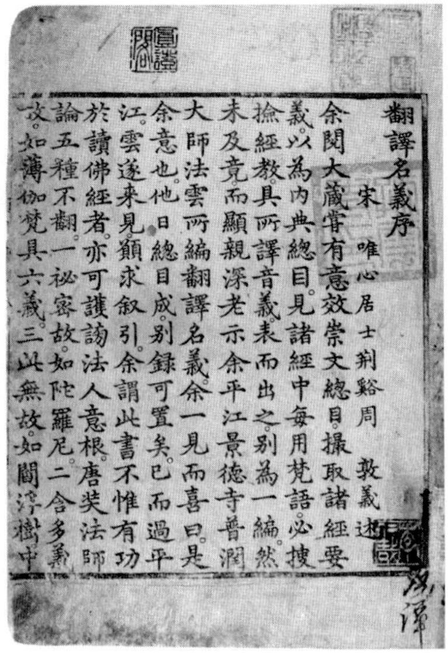

翻譯名義序
宋 唯心居士荊谿周敦義述
余閱大藏嘗有意效崇文總目撮取諸經要
義以為內典總目見諸經中每用梵語必搜
撿經教具所譯音義表而出之別為一編然
未及竟而顯親深老示余平江景德寺普潤
大師法雲所編翻譯名義余一見而喜曰是
余意也他日總目成別錄可置矣已而過平
江雲遂來見頗求敘引余謂此書不惟有功
於讀佛經者亦可護謗法人意根唐奘法師
論五種不翻一祕密故如陀羅尼二含多義
故如薄伽梵具六義三此無故如閻浮樹中

교정표시

1行上段
印章 날인

이 책은 송나라 승려 법운(法雲: 1088~1158)이 편찬한 것으로, 불교 경전에 보이는 범어음(梵語音)으로 한역(漢譯)된 단어를 유별(類別)로 정리하여 해설한 불교사전인데, 「십종통호(十種通號)」로부터 「사탑단당(寺塔壇幢)」까지 64편으로 나누어 약 2천여 단어를 수록하고 있다. 모두 14권 8책으로 되어 있으며, 세조년간(1455~1468)에 간행한 목판본이다.

이 책의 끝권 권말에 「소주경덕사 보윤대사행업기(蘇州景德寺 普潤大師行業記)」가 실려 있어서 이를 살펴보면, 저자 법운은 송나라 소주(蘇州)에 있던 경덕사(景德寺)의 승려로서 경사(經史)에 널리 통한 사람인데, 성(姓)은 과(戈)이고, 대대로 장주 채운리(長洲 彩雲里)에 거주하였으며, 자는 천서(天瑞), 호는 무기자(無機子), 법호는 보윤(普潤)이었음을 알 수 있다.

문헌에 의하면 1457년(세조 3) 당시 세조가 죽은 의경세자(懿敬世子)의 명복을 빌기 위해 대장경, 화엄경, 법화경 등과 함께 "『번역명의집』 100부를 찍었다"는 기록이 있으며,[45] 1459년(세조 5)으로부터 1467년(세조 13)까지 국사(國使)를 통하여 일본국왕, 대마도주, 오키나와(琉球國)의 국왕 등에게 기증한 사실을 확인할 수 있다.[46]

이 책을 살펴보면 권수제(卷首題)의 상단에 '校正'이란 인장(印章)이 찍혀 있다. 이 인장은 교감(校勘)의 철저를 기하기 위해 찍은 것이며, 대체로 세조의 명으로 설치되었던 간경도감(刊經都監: 1461~1471 존치)에서 불경을 간행할 때 교정을 마친 서적에 대하여 날인한 것이다. 따라서 이 책은 초각(初刻)의 초인본(初印本)임을 알 수 있다.

또 권2와 권7의 권수제 아래에 '거이(鉅二)'와 '거칠(鉅七)', 권9 말미에 '야이(野二)' 등과 같은 천자문 함차(函次) 표시가 있어서 대장경으로 편찬되었던 책을 저본으로 했음을 알 수 있다.

한편 이 책이 불교 사전이지만 선취(仙趣), 인륜(人倫), 제왕(帝王), 장자(長者) 篇 등의 내용을 살펴보면 유가(儒家), 노장(老莊) 사상을 포함하여 제자백가(諸子百家)의 서적을 인용한 점이 주목된다.[47] 이 책 내용

---

45) 千惠鳳. 1990. 『韓國典籍印刷史』. 범우사. 162쪽.

46) 金斗鍾. 1981. 『韓國 古印刷技術史』. 탐구당. 185-188쪽.

47) 예를 들면 송나라 승려 法雲은 『번역명의집』, 卷4, 3頁의 人倫 篇에서 '사람(人)'을 정의하기를 孔子는 "人者 仁也"라 하고, 禮記에서는 "人者 天地之心 五行之端"이라 하며, 周書에서는 "惟人 萬物之靈"이라 하고, 孔安國은 "天地所生 惟人爲貴"라 한다고 했다.
또 여인의 몸에 대해서는 "女人之體 幼則從父母 少則從夫 老則從子"라고 하는 儒家의 三從之道 의식을 반영하였다.

가운데는 『번역명의집』 보다 후대에 편성된 『명심보감』에서도 동일한 글이 인용되어 있다.

『번역명의집』에 수록된 4편의 문장을 중심으로 『명심보감』의 내용과 서로 비교해본다.

① · 蜀先主臨終謂太子曰 勿以惡小而爲之 勿以善小而不爲.[48]
  · 漢昭烈將終 勅後主曰 勿以惡小而爲之 勿以善小而不爲.[49]

② · 孔子云 見善如不及 見惡如探湯.[50]
  · 孔子曰 見善如不及 見不善如探湯.[51]

③ · 曾子云 人之好善 福雖未至 去禍遠矣 人之爲惡 凶雖未至 去福近矣.[52]

한편 위의 人倫 편, 7頁에는 "孟子曰 富貴不能淫 貧賤不能戚 威武不能屈 此之謂大丈夫."라는 『孟子』, 「滕文公 下」의 大丈夫에 관한 句節을 인용하였다. 『맹자』의 原文에는 '貧賤不能移'(빈천도 능히 내 마음을 옮기게 하지 못하며)라 되어 있는데, 이 책에서는 '貧賤不能戚'(빈천도 능히 내 마음을 슬프게 하지 못하며)이라 표기되어 있다.

48) 『번역명의집』, 卷4, 3頁의 人倫 篇, 第 十七, 원문을 번역하면 "촉나라 선주[유비: 한소열]가 임종할 때 태자[후주]에게 말하기를 "악한 것은 작은 것도 하지 말고, 착한 것은 작은 것도 아니 하지 말라."

49) 『명심보감』. 仁興齋舍. 1869년. 「繼善 篇」

50) 앞의 『번역명의집』, 卷4, 3頁의 人倫 篇, 第 十七, 원문을 번역하면 "공자 말씀하기를 "착한 것을 보면 미치지 못한 것 같이 하고, 악한 것을 보면 끓는 물 더듬는 것 같이 하라."

51) 앞의 『명심보감』. 仁興齋舍. 1869년). 「繼善 篇」

52) 앞의 『번역명의집』, 卷4, 3頁의 人倫 篇, 第 十七, 원문을 번역하면 "증자 말씀하기를 사람이 착한 것을 좋아하면 복은 비록 이르지 아니해도 화 나감이 멀어질 것이고, 사람이 악한 짓을 하게 되면 흉은 비록 이르지 아니해도 복 나감이 가까

· 東岳聖帝垂訓曰 一日行善 福雖未至 禍自遠矣 一日行惡 禍雖未至 福自遠矣 云云.[53]

④ · 詩曰 哀哀父母 生我劬勞 無父何怙 無母何恃 出則銜恤 入則靡至 父兮生我 母兮鞠我撫我育我 長我畜我 顧我復我 出入腹我 欲報之恩 昊天罔極.[54]

· 詩曰 父兮生我 母兮鞠我 哀哀父母 生我劬勞 欲報深恩 昊天罔極.[55]

이와 같이 비교한 문장의 내용을 『명심보감』 중심으로 다시 살펴보기로 한다.

①에서는 '촉(蜀)'을 '한(漢: 蜀漢)'으로, '선주(先主)'를 '소열(昭烈)'로, '태자(太子)'를 '후주(後主)'로, '말하다'를 '칙서(勅書) 내리다'로 대체되었을 뿐, 내용은 동일하다.

②에서는 '악(惡)하다'를 '불선(不善)하다'로 되어 있으나, 동일한 문장이다.

③에서는 증자(曾子)의 말이라고 되어 있는 것과 도가(道家)의 동악성제(東岳聖帝)의 수훈(垂訓)이 동일한 의미를 지닌 문장이다. 그런데

워진다."

53) 앞의 『명심보감』. 「繼善 篇」

54) 앞의 『번역명의집』, 卷4, 3頁의 人倫 篇, 第 十七, 원문을 번역하면 "시경에서 말하기를, 애통하다 부모님이시여, 나를 낳아 기르심에 갖은 고생하셨도다. 아버지 안계시면 누구를 믿으며, 어머니 안계시면 누구에게 의지하리오. 나가도 걱정이요 들어와도 마음 둘 곳 없네. 아버지 나를 낳으시고, 어머니 나를 기르셨네, 쓰다듬고 길러주시며 자라게 하고 키워주시며, 돌아보고 다시 돌아보시며 들고날 때 안아주시니, 은혜 갚으려 해도 하늘처럼 다함이 없네."

55) 앞의 『명심보감』. 「孝行 篇」

증자(曾子)가 말했다는 이 구절은 어느 문헌에서 인용했는지 알 수 없다.

④는 『시경』, 「소아(小雅)」의 '육아(蓼莪)[56]' 篇에 나오는 글이다. 원전을 중심으로 『번역명의집』의 내용을 살펴보면 '拊我畜我'를 '撫我育我'로, '長我育我'를 '長我畜我'로, '欲報之德'을 '欲報之恩'으로 몇 자를 바꾸어서 표기하였다. 『명심보감』에서는 이 문장을 다시 축약하였다.

이 책의 인출에 사용된 종이는 고정지(藁精紙)다. 고정지는 간경도감에서 주로 불경을 간행할 때에 사용하였는데, 종이를 살펴보면 볏짚을 많이 사용하여 일반 한지보다 두꺼운 느낌이 든다.

계명대학교 동산도서관 소장 『번역명의집』은 완질본인데, 판본의 상태를 살펴보면 필체가 웅위(雄偉)하고 각자(刻字)가 매우 정교(精巧)하여 먹이 진하게 나타나며, 인쇄상태가 매우 선명하여 원각(原刻)할 당시에 간행된 초인본(初印本)임을 알 수 있다.

(11) 홍치십사년신유생원진사방(弘治十四年辛酉生員進士榜)

[編著者未詳] - 甲寅字本. - 1501(燕山 7)頃

1冊 ; 22.4×15.4 cm. - 東裝. - 四周單邊, 半郭 27.1×17.2 cm., 有界, 9行15字, 註雙行, 內向黑魚尾.

卷末墨記: 此卽 我八世祖 文成公[金湜]司馬試榜目也 得之於族弟聖躋家…果經兵燹 而尙今存焉…輔綴改粧…崇禎紀元後三丙子(1756)…後孫 聖應 謹記.

56) 蓼莪를 '요아'라고 칭하기도 한다. 그러나 『시경언해』를 보면 '뉵아'라고 표기되어 있다.

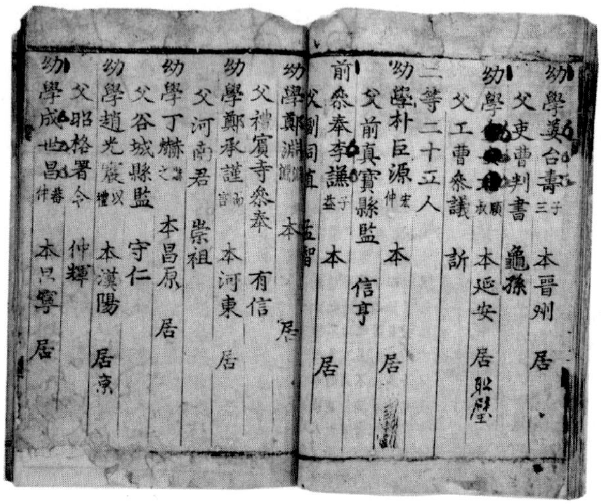

이 책은 1501년(연산군 7)에 시행한 사마시(司馬試 : 生員·進士試)의 합격자 명부이며, 조선시대 과거제도 및 주요 인물의 전기를 연구하는데 귀중한 자료가 된다.

이 책의 내용을 살펴보면 생원, 진사시에서 각 100명을 뽑았다. 시험장소를 일소(一所), 이소(二所)로 구분하였는데, 먼저 일소(一所)는 성균관(成均館)에 두었고, 주시관(主試官)은 우참찬 유순(柳洵)이며, 나머지 시관(試官)은 호조참판 김심(金諶), 이조정랑 남곤(南袞) 등 6명이다. 다음으로 이소(二所)는 장악원(掌樂院)에 두었고, 주시관(主試官)은 대사헌 성현(成俔)이며, 나머지 시관(試官)은 동지중추부사 김수동(金壽童), 호조정랑 강혼(姜渾) 등 6명이다. 한편 생원시에 참시관(參試官)으로 참여한 남곤(南袞)은 후대에 죄를 받은 관계로 그 성명에 먹으로 칠해져(墨

名) 있다.

당시 입격(入格)한 사람 가운데서 장원(壯元)한 사람은 생원시험에 이수정(李守貞), 진사시험에 김안국(金安國)이다. 또 이 때 입격한 유명한 인물로는 김안국(金安國) 외에 김식(金湜), 성세창(成世昌) 등과 '정유삼흉(丁酉 三凶)'의 한 사람인 김안로(金安老)[57]가 있는데, 이들은 생원, 진사 양 시험에 입격하였다.

특히 성세창은 이소(二所)의 주시관(主試官)인 성현(成俔)의 아들인데도 상피법(相避法)을 적용하지 않고 이소(二所)에서 '進士 二等 第七人'으로 입격한 것이 주목된다.

이 책은 금속활자인 갑인자로 간행한 것이고, 지금까지 1本만 전해지는 유일본이다. 당시 진사 시험에 합격한 동천(東泉) 김식(金湜: 1482~1520) 집안에서 대대로 전해온 책인데, 김식의 8대손 김성응(金聖應: 兵曹判書 역임)이 1756년(영조 32)에 다시 제본해서 후손에게 전한 것이다.

4. 결언

이상과 같이 계명대학교 동산도서관에 소장하고 있는 국가문화재 보물 11종에 대하여 살펴보았다. 내용을 요약해보면 다음과 같다.

(1)의 용비어천가(龍飛御天歌) 3책(권8-10)은 1447년에 판각(板刻)한

---

57) 위 사진 오른 쪽 면의 第 3行에 실려 있는 사람은 당시 '進士 一等 第五人'으로 입격한 '金安老'이다. 그는 합격된 후에 죄인이 된 관계로 姓名에 먹으로 칠해져(墨名) 있다.

초간본인데, 한글을 적용한 최초의 작품이란 점에서 가치가 있다. 이 책은 훈민정음 창제 당시 우리 한글의 모습을 살필 수 있는 자료로, 국어학 연구에 귀중한 자료가 되는 것이다.

(2)의 분류두공부시언해(分類杜工部詩諺解) 1책(卷11-12)은 당나라 시인 두보(杜甫)의 詩를 주제에 따라 분류해서 한글로 옮긴 것인데, 1481년 12월에 완성하여 을해자로 찍은 희귀본이며, 국어학, 국문학 및 고인쇄사 연구에 중요한 자료로 평가할 수 있다.

(3)의 금강경삼가해(金剛經三家解) 1책(卷2)은 세조의 비(妃) 정희왕후(貞熹王后)가 학조(學祖)로 하여금 교정하게 한 후 1482년에 간행한 것인데, 정축자(丁丑字)와 을해자(乙亥字)로 찍은 것이다. 15세기 국어의 모습을 보여주는 귀중한 자료이다.

(4)의 무예제보번역속집(武藝諸譜飜譯續集) 1책은 훈련도감(訓鍊都監)의 도청(都廳)이었던 최기남(崔起南)이 왜군의 재침을 대비하기 위해서 편찬한 병법서인데, 1610년경에 간행하였으며, 당시 일본에 대한 군사정보를 알 수 있고, 17세기 초기의 국어 연구에도 중요한 자료가 되는 것이다.

(5)의 동인지문사륙(東人之文四六) 1책(卷7-9)은 1355년경에 진주(晋州)에서 간행한 것으로, 최해(崔瀣)가 신라로부터 고려 때까지 활동한 우리나라 문인의 사륙변려문을 문체별로 정리한 것이다. 이 책의 본문 여러 곳에서는 고려본(高麗本)의 특징인 피휘 결획(避諱 缺劃) 및 피휘 대자(避諱 代字)가 나타나고 있는 것이 특징이다.

(6)의 도은선생집(陶隱先生集) 5권 1책은 고려 명신 이숭인(李崇仁)의 문집 초간본인데, 태종의 명에 의하여 예문관 응교 변계량이 편차하여

1406년경에 간행한 귀중한 문헌이다.

(7)의 진일유고(眞逸遺藁) 4권 1책은 세조 때 좌정언(左正言)을 지낸 성간(成侃)의 초간본 문집인데, 성임(成任), 성현(成俔) 형제가 편집하여 1467년에 목판본으로 간행한 귀중한 자료이다.

(8)의 대장일람집(大藏一覽集) 1책(卷1 상중하)은 송나라 남자 신도였던 진실(陳實)이 대장경을 주제별로 분류하여 정리한 경전의 목록집이다. 판심의 하단부에 존식(存植), 정안(正安) 등의 각수 이름이 새겨져 있는 13세기 중엽의 간본이며, 본문 일부에는 붓으로 구결을 달고 있어서 구결 연구에도 귀중한 자료가 된다. 국내 전존본 가운데서 가장 오래된 책이란 점에서 가치가 있다.

(9)의 예념미타도량참법(禮念彌陀道場懺法) 1책(卷7-10)은 1376년에 간행된 것으로, 권 말미에 간행에 관여한 사람의 명단이 들어 있고, 시주에 관여한 한중례(韓仲禮) 등의 명단이 있는 유일본으로, 불교 문헌을 연구하는데 귀중한 자료가 되는 것이다.

(10)의 번역명의집(翻譯名義集) 14권 8책은 송나라 승려 법운(法雲)이 편찬한 것으로 불교의 단어를 해설한 불교사전이다. 세조 연간에 고정지로 간행한 완질본인데, 내용 가운데는 불교 뿐 아니라, 유가(儒家)를 포함한 제자백가(諸子百家)의 사상을 인용한 것이 주목된다.

(11)의 홍치십사년신유생원진사방(弘治十四年辛酉生員進士榜) 1책은 1501년에 시행한 사마시(생원, 진사)의 합격자 명부이다. 지금까지 전존본(傳存本)이 없는 유일본이며, 조선시대 주요 인물의 전기를 연구하는데 귀중한 자료가 된다.

이러한 고문헌은 선조의 정신이 담겨 있는 문화재이다. 선조가 귀중한 문헌을 후대에 전해주었으므로, 현재 살고 있는 우리들은 고문헌을 통하여 선조의 정신을 계승하고, 연구 발전하며 의식을 다져야 하는 것이다. 따라서 우리는 유산으로 남겨준 전적문화재를 다시 후대에 온전하게 전할 책무가 있다.

계명대학교 동산도서관에서는 앞으로도 이러한 맥락에서 특성 있는 전적 문화재를 지속적으로 발굴하여 보물로 지정하고, 지정된 문화유산에 대해서는 잘 보존하여 우리 문화의 우수성을 대내외에 널리 홍보하며, 연구 자료로 제공, 활용하게 하는 등, 전적문화 발전에 일조하고자 한다.

참고문헌

계명대학교 동산도서관 편. 2004.『古書綜合目錄』. 계명대학교.

계명대학교 한국학연구원 편. 2008.『계명대 동산도서관 소장 선본고서 해제집1』.

계명대학교 한국학연구원 편. 2008.『계명대학교 동산도서관 소장 고서의 자료적 가치 자료집』.

고려대학교 중앙도서관 편. 1979.『晩松金完燮文庫目錄』. 고려대학교.

국립중앙도서관 편. 1970.『古書目錄』. 전 6책. 국립중앙도서관.

국회도서관 편. 1968.『韓國古書綜合目錄』. 국회도서관.

金斗鍾. 1981.『韓國 古印刷技術史』. 탐구당.

김영일. 1999.「≪무예제보 번역속집≫의 국어학적 이해」. 계명대학교 동산도서관 편.『무예제보번역속집』. 영인본.

김영일. 2000.「초간본 ≪두시언해≫ 권12의 어학적 고찰」. 계명대학교 동산도서관 편.『杜詩諺解』. 영인본.

김윤곤 편. 2001.『高麗大藏經 彫成名錄集』. 영남대학교출판부.

金致雨. 1983.『故事撮要의 冊板目錄 연구』. 민족문화.

金　烋. 1969.『海東文獻錄』. 학문각.

문화재관리국 편. 1994.『韓國典籍綜合調査目錄』. 문화재관리국.

서울대 동아문화연구소 편. 1980.『奎章閣圖書韓國本總目錄』, 서울대학교출판부.

徐有榘. 1941.『鏤板考』. 大同出版社.

沈載完 註解. 1981.『金剛經三家解』. 영남대학교출판부.

尹炳泰 편. 1972.『韓國書誌年表』. 한국도서관협회.

李崇仁. 1968.『陶隱先生文集』(목판본, 星州, 二樂齋, 신축년). 권4.
李仁榮. 1968.『淸芬室書目』. 보련각.
張仁鎭. 1999.「儒家의 출판문화」.『慶尙道七百年史』. 제3권. 경상북도.
_______. 2005.「嶺南文集의 文獻的 硏究」. 영남대학교 대학원. 2005. 6.
鄭來成 編.『淸州鄭氏世譜』(목활자본, 1827년). 권1.
鄭亨愚 · 尹炳泰 공편. 1979.『韓國冊板目錄總覽』. 한국정신문화연구원.
鄭亨愚 · 尹炳泰 공편. 1995.『韓國의 冊板目錄』. 보경문화사.
朝鮮總督府 편. 1932.『朝鮮圖書解題』. 名著刊行會.
曺偉.『梅溪先生文集』(석판본, 1928년). 권5.
千惠鳳. 1981.「麗刻本 東人之文四六에 대하여」. 성균관대학교 대동문화연구원.『大東文化硏究』. 14輯.
千惠鳳. 1990.『韓國典籍印刷史』. 범우사.
崔然柱. 2006.『高麗大藏經 硏究』. 경인문화사.
韓孝仲 編.『淸州韓氏世譜』(목판본, 1617년). 권1.

계명대학교 동산도서관 소장 한국 불교전적

남 권 희

1. 서언

이 연구는 계명대학교 도서관에 소장된 고문헌 중 불교자료만을 대상으로 전체적인 개요와 특징을 살펴본 것이다. 특히 15세기 이전까지의 刊行本에 중점을 두고 살펴봄으로써 향후 문화재 지정이나 중요자료로 활용할 때 보조적인 자료로 쓰일 것을 염두에 두었다.

한국학 분야의 원전자료를 연구하고 다루는 많은 연구자들이 이미 주지하고 있는 바와 같이 계명대학교에 소장된 고문헌은 그 양과 질에 있어서 한국의 다른 도서관이나 고서 소장처와 비교할 때 매우 중요한 위치를 점하고 있다. 전체의 고서 약 7만여책중에서 문고본은 李氏文庫 7,540책, 梧山文庫 1,542책, 又新文庫 528책, 들메문고 136책, 日靑文庫 280책, 碧梧文庫 30책 등으로 15%의 점유에 지나지 않지만 중요한 자료들이 상대적으로 많이 분포되어 있다.

그 중에서도 풍부한 족보자료를 통하여 문중과 가계연구는 물론 지방사연구의 바탕이 되는 각종 데이터를 제공하는데 도움이 되고 있으며 1982년에 당시 대구지역의 유명한 소장가였던 李仁哉씨의 소장자료가 바탕이 된 李氏文庫는 서지학적으로 중요한 자료를 많이 포함하고 있어서 고려시대의 불교자료를 비롯하여 조선전기의 문집자료중의 일부가 이미 국가문화재로 지정되어 그 가치를 높이고 있다.

일반적으로 도서관 장서, 특히 고문헌자료를 대상으로 한 연구는 개별문헌의 서지적 가치 평가나 주제 분야 연구에 있어서 학문적 중요성의 검토와 더불어 그 자료들이 수집되고 관리될 때까지의 전래과정과 전체 집서로서의 특징, 관련 인물 등도 함께 다루어지는 것이 필수적이다. 또 여기서 다루는 자료들은 과제 수행상 주제, 종수, 복제물의 제공 등에 있어서 여러 가지 주어진 조건의 제약으로 개별 자료에 한하여 서지적 특징을 제한적으로 다룰 수밖에 없었음을 미리 밝혀둔다.

또 朝鮮前期에 간행된 刊經都監 版本과 寺刹刊本에 포함되는 佛經 언해본은 국어학분야 및 문화재지정본의 연구와 중복되므로 제외하였다.

2. 계명대학교 동산도서관 소장 고려시대 자료

1) 大藏經

(1) 初雕大藏經 5種

소장된 초조대장경은 李氏文庫에 소장되어 있으며 종류는 ① 佛說

十地經, 卷三 ② 大丈夫論, 卷上 ③ 集大乘相論, 卷下 ④ 佛說興起行經, 卷上 ⑤ 阿毘達磨大毘婆沙論, 卷三十八의 5종으로 모두 軸에 감겨진 권자본 형태이며 11-12세기에 간행되었을 것으로 추정된다.

① 佛說十地經, 卷三

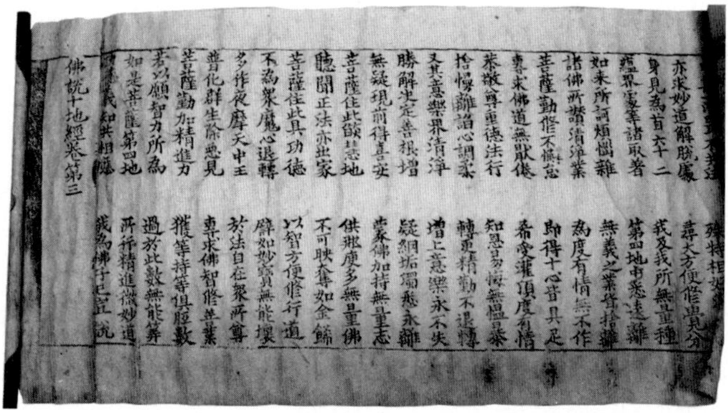

尸羅達磨가 번역한 『佛說十地經』은 산스크리트어로는 Daśabhūmika Sūtra이고, 십지경으로 불리기도 하며, 전체 9권 중 계명대 소장본은 卷第三이다. 화엄경에서 독립시킨 경전으로 부처가 보살의 수도단계 열 가지, 즉 10地 또는 10住에 대하여 설명한 경전이다.

계명대학교 소장본 초조대장경 『佛說十地經』을 재조대장경과 대조하여 보면 서지적 차이는 물론 내용에 있어서도 부분적으로 달리 나타난다. 먼저 저자사항의 표기에서 '大唐于闐三藏沙門 尸羅達磨 於北庭龍興寺 譯'에서 앞부분의 '大唐'이 빠져있다. 장차는 초조본에는 '十地經第○ 第○幅' 이라고 표시되어 있으나, 재조본에는 '十地經卷第○

第○張'으로 되어 있다. 장차의 표시에 있어서 약간의 차이는 있으나 일반적으로 초조대장경에서는 '丈'자로 표기되어 있는 점이 다르다. 대표적인 異字로 '惠'字가 '慧'字로 표기되며, 초조본에 없는 내용을 재조본에서 교감해서 보충하여 넣은 부분들 때문에 제7, 14, 16, 17, 19장에서 한 행씩 밀려진 것을 볼 수 있다. 재조대장경의 특징 중 권말에 기록된 '대장도감에서 명을 받아 이루어졌다'는 간행사항에 대한 기록이 조사대상의 초조대장경에서는 일반적인 초조본의 특징과 같이 보이지 않는다.

형태적인 면에서 지질도 당시의 것이며 축의 끝도 붉은칠을 하고 燕尾의 형태로 본문의 끝을 마무리해서 풀칠한 것이다.

〈『佛說十地經』의 형태〉

張數	匡高	紙高	紙幅	비고
2장	21.9㎝	29.2㎝	47.1㎝	부분파손, 배접

〈初雕本과 再雕本의 本文校勘 例示〉

面數	行數	初雕本(계명대)	再雕本(해인사)
1장	2	[ ]子闐三藏沙門尸經達磨於北庭龍興寺	大唐子闐三藏沙門尸經達磨於北庭龍興寺
1장	12	慧	惠
6장	9	神	佛
6장	17	끝자 '若'가 재조본 첫 자로 이동	
7장	6	刧[及成壞劫及]至	刧[ ]至
7장	7	5번째자까지 6행으로 이동	
7장	10	2~3행사이 劫乃/…千俱 삽입	
7장	11	11번째자 '姓'	生
7장	13	끝자가 14행으로 이동	
13장	5	5번째자 '聡'	廳

14장	16	1번째자 '憂'가 15행으로 이동	
14장	16	法[ ]觀	法住循法觀
14장	16	끝에서 두자가 17행으로 이동	
16장	5	廻-滅 전체 탈락	
16장	14	6번째자 '發'	證
16장	15	12번째자 '綠'	緣
17장	18	8-9번째자 '非道' 탈락	
17장	19	1번번째자 '善'이 18행으로 이동	
19장	9	1번째자 '作'이 8행으로 이동	
20장	9	尊[ ]德	尊重德
20장	23	4번째자 '智'	知
21장	권말제	乙巳…雕造… 탈락	

② 大丈夫論, 卷上

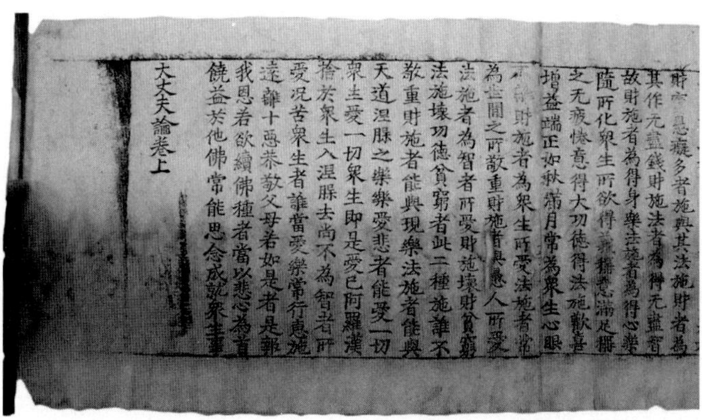

『大丈夫論』은 인도의 학승 提婆羅가 저술한 것을 5세기 중엽 중국의 학승 道泰가 번역한 모두 29품으로 구성된 경전으로 전체는 상·하 2권

으로 되어 있다.

『大丈夫論』은 이름 그대로 대장부에 대해 설명한 경전으로 보살의 보시, 자비심, 지혜, 보리, 발원에 대해서 설하고 있으며, 대장부는 자기 자신뿐만 아니라 모든 중생을 구하려는 자비심을 가지고 지혜를 닦고 보시를 하여야 한다고 주장하고 있다.

소장본인 上卷에서는 施勝品을 비롯한 14개의 품으로 구성되어 있다. 책의 상태는 앞부분의 제4~5장이 褙接되어있고 본문중에는 損傷된 부분과 水浸으로 얼룩진 곳이 많고 본문의 글자도 간혹 磨耗와 脫劃이 자주 보인다.

落張 : 1~3장, 마지막장 板首題 없음, 燕尾
軸 : 길이 30.5㎝, 朱漆, 지름 0.9㎝,
楮紙 : 세로발끈 폭 4㎝
13字 : 6丈 10行, 15字 : 6丈 11行, 16丈 20行, 17丈 12行
5丈 : 길이 47.2㎝, 匡高 21.8㎝, 紙高 29.0㎝

본문중 1~3장이 缺落되어 있어서 완전한 내용을 알 수 없으나 형태적인 면에서 지질도 당시의 것이며 축의 끝도 붉은 칠을 하고 燕尾의 형태로 본문의 끝을 마무리해서 풀칠한 것이다.

<재조본과의 교감내용 예시>

• 이동 : 초조본 9장 8행 끝자 '其'가 재조본에는 9행 첫 자로 이동하는 등과 같은 현상이 11번 나타난다.
• 추가 : 초조본 4장 12행 중 '如飢施[ ]好[ ]菩薩'라는 부분이 재조본에

서는 '如飢施與好食菩薩'으로 글자가 추가 되는 것과 같은 현상이 12번 나타난다.

- 탈락 : 초조본 6장 16행에서는 '如飮甘露者'부분이 재조본에서는 '如飮甘露[ ]'으로 글자가 탈락되는 현상이 나타난다.
- 오자 : 초조본 8장 18행에 있는 '語'자가 재조본에서는 '諸'자로 바뀌는 등과 같은 현상이 10번 나타나고 있다.
- 피휘 : 초조본 24장 6행의 '竟'자가 재조본에서 피휘되고 있다.

③ 集大乘相論, 卷下

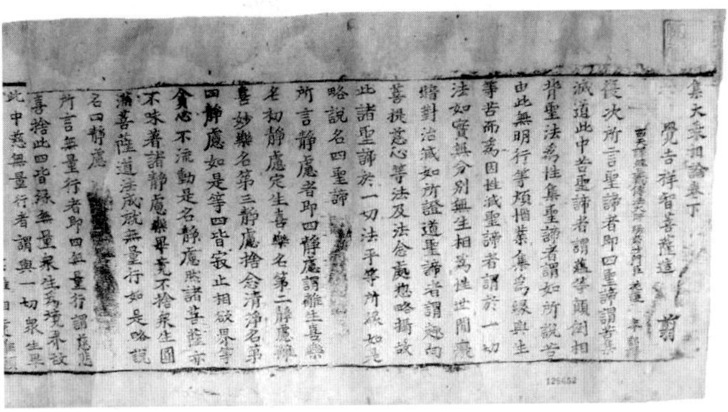
集大乘相論卷下
覺吉祥智菩薩造
復次所言聖諦者即四聖諦謂苦集
滅道此中苦聖諦者謂蘊等顛倒相
背聖法為性集聖諦者謂如所說苦
由此無明行等煩惱業集為緣與生
等苦而為因性滅聖諦者謂於一切
法如實無分別無生相為性世間處
增對治滅如所證道聖諦者謂趣向
菩提意心等法及法念處總略攝故
此諸聖諦於一切法乎等所緣如是
略說名四聖諦
所言靜慮者即四靜慮謂離生喜樂
名初靜慮定生喜樂名第二靜慮離
喜妙樂名第三靜慮捨念清淨名第
四靜慮如是等四皆寂止相欲界等
貪心不流動是名靜慮然諸菩薩亦
不味著諸靜慮樂畢竟不捨衆生圓
滿菩薩道法成就無量行如是略說
名四靜慮
所言無量行者即四無量行謂慈悲
喜捨此四皆緣無量衆生為境界故
此中慈無量行者謂與一切衆生樂

覺吉祥智가 짓고 11세기초 인도 학승인 施護가 번역한 『集大乘相論』은 2권으로 구성되어 있고, 대승 불교 교리의 요체를 집대성한 논저이다. 여기에서는 일체법을 설교의 요구에 따라 구분한 5蘊, 12處, 18界, 12緣生, 10波羅蜜, 10地, 18空, 37菩提分, 4聖諦, 4靜慮, 4無量心, 4無色定, 8解脫, 入觀, 次第, 3解脫門, 6神通, 陀羅尼門, 10力, 4無畏, 4無礙解, 大慈大悲, 18不共法, 4聲聞果, 眞如, 無相, 法界 등의 교리들을 차례로

간략하게 해석하였다.

계명대학교 소장본 초조대장경 『大乘相論』을 재조대장경과 대조한 결과 주로 나타나는 차이점은 제3장 8행의 '請'이 재조본에서는 '淸'으로 고쳐지고, 제5장 22행의 '徧'이 재조본에서는 '遍'으로 고쳐져 있다. 또 異体字의 예는 '著'자가 재조본에서는 '着'으로 모두 고쳐져 있고 그밖에 行의 이동이나 추가 등은 보이지 않는다.

〈『集大乘相論』의 형태〉

張 數	匡 高	紙 高	紙 幅	비고
1장	21.0cm	29.0cm		
2장	21.1cm	29.0cm	48.8cm	
3장	20.7cm		48.6cm	
4장	20.0cm		49.4cm	
5장	20.8cm		48.8cm	

④ 佛說興起行經, 卷上

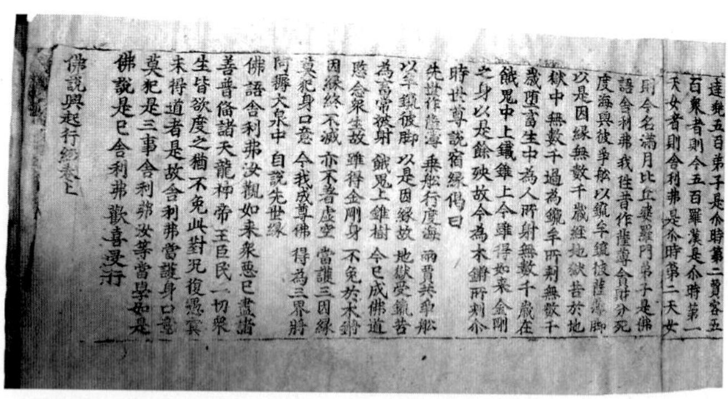
達兜五百弟子是爾時第二賈客五
百衆者則今五百羅漢是爾時第一
天女者則舍利弗是爾時第二天女
則今名滿月比丘婆羅門弟子是佛
語舍利弗我往昔作薩薄貪財分死
度海與彼爭船以鉾鑽彼薩薄脚
以是因緣無數千歲經地獄苦於地
獄中無數千過爲鉾所刺無數千
歲墮畜生中爲人所射無數千歲在
餓鬼中上鐵錐上今雖得如來金剛
之身以是餘殃故今爲木鎗所刺爾
時世尊說宿緣偈曰
先世作薩薄　乘船行度海　而貫共爭船
以鉾鑽彼脚　以是因緣故　地獄受痛苦
爲畜常被射　餓鬼上鐵樹　今已成佛道
慇念衆生故　雖得金剛身　不免於木鎗
因緣終不滅　亦不著虛空　當護三因緣
莫犯身口意　今我成尊佛　得爲三界將
阿耨大泉中　自說先世緣
佛語舍利弗汝觀如來衆惡已盡諸
善普備諸天龍神帝王臣民一切衆
生皆欲度之猶不免此對況復愚冥
未得道者是故舍利弗當護身口意
莫犯是三事舍利弗汝等當學如是
佛說是已舍利弗歡喜受行
佛說興起行經卷上

2세기말 강거국의 학승 康孟詳이 번역한 경전으로 『十緣經』, 『嚴誡宿緣經』으로도 불리고 있으며, 上·下 2권으로 이루어져있다. 『佛說興起行經』이란 사람이 재난을 가져오는 행동을 왜 하게 되는지에 대해 부처가 설명한 경이라는 뜻이다. 이 경은 10개의 짧은 경들로 구성되어 있는데 상권은 6부분, 하권은 4부분으로 나누어져 있다.

上卷에서는 부처가 손타리의 전생의 인연에 대해서 설교한 『佛說孫陀利宿緣經』, 부처가 사미발의 전생의 인연에 대해서 설교한 『佛說奢彌跋宿緣經』, 부처가 두통을 앓게 된 전생의 인연에 대하여 설교한 『佛說頭痛宿緣經』, 부처가 뼈마디가 쏘는 병을 얻게 된 내력에 대하여 설교한 『佛說骨節煩疼因緣經』, 부처가 잔등이 아픈 병을 앓게 된 전생의 인연에 대하여 설교한 『佛說背痛宿緣經』, 부처가 나무창에 발을 찔리게 된 인연에 대하여 설교한 『佛說木槍刺脚因緣經』의 6부분으로 구성되어 있다.

전체 27丈, 函次: 籍, 제1장 缺落, 2~3장 褙接
板首題: 興起行經, 上 第二丈, 마지막장 판수제는 없음
軸의 지름 : 0.9㎝, 朱漆, 軸의 길이 30.3㎝, 燕尾있음
楮紙: 세로 발끈 폭이 보이지 않거나 5㎝, 2種 이상의 종이가 섞임
紙高: 29.4㎝, 匡高 : 21.2㎝(2丈), 紙幅 : 46.8㎝
2丈 20行: '敬'자 避諱, '誹'자 脫劃
4丈: 匡高 22.1㎝
24丈: 匡高 22.2㎝, 全幅(46.4㎝)
11·17丈: 먹 번짐
14丈: 상단부 마모 심함
17丈: 11행 '以'자 脫劃, 여러 글자에서 탈획현상 나타남

일본 南禪寺에 동일본이 소장되어 있는데 계명대 소장『佛說興起行經』에 缺落된 1장이 남아있는 온전한 경전이다. 두루마리 형태의 초조본을 5행씩 折帖의 형태로 改裝하였고, 권수부분의 1장이 缺落된 계명대 소장본에서 확인할 수 없었던 고려 函次는 '籍'이며 그 위에는 일본 南禪寺 함차인 '甚'자를 墨書로 추가하여 기록해 놓았다.

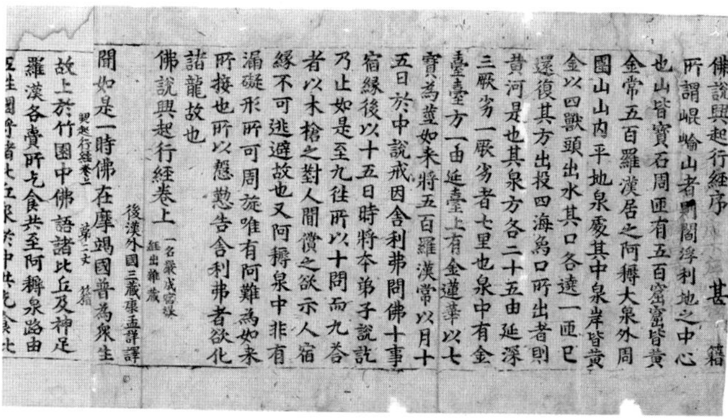
佛說興起行經序 甚 籍
所謂崐崘山者則閻浮利地之中心
也山皆寶石周匝有五百窟窟皆黃
金常五百羅漢居之阿耨大泉外周
圍山山內平地泉處其中泉岸皆黃
金以四獸頭出水其口各遶一匝已
還復其方出投四海爲口所出者則
黃河是也其泉方各二十五由延深
三厥劣一厥劣者七里也泉中有金
臺臺方一由延臺上有金蓮華以七
寶爲莖如來將五百羅漢常以月十
五日於中說戒因舍利弗問佛十事
宿緣後以十五日時將本弟子說訖
乃止如是至九往所以十問而九答
者以木槍之對人間償之欲示人宿
緣不可逃避故也又阿耨泉中非有
漏礙形所可周旋唯有阿難爲如來
所接也所以慇懃告舍利弗者欲化
諸龍故也
佛說興起行經卷上 一名嚴戒宿緣經出雜藏
後漢外國三藏康孟詳譯
聞如是一時佛在摩竭國普爲衆生
故上於竹園中佛語諸比丘及神足
羅漢各齎所乞食共至阿耨泉路由
[illegible]

〈남선사 소장『佛說興起行經』卷上의 권수부분〉

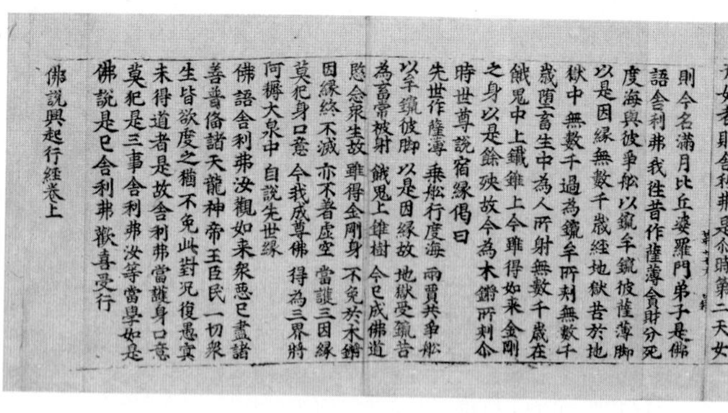
天女者則舍利弗是佘時第二天女
則今名滿月比丘婆羅門弟子是佛
語舍利弗我往昔作薩薄會財分死
度海與彼爭財以鐵鉾鑽彼薩薄脚
以是因緣無數千歲經地獄昔於地
獄中無數千過爲鐵鉾所刺無數千
歲墮畜生中爲人所射無數千歲在
餓鬼中上鐵鉾上今雖得如來金剛
之身以是餘殃故今爲木鎗所刺佘
時世尊說宿緣偈曰
先世作薩薄 乘船行度海 兩賈共爭船
以鉾鑽彼脚 以是因緣故 地獄受痛苦
爲畜常被射 餓鬼上鉾樹 今已成佛道
愍念衆生故 雖得金剛身 不免於木鎗
因緣終不滅 亦不著虛空 當護三因緣
莫犯身口意 今我成尊佛 得爲三界將
阿耨大泉中 自說先世緣
佛語舍利弗汝觀如來衆惡已盡諸
善普備諸天龍神帝王臣民一切衆
生皆欲度之猶不免此對況復愚冥
未得道者是故舍利弗當護身口意
莫犯是三事舍利弗汝等當學如是
佛說是已舍利弗歡喜受行
佛說興起行經卷上

〈남선사 소장『佛說興起行經』卷上의 권말부분〉

〈재조본과의 교감내용 예시〉

- 이동 : 초조본 2장 2행의 첫 자 '故'가 재조본에서는 1장의 끝자로 이동하는 것과 같은 현상이 65 차례 나타나고 있다.
- 추가 : 초조본 4장 3행의 '自說[ ]乃爲' 부분이 '自說家事乃爲'로 바뀌는 등 추가되는 부분이 14곳에서 나타난다.
- 탈락 : 1장이 탈락하여 없고, 4장 19행 '可尒[時]廰相' 부분이 재조본에서는 '可尒廰相'으로 탈락되는 현상이 3번 나타나고 있다.
- 오자 : 초조본 4장 8행의 '復本[坐]阿'부분에서 재조본에서 '復本座阿'으로 바뀌는 등 이러한 현상이 38번 나타난다.
- 피휘 : 초조본 2장 19행의 '敬'자가 재조본에서는 피휘로 나타나고 있다.
- 낙장 : 1장이 낙장되었다.
- 삭제 : 재조본 7장 9행에 있는 '左脇出水右脇出火或腹前出' 부분은 초조본에서는 삭제되고 없다.

⑤ 阿毗達磨大毘婆沙論, 卷三十八

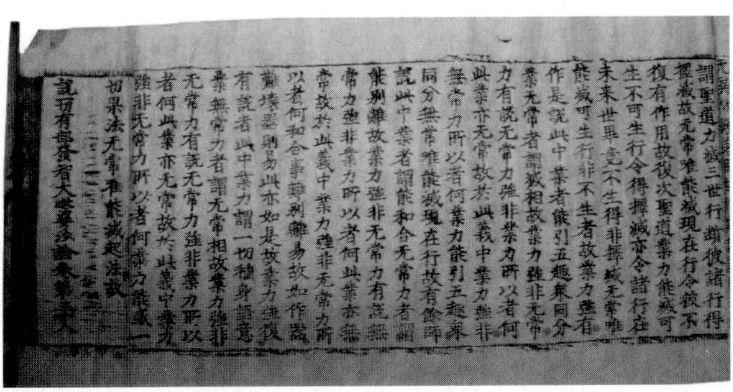

인도의 비구 500명이 한 곳에 모여 편집한 것을 7세기 중엽 당나라 학승 현장이 번역한 『阿毗達磨大毗婆沙論』은 불교의 교리를 상세히 해석한 것이라는 뜻을 가지고 있다.

이 경전은 일체유부의 대표적인 논서인 『阿毘達磨發智論』를 기본 바탕으로 하여 해석한 책이다. 옛부터 본 논서는 迦葉彌羅派 유부의 주장을 담고 있는 대표적인 문헌으로서 후대에 등장한 수많은 아비달마 논서의 표본이 되기도 하였다. 그리고 이 책의 다른 번역본으로는 도태 등이 번역한 『阿毘曇毘婆沙論』 60권이 있다.

이 논서의 38권은 사물의 발생, 소멸 그리고 번뇌에 대한 교리를 설교하였고 모든 구성요소는 과거, 현재, 미래에 걸쳐서 변함없이 항상 존재하는 일체유부의 교리로 설교하고 있다.

著者事項 : 三藏法師 玄奘 譯, 函次 : 惻
紙高 : 21.0㎝ (第1張 기준), 匡高 : 21.0㎝ (第1張 기준)
紙幅 : 45.5㎝ (第1張 기준)
卷次 : 卷第三十八, 形態 : 卷子本
張數 : 23張, 行字數 : 23行 14字
紙質 : 楮紙, 세로발끈 폭 : 2.7cm, 軸 : 있음
卷末題 : 說一切有部發智大毘婆沙論 卷第三十八, 板首題 : 無

이 책의 보존 상태중 권말의 판수제는 보이지 않고, 인쇄상태는 먹의 뭉침이 보이고 뒷장에 먹이 배어 나왔으며, 물이나 습기에 젖은 흔적이 있다. 매 장의 중앙부에 훼손부분이 있고 마지막 권말부분에 축에 말기 위하여 印出紙를 燕尾 형태로 만들었다.

<『阿毗達磨大毘婆沙論』의 형태>

張數	匡高	紙高	紙幅
1장	21.0cm	29.4cm	
2장	20.6cm	29.2cm	45.2cm
3장	20.4cm		45.8cm

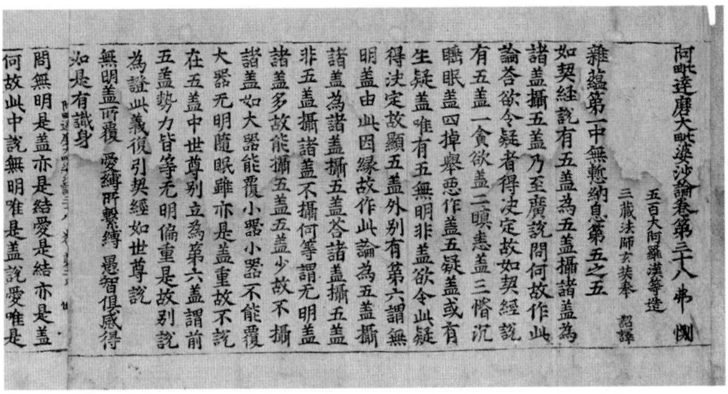

阿毗達磨大毗婆沙論卷第三十八
五百大阿羅漢等造
三藏法師玄奘奉 詔譯
雜蘊第一中無慚納息第五之五
如契経說有五蓋為五蓋攝諸蓋為
諸蓋攝五蓋乃至廣說問何故作此
論答欲令疑者得決定故如契經說
有五蓋一貪欲蓋二瞋恚蓋三惛沉
睡眠蓋四掉舉悪作蓋五疑蓋或有
生疑蓋唯有五無明非蓋欲令此疑
得決定故顯五蓋外别有第六謂無
明蓋由此因縁故作此論為五蓋攝
諸蓋為諸蓋攝五蓋答諸蓋攝五蓋
非五蓋攝諸蓋不攝何等謂无明蓋
諸蓋多故能攝五蓋五蓋少故不攝
諸蓋如大器能覆小器小器不能覆
大器无明隨眠雖亦是蓋重故不說
在五蓋中世尊别立為第六蓋謂前
五蓋勢力皆等无明偏重是故别說
為證此義復引契經如世尊說
無明蓋所覆 愛縛所繫縛 愚智俱感得
如是有識身
問無明是蓋亦是結愛是結亦是蓋
何故此中說無明唯是蓋說愛唯是

<남선사 소장 『阿毗達磨大毘婆沙論』 卷38의 권수부분>

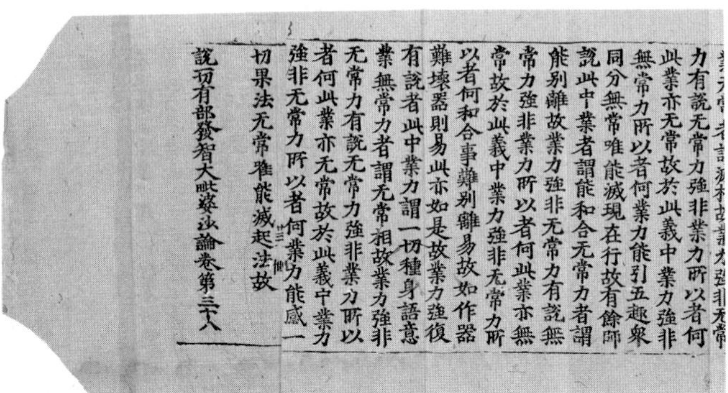

力有說无常力強非業力所以者何
此業亦无常故於此義中業力強非
無常力所以者何業力能引五趣衆
同分無常唯能滅現在行故有餘師
說此中業者謂能和合无常力者謂
能别離故業力強非无常力有說無
常力強非業力所以者何此業亦無
常故於此義中業力強非无常力所
以者何和合事難别離易故如作器
難壞器則易此亦如是故業力強復
有說者此中業力謂一切種身語意
業無常力者謂无常相故業力強非
无常力有說无常力強非業力所以
者何此業亦无常故於此義中業力
強非无常力所以者何業力能感一
切果法无常唯能滅起法故
說一切有部發智大毗婆沙論卷第三十八

<남선사 소장 『阿毗達磨大毘婆沙論』 卷38의 권말부분>

일본 南禪寺에는 동일본이 소장되어 있으며 두루마리 형태의 초조본을 5행씩 折帖의 형태로 改裝하였고, 권수부분에 高麗 函次 '惻'字 위에 일본 남선사 함차인 '佛'자를 墨書로 기록해 놓았다. 권말에는 절첩본으로 개장하기 전 두루마리본의 흔적을 보여주는 燕尾 形態가 남아있다.

<재조본과의 교감내용 예시>

- 추가 : 초조본 10장 23행에 있는 '隨眠[ ]增' 부분이 재조본에서는 '隨眠隨增'로 글자가 추가되고 있다.
- 오자 : 초조본 3장 13행에 있는 '五盖[荅]諸' 부분이 재조본에서는 '五盖合諸'로 이체자가 나타나는데, 이러한 현상이 5번 나타난다.
- 탈락 : 초조본 8장 7행에서 '相聲[耳]說' 부분이 재조본에서 '相聲說'로 바뀌면서 탈락현상이 나타난다.

⑥ 初雕大藏經의 成立

高麗時代에 이르러 동양에서 문명국의 위치는 불교문화의 수준에 따라 좌우되어 北宋에서 처음으로 거질의 開寶勅版 大藏經을 開板한 후, 8년 뒤 成宗 10年(991)에 고려로 전래되었다. 불교 국가였던 高麗는 이를 바탕으로 판하본을 다시 쓰고 목판에 새겨 대장경을 갖춤으로써 불교문화국의 면모를 갖추고자 하였다.

그러는 가운데 契丹의 외침이 빈번하게 일어나고, 그 국난은 몽고의 침입시 李奎報가 찬한 『大藏刻板君臣祈告文』에도 나타나 있듯이 대장경 판각에 의하여 불력으로 위기를 타개하고자 하였다. 이와 같이 대장경의 판각은 문화국으로서의 위력을 이웃나라에 선양코자 했음은 물론, 특히 신앙으로 당시 당면한 국난을 극복하고자 하는 발원에서 顯宗 2年

(1011)무렵에 착수된 것이 바로 初雕大藏經의 板刻이다. 하지만 초조대장경이 국난극복의 목적이 아니라 顯宗이 부모의 명복을 빌기 위하여 玄化寺를 창건하고 이 절에 부모의 追善을 위하여 많은 장경을 간행했으며 그 사업의 일환으로 초조대장경을 조조했다[1]는 주장도 있다.

初雕本의 판각에는 주로 宋本이 밑바탕이 되었으나, 한편 契丹大藏經에 의한 것도 적지 않게 편입되었다.[2] 顯宗이후 가장 활발한 대장경 간행을 보인 때는 文宗시기였다. 義天이 찬한 『大宣王諸宗敎藏雕印疏』에서 '顯宗은 五千軸의 秘藏을 雕造하고, 文考(宗)은 千萬頌의 契經을 雕鏤했다[3]라고 하였다. 이들 기록으로 보아 초조대장경은 顯宗朝와 文宗朝에 집중적으로 이루어진 것으로 추정된다. 그 마무리는 文宗 말년에 들어온 경전을 추가로 새기는 작업이 宣宗 4年(1087)에 와서 마치는 것으로 보아 초조대장경의 조조 시기는 宣宗 4年에 와서야 일단락 되었다.

⑦ 初雕大藏經의 특성과 체제

初雕大藏經이 지니고 있는 특성을 살펴보기 위해서는 바탕이 된 底經과의 관계부터 살펴보아야 할 것이다. 初雕大藏經의 底經은 주로 北宋版과 契丹版이며 그 중에서도 대부분이 北宋版 기준으로 조성되었음이 여러 측면에서 입증되고 있고 또 대부분이 宋本을 底經으로 했다는 것은 주로 그 본문을 많이 받아 들였음을 뜻하며, 형태적인 면에서도

---

1) 文暻鉉. 1991.「高麗大藏經 雕造의 史的 考察」.『佛敎와 歷史 李箕永博士 古稀紀念 論叢』. 韓國佛敎硏究院. 477쪽.
2) 千惠鳳. 2000.『고려시대연구Ⅱ』. 한국정신문화연구원. 282∼284쪽.
3) 義天.『大覺國師文集』卷15.

영향을 많이 받았다.

형태적인 면에 있어서 현존의 초조대장경들은 卷首題와 卷次 그리고 函次가 刻入되어 있고 다음 행에는 造·譯者名이 표시되어 있다. 본문은 各行이 대체로 14字이기 때문에 글자의 크기가 서로 같고, 각 장의 行數는 板 크기에 따라 차이는 있지만 주로 23행(卷首面은 22행)이다. 또 각 장에는 장 머리의 본문 밖에 題名에 이어 卷·丈·函次를 小字로 刻入하는 형식도 대체로 일치된 조건이다. 판식이 卷子本이 아니면 折帖本의 裝訂으로 各紙張을 이어 붙일 때 대부분 약서명과 권차, 함가순이 기록된 부분을 도려내어 보이지 않는다.

書體는 北宋本『御製秘藏詮』에서 볼 수 있는 歐體가 주로 기본을 이루고 있으며 다만 北宋板『佛本行集經』第 19卷에서는 그 서체가 圓筆에서 볼 수 있는 書體이며, 初藏本의『毗婆沙論』등에서는 圓筆의 넙적한 느낌의 書體 등에서 차이점이 보인다.4)

初雕大藏經의 특징 중 大型版畵의 독자적인 板刻의 예는『御製秘藏詮』의 各卷에서 本文에 5~6種의 陽刻版畵가 긴 폭의 版畵로서는 처음보는 초기의 작품중의 하나이다. 이들 소장의 판본에는 函次가 北宋藏으로 고쳐졌으며, 再雕大藏經에는 그 版畵가 없어지고 본문만 수록되어 있다.

또한 初雕本에 나타나는 避諱 缺劃된 문자는 北宋版에서 宋 太祖를 비롯한 始祖, 高祖, 曾祖, 祖, 父의 諱와, 그 諱字로 구성된 여러 글자를 兼避하기 위해 획을 생략한 문자를 말하는 것으로 현재 초조대장

4) 千惠鳳. 1990.『韓國典籍印刷史』. 凡友社. 60쪽.

경에서는 '玄·敬·警·竟·境·鏡'字 등이 있는데 대부분 피휘 문자의 마지막 삐침 획이 없다. 그러나 避諱 缺劃이 있는 '경'字라고 해서 그 諱字와 兼避誤字가 모두 省劃된 것이 아니고 완전하게 고쳐 새겨진 것이 적지 않게 섞여 있음을 주목하여야 한다. 따라서 初雕本에서는 그 缺劃을 고쳐 새기는 것을 원칙으로 하였으나 臨寫 등의 수단으로 板下本을 마련하거나 번각할 때 書寫者가 어떤 것은 무의식중에 底本대로 쓴 것을 刻手가 그대로 새겼던 것으로 보인다.

雕造 規模에 대하여는 義天이 쓴 『寄日日本國著法師求集敎藏疏』에서 『開元釋敎錄』과 『貞元續開元釋敎錄』 등을 비롯한 宋의 新譯経論을 합쳐 6천여권이라 하였다. 開元釋敎錄에 수록된 経論은 480帙 5,048卷을 포함하고, 천권에 가까운 経論은 宋 新譯経論의 一部를 비롯한 『續開元釋敎錄』과 그 이후에 入藏된 여러 목록 그리고 契丹大藏經·藏経·國內傳本 중에서 편입된 일부가 해당될 것이다. 更函에 들어있는 『大藏目錄』에 의해 수록범위를 살펴보면 天函부터 楚函까지의 570函이 되며, 再雕時 그 중에서 어느 정도의 취사가 이루어졌을 것으로 추정된다.

간기의 표시는 初雕大藏経의 경우 간기가 생략되어있으나, 再雕大藏経은 卷尾題 다음에 '○○歲高麗國大藏都監奉勅雕造'의 기록이 있거나 간기가 새겨져 있는 점이 다르다. 再雕本과 비교할 때 권말에 雕造의 간기가 생략된 것은 당시의 미묘했던 국제관계로 그 국호가 들어있는 간기를 생략하고 있다. 分司大藏都監에서의 간행기록에 관련된 판각의 수준면에서는 初雕大藏経은 北宋 開寶勅板 大藏経, 契丹大藏経, 貞元入藏諸経論, 宋의 新譯経論 및 國內傳本을 활용하여 판각하였고 그 開板에 있어서는 北宋 開寶勅板의 每行 14字 形式에 기초하여 板下本를 마련하여 새기거나 번각하였으며, 그 판각기법이 아주 정교하고 字體가 정연한 것으로 평가받고 있다.

(2) 再雕大藏經 2種

① 大藏目錄, 1冊(卷上)

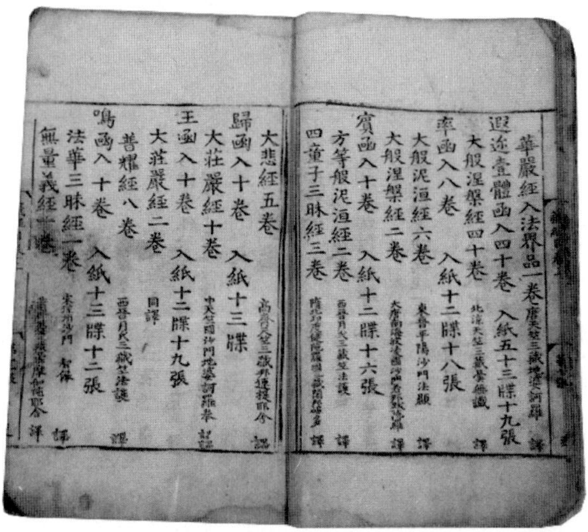
華嚴經入法界品一卷
遐迩壹體函入四十卷 入紙五十三牒十九張
大般涅槃經四十卷
率函入八卷 入紙十二牒十八張
大般泥洹經六卷
大般涅槃經二卷
賓函入十卷 入紙十二牒十六張
方等般泥洹經二卷
四童子三昧經三卷
大悲經五卷
歸函入十卷 入紙十三牒
大莊嚴經十卷
王函入十卷 入紙十二牒十九張
大莊嚴經二卷
普耀經八卷
鳴函入十卷 入紙十三牒十二張
法華三昧經一卷
無量義經一卷

이 책은 고려대장경 正藏의 목록으로, 千字文의 순으로 函에 들어가 있는 불전의 이름, 권수, 역자 및 저자를 밝히는 형식을 취하고 있다. 고려대장경의 내용과 구성, 편찬 형식과 체제를 일목요연하게 알려 주는 귀중한 자료이다.

更函에 入藏되어 있으며 그 함차순에 따라 재조본 이전에 완성된 初雕大藏經 目錄의 근거가 되는 것으로 알려져 있다. 즉 更函 앞의 天~楚函까지 570函에 대한 것으로 볼 수 있다.

특히 天~英函까지는 중국의 目錄으로 『開元釋敎錄』를 기본으로 구성되었고, 그 뒤부터는 契丹版, 宋朝大藏經, 國內傳本 등을 일정한 체계 없이 입수되는 대로 간행하여 目錄에 추가적으로 편입시킨 것이다.

현재 유통되거나 다른 기관에 소장된 조선후기부터 20세기 인출본 등 일부 판본이 있으나, 계명대본은 紙質과 印出의 상태로 미루어 볼 때 조선 전기의 印出本으로 추정된다.

② 維摩詰所說經, 3卷 1冊

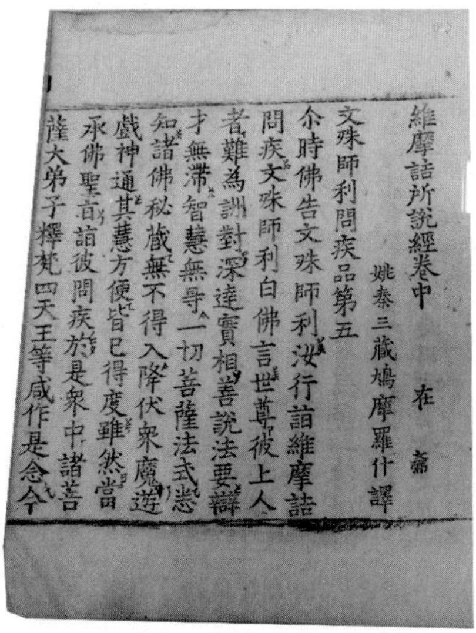

維摩詰所說經卷中
姚秦三藏鳩摩羅什譯
文殊師利問疾品第五
尒時佛告文殊師利汝行詣維摩詰
問疾文殊師利白佛言世尊彼上人
者難為訓對深達實相善說法要辯
才無滯智慧無㝵一切菩薩法式悉
知諸佛秘藏無不得入降伏衆魔遊
戲神通其慧方便皆已得度雖然當
承佛聖旨詣彼問疾於是衆中諸菩
薩大弟子釋梵四天王等咸作是念今

이 책은 鳩摩羅什이 번역한 것으로 재조대장경에서는 '存'函에 들어 있고 권말의 간기에는 '壬寅歲 高麗國 大藏都監 奉勅彫造'의 기록이 있다. 지질과 인출의 상태로 볼 때 조선 후기에 인출한 것으로 추정된다.

반야 사상을 바탕으로 한 가장 대표적인 대승 경전으로 꼽히는 이 경은 대승 보살의 실천도를 중시하고, 정토 사상이 반영되어 있다. 흔히 '불가사의한 해탈의 法門'이라 부르기도 하는데 예로부터 가장 많이 읽히고 인용되는 경전이다. 책의 구성은 구마라습과 현장의 번역본 모두 3分 14품으로 구성되어 있고, 티베트어 본은 12품으로만 나뉘어 있으나 그 내용은 유사하며, 경전 내용의 전통적인 분석 방식에서 서론, 본론, 결론은 각각 序分, 正宗分, 流通分으로 나누어져 있다. 이에 따라 전체 3권을 분석하면 서분은 제1 불국품부터 제4 보살품까지, 정종분은 제5 문질품부터 제12 관여래품까지, 유통분은 제12 관여래품부터 제14 촉루품까지이다.

다만 경전 구성에 따르면, 상권에는 제1 불국품에서 제4 보살품까지, 중권에는 제5 문수사리문질품에서 제9 입불이법문품까지, 하권에는 제10 향적불품에서 제14 촉루품까지 담겨져 있다. 편협한 소승에서 벗어나 대승 사상을 실제 생활에서 실천하는 것이 최상의 불도 수행의 길이라는 유마힐의 논변을 통하여 대승 불교의 재가주의를 주장하는 것이다.

후대에 이르러 화엄종이나 三論宗, 그 밖에도 天台宗과 禪宗에 이르기까지 유마경은 각 종파의 중심 경전으로 읽혀져 왔고 수많은 해설서가 만들어진 경전으로 在家主義만을 주장하는 것에 그치지 않는다.

③ 再雕大藏經의 간행배경

고려시대는 국초부터 거란족과 여진족의 외침에 이어 高宗 때에는 蒙

古族이 침략하여 끊임없이 외침에 시달렸다. 高宗 18年(1231)에 몽고군이 국도 松京에 육박해 오자 하는 수 없이 조정은 그 다음해인 19年(1232) 江華로 피난하여 임시 수도로 삼고 외침에 대항하였다. 그 때 初雕大藏經板은 大邱 부근의 符仁寺에 간직되어 있었으나 살리타이가 이끄는 몽고군의 침략으로 소실되고 말았다. 하지만 초조대장경의 소실은 몽골군의 침략과 그들의 방화에 의한 것이 아니고, 사찰의 수탈에 대한 불만이 누적되어 있었던 고려인에 의하여 실화 혹은 방화로 소실되었다[5]는 견해도 있다. 이에 顯宗이 호국과 국위선양을 목적으로 조성한 나라의 큰 보배가 일시에 소실됨으로 인해 받은 충격은 컸으며, 그 외침을 물리치기 위해서는 또 다시 대장경을 雕造하여 佛力의 수호를 비는 것이 최상의 방책이라 생각했으며 또한 국가적인 목표를 설정하여 흐트러진 민심을 수습하고 반대세력을 통제하는 목적도 겸하여[6] 새 대장경을 새길 계획을 세워 거국적으로 발원하였다. 이러한 大藏經 조판작업에는 佛教界의 협조가 중요하였으므로 法相宗과 華嚴宗 계통이 당시의 大藏經 雕造事業에 관여하였을 것으로 보고 있다.[7]

마침 顯宗 때 初雕大藏經을 제작하기 시작하면서 契丹軍이 스스로 물러간 과거의 예를 보아 정성껏 대장경을 간행하면 포악한 몽고군도 물러갈 것이라는 의도로 보는 측면과 더불어 이 또한 외적 격퇴를 위한 것이 아닌 최씨정권의 안보와 강화도 천도를 합리화시키고 정권의 收取

5) 文暻鉉.『高麗大藏經 雕造의 史的 考察』. 495∼497쪽.
6) 閔賢九. 1987.「高麗의 大蒙抗爭과 大藏經」.『高麗大藏經研究集 I』. 高麗大藏經研究會. 311∼312쪽.
7) 金光植. 1995.『高麗 武人政權과 佛教界』. 민족사. 226∼227쪽.

體系의 유지와 사상계의 장악을 위한 목적과 민심의 수습과 일체감의 강조를 위한 것이 그 목적[8]이라는 견해도 있다. 이와 같은 서로 다른 관점의 조성배경에 대한 추론이 있지만 결과적으로는 당시 亂中의 어려운 역경임에도 불구하고 마침내 다시 새길 것을 결행하여 완성시킨 것이 곧 再雕大藏經으로 현재 海印寺에 소장된 八萬大藏經이다.

④ 再雕大藏經의 雕造 事業

그 판각업무를 맡은 句當官司인 大藏都監은 국가기구이지만 전란 중 나라의 지원이 어려워 무인정부의 제 1인자인 崔怡(처음이름 : 瑀)가 운영하였던 것으로 여겨진다. 당시 板刻用 木材는 주로 남해안지역에서 선박으로 운반하여 왔으나, 거리나 수송의 어려움으로 分司를 晉州牧의 관할인 南海에 두었다.

남해안 지방 일대는 최씨일족과 그의 처남 鄭晏(처음이름 : 奮) 일가의 주된 활동 지역이었다. 특히 정안은 독실한 신불자로서 그의 사재를 희사하여 도감의 운영에 참여, 판각 사업을 전적으로 도왔다. 또한 崔怡의 아들 萬全도 沆으로 개명하고 정권을 이어 받은 高宗 36年(1249) 이후 都監의 판각 사업의 마무리를 위해 독려하였다.

崔怡가 재정문제를 책임지고 총괄을 하였다면 실제로 八萬大藏經에 올릴 經의 내용을 결정하고 새기는 과정을 총감독하고 經板을 완성시킨 사람은 開泰寺 주지 守其大師가 이 역할을 담당하였을 것으로 추정된다.

---

8) 文暻鉉. 499∼504쪽.

⑤ 再雕大藏經의 형태적인 특색

현존의 자료 중 고려시대의 간행본들은 卷子本과 切帖本의 形態이며 주로 조선시대 世祖年間의 印出本까지 그 형태가 유지되었으나 그 후의 印出本은 包背裝이나 線裝本으로 바뀌었다. 再雕大藏經을 형태서지적인 점에서 살펴보면 판면이 上下單邊에 版心이 없는 卷子本형식의 板式이고 매 줄에 14자씩 配字되어 初雕大藏經과 거의 같은 형식이다. 다만 三本 華嚴經만은 國內傳本의 유행인 한 줄에 17자 板式을 따르고 있다. 이러한 三本 華嚴經을 제외하면 그 판식과 자체가 대체로 비슷하지만, 동일서의 본문과 주를 대조하여 보면 차이가 적지 않다. 이것은 再雕大藏經이 初雕大藏經을 底本으로 삼고 宋版과 契丹版 藏經과의 대교와 더불어 각종의 釋教錄까지 범위로 하여 본문의 誤脫과 錯寫를 철저하게 교정 또는 보완한 다음 번각하였기 때문이다. 이 사실은 守其의 『高麗國新雕大藏校正別錄』에 수록된 교정과 보충한 內容을 실물자료의 對校를 통하여 확인할 수 있다.

권말에 기록 중의 하나인 간행기록은 初雕大藏經에는 간기가 없으나 再雕大藏經에는 쓰여졌고 기록내용에서도 中國의 연호를 쓰지 않고 高麗國이라는 이름과 또 황제가 쓸 수 있는 용어인 奉勅이란 단어를 사용한 것이 재조대장경의 특징이라 하겠다.

2) 官署 및 寺刹刊本

(1) 大方廣佛華嚴經疏

① 形態書誌的 分析

이 책의 크기는 折帖의 상태에서 32.5×10.8cm, 匡高는 23.5cm이며 版式註記는 四周單邊에 有界, 20行 15字, 小字는 40行 20字로 되어 있다. 그러나 1張이 4행씩 5面으로 접어져 있어서 다른 목록에서는 4행 15자로 표기되어 있다.

표지는 앞뒤가 온전히 남은 것과 일부 낙장되어 없는 것도 있으며 橡紙의 표지 중앙에 그은 金泥의 장방형 안에 經名과 卷次를 금니로 쓰고 그 위에 開法藏眞言의 부호를 표시하였다. 版心題는 '注華嚴經 [張次]'이라 되어 있으나 지금까지 밝혀진 판본 중에는 '注華嚴經 ...' 이외에도 '注花嚴經 ...' '注花嚴 ...' '注經 ...'라 새겨진 것과, 第1卷의 경우는 '玄

譚一...'도 보인다.

그리고 각 권의 권말에는 丁巳年에 경남 창원의 白月山에 있던 南白寺의 주지가 썼다는 기록과 手決이 墨書되어 있다.

한편 紙質은 도침이 잘된 楮紙에 세로 발끈이 보이지 않는 高麗 中期의 양상에 먹의 색 역시 선명하여 높은 수준의 목판인쇄술을 보여주고 있다. 그 보존의 상태와 책의 권말에 묵서된 기록에 의하여 佛腹藏되었던 것으로 판단된다.

소장된 전체의 분량은 41帖과 낙장일부가 있으며 각 책별 본문의 체제와 형식은 大字로 쓰여진 周本 華嚴經의 본문을 싣고 이어 小字로 된 注疏 부분이 반복적으로 나오고 있다. 이 판본과 거의 외형적인 형식이 같은 것으로 日本의 高山寺에 전해지고 있는 『金師子章雲間類解』[9]를 들 수가 있다.

계명대 도서관의 李代文庫에 포함된 이 책에 대하여 소장 자료의 목록과 상태를 정리하면 다음 표와 같다.

〈계명대 소장 『大方廣佛華嚴經疏』의 목록〉

번호	권차	표지유무		묵서기록유무		묵서기록		비고
		앞	뒤	1	2	1(丁巳七月…)	2(기타)	
1	4	×	○	○	○	丁巳七月日 南白寺 持任 熙(手決)	八月初三日 大乘寺 和尙主 侍奉 覺圓	판심제 : 注華嚴疏 발끈폭 : 2.8~3.2cm

9) 大屋德城. 1936. 『高麗續藏經雕造攷』. 便利堂. 136쪽. (影印本)

2	12	×	○	○	×	丁巳七月日 南白寺 持任 熙(手決)	八月初三日 大乘寺 和尙主 侍奉 覺圓	앞장 손상
3	19	×	○	○	×	丁巳七月日 南白寺 持任 熙(手決)	八月初三日 大乘寺 和尙主 侍奉 覺圓	앞장 손상
4	20	○	○	○	○	丁巳七月日 南白寺 持任 熙(手決)	癸丑孟夏日 大乘直 智膺 侍奉 覺圓	
5	26	×	○	○	×	丁巳七月日 南白寺 持任 熙(手決)		
6	33	○	○	○	×	丁巳七月日 南白寺 持任 熙(手決)		
7	37	×	○	○	○	丁巳七月日 南白寺 持任 熙(手決)	嘉靖三十一年 壬子八月日 大乘直 智膺 侍奉 覺圓	발끈폭: 2.8cm
8	40	×	○	○	○	丁巳七月日 南白寺 持任 熙(手決)	嘉靖三十三年 甲寅六月日 大乘直 智膺 披覽 侍奉 覺圓	
9	42	×	○	○	×	丁巳七月日 南白寺 持任 熙(手決)		
10	46	○	○	○	○	丁巳七月日 南白寺 持任 熙(手決)	嘉靖三十三 甲寅仲秋日 大乘 持任 智膺「猂」看此經 侍奉 覺圓	
11	49	×	○	○	○	丁巳七月日 南白寺 持任 熙(手決) 一衆	壬子八月日 始覽 持任 智應	
12	51	×	○	○	○	丁巳七月日 南白寺 持任 不昧(手決)	壬子八月日 大乘直 智膺 侍奉 覺圓	
13	54	○	○	○	×	丁巳七月日 南白寺 持任 熙(手決)一衆		
14	55	○	○	○	○	丁巳七月日 南白寺 持任 熙(手決)	癸丑季春日 大乘直 智膺 侍奉覺圓	
15	57	×	○	○	○	丁巳七月日 南白寺 持任 熙(手決)	壬子八月日 大乘持任 智膺 愡覽披覽 侍奉 覺圓 炊飯供	

16	61	×	○	○	○	丁巳七月日 南白寺 持任 熙(手决)	癸丑八月日 大乘持任 智膺 侍奉 覺圓	
17	62	○	○	○	○	① 丁巳七月日 南白寺 持任 熙(手决) ② 壬子八月日 持任 智膺(手决) ③ 癸丑 仲秋日 大乘直 智膺 侍奉 覺圓		묵서기록 3개
18	65	○	○	○	○	丁巳七月日 南白寺 持任 熙(手决)	癸丑八月日 大乘持任 智膺 侍者 覺圓	뒷표지묵서
19	69	○	○	×	○		癸丑六日 大乘直 智膺 侍奉 覺圓	
20	71	○	○	×	○		癸丑孟夏日 大乘直 智膺 侍奉 覺圓	앞표지파손
21	72	○	○	×	○		癸丑孟夏日 大乘持任 智膺 侍奉 覺圓	발끈폭 : 2.8cm
22	77	×	○	×	○		壬子八月 到此 大乘持任 智膺 三冬月覽	앞표지파손
23	81	×	○	×	×			
24	82	×	○	×	○		壬子八月日 大乘持任 智膺 侍奉 覺圓	
25	86	×	○	×	○		壬子八月日 大乘 持任 智膺 侍奉 員 掌務 性默	묵서기록 작음
26	91	×	○	×	×			판수제: 注經九十一
27	94	×	○	×	×			
28	95	×	○	×	○		癸丑八月日 大乘 智應 奉膺覺圓	판수제: 花嚴九十五
29	97	○	○	○	○	丁巳七月日 南白寺 持任 熙(手决)	業嚴主法大乘和尙主 智膺侍奉 覺圓	묵서기록 작음
30	99	○	○	×	×			

31	102	×	○	×	○		萬曆三十年 壬寅冬看印 源炊飯 一雄	1~2장 낙장
32	104	○	○	○	○	丁巳七月日 南白寺持任 熙(手決)	癸丑至月念九 大乘直老衲智膺「老」首一覽	
33	105	○	○	○	○	丁巳七月日 南白寺持任 熙(手決)	癸丑仲春日 大乘直 智膺 侍奉 覺圓	앞표지 없음
34	106	○	○	○	○	嘉靖三十三年 甲寅六月日「始」覽	壬子八月日 大乘持任智應侍奉 覺圓	
35	107	×	○	×	○		癸丑五月日 大乘直 智應 侍奉 覺圓	
36	109	×	○	×	○		壬子八月日初三日 到任 智應侍奉 覺圓	
37	111	○	○	○	×	嘉靖三十三年 癸丑「 」月日 大乘直 智應 侍奉 覺圓		
38	112	×	○	×	○		癸丑六月日 大乘直 智應 參看 侍奉 覺圓	
39	113	×	○	×	×			
40	114	×	○	×	○		萬曆三十年 壬寅三冬敬覽印源 飯僧一雄	
41	116	○	○	○	○		壬子 月日 大乘 持任智膺 侍奉 覺圓	

② 現存 刊本과 南白寺 關聯 記錄

화엄종의 근본경전으로 법화경과 함께 한국 불교사상을 확립하는데 중요한 영향을 끼친『大方廣佛華嚴經』은 약칭 '華嚴經'이라 하며 부처와 중생이 둘이 아니라 하나라는 것을 중심사상으로 하고 있다. 이 책은 이러한 實叉難陀가 새로 번역한 팔십 화엄경에 화엄학의 대가인 당나라 澄觀이 주소한 華嚴經疏를 송나라 淨源이 120권으로 주해한 것이다.

이 판본은 고려 선종 4년(1087)에 저자인 淨源이 義天에게 송나라의 상인 徐戩을 통해 보낸 周本 화엄경을 주해한 註疏本 120권 목판에서 찍어낸 것이다.

계명대 소장본의 표지는 갈색으로 염색한 종이를 사용하였고, 중앙의 題簽은 金泥로 그리고 그 안에 簽題 또한 금니로 기재하였다. 판식의 특징은 상하단변으로 계선이 있고, 한 행은 15자씩 배자되어 있고 글자체는 宋板에서 유행한 전형적인 구양순체이다. 한 장은 5면씩 접혀 있으며, 점련부분에는 板首題가 기입되어 있다. 紙質은 楮紙로 비교적 두꺼운 편이며, 권말에는 '嘉靖三十一年(1552)壬子 八月 日 大乘直 智膺 侍奉 覺圓'을 비롯한 3-4종류의 墨書가 있어서, 이 자료의 전래과정을 밝혀주고 있다. 묵서기록의 분포를 보면 1552年의 기록은 14종, 1553年의 기록은 12종, 1554年의 기록은 3종 이며, 1602년에 一確이 기록한 것도 2종이 있고, 그 밖의 나머지에는 丁巳年 墨書記錄으로 16세기 覺圓의 기록보다는 빠른 시기로 추정된다.

그리고 이 책은 고려에 들어온 이후 필요에 따라 수차에 걸쳐 後刷하였고, 간혹 권두에 고려에서 판각한 變相圖를 붙여 간행한 판본(卷41)도 있다. 이 변상도의 수록 유무에 따라 刊行年代 추정의 일부 기준을 제시할 수 도 있다.

의천은 송에 들어갔을 때 정원이 있는 慧因院에 송에 없는《華嚴探玄記》등 다수의 경을 기증하고 은화를 喜捨하여 經論疏鈔 천여 권을 찍어 절에 소장하게 하였으며, 귀국 후에도 금니화엄경 300부와 藏經閣을 세우는 비용까지 보내주었다. 이로 인하여 혜인원을 속칭 '高麗寺'라 부르기도 하였다.

이와 같은 경위로 간행되고 전래된 판은 고려와 조선초기에 인출되어 지금까지 몇 몇 개인과 소장기관에 전래되고 있다. 그 중 필자가 조사하고 실사한 자료들을 대상으로 목록을 작성하고 이 연구의 대상본과 같은 묵서기록이 있는 책을 정리하면 다음과 같다.

〈徐戩 전래의 판에서 인출된 대방광불화엄경소의 현존본 목록〉10)

소장권차	판본	수량·장정	소장자	비고
卷1/2, 卷92/93	宋板	2帖(양면인쇄)	呂丞九 所藏	千惠鳳(1987)
卷37/38	宋板	1帖(상동)	李亮載	상동
卷45/46, 卷94/95	宋板	2帖(상동)	尹炯斗	상동
卷84, 100, 117	高麗	3帖(단면)	湖林博物館	寶物1106號
卷42	高麗	1帖(단면)	趙明基舊藏	寶物891號
卷28-30, 卷100-102	高麗	2冊(包背裝)	趙明基舊藏	寶物892號
卷41	高麗	1帖(단면-變相)	李華均	寶物964號
卷36	高麗	1帖(단면)	個人所藏	實査
卷14	高麗	1帖(양면)	個人所藏	實査
卷1, 卷1	高麗	1帖(단면)	個人所藏	實査
卷91/92	高麗	1冊(旋風裝)	個人所藏	實査
卷30	高麗	1帖(단면)	宋成文	寶物1124號
卷21,24	高麗	2帖(단면)	한국학 중앙연구원	寶物1128號
卷68	高麗	1帖(단면)	金敏榮	寶物1013號
卷97	高麗	1책(蝴蝶裝)	祇林寺	寶物959號
卷48, 64, 83	高麗	3帖	청주고인쇄 박물관	寶物1409號
卷21/22,30/31,47,54,56/57,63,65,84,96/97,101,104/105	宋板	17帖	日本 靜嘉堂文庫11)	

10) 南權熙. 2002.『高麗時代 記錄文化 研究』. 淸州古印刷博物館. 599쪽.

11) 靜嘉堂文庫. 1992.『靜嘉堂文庫宋元版圖錄; 圖版篇』. 同文庫. 190~193쪽.

卷47,49/50,61-63,68 /69,74,78-80,93-95,97, 99,110/111,118	宋板	20帖	日本 靜嘉堂文庫[12]	
卷48,64,83,98,120	高麗 (朝鮮初 印出)	5帖	山氣文庫[13]	

이 중에서 보물964호는 권말의 변상도에 의하여 1372년에 인출되었음을 확실하게 알 수가 있고 보물891호는 柑紙에 金銀泥 寶相唐草紋으로 장식되어 그 양식적 면에서 뛰어난 회화성과 上品의 白楮紙에 인쇄된 점 등으로 미루어 12-13세기 초에 간행되었을 것으로 추정된다.

전래과정을 알 수 있는 것으로 보물892호의 권30의 말미에 "全羅右道 扶安郡 在山面 靑蓮菴"이라는 묵서가 있다.

한편, 계명대학교 소장 판본과 동일한 판본이며 같은 시기에 인출되어 같은 장소, 관련인물의 자료인 보물1124호는 橡紙의 표지로 되어 있고 권말에는 "丁巳七月日南白寺持任(手決)"이라는 識記가 있으므로 경남 창원군 白月山에 있었던 南白寺[14]의 책이었음을 알 수가 있고, 같은 기록이 安春根씨의 舊藏本이었던 보물1128호의 권말에도 적혀 있어서 같은 곳에 소장되어 있던 것이 흩어져 전해진 것이다.

---

12) 『上揭書』. 194~195쪽.

13) 『韓國典籍綜合目錄』 第1輯. 1974. 國學資料保存會. 125~126쪽.

14) 이 사찰은 경남 의창군 북면 북계리 백월산 기슭에 있었던 사찰로 白月山南寺, 南白月寺라 불리기도 한다. 신라 경덕왕때 노힐부득과 달달박박의 미륵불과 아미타불이 된 설화에 인연하여 창건되었다고 전한다.

보물1128호(한국학중앙연구원) 권21, 24호
권21 : '丁巳 七月 日 熙(手決)'
권24 : '丁巳 七月 日 南白寺 持任(手決)'

거의 같은 橡紙의 表紙로 된 것으로는 보물1013호도 마찬가지이며 권말에는 "嘉靖三十一年壬子(1552) 八月日 大乘寺 智膺侍奉 覺圓"이라는 기록에서, 같은 覺圓의 소장본임이 확인된다.

이와 관련된 판본으로는 山氣文庫 所藏本을 들 수 있는바 이미 알려진 몇 책에 모두 같은 기록이 있으므로 이 역시 같은 곳의 所藏本이었다가 흩어진 것으로 추정된다.

③ 華嚴經疏의 刊行時期와 傳來

가. 大方廣佛華嚴經疏의 성립과 전래

中國 華嚴學의 대표로 불리는 宗密과 澄觀 중 澄觀은『大方廣佛花嚴經疏』60卷과『大方廣佛花嚴經隨疏演義鈔』90卷을 저술하였으며, 宗密은 그의 제자로 뒤를 이었으며 이후 子璿과 淨源(1011~1088)이 본격적으로 華嚴教學을 발전시켜 나갔다.

이 책은 周本 80華嚴經에 대한 澄觀의 註釋著述을 淨源이 集錄한 것으로 淨源은 福建의 晉江에서 태어난 까닭에 후에 晉水大師라 불리었으며 五臺山 承遷에게 華嚴學을, 合論은 橫海 明覃으로부터 배웠다. 계속하여 長水 子璿에게 師事하여 楞嚴經, 圓覺經 등을 탐구하고 그 본지를 깨달아 賢宗의 대표가 되었으며 그 명성이 알려져 외국의 求法者들과 교류가 많았다.

淨源 이외에도 편찬과 간행에 관련한 인물들을 여러 판본에 나타나는 것으로 종합하면,

① 錢唐 講華嚴經 明義大師 曇慧 詳校 (卷1,61,91,101末)
② 雲間 講華嚴經 興敎大師 常矩 重校 (卷1,21,101末)
③ 圓明大師 淸慧 詳校 (卷4末)
④ 寶月大師 備廣 重校 (卷4末)
⑤ 大宋 寧海軍 杭州 錢塘 雕文字 嚴明 勾當雕此經 (卷120末)

과 같아서 曇慧, 常矩, 淸慧, 備廣 등이 교정에 참여하고 嚴明이 판각을 담당하였음을 알 수가 있다.

華嚴經의 註釋書가 한반도에 처음 전래된 것은 勝詮이 法藏의 저술을 696年경에 전하고 그 뒤 梵修에 의하여 787年에 완성한 澄觀의 저술이 799年에 전래되는 것으로부터 시작되었다.

이 판본의 간행시기는 義天의 宋에서의 求法活動을 반드시 연결되어 있어서 義天은 文宗과 宣宗의 등극 초기부터 入宋求法을 위한 요청을 수차례 하였으나 뜻을 이루지 못하였다가 宣宗 2年(1085)에 해양을 건너 지금의 山東省부근 密州의 板橋鎭에 도착하였다. 송에서 황제의 후원으로 50여명의 고승들과 많은 교류를 하였지만 그 중에서도 淨源과는 入宋 이전부터 서신의 교환이 있었으며 특히 賢首祖師의 敎文에 대한 주석서를 통하여 깊이 감화되었다. 의천은 淨源을 만나기 위하여 哲宗에게 表章을 올려서 杭州에 있는 華嚴座主인 淨源法師의 講下에 가서 수업하여 본래의 뜻을 성취할 수 있도록 다시 요청하였으며 이에 황제는 主客員外郞 楊傑을 보내어 동반하게 하였다.

義天과 이미 서신교류가 있었던 淨源은 도를 전해주는 것으로써 나의 할 일을 삼는다라고 하면서 서로 늦게 만나게 된 것을 한탄하였다. 그가 吳越을 왕복하는 14개월 동안 淨源과 함께 한 기간은 59일이나 되었다.

이 당시 淨源이 南山 慧因院에 入院하여 周譯本 『華嚴經』을 개강하게 되었을 때 義天이 많은 돈을 희사하여 齋를 베풀어 많은 학도들이 모이게 되었으며 淨源이 전에 거주하던 곳에 賢首祖師의 像을 안치하고자 하였을 때도 많은 은과 함께 敎藏 7,500권을 안치하기도 하였다.

1086년에 宣宗이 母后의 뜻을 宋의 哲宗에게 전달하여 의천을 환국토록 명하여 줄 것을 요청하였으므로 哲宗은 의천을 귀국하도록 명하였다.

그 때 慧因院에서 華嚴大義를 수강할 때 참고한 淸凉大師 澄觀이 述한 八十華嚴經의 注䟽를 淨源法師가 集錄한 120卷 1帙을 기증받고 우선 銀 3千兩으로 그 板刻을 杭州의 刻手인 嚴明 등에게 주문하고 귀국하였다. 그 후 宣宗 4年(1087) 3月에 宋의 商人 徐戩 등 20인이 가지고 와서 납품을 한 '注華嚴經板'의 전체의 수량은 2900餘 經板이었다.

그러나 이 일은 高麗로의 서적과 책판 수출에 대하여 극렬히 반대하였던 蘇式에 의하여 高麗로 각종 기록이 빠져 나가면 주변 국가로 정보가 유출되어 宋의 국방이 힘들게 된다면서 서적의 유출을 막고자 하는 원인을 제공한 사건이기도 하였다.

또 이러한 와중에서도 義天은 淨源에게 감사함을 전하기 위하여 紺紙金泥의 華嚴經 晉本 60卷, 周本 80卷, 貞元本 40卷과 藏經閣 건립비로 金 2000兩을 보내었고 淨源은 이를 기념하여 '華嚴經閣'이라는 經閣을 세웠다.

나. 變相圖의 추가와 經板의 日本 傳來

수입된 刻板은 '注華嚴經板'으로 약칭하여 불리면서 華嚴宗의 세력이 번창하였던 고려중기와 후기를 지나면서 당시 일반적인 佛書의 형식으로 卷首에 붙어 있는 變相圖의 필요성을 느껴 恭愍王 21年(1372)에 李美冲, 朴成亮, 金師幸 등이 시주하고 五冠山 靈通寺에서 卷首에 추가로 새겨 넣어 간행하였다.

朝鮮에 들어서면서 거듭되는 日本의 大藏經板과 佛書의 청구를 견디다 못한 조정은 世宗 6年(1424)에 이르러 大藏經板 대신에 梵字密敎大藏經板, 注華嚴經板과 世宗이 간직하던 金字仁王護國般若波羅密經, 金字阿彌陀經, 金字釋迦譜, 青紙金字單本華嚴經, 大藏經을 각각 1부씩 주어 그들의 요구를 무마시킬 때 이 화엄경소의 목판도 주요 板木으로 함께 건너가게 되었다. 日本에서는 京都의 相國寺에 비치시켰지만 오늘날 그 행방은 알 수가 없다.

즉 이러한 과정을 종합하면 『大方廣佛華嚴經疏』는 義天의 요청에 의하여 宋의 杭州에서 板刻되어 高麗로 유입된 것이며 대부분의 인출본은 1087년에서 1424년에 걸쳐 이루어진 것이다. 또 현존본으로 볼 때 朝鮮의 간기를 가진 판본이나 후쇄본은 나타나지 않으며 다만 飜刻板은 두 계열로 나누어진다.

① 明宗12年(1557) 黃海道 高德山 歸進寺開板
明宗19年(1564) 黃海道 高德山 歸進寺開板 奉恩寺住持 普雨 등이 주관
② 仁祖12年(1634) 全羅道 曹溪山 松廣寺重刻 大禪師 覺性 등이 주관
仁祖13年(1635) 全羅道 曹溪山 松廣寺重刻

(2) 永嘉眞覺禪師證道歌, 1冊

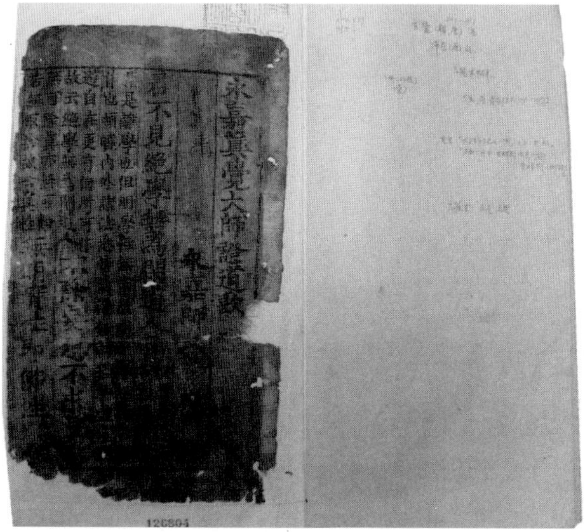

당나라의 永嘉 眞覺이 불교의 요체가 될 만한 내용을 뽑아 편찬한 것에 그의 누이인 淨居가 주해한 것을 고려의 普濟寺 了悟가 발원하여 목판으로 간행한 禪書이다.

고려조에서는 이 책이 전래되어 선가의 지침서로서 몇 차례에 걸쳐서 간행되었으며 현재 유통되는 책은 淨居의 注解와 法泉의 揭頌이 들어 있는 판본이 주종을 이룬다. 이 책의 권말에는 熙宗 5年(1209) 普濟寺의 了悟가 沙門 紹忠, 俗人 善慶 등과 함께 발원하여 文宗妃, 崇化宮主 金氏 등의 시주로 간행되었다는 기록이 있다.

이 책은 書体와 板式에 있어서 송판을 저본으로 고려에서 번각한 판본으로 보이며 권수에 '永嘉師妹 淨居 註'라는 주해자 표시가 있고 권말에는 발원문과 시주자의 기록에 이어 '大安五年 己巳三月日記'라는 연기가 표시되어 있다. 그리고 난외에 '己亥二月日 文林郎司宰少卿李時茂募工重雕'라는 간행기록이 있다. 이 기록에 의하여 從9品 文林郎의 관직명이 사용된 시기로 추정할 때 이때의 己亥는 1239년 내지 1299년으로 추정된다.

판식의 형태적 특징중 변란은 사주단변으로 반엽 6행에, 한 행 15자씩 배자되어 있다. 그리고 중앙의 접힌 부분에 판심부가 있는데, 위쪽에만 가느다란 黑魚尾가 하향하고 있는 고려본의 특징을 보여주고 있다. 어미 아래로 '證 一'이란 판심제와 장차표시가 있고, 下版口의 아래에 각수명이 새겨져 있다. 지질은 고려본에서 보이는 같은 종류이며 소장본은 전래와 보관상태가 나쁜 편으로 인쇄면의 먹색이 균정하지 않아 후쇄의 느낌을 주고 있다.

(3) 梵網經菩薩戒本, 1冊, 大德丙午本(1306)

고려 말기에 간행된 목판본으로, 권10의 상 · 하 가운데 하권이다. 『범망경』은 僧肇의 後序에 따르면 112권 61품으로 구성되었으나 전체는 한역이 되지 않았다. 하권의 내용은 보살이 지녀야 하는 10가지 무거운 계(十重大戒)와 48가지 경범죄에 해당하는 계(四十八輕戒)를 설한 것인데, 대승불교의 기본계율서로서 널리 유통되어 왔다.

이 판본은 1306년 간행할 당시 元板本을 입수하여 고려 승려들과 교분을 가진 원나라 고승 紹瓊의 후서를 받아 고려에서 간행된 책이다. 그는 고려의 고승 慧鑑國師 萬恒, 寶鑑國師 混丘와 친밀하게 교유한 元의 蒙山 德異禪師의 제자였다.

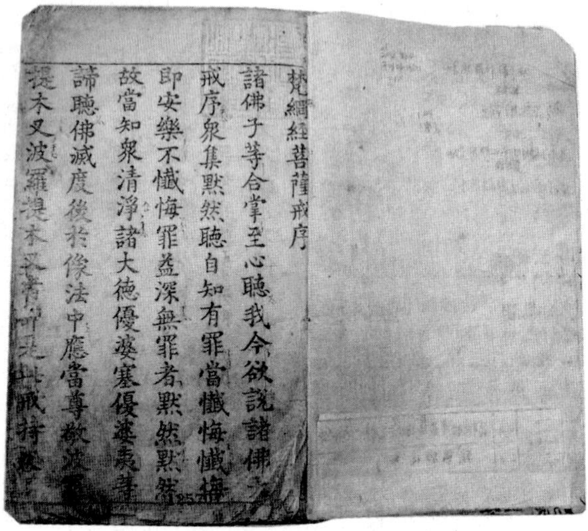

『高麗史』의 기록에 의하면 충렬왕 30년(1304) 7월 소경이 고려를 방문하였는데, 왕이 승지 安于器를 교외에 보내어 영접하였으며, 친히 군신을 거느리고 예복을 갖추어 壽寧宮에 맞이하여 說禪하는 것을 들었으며, 궁중에서 佛畵에 점안하고 『華嚴經』을 轉讀하고 왕과 왕비가 보살계를 받았다. 또 지첨의부사 權滑이 소경에게 머리를 깎고 출가하였다는 기록 등이 있다.

이 책은 형태면에서 匡高가 18.3㎝, 界線은 없으며 全葉 25行 16字로 배열하고 있으나 번각된 관계로 底本의 張次만 있을 뿐 製本의 장차와는 맞지 않는다.

이 책은 大德丙午(1306) 鐵山紹瓊의 後識가 붙어 있고 序文은 1298년 元代의 郭天錫이 썼으며 高麗의 구결이 필사되어 있는 책으로 현재 5종이 전하여 국립중앙도서관, 한국학중앙연구원, 계명대학교도서관 등에 소장되어 있는 것과 이승재(1990)가 소개한 嚴仁燮本『梵網經盧舍那佛說菩薩心地戒品, 第十卷下』(가), (나)의 두 종이 그것이다.

이 5종의 판본들은 지질이나 인출의 상태로 보아 같은 시기 즉 고려말에 간행된 동일한 판본으로 모두 借字口訣이 전부 기입되어 있다. 각 자료마다 기입된 吐가 다소 차이를 보이기 때문에 고려말 또는 조선 초기의 順讀口訣을 비교, 연구하는 데 좋은 자료로 활용할 수 있다. 구결 자형은 엄인섭本이 43字, 국립중앙도서관본이 41字, 한국학중앙연구원본은 50字의 口訣字가 사용되었으며 현존의 자료에 쓰여진 구결의 형태로 볼 때 계명대학교 소장본이 그 기입의 시기가 가장 시대가 빠를 것으로 추정된다.

지금까지 알려진 5책에 기록된 구결을 비교하면 단어와 문장마다 서로 다른 차이를 보인다.

(4) 詳校正本慈悲道場懺法, 1冊, 卷4~7

啓明大學校 所藏의 이 책은 卷四에서 七까지의 零本 1책이며 권수에 4면에 걸친 변상도가 있어 다른 판본과 비교하여 특이하다.

형태는 5행 13자로 판각의 상태는 획이 굵고 둔함을 느낄 수 있다. 또 卷四의 끝에 '刻手 法玄'과 卷五와 卷六의 권말에는 각각 '法空'과 '玉如'의 刻手名이 나타난다.

詳校正本慈悲道場懺法[15] (귀이 294.3758)
諸大法師(梁)集撰 木版本(高麗版) (高麗後期)

15) 啓明大學校 中央圖書館 編. 1987.『古書目錄』. 同館. 117쪽.

1 冊 零本 圖 33×17.6cm 東裝

上下單邊 半廓 25.3×13.4cm 無界 5行 13字 無魚尾

所藏本 : 권4~7

이 책은 梁 武帝가 찬수한 뒤에 大梁의 天監年間(502~519)에 고승들이 책 내용의 번잡한 곳을 없애고 요지를 撮錄하였으며 또 여러 경에서 妙語를 선택하여 모은 것이다. 그 후 元代에 이르러 내용을 對校하고 審訂하여 다시 정리하였으므로 詳校正本이란 말을 포함하게 되었다.

고려말에 慈悲道場懺法이 유행된 사상적 배경은 당시의 불교사상이 토착적인 신비사조의 흐름과 민중불교, 지방중심 불교로서의 경향에 밀교 의식적인 필요성과 彌授를 정점으로 하는 瑜伽業의 懺悔思想과의 혼합으로 경전의 呪誦, 禮懺과 懺悔를 통하여 복을 기원하고 병을 낫게 하며 장수를 바라는 등 현세이익을 기원하는 일반 민중의 요구에 있었기 때문이다. 이러한 사회적인 분위기 속에서 『慈悲道場懺法』의 간행과 유통이나 慈悲懺道場을 여는 것은 밀교적인 경향을 띠는 佛事로서 밀교의 護摩法 중 敬愛法에 해당하며 이는 모든 사람이 歡喜心을 발하여 天龍八部, 藥叉女 등 귀신을 섭복시키고 모든 적을 回心시켜 歡喜心을 발하게 하며 諸佛菩薩이 護念加持케 하는 법이다.

이 책의 저자에 대하는 '梁 寶誌寶唱等 仿淨住子製, 仿淨子製, 梁誌公寶唱等集, 梁 寶唱等撰' 등과 『詳校正本慈悲道場懺法』에서는 '梁朝諸大法師 集撰' 등 여러 기록으로 나타난다.

특히, 계명대 판본은 『直指』를 찍은 흥덕사 금속활자로 찍었고 祖丘에 의하여 편찬된 『慈悲道場懺法集解』의 내용을 여백의 여러 곳에 필사하여 欄上의 여백에 단어를 설명하거나 주기하고 있는 점에서 중요하다.

『慈悲道場懺法集解』의 내용을 필사한 것으로 추정되는 명확한 근거는 卷四의 시작 부분 중 迦蘭抒竹園을 설명하는 『慈悲道場懺法集解』의 4行의 내용을 옮겨 적으면서 1行 20字를 모두 빠뜨리고 건너 뛰어 잘못 연결시키는 실수를 범한 것이다. 즉 이러한 사실은 당시 이 책을 볼 때 바로 『慈悲道場懺法集解』를 참고하여 옮겨 적었음을 알게 하므로 이 版本이 고려본이라는 점을 감안하면 늦어도 고려말기 이전에 高麗 金屬活字 興德寺字로 찍은 集解本이 유통되었다는 사실을 확인할 수 있다.

이 책에서 『慈悲道場懺法集解』를 筆寫로 加筆하여 인용한 부분은

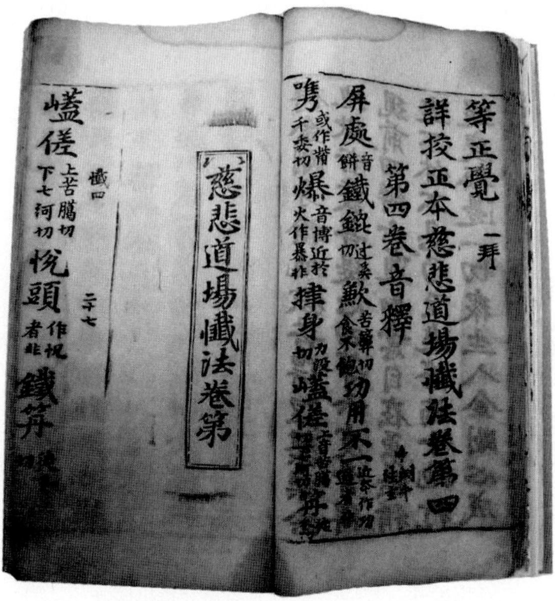

여러 곳이 있다.

이 판본과 같거나 관련된 같은 계열의 책 중에서 대표적인 것을 든다면 다음과 같다.

a. 香泉寺本(1306년, 第9卷과 第10卷의 零本 1책)

이 책의 권말 간기에 의하면 延祐 3년(1306)에 普賢寺의 比丘 釋連이 주선하고 재정은 文世와 嚴夫가 담당하여 邊山에서 開板하였으며 판은 眞悟가 새긴 것이다.

b. 高麗大學校 圖書館 所藏本

이 책은 원래 荷堂 李聖儀의 소장본으로 零本 5권 1책(권1~권5)이며 『佛書展觀目錄』에서 이 책은 卷子本의 형태를 方冊으로 裝訂한 것이며 서체가 松雪體의 大字라 하였으며 刊記가 없어서 확실한 간본은 未詳이며 다만 荷堂이 권말에서 '本書 慈悲道場懺法 卷冊은 高麗恭愍王二十年 大明洪武四年 西紀1370年 刊本이다'라고 墨書한 것만이 전할 뿐이다. 高昌龍氏 所藏本과 같은 版本으로 추정되고 있으나 荷堂

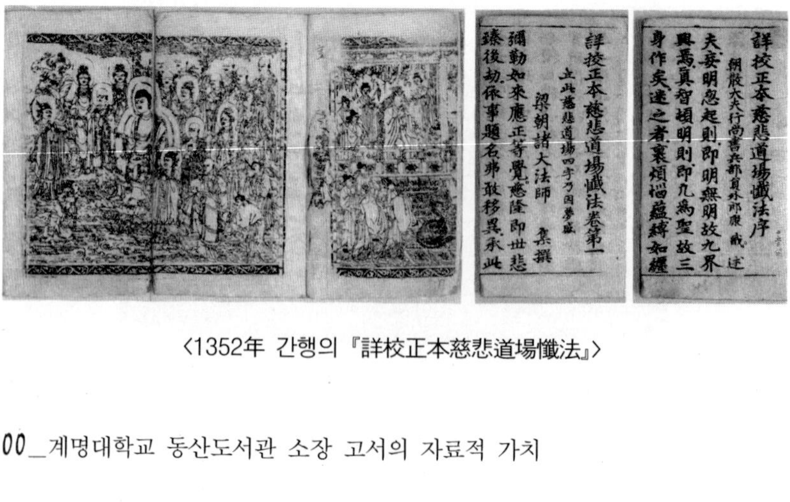

〈1352年 간행의 『詳校正本慈悲道場懺法』〉

의 기록과는 다른 1352년 간행본이다.

c. 高昌龍 所藏本[16)]

이 책은 零本 4卷 1冊(卷7-10)으로 본시 卷子本 형태로 판각한 것을 다시 線裝으로 粧冊한 것이다. 권말 기록에 의하면 고려 恭愍王 元年(1352) 10월에 化主인 守閑, 信珪 등의 알선 아래 社主인 正西과 正招, 大選인 若琳, 郎將인 南宮伯, 別將인 柳猛, 崔龍鳳, 金豆彦 등의 시주로 개판되었다. 글씨는 衍虛가 쓰고 鍊板은 靈哲, 禪一이 맡았으며 刊刻은 了心, 省主, 法空, 玉如, 宏乙 등이 共役하여 이루어진 것으로 계명대 소장본과 같은 계열이다.

d. 金京淑 所藏本

이 책은 보물 937호로 형태상 절첩본이며『動産文化財指定報告書』에 의하면[17)], 고려말에서 조선초기의 것으로 추정하고 그 근거로 太祖의 諱인 '建', 定宗의 諱인 '蕘'의 兼避諱字인 '饒', 穆宗의 諱인 '誦'에 각각 缺劃이 있으므로 고려때의 판각임에는 틀림없지만 인쇄 상태로 보아 후쇄본이라 하고 있다.

---

16) 文化公報部 文化財管理局 編. 1988.『動産文化財指定報告書 : '86 指定篇』. 同管理局. 111∼113쪽.

17) 文化公報部 文化財管理局 編. 1987.『動産文化財指定報告書 : '87指定篇』. 同局. 228쪽.

(5) 慈悲道場懺法[18], 卷1-2

啓明大學校 所藏의 이 책은 그간 같은 판본이 알려지지 않았으나 필자가 조사한 嚴仁燮 個人所藏本도 같은 계열의 판본으로 그 版式이나 字體 등을 다른 版本과 비교하면 아주 다른 특징을 지니고 있다. 표지에 쓰여진 서명은 『慈悲懺法』이며 同圖書館의 목록에 나타난 형태사항은 다음과 같다.

慈悲道場懺法 (귀이294.3753)
覺明(釋) 木板本 [高麗後期別刷] [刊年未詳]
2卷 1冊 31.2×16.5cm 束裝
四周單邊 半郭 23.3×13.2cm 無界 7行17字 註雙行 無魚尾

이 책은 紙質이나 字體面에서 고려본의 특징을 보이며 板刻과 印刷에서도 刓缺 등이 전혀 나타나지 않는다. 제본의 형태도 인쇄면의 낱장이 'M'자와 같아서 접은 가운데 부분이 바깥으로 빠져 나올 수 있는 절첩본의 변형으로 간혹 다른 高麗本에서도 찾아 볼 수 있다.

慈悲道場懺法에 관련되는 문헌으로는 詳校正本慈悲道場懺法이며 佛學大辭典에서는 서명으로 『啓運慈悲道場懺法』의 略名이라 하고 있으며[19] 또 달리 慈悲懺法이라 불린다[20]고 하였다. 『慈悲道場懺法』

---

18) 南權熙. 1991. 「興德寺字로 찍은 『慈悲道場懺法集解』의 撰者와 刊行에 관한 考察」. 『書誌學硏究』 第7輯. 3~31쪽.
南權熙. 1995. 「興德寺字로 찍은 『慈悲道場懺法集解』의 覆刻本에 관한 硏究」. 『古印刷文化』 第2輯. 5~86쪽.
19) 『佛學大辭典』 卷下. 寶蓮閣. 2325쪽.
20) 『上揭書』. 2324쪽.

의 원서명이라 여러 문헌[21]에 소개되어 있지만 아직까지 같은 서명은 각종 불교서지에서 찾아볼 수가 없다. 다만『大正新修大藏經』의『慈悲水懺』에서 懺文과 함께 보이고 後述할 판본 중『慈悲道場懺法』의 嚴仁燮本과 啓明大學校 所藏本에도 역시 每卷의 시작 전에『啓運慈悲道場懺法』이라는 내용이 보인다.

그 책의 註에 의하면,

> 啓 開也 發也 / 運 動也 轉也 / 慈悲 卽四無量心也 / 懺 者梵語略也 具云懺摩 此云悔往... / 法 謂法則卽 軌持義總目

라 하여 慈悲道場의 세계로 들어가는 전반부인 것이다. 그렇지만 여러 참고자료에서는 이와 같은 도입부에 나타난 제목을 보고 書名 즉 卷首題로 언급하고 있지만 현존하는 판본에서는 이와 같은 서명은 찾아볼 수가 없다.

한편 이 책의 구성은 앞의 도입부가 끝난 뒤에 孟璟이 撰述한『新開解註慈悲道場懺法』이 있고 序가 쓰여진 각 장의 윗부분에는 御前川林慈恩普濟敎寺 元參習無授沙門 紹傳이 쓴 '釋新刊註慈悲道場懺法序'라는 科序가 있다. 또 科序가 끝난 뒤에는 '慈悲道場懺法要約解幷序'의 제목은 있으나 뒷장이 낙장되어 자세한 내용은 알 수가 없다. 다만 烏婆索迦 覺明이 述하였다는 著作事項이 시작되고 있어 이는 본문에 관계되는 내용이며 要約解 부분과의 관계는 찾아보기 어렵다.

21) 織田得能. 1954.『佛教大辭典』. 大藏出版株式會社. 1864쪽;『佛學大辭典』卷下. 2325쪽.

① 底本의 성립과 변천

이 책의 성립은 孟璟이 述한 서문에 의하면 梁 武帝가 시작한 이래 懺文의 訓釋이 覺明公에 의하여 이루어져 註로 추가되어 있으며 이후 寶珪大德이 兵難에도 이 책을 깊이 간직하여 지키고 또 祖誘高人이 水火를 피해서 이 책을 전해온 지 오래되어 孝昌 永壽上人이 이 板을 간행하고자 할 때 경비와 재원을 마련하고 匠人을 시켜 寶祐甲寅(1254)의 가을에 시작하여 丙辰(1256)年에 인쇄를 마쳤다고 그 경위를 밝혀 두고 있다.

이러한 底本의 序에 의거하여 보면 이 版本은 元代에 만들어진 책을 高麗에서 다시 새긴 것으로 여겨진다.

覺明이 쓴 要略解에 의하면 懺法은 梁朝부터 시작되어 士民과 佛徒들에 이르기까지 그것을 見聞하는 사람은 七覺之華에 이르고 讚禮하는 자는 悟性修眞하고 十地之果를 넘을 수가 있다고 하여 대단히 성행하였음을 알 수가 있다. 또 나아가 覺明은 일찍이 閑儒로 있을 때 眞詮師를 만나 가르침을 받고 승도를 찾아 參禪을 익히는 등 理를 깨치는 데에 이르지는 못하였지만 점차 眞門에 가까워졌으므로 우선 작은 善이라도 베풀고자하여 옛사람의 글에서 요점을 추리고 쉽게 풀이하여 後人들이 보고 배움에 있어서 迷惑한 곳에 빠지지 않도록 하였다고 언급하였다.

이러한 서문과 要略解에 의하여 볼 때 梁朝의 원본에 訓釋을 단 판본은 元代에 이루어졌으며 그 판본을 다시 高麗에서 飜刻한 것으로 歐體인 서체와 楮紙의 지질로 미루어 짐작할 수가 있다. 이미 앞에서 발견된 序部分에 의하여 관련 자료의 편찬 과정이 언급되었지만 이 자료와 관련지어 볼 때 辨眞師가 注를 찬하고 廣鈞師는 詳校 私抄를 이루고 汝南 覺明公이 注本을 만들었다고 하였으니 覺明의 注本이 바로 이 책에 해당한다.

② 高麗本의 간행시기와 형태

이 책이 고려에서 간행된 시기는 중국에서 간행되었을 때 序 등에서 표기된 1256년 이후의 어느 때일 것으로 底本은 1판에 36행, 고려에서 板刻할 때는 30行을 판으로 변용하여 이루어졌다.

各卷의 끝에는 音釋이 수록되어 있으며 특히 一卷末에는 陽刻으로 '刻淡如'라는 각수의 이름이 보인다. 人名에 대하여 불경의 다른 판본을 살펴본 결과 淡如, 覺訥이라는 刻手名은 비슷한 시기에 忠州 青龍寺에서 간행된『禪宗永嘉集』[22]의 誌文 끝에 '淡如 覺訥 李仁隣 刀'라는 기록이 있음을 확인할 수 있다.

즉『禪宗永嘉集』의 간행이 고려 禑王 7年(1381)이므로 동일 인물로 비정한다면 刻僧의 활동시기와 그 편차를 감안하여도 거의 비슷한 시기일 것으로 추정된다.[23] 따라서 간행의 장소도 같은 青龍寺 내지는 忠州 부근의 寺刹이었을 것으로 짐작된다.

이 책과 같은 판본인 嚴仁燮 所藏本은 卷1-5까지의 합철이며 계명대본은 한 면 6행씩의 절첩을 목적으로 새기고 인출했으나 裝訂의 편의상 7행씩을 한 면으로 고쳐 제본하였고 이에 비하여 이 책은 15행씩을 한 면으로 하여 6행, 6행, 3행으로 구분되어 있다.

즉 6행씩의 折帖이 그 원형일 것이며 또 자세히 살펴보면 序의 앞 부분에 變相圖가 부분으로 조금 남아 있어 原本에는 變相圖가 있었을 것으로 추정되므로 같은 계열인 계명대학교 소장본 역시 變相圖가 떨어져 나간 것으로 추정된다.

권말에는 音釋이 있으나 三卷末의 音釋은 부분적으로 釋을 하지 않은 것도 보이며『詳校正本慈悲道場懺法』의 여러 版本에서 보이는 音釋과는 내용상 많이 다르다. 一卷의 卷末에는 각수명 '覺訥'이 음각으로 또 二卷의 권말에는 '刻淡如'가 陽刻으로 나타나 있어 역시 啓明大本과 동일하다.

---

22) 千惠鳳. 1985.『國寶 : 12』. 藝耕産業社. 146쪽.

23) 南權熙. 1993.「高麗本『慈悲道場懺法』卷第1~5와 그 口訣 紹介」.『書誌學報』 11. 5~36쪽.

(6) 妙法蓮華經, 1冊(卷1~3), 1383年刊

鳩摩羅什이 번역한 法華經에 宋의 戒環이 주해한 것을 底本으로 고려시대 우왕 9년(1383)에 휴대에 편리하게 소자로 써서 平壤의 法弘山 白蓮庵에서 목판으로 간행한 불경이다.

이 경전은 예로부터 모든 경전들 중의 경전으로 인정받았고, 초기 대승경전 중에서도 가장 중요한 불경으로 화엄경·금강경과 더불어 불교의 대표적 대승경전으로 널리 알려져 있다. 이 경전은 법화사상을 담고 있는 천태종의 근본경전으로, 이를 흔히 백련꽃과 같이 올바른 가르침을 주는 경전 '法華經'으로 약칭하여 불리고 있다.

현존하는 수·당대의 敦煌本 사경은 물론 송대의 판본은 대부분이 이 구마라집 번역본을 저본으로 하였으며, 우리나라에 전래된 사경 및 판경 또한 이 번역본이 주류를 이루고 있다. 이러한 사실은 현존하는 우리나라에서 간행된 판본류에는 대장경에 편입된 2종의 역본을 제외하고 모두가 이 28품 7권본인 구마라집의 漢譯本을 저본으로 삼고 있다는 점에서도 확인된다. 사경으로 日本 高野山 金剛峯寺에는 金山寺에서 만들어진 8권본 법화경도 있다. 이처럼 구마라집에 의해 번역된 법화경은 그 내용이 모두 28품으로 구성되어 있으며, 현재의 우리나라 유통본은 대개 모두 7권본으로 製冊되어 있다.

판식의 특징을 살펴보면, 변란은 四周單邊으로 반엽은 14行 24字씩으로 배자되어 있다. 중앙에 판심부는 마련되어 있으나, 별도의 어미는 없으며 다만 '法'이란 약서명과 그 아래로 권수 및 장차 표시가 기입되어 있다.

계명대학교 소장본과 보물 960호를 비교하면 권1의 마지막장인 제37장 下版口에는 刻手名이 새겨져 있고 본문의 글자를 세밀히 대조해 보면 획에 있어서 약간의 차이를 볼 수 있으므로 다른 계열의 판본으로 사료되며 평양의 법홍산 백련암에서 간행된 홍무연간 1383년의 판본과는 일치한다.

이 법화경은 李穡이 쓴 발에 의하면 당시 통용되던 책의 글자가 크고 권질이 무거워 학자들이 안타깝게 여기던 중 歇了와 志祥이 작은 글자로 쓴 책을 간행하여 유통시키고자 할 때 壽延君 王珪가 재물을 내고 보태어 만든 것이다.

(7) 藏乘法數, 1冊

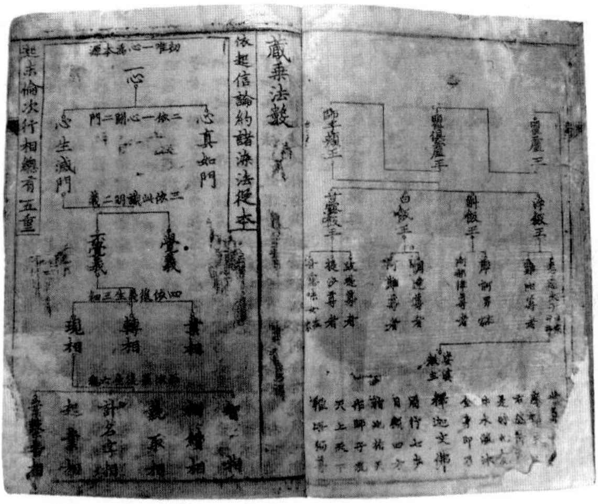

원나라의 可遂가 대장경에 수록된 名數를 수집하여 수의 차례로 배열하고, 쉽게 검색할 수 있도록 편찬하여 간행한 판본을 무학대사 自超(1327~1405)가 번각, 간행하였다.

藏乘은 대장경의 별칭이며 法數는 일종의 사전을 의미하는 것으로, 이 책은 상하 불분권 1책의 선장본 형태로 장정되어 있다. 표지는 후대에 개장하였으며 하단에 파손부분이 있다. 권수에는 至正 15年에 歐陽玄이 쓴 서문과 지정 을미년에 報恩禪寺의 宏演이 쓴 서문이 실려 있다. 권수의 서문에 이어 '釋迦宗派'라는 종파도 1장이 실려 있다. 다만 권수의 서문에 의해 資正院使인 姜公이 西菴 可遂가 지은 이 책의 선본을 얻어 진상하였다는 내용이 있다.

이 책에 수록된 내용을 보면, 大乘百法論名數之圖, 八識心王諸門料簡, 諸佛身土, 諸乘開合通有六種, 圓覺疏鈔에 의거한 西域此方諸師判敎名數, 大小乘戒法圖, 修證地位五敎開合不同 등이 수록되어 있다.

版式의 특징중 변란은 左右雙邊이며 중앙의 판심의 형식은 上下內向黑魚尾에 '法數'란 판심제가 있다. 권말에는 중국의 天台葉恭書竟과 盱江胥式이 쓴 후기에 의하여 이 책이 중국 원나라 판본을 저본으로 번각한 판본임을 알 수 있다. 또 권말에는 간행할 때 쓴 이색의 발문이 수록되어 있고 이에 의하면, 원나라 可遂가 편찬한 책을 저본으로 무학대사 자초가 1389년에 중간하였다는 사실을 알 수 있다.

이 책은 본래 고려의 姜金剛이 元의 京師에 세운 高麗大聖壽慶禪寺에서 간행한 판본을 麗末鮮初의 고승인 無學大師가 공양왕 1년(1389)에 고려에서 번각하여 간행한 것이다.

姜金剛은 忠惠王 때의 환관으로 元으로부터 資政院使 관직을 받아 당시 양국관계의 중요한 연결역할을 하였으며 깊은 불심으로 여러 불경의 간행을 주도하여『金剛般若波羅蜜經』,『大方廣佛華嚴經普賢行願品』등의 간행에 참여하였다.

3) 기타 寫經類

(1) 大方廣佛華嚴經, 卷37

銀字의 寫經으로, 1帖(40折)의 형식이며, 제목과 邊欄은 金寫로 그린 다음 본문은 銀寫로 한 면에 6행 17자로 기록하였다. 뒷면의 장을 이은 부분에는 '周三十七 十四卜'이라 하여 화엄경 주본이며 장차의 단위는 '卜' 자를 사용하였다.

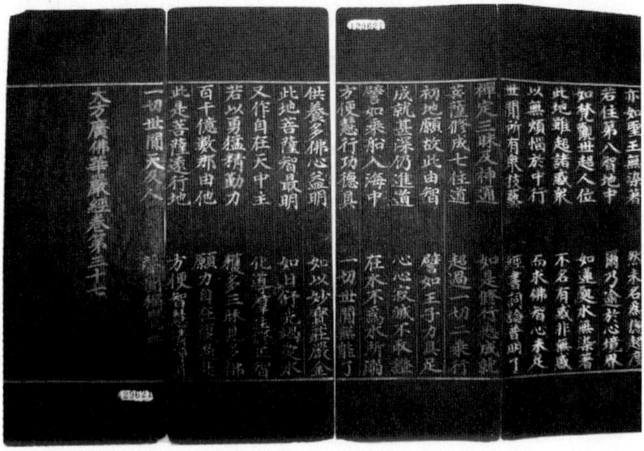

(2) 妙法蓮華經, 卷1

邊欄을 金寫로 그린 다음 본문은 한 면에 6行 17字로 기록한 銀泥寫經으로 1帖(88折)의 형식이다. 李仁哉 舊藏本이며 高麗後期에 제작된 것으로 추정된다.

(3) 妙法蓮華經, 部分

邊欄은 銀寫로 그린 다음 본문을 한 면에 6行 17字로 기록한 銀泥寫經으로 1帖(15折)의 형식이다. 李仁哉 舊藏本이며 高麗後期에 제작된 것으로 추정된다.

3. 계명대학교 동산도서관 소장 조선전기 자료

계명대학교에 소장된 불교문헌 중 필사본과 일부 간행년 미상본을 제외하고 간행기록이 분명한 자료들을 대상으로 경전별, 판본별, 간행시기별, 간행사찰별로 분석하여 집서된 자료의 범위를 살피고 장서의 특성을 살펴 보았다.

1) 經典別 분포

조선 전기의 간본은『妙法蓮華經』이 10종으로 가장 많이 나타나며, 그 다음은 7종으로 나타나는『金剛般若波羅蜜經』이다.『詳校正本慈悲道場懺法』,『禪宗永嘉集』이 각 5종,『蒙山和尙法語略錄』,『佛說阿彌陀經』,『禪家龜鑑』,『禮念彌陀道場懺法』이 각 3종,『高峰和尙禪要』,『牧牛子修心訣』,『法集別行錄節要幷入私記』,『佛說大報父母恩重經』,『佛說長壽滅罪護諸童子陀羅尼經』,『禪宗唯心訣』,『永嘉眞覺大師證道歌』,『五大眞言』,『圓頓成佛論』,『眞言集』,『天地冥陽水陸雜文』,『涵虛堂得通和尙語錄』,『賢首諸乘法數』등은 각 2종이 있다.

2) 版本別 분포

판본의 분포를 살펴보면 100여 종이 넘는 대부분이 목판본이다. 목판본 외에도 금속활자본이 일부 포함되어, 세종 16년(1434)에 주조한 初鑄甲寅字本으로는 金剛經五家解인『金剛般若波羅密經』,『妙法蓮華

經』등 3종이 있으며, 세조 1년(1455) 강희안의 글씨를 자본으로 하여 만든 乙亥字本으로 『楞伽阿跋多羅寶經註解』, 『大方廣圓覺修多羅了義經』, 『天台四敎儀集解』의 등 3종이 있으며, 보물 제772-4호로 지정된 『金剛般若波羅密經』의 大字는 세조가 직접 쓴 글을 자본으로 하여 금강경의 大字로 쓰인 丁丑字이며, 註解文은 乙亥字로 찍은 것이다. 세조 11년(1465) 정난종의 글을 자본으로 한 乙酉字本으로는 『金剛般若波羅密經』 1종이 있다.

3) 刊行時期別 분포

조선 태조(1392)부터 연산군 11년(1505)에 이르는 시기의 경전이 21종, 중종 1년(1506)에서 임진왜란(1592) 전에 이르는 시기의 경전이 40종에 달하며, 정확한 간기가 기록되어 있지 않지만 조선전기의 인본으로 추정되는 경전이 35종이다.

4) 刊行寺刹別 분포

(1) 경상도권 사찰

소장본을 대상으로 할 때 불교 관련 서적을 가장 많이 간행한 곳으로 조사된 사찰인 文武王 9년(669)에 창건한 안동의 廣興寺를 비롯하여, 청도의 雲門寺, 팔공산의 公山本寺, 풍기의 叱方寺, 합천의 鳳栖寺와 普願寺, 石水庵, 진주 지리산의 神興寺, 鐵窟, 臣興寺, 함양군 안의면의 長水寺 등이 주요 간행처로 나타났다.

(2) 전라도권 사찰

전라도의 사찰로는 완주군 高山의 花岩寺와 安心寺가 있고, 고창의 文殊寺, 珍山 西臺山의 西臺寺, 담양의 龍泉寺, 장흥의 天冠寺 등이 있다.

(3) 충청도권 사찰

충청도는 은률 伏明山의 雙溪寺, 보은 속리산의 大菴, 제천 월악산의 德周寺, 보은군 속리산의 法住寺 등이 있다.

(4) 강원도권 사찰

강원도는 평창 오대산의 月精寺와 금강군 금강산에 있었던 表訓寺가 있다.

(5) 서울·경기도권 사찰

경기도 개성시 한천동에 있었던 사찰인 普濟寺가 있다.

(6) 평안도권 사찰

평안도 영변군 묘향산의 普賢寺와 般若庵이 있으며, 順安의 法興寺가 있다.

(7) 황해도권 사찰

황해도 兎山 학봉산의 石頭寺와 長淵縣 佛陀山의 천불사가 있다.

그 중 廣興寺에서 간행된 고서가 총 5종으로 가장 많은 종수를 보이며, 鳳栖寺, 花岩寺 각 3종, 大庵, 法興寺, 石頭寺, 雙溪寺, 安心寺, 長水寺, 普賢寺에서 각 2종의 종수가 파악되고, 나머지 사찰본에서는 각 1종씩 간행되었다.

5) 중요 자료

(1) 妙法蓮華經 1冊(卷1~3), 1405年刊

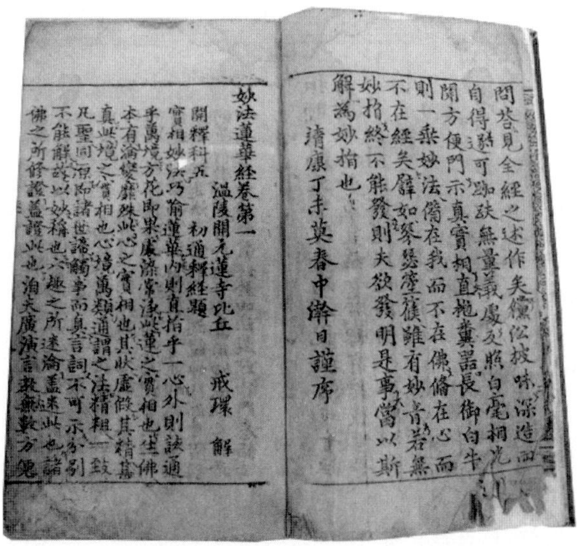
靖康丁未莫春中澣日謹序

妙法蓮華經卷第一
溫陵開元蓮寺比丘 戒環 解
開釋科五 初通釋經題

이 책은 鳩摩羅什이 번역한 법화경에 戒環의 주해본을 저본으로 하고 조선초기 명필가인 성달생·성개 형제가 쓴 정서본을 바탕으로 조선시대 태종 5년(1405)에 전라도 고산 安心寺에서 목판으로 간행한 불경이다.

고려 중기 이후에 간행된 판본은 戒環의 주해가 들어 있는 송나라 판본계통이 비교적 많았으며, 조선시대에 이르러 비로소 독자적 판본이 출현하여 후기에 이르기까지 대략 250여종 이상 간행된 것으로 조사되어 있다. 이들 판본의 계통은 참여주체나 간행수단에 따라 成達生版本·甲寅字版本·乙亥字版本·貞熹王后版本·刊經都監版本 系列로 나누어 볼 수 있다.

이 중 계명대본은 조선 초기 태종 5년(1405)에 명필가인 성달생과 성개 형제가 선친의 명복을 기원할 목적으로 정서한 법화경을 板書本으로 하여 전라도 고산 安心寺에서 도인 信文가 주관하여 간행한 불경이다.

본문의 邊欄은 上下單邊으로 일반적으로 고려 권자본에서 나타나는 형식을 답습하고 있으며, 광곽의 상하간은 21.4cm이다. 한 면에 10行 20字씩으로 배자되어 있다. 판심부분이 없고 다만 판심제만은 위에 '法'이란 약서명이 기재되어 있다. 紙質은 조선초기에 불경 인출에 주로 사용되었던 인경지로 매우 얇은 楮紙의 특성을 보이고 있다.

비록 계명대 소장본은 마지막 권7이 없으나 같은 板本들을 조사해보면, 권7의 말미에는 權近의 발문이 수록되어 있다. 이 책을 開板하게 된 연유로 조계종 대선인 信希 등이 오래전부터 법화경을 신봉해 왔는데, 연로하여 눈이 침침하게 되어 독서에 불편하였으므로 이런 노스님을 위해서 글씨를 중자로 써서 간행할 계획이었는데, 그 때 부모의 상을 당하여 시묘하는 중에 있던 성달생이 신희선사로부터 이 소식을 전해 듣고 돌아가신 선친의 추복을 기원할 생각으로 아우인 성개와 함께 繕寫하게 되었다. 필사가 완료되자 도인 信文이 이를 가지고 전라도 운제현의 안심사로 가서 판각하게 되었던 간행의 사실을 밝히고 있다.

이 안심사판은 비교적 희귀한 자료이나 근래 발견된 복장본 가운데 많이 나타나고 있으며, 제본 상태도 線裝뿐만 아니라 帖裝, 胡蝶裝과 선장이 혼재된 책도 눈에 띄고 있어 조선시대 典籍史 연구에 귀중한 자료이다.

(2) 金剛般若波羅密經, 1冊(卷上 · 下), 1415年刊

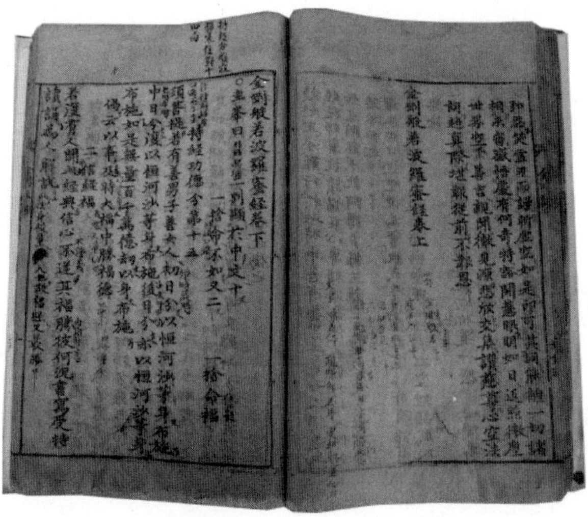

금강반야바라밀경은 일체법 無我의 空思想을 설한 大乘經典으로 鳩摩羅什이 漢譯한 것이며, 이를 바탕으로 여러 주석이 이루어져 조선초에는 得通이 傅大士·六祖慧能·圭峰宗密·冶父川老·宗鏡의 주석에서 중요한 내용을 뽑아 엮은 '五家解'에 자기의 決議와 說誼 그리

고 序文을 더하여 『金剛經五家解說誼』라 하였고, 이 오가해에 서문을 붙인 것은 태종 15년(1415)이다.

이 판본은 서문을 쓰기 전인 5월에 前安嚴寺 주지 대사 省琚가 化主 海惠와 함께 발원한 祖珣의 도움으로 板書本을 써서 판각한 것이다.

版式은 四周單邊·無界의 한 면에 11行 22字를 새기고, 白魚尾 版心에 이어 '金剛註 上', '金剛註 下', '決疑錄' 등이 표시되어 있다.

성거는 세종 2년(1420) 7월에 『妙法蓮華經』의 판서본을 써 九月山 長佛寺에서 개간하기도 하였으며 글씨의 자획이 날카로운 특징이 있다.

책의 구성은 下卷의 제52장을 끝으로 본문이 끝나고 傅大士와 淸凉大法眼禪師의 頌과 般若無盡藏의 眞言이 계속되고 합철된 것으로는 '六祖口訣'이 제56장까지 수록되고, '決疑錄'은 별도의 면으로 수록되어 있다.

內容上의 특징으로는 六祖, 傅大士, 治父, 宗鏡, 圭峯 등의 五家解로서 空慧를 삼고 一切 法 無我의 이치를 말한 것이다. 즉 ① 雙休傅大士의 贊, ② 六祖 大鑑禪師의 口訣, ③ 圭峯 密禪師의 纂要, ④ 治父 川禪師의 頌, ⑤ 豫章 鏡禪師의 提綱 ⑥ 涵虛堂 得通의 說誼로 구성되어 있다.

(3) 佛說長壽滅罪護諸童子陀羅尼經, 1冊, 1443年刊

이 책은 木板本으로 世宗 25年(1443)에 林川戶長 田可修가 板書本을 써서 전라도 花岩寺에서 간행하였다. 권말의 간기에는 '正統癸亥(1443) 花岩寺開板'라는 기록이 있다.

권수에 변상도가 있고 본문의 체제는 고려시대 간행본의 체제를 이어 받아 계선이 없고 한면에 7행 15자가 배열된 선장본으로 행수는 7-8-7-8 행을 반복하고 있다. 본문은 장차가 없이 다만 底本의 장차가 17장까지 새겨져 있다. 같은 판본이 기림사, 흑석사, 불갑사 등의 복장자료에서도 발견되었다.

이 책은 석가세존이 문수사리보살에게 일체 중생이 자신의 죄를 참회하고 악업을 짓지 않음으로써 모든 죄를 멸하고 무병장수 할 수 있도록 설하는 내용이다.

(4) 大方廣圓覺修多羅了義經, 1冊(卷4), 零本

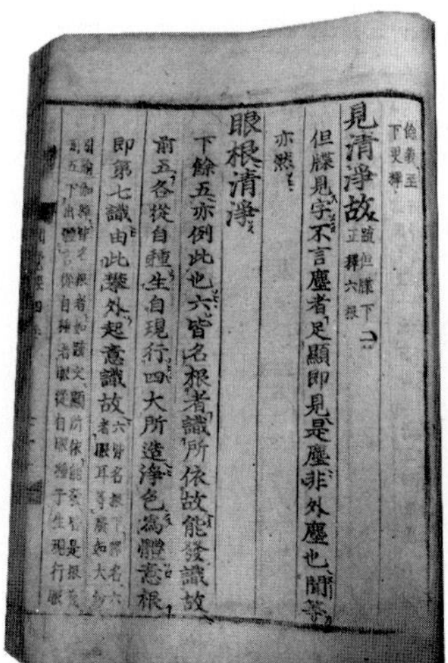
見清淨故
但朦見字不言塵者足顯即見是塵非外塵也聞等
亦然
眼根清淨
下餘五亦例此也六皆名根者識所依故能發識故
前五各從自種生自現行四大所造淨色為體意根
即第七識由此發外起意識故

이 책은 世祖年間에 乙亥字本으로 간행되었으며 본문은 9行 16字로

대, 중, 소자가 모두 사용되었다.

『大方廣圓覺修多羅了義經』은 '大方廣圓覺經', '圓覺經'이라고 부르기도 한다. 총 12장으로 구성되어 있으며 唐나라 永徽年間에 북인도 罽賓國의 승려 佛陀多羅가 한역하였다. 고려에서는 知訥이 중시하여 널리 퍼지게 되었으며, 조선 초에는 승려의 교과과목으로 채택되어 『維摩經』, 『楞嚴經』과 함께 禪의 3經에 속하게 되었다.

(5) 妙法蓮華經, 1冊(卷3)

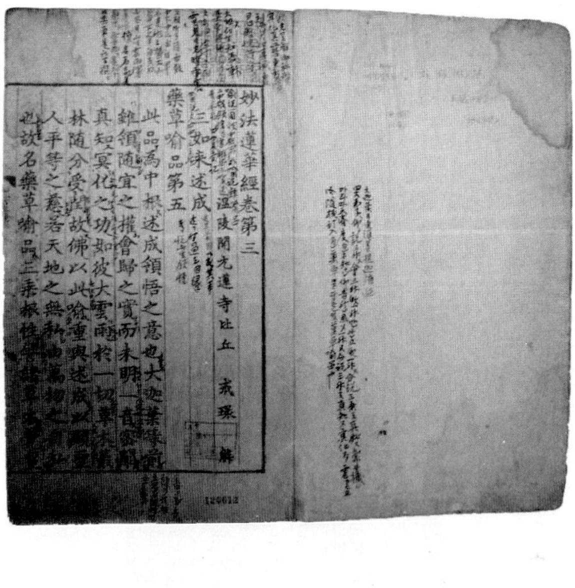

이 책은 1450年에 初鑄甲寅字로 찍어 내었다. 表紙는 감지표지에 題簽을 木板으로 찍은 후 붙였으며 본문은 四周單邊에 10行 18字, 판심은 上下下向 黑魚尾의 형식이다.

세종 32년 2월 동궁의 瘇疾을 치유코자 기원하기 위하여 화엄경을 목판으로 찍고 법화경을 初鑄甲寅字로 각각 33부 찍어내었다. 이 무렵 빈번한 서적간행사업으로 말미암아 종이가 부족하였으므로 이를 해결하기 위하여 倭楮紙를 사용하여 책을 인출하였다.

계명대학교 소장의 권3이 倭楮紙로 찍은 책이며 종이는 약간의 광택을 느낄 수 있을 만큼 도침이 잘 되어 있다.

현재 같은 판본으로 전래되고 있는 권7의 권말에 의하면,

> ... 閏正月十九日 安平大君臣瑢 錦城大君臣瑜 都承旨臣李思哲 司僕少尹臣鄭孝康
> 校書校理臣李永瑞 戶曹佐郎臣李命敏 等作倭楮紙 印華嚴法華各三十三部
> 華嚴則木板 法華則鑄字 皆吮油煙 貴其香潔而光華也 ...

에서 왜저지의 사용과 화엄·법화를 찍을 때 화엄경은 목판으로 왜저지에 인출하였음이 확인되지만 아직 실물은 발견되지 않고 있다.

(6) 妙法蓮華經, 1冊(卷6), 1459年刊

이 책은 목판본으로 세조 4년(1459)에 왕실에서 발원하여 중국의 판본을 저본으로 판각한 것이다. 책의 형식은 上下單邊에 6·7행을 반복하는 배열과 본문에는 句讀點과 聲點의 표시가 있고 楷正한 歐體로 새겨져 있다.

번각된 형태가 1장에 6-7-6-6行으로 연결되어 있으나 그 구성을 자세히 보면 5행씩 마다 약간 넓은 간격을 보이므로 底本은 5행씩의 折帖本으

로 추정되고 개인소장의 다른 책 중에서도 같은 형태의 장정을 볼 수 있다.

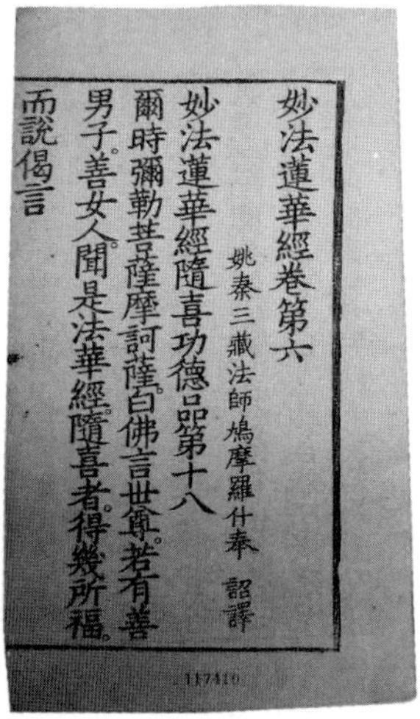
妙法蓮華經卷第六
姚秦三藏法師鳩摩羅什奉 詔譯
妙法蓮華經隨喜功德品第十八
爾時彌勒菩薩摩訶薩白佛言世尊若有善
男子善女人聞是法華經隨喜者得幾所福
而說偈言

한편 번각시의 跋文이 수록된 다른 판본에 의하면,

> ...우리나라에 유통되는 판본은 모두 戒環 疏本이나 廣平大君夫人 申氏가 註가 없고 글자의 획 크기가 적당한 唐本을 구하여 세자가 천수를 누리도록 경전을 見性菴에서 간행하도록 발원하였다. 天順 3년 4월에 일을 시작하여 6월에 마쳤다. ... 世宗大王, 昭憲王后, 懿敬世子, 廣平大君, 三韓國大夫人 王氏妙貞, 撫安君의 영가가 극락왕생하기를 빌고 여러 판본의 차이는 大禪師 學悅이 살폈다. 7월 5일에 金守溫이 명을 받아 발문을 찬하였다...

라 하여 그 간행의 과정을 알 수 있다.

(7) *妙法蓮華經*, 1冊(卷1~2), 1470年刊

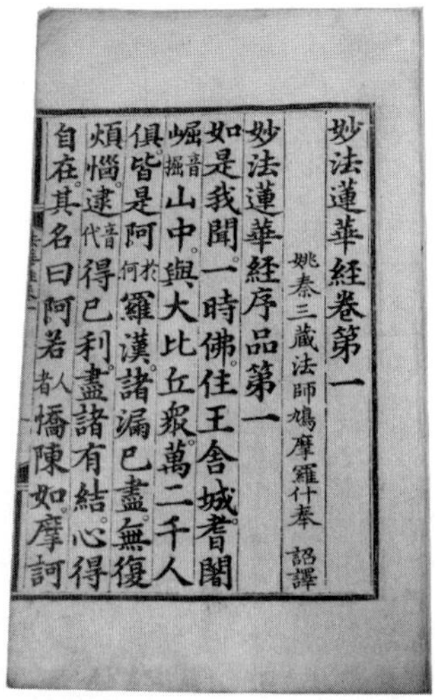

妙法蓮華經卷第一
姚秦三藏法師鳩摩羅什奉 詔譯
妙法蓮華經序品第一
如是我聞一時佛住王舍城耆闍
崛山中與大比丘衆萬二千人
倶皆是阿羅漢諸漏已盡無復
煩惱逮得己利盡諸有結心得
自在其名曰阿若憍陳如摩訶

이 책은 鳩摩羅什이 번역한 法華經을 명필의 大字 정서본을 바탕으로 하여 성종 1년(1470)에 貞熹王后가 세조와 睿宗의 명복을 기원하고자 간행한 불경으로, 현재 권1~2의 1책만 소장되어 있다. 권수서명은 *妙法蓮華經*이며, 다음 줄에 '姚秦三藏法師鳩摩羅什奉 詔譯'이라는 역자의 표시가 있다.

광곽은 四周雙邊으로 전체 8行 13字씩으로 배자되어 있고 版心에는 대흑구에 내향의 黑魚尾가 있으며 판심제는 法華經으로 약서명이 기재되어 있다.

난외에는 당시 刊經都監에서 활동하던 최고 수준의 刻手였던 張莫同, 崔今同, 崔得山 등의 이름이 새겨져 있어 이 판본은 조선시대 관판 판각술의 우수함을 보여주고 있다.

이 판본은 이후 여러 차례 後印되거나 번각되어 비교적 傳本이 많은 편이다.

(8) 護法論, 1冊

송의 張商英이 당의 구양수 등의 배불론에 대해서 大觀 4년(1110)에 유학자의 입장에서 불교를 옹호하는 글을 쓴 것이며 유불 융합을 주창한 내용이다.

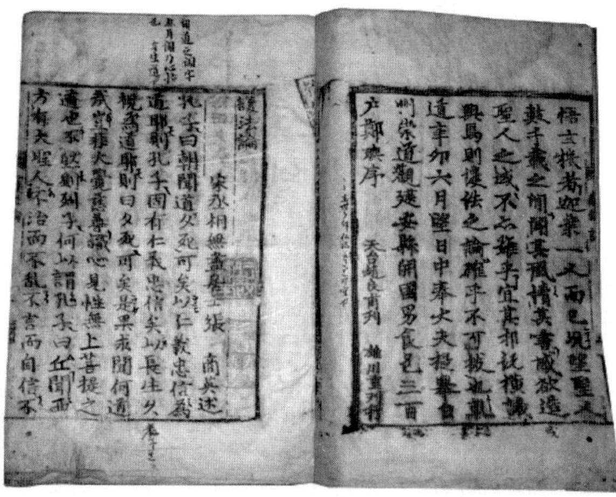

중국에 불교가 전래된 이래 당나라에 이르러 전성기를 맞이하였으나, 한편으로 유학자들의 배불론이 점차 확산되는 조짐이 나타나기 시작하였다. 그리하여 唐末로부터 법난이 확산되기 시작하는 흐름속에서도 송대에 이르러 불교는 계속하여 그 세력을 유지하려는 움직임이 있었다.

그러나 천태·유식·밀교·정토종 등은 그 교리의 난해함과 수행 방법의 미숙으로 점차 쇠퇴하고, 오직 禪宗만이 중국의 전 지역에 널리 확산되던 시기였다.

이러한 사회적인 분위기에 저술된 이책은 유교와 불교의 사상을 15조목으로 대비하여 설명하고 있으며, 또한 도교와 불교의 내용을 19조목으로 비교하여 불교가 가장 심오한 철리를 지니고 있다고 논증하였다.

『護法論』은 고려로 전래된 이래, 우왕 5년(1379)에 충주의 青龍寺에서 간행된 바 있고, 조선 중종 23년(1528)에 이 청룡사판을 저본으로 번각한 神興寺板이 현재 전래되고 있다.

계명대 소장본은 표지명이 '護法論'으로 제목과 같으며, 본문의 제목 아래에는 「圓證閣」, 「仁哉牘本」, 「東鎬」 등의 장서인이 찍혀있으며 서문의 말미에는 '天台趙良甫刊, 雄川重刊行'이라는 底本의 간행기록이 있다. 16세기 중반에 간행되어 17세기에 인쇄된 후쇄본으로 판단되며 흑구가 간혹 나오며 하판구내에 각수명이 있다. 제54장의 말미에 '...紹定四年四月八日知約道人書...' 라는 저본기록이 있다.

(9) 金剛般若波羅密經(五家解), 1冊(卷下), 1457年

조선 초기의 고승 涵虛堂 得通 己和(1376~1433)가 梁 傅大士의 贊, 唐 慧能의 口訣, 宗密의 纂要, 宋 冶父의 頌, 宗境의 提綱 등 『金剛經』에 대한 다섯 가지 解 중에서 중요한 부분을 모아 說宜한 책이다.

이 책은 世祖가 일찍 죽은 懿敬世子의 명복을 빌기 위하여 간행한 것으로 경의 正文은 丁丑字, 주석의 중간자와 소자는 初鑄甲寅字를 사용하여 찍었다.

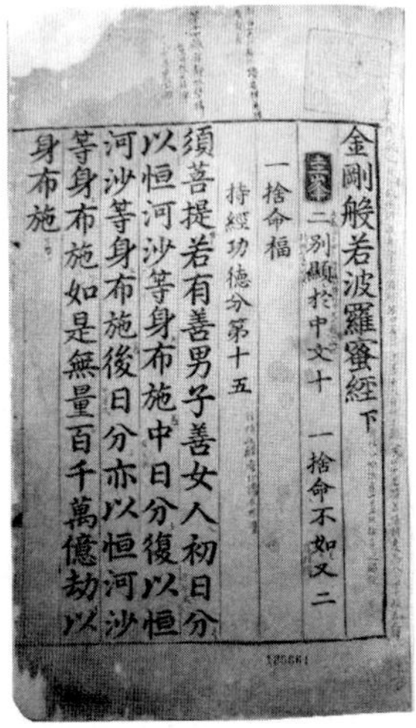
金剛般若波羅蜜經下
二別顯於中文十 一捨命不如又二
一捨命福
持經功德分第十五
須菩提若有善男子善女人初日分
以恒河沙等身布施中日分復以恒
河沙等身布施後日分亦以恒河沙
等身布施如是無量百千萬億劫以
身布施

소장본은 漢文本이나 傳本 중에는 國譯本 零本이 일부 있으며 飜刻本은 여러 종이 전하고 있다.

(10) 註心賦, 1冊(卷1~2)

이 책은 중국의 永明寺 延壽가 述한 것을 木板本으로 간행한 것이다. 上下內向有紋과 上下下向의 어미가 混在하며 간혹 흑구가 나오기도 한다. 권수의 '壽禪師心賦序'은 '庚午歲八月日'에 惟治가 작성하였다. 권2의 제목은 "心賦卷第二"로 되어있다. 책의 欄上 여백에는 「圓證閣」과 「李仁哉」의 장서인이 있고 일부 各面의 우측에는 시주자명이 판각되어 있다.

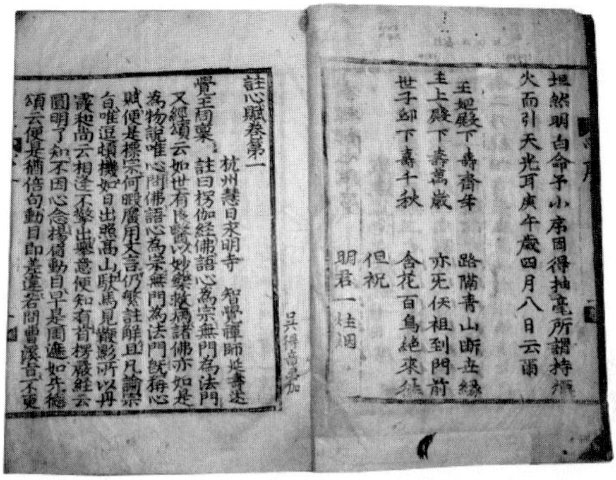
註心賦卷第一

杭州慧日永明寺 智覺禪師延壽述

王妃殿下壽齊年

主上殿下壽萬歲

世子邸下壽千秋

『註心賦』는 중국 北宋시대 延壽(904~976)의 저서로, 延壽가 대승교의 경론 60부와 중국, 인도의 성현 300인의 저서를 비롯하여 禪僧의 어록·계율소·속서 등을 널리 인용, 방증하여 100권으로 편찬한 『宗鏡錄』에서 정수를 뽑아서 만든 책이다.

책의 간행시기는 版式과 紙質로 미루어 보아 17세기초로 판단된다.

(11) 宗鏡撮要, 1冊

이 책은 중국의 永明寺 延壽가 述한 《宗鏡錄》 100권 중에서 東嘉曇賁上人이 그 요점만 뽑은 木板本으로 본문의 난의 여백에 「圓證閣」, 「仁哉讀本」, 「佛法僧寶」 등의 장서인이 있다. 권수에는 음각으로 된 淸凉答順宗心要法門의 跋文과 科文이 첨부되어 있다.

이 책은 계선이 없는 목판본으로 9行 17字, 上下大黑口 上下內向黑魚尾의 고려 판식을 보이며, 권말에는 無依子 慧諶의 誌가 있다. 慧諶

은 원래 1201년(신종 4) 司馬試에 합격한 유학자였으나 후에 불교에 귀의하여 불교정화운동의 일환인 修禪社에 들어간 知訥의 뒤를 이은 제2세 社主이다.

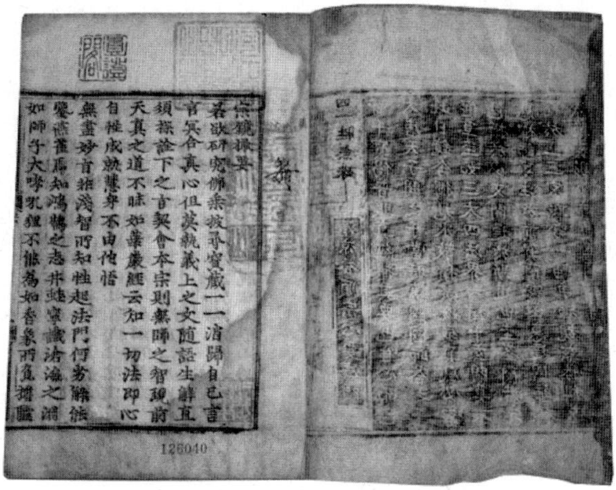

권말의 慧諶 誌文에는 天眞上人이 道者 正宣에게 부탁하여 기술자를 모아 1213년에 重雕한 底本의 기록이 있으나 소장본은 현존의 조선시대 간행의 송광사판과 같은 계열로 추정된다.

(12) *妙法蓮華經*, 1帖(卷4) 寫經

이 책은 절첩본 형식의 寫經으로 白紙의 바탕에 邊欄과 界線을 金寫로 그리고 本文은 墨書로 쓰고 있다.

형태는 38×13.5cm의 크기에 한 면 6行 17字에 松雪体로 쓰고 전체는

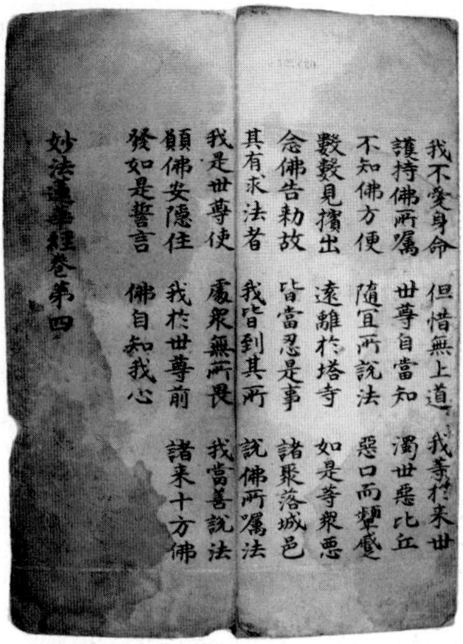

64折이다. 종이의 紙質과 書体 등으로 볼 때 조선초기에 제작된 것으로 추정된다.

6) 朝鮮前期 有刊記 佛教資料 所藏目錄

서 명	간행년도	간행지	판본	기타
景德傳燈錄	1573(宣祖6)	法興寺	木版本	無魚尾
高峰和尙禪要	1565(明宗20)	雙溪寺	木版本	
高峰和尙禪要	1575(宣祖8)	安心寺	木版本	
金剛般若波羅蜜經	1482(成宗13)		丁丑子本 (乙亥字 註解)	보물 제 772-4호
金剛般若波羅蜜經	1457(世祖3)		初鑄甲寅字本	
金剛般若波羅蜜經	刊年未詳		乙酉字本	
金剛般若波羅蜜經	1415(太宗15)		木版本	

金剛般若波羅蜜經	世祖年間	花岩寺	木版本	
金剛般若波羅蜜經	1570(宣祖3)	廣興寺	木版本	
金剛般若波羅蜜經	1530(中宗25)	廣興寺	木版本	
楞伽阿跋多羅寶經註解	刊年未詳		乙亥字本	
大方廣圓覺修多羅了義經	世祖年間		乙亥字本	
大佛頂如來密因修證了義諸菩薩萬行首楞嚴經	1547(明宗2)	石頭寺	木版本	
大藏目錄	朝鮮初期	大藏都監	木版本	
牧牛子修心訣	1500(燕山6)	鳳栖寺	木版本	
牧牛子修心訣	刊年未詳		木版本	
蒙山和尙法語略錄	1543(中宗38)	中臺寺	木版本	
蒙山和尙法語略錄	1489(成宗20)		木版本	
蒙山和尙法語略錄	刊年未尙		木版本	大黑口
妙法蓮華經	1450(世宗32)		初鑄甲寅字	
妙法蓮華經	1405(太宗5)		木版本	
妙法蓮華經	1476(成宗7)		木版本	
妙法蓮華經	1477(成宗8)	花岩寺	木版本	
妙法蓮華經	1545(仁宗1)	安心寺	木版本	
妙法蓮華經	1531(中宗2)	公山本寺	木版本	
妙法蓮華經	1537(中宗32)	龍泉寺	木版本	
妙法蓮華經	1561(明宗16)	叱方寺	木版本	
妙法蓮華經	朝鮮初期		筆寫本	金絲欄, 1帖(64折)
飜譯名義集	朝鮮初期		木版本	孤雲寺印
法集別行錄節要并入私紀	1537(中宗32)	神興寺	木版本	
法集別行錄節要并入私紀	1588(宣祖21)	雲門寺	木版本	
法華靈驗傳	1534(中宗29)	文殊寺	木版本	
碧松堂埜老行錄	1569(宣祖2)	普賢寺	木版本	
佛說觀無量壽佛經	1558(明宗13)	石頭寺	木版本	
佛說大報父母恩重經	刊行未詳		木版本	

佛說大報父母恩重經	1550(明宗5)	大菴	木版本	
佛說阿彌陀經	1525(中宗20)	廣興寺	木版本	
佛說阿彌陀經	1572(宣祖5)	德周寺	木版本	
佛說阿彌陀經	1558(明宗13)	雙溪寺	木版本	
佛說長壽滅罪護諸童子陀羅尼經	1443(世宗25)	花岩寺	木版本	
佛說長壽滅罪護諸童子陀羅尼經	1562(明宗17)	廣興寺	木版本	
詳校正本慈悲道場懺法	刊記未詳		木版本	大黑口
詳校正本慈悲道場懺法	刊記未詳		木版本	上下單邊, 5行13字
禪家龜鑑	1579(宣祖12)		木版本	
禪家龜鑑	1569(宣祖2)	普賢寺	木版本	
禪家龜鑑	刊行未詳		木版本	黑口
禪林寶訓	1542(中宗37)	表訓寺	木版本	
禪門寶藏錄	1531(中宗26)	鐵窟	木版本	
禪門拈頌集	1566(明宗21)	法興寺	木版本	
禪源諸詮集都序	1581(宣祖14)		木版本	
禪宗永嘉集	1499(燕山5)	石水庵	木版本	
禪宗永嘉集	1570(宣祖3)	臣興寺	木版本	
禪宗永嘉集	1575(宣祖8)	千佛寺	木版本	
禪宗永嘉集	刊行未詳		木版本	大黑口
禪宗永嘉集諺解	刊行未詳	長水寺	木版本	正德十五年庚辰(1520), 복본
禪宗唯心訣	1500(燕山6)	鳳栖寺	木版本	
禪宗唯心訣	刊行未詳		木版本	黑口
水陵無遮平等齋儀最要	1469(睿宗1)		木版本	
水陵無遮平等齋儀最要	刊行未詳		木版本	黑口
水陵無遮平等齋儀最要	刊行未詳		木版本	大黑口

水陸無遮平等齋儀最要	刊行未詳		木版本	萬曆二年甲戌(1574)
十地經論	刊行未詳		木版本	黑口
永嘉眞覺禪師證道歌	刊行未詳		木版本	黑口
永嘉集頌說義	刊行未詳		木版本	大黑口
禮念彌陀道場懺法	刊行未詳		木版本	10行18字, 內向黑魚尾
禮念彌陀道場懺法	刊行未詳		木版本	大黑口
預修十王生七齋儀纂要	1576(宣祖9)	廣興寺	木版本	
五大眞言	中宗·明宗年間		木版本	
五大眞言	刊行未詳		木版本	大黑口, 內向黑魚尾
圓頓成佛論	1578(宣祖11)	般若庵	木版本	
圓頓成佛論	1579(宣祖12)	大庵	木版本	
儒釋質疑論	刊行未詳		木版本	黑口, 內向黑魚尾
六祖大師法寶檀經	1574(宣祖7)		木版本	
人天眼目	1530(中宗25)	西臺寺	木版本	
曺山五位君臣圖頌	刊行未詳		木版本	無魚尾
註心賦	刊年未詳		木版本	
地藏菩薩本願經	1571(宣祖4)	天冠寺	木版本	
眞言集	刊年未詳		木版本	內向黑魚尾
眞言集	刊年未詳		木版本	內向黑魚尾
千手千眼觀自在菩薩廣大圓滿無导大悲心大多羅尼	刊年未詳		木版本	黑口, 內向黑魚尾
天地冥陽水陸雜文	刊年未詳		木版本	無魚尾
天地冥陽水陸雜文	刊年未詳		木版本	黑口, 內向黑魚尾
天地冥陽水陸齋儀纂要	1565(明宗20)	普願寺	木版本	
天台四教儀集解	刊年未詳		乙亥字本	

涵虛堂得通和尙語錄	刊年未尙		木版本	無魚尾
涵虛堂得通和尙語錄	1544(中宗39)	石頭寺	木版本	
賢首諸乘法數	1500(燕山6)	鳳栖寺	木版本	
賢首諸乘法數	1586(宣祖19)	法住寺	木版本	
賢愚因錄經	刊年未詳		木版本	
護法論	刊年未詳		木版本	黑口, 上黑魚尾
訓蒙要鈔	1576(宣祖9)	月精寺	木版本	

4. 계명대학교 동산도서관 소장 조선후기 자료

소장된 불교문헌 중 조선 후기의 간본을 대상으로 조선전기와 마찬가지로 경전별 분포와 판본, 간행시기, 간행사찰 별로 조사, 분석을 하였다. 일부 간행년 미상본과 필사본은 제외하였다.

1) 經典別 분포

조선 후기의 간본 또한 전기와 마찬가지로 『妙法蓮華經』이 11종, 『金剛般若波羅蜜經』이 8종으로 가장 많은 분포를 보이고 있다. 『佛說大報父母恩重經』이 4종, 『高峰和尙禪要』, 『大方廣圓覺修多羅了義經』, 『法集別行錄節要幷入私記』, 『佛說阿彌陀經』, 『佛說天地八陽神呪經』, 『禪源諸詮集都序』, 『六祖大師法寶壇經』, 『諸般文』, 『天地冥陽水陸齋儀梵音刪補集』이 각 3종, 『大方廣佛華嚴經疏』, 『梵網經盧舍那佛說菩薩心地戒品』, 『地藏菩薩本願經』, 『緇門警訓』은 각 2

종이 있다.

2) 版本別 분포

160여 종이 넘는 대부분이 목판본이다. 목판본 외 금속활자본으로는 순조 16년(1816)에 청나라 聚珍板『全史』를 자본으로 만든 全史字本이『梵網經盧舍那佛說心地法門品菩薩戒本』,『七衆受戒儀軌』,『國內寺刹現行細則』등 3종이 있다. 또한 목활자본으로『括虛集』,『克庵集』,『混元集』등 3종이 있다.

3) 刊行時期別 분포

선조 31년(1598)에서 광해군 14년(1622)에 이르는 시기의 경전은 19종이며, 인조 1년(1623)에서 경종 4년(1724)에 사이에 간행된 경전은 80종이며, 영조 1년(1725)에서 정조 순조 34(1834)에 사이에 간행된 경전은 34종이다. 철종 1년(1850) 이후의 경전은 27종이다.

4) 刊行寺刹別 분포

(1) 경상도권 사찰

경상도에는 30곳의 사찰이 나타나며 그 중 주요 사찰로는 합천의 海印寺가 있으며, 울산의 雲興寺, 대구 팔공산의 桐華寺, 김천의 直指寺, 부산의 梵魚寺, 양산의 通度寺 등이 있다.

(2) 전라도권 사찰

전라도는 13종의 가장 많은 인본에서 나타나는 사찰인 순천의 松廣寺를 비롯하여, 지리산의 能仁庵, 곡성의 道林寺, 장흥의 天冠寺, 장성의 雲門庵, 구례의 華嚴寺 등의 14개의 사찰이 보인다.

(3) 충청도권 사찰로는 보은의 法住寺, 恩律의 雙溪寺, 공주의 西木寺 등이 있다.

(4) 강원도권 사찰로는 금강군 금강산의 表訓寺, 고성군 금강산의 乾鳳寺 등이 있다.

(5) 서울·경기도권 사찰로는 서울의 安養庵과 경기도 朔寧의 龍腹寺, 양주의 佛岩寺, 佛嚴寺, 寶晶寺, 望月寺, 內院庵, 화성의 龍珠寺 등이 있다.

(6) 평안도권 사찰로는 영변군 묘향산의 普賢寺가 있다.

(7) 황해도권 사찰로는 松禾의 脩甑寺가 있다.

(8) 함경도권 사찰로는 安邊의 釋王寺가 있다.

자료에 의하면 松廣寺에서 간행한 불서가 총 13종으로 가장 많은 분포를 보이며, 普賢寺와 海印寺가 각 6종, 雲興寺가 5종, 지리산 能仁菴, 桐華寺가 4종 , 通度寺, 乾鳳寺, 梵魚寺, 雙溪寺, 龍腹寺가 각 3종, 道林寺, 鳳泉寺, 佛岩寺, 釋王寺, 仙岩寺, 王山寺, 雲門庵, 直指寺, 澄光寺, 天冠寺가 각 2종, 나머지 사찰은 각 1종씩을 소장하고 있는 것으로 나타났다.

5) 朝鮮後期 有刊記 佛敎資料 所藏目錄

서 명	간행년도	간행지	판본
伽山藁	1852(哲宗3)		木版本
伽倻山海印寺古籍	1874(高宗11)		木版本
看話決疑論	1608(宣祖41)	松廣寺	木版本
景德傳燈錄	1614(光海6)	雙溪寺	木版本
慶尙道淸道郡東虎踞山雲門寺事蹟	1718(肅宗44)		木版本
高麗國普照禪師修心訣	1799(正祖23)	松廣寺	木版本
高峰和尙禪要	1604(宣祖37)		木版本
高峰和尙禪要	1606(宣祖39)	八公山本寺	木版本
高峰和尙禪要	1609(光海1)	松廣寺	木版本
觀世音菩薩靈驗略抄	1716(肅宗42)		木版本
括虛集	1888(高宗25)	金龍寺	木活字本
國內寺刹現行細則	1902(光武6)	宮內府管理署	全史字本
歸元直指集	1724(景宗4)	華嚴寺	木版本
克庵集	1909(隆熙3)		木活字本
金剛般若經疏論纂要刊定記會編	1686(肅宗12)		木版本
金剛般若波羅密經	1618(光海10)	松廣寺	木版本
金剛般若波羅密經	1632(仁祖10)	龍腹寺	木版本
金剛般若波羅密經	1635(仁祖13)	龍藏寺	木版本
金剛般若波羅密經	1679(肅宗5)	雲興寺	木版本
金剛般若波羅密經	1701(肅宗27)	鳳岩寺	木版本, 복본
金剛般若波羅密經	1740(英祖16)	盤龍寺	木版本
金剛般若波羅密經	1903(光武7)		木版本
箕城大師請擇法報恩文	1767(英祖43)	鳳泉寺	木版本
奇巖集	1647(仁祖25)		木版本
茶毘文	1882(高宗19)	海印寺	木版本

達磨大師觀心論	1861(哲宗12)		木版本
大覺登階集 : 白谷集	1682(肅宗8)		木版本
大明三藏法數	1690(肅宗16)	澄光寺	木版本
大方廣佛華嚴經疏	1690(肅宗16)		木版本
大方廣佛華嚴經疏	1775(英祖51)		木版本
大方廣佛華嚴經疏演義鈔	1700(肅宗26)	梵魚寺	木版本
大方廣圓覺修多羅了義經	1861(哲宗12)	乾鳳寺	木版本
大方廣圓覺修多羅了義經	1634(仁祖12)	龍腹寺	木版本
大方廣圓覺修多羅了義經	1655(孝宗6)	仙岩寺	木版本
大方廣圓覺修多羅了義經疏鈔	1759(英祖35)		木版本
大佛頂如來密因修證了義諸菩薩萬行首楞嚴經	1609(光海1)	松廣寺	木版本
大佛頂如來密因修證了義諸菩薩萬行首楞嚴經	1672(顯宗13)	雲興寺	木版本
大乘起信論疏	1616(光海8)	脩甑寺	木版本
大乘起信論疏筆削記	1827(純祖27)	雲門庵	木版本
大乘起信論疏筆削記會編	1695(肅宗21)		木版本, 복본
大刹四明日迎魂施食儀文	庚寅年	海印寺	木版本
大慧普覺禪師書	1628(仁祖6)	龍腹寺	木版本
大慧普覺禪師書	1681(肅宗7)	雲興寺	木版本
蒙山和尙法語略錄	1603(宣祖36)	能仁菴	木版本
妙法蓮華經	1604(宣祖37)	能仁菴	木版本
妙法蓮華經	1607(宣祖40)	松廣寺	木版本
妙法蓮華經	1665(顯宗6)	直指寺	木版本
妙法蓮華經	1665(顯宗6)	靈覺寺	木版本
妙法蓮華經	1685(肅宗11)	安旺寺	木版本
妙法蓮華經	1734(英祖10)	王山寺	木版本
妙法蓮華經	1907(光武11)	白羊寺	木版本
妙法蓮華經	1638(仁祖16)	靈井寺	木版本

妙法蓮華經	1655(孝宗6)	法住寺	木版本
妙法蓮華經	1668(顯宗9)	雲興寺	木版本
妙法蓮華經	1678(肅宗4)	廣興寺	木版本
無用堂遺稿	1724(景宗4)	松廣寺	木版本
密敎開刊集	1784(正祖8)		木版本
百愚隨筆	1722(景宗2)		木版本
梵網經盧舍那佛說菩薩心地戒品	1688(肅宗14)	屛風庵	木版本
梵網經盧舍那佛說心地法門品菩薩戒本			全史字本
梵音集	1740(英祖16)		木版本
法界聖凡水陸勝會修齋儀軌	1632(仁祖10)		木版本
法集別行錄節要幷入私紀	1633(仁祖11)	釋王寺	木版本
法集別行錄節要幷入私紀	1647(仁祖25)	普賢寺	木版本
法集別行錄節要幷入私紀	1662(玄宗3)	表訓寺	木版本
菩薩戒義疏	1664(顯宗5)		木版本
佛說金沙論	己巳年	直指寺	木版本
佛說大報父母恩重經	1686(肅宗12)	天龍寺	木版本
佛說大報父母恩重經	1687(肅宗13)	佛岩寺	木版本
佛說大報父母恩重經	1688(肅宗14)	曺溪菴	木版本
佛說大報父母恩重經	1796(正祖20)	龍珠寺	木版本
佛說大阿彌陀經	1903(光武7)		木版本
佛說無量壽經	1861(哲宗12)	乾鳳寺	木版本, 복본
佛說阿彌陀經		安養庵	木版本
佛說阿彌陀經	1702(肅宗28)	雲興寺	木版本
佛說阿彌陀經	1753(英祖29)	桐華寺	木版本
佛說阿彌陀經要解	1753(英祖29)		木版本
佛說天尊却瘟瘟神呪經	1908(隆熙2)		木版本
佛說天地八陽神呪經	1609(光海1)	松廣寺	木版本
佛說天地八陽神呪經	1791(正祖15)	松廣寺	木版本
佛說天地八陽神呪經	1861(哲宗12)	磧川寺	木版本

佛頂心觀世音菩薩大陀尼經	1642(仁祖20)	梵魚寺	木版本
佛頂心陀羅尼經	1631(仁祖9)	奉佛庵	木版本
秘密敎集	1784(正祖8)	雙溪寺	木版本
四溟堂大師集	1652(孝宗3)		木版本
裟婆敎主釋迦如來舍利塔碑銘	1902(光武6)	桐華寺	木版本
四分律七聚大目抄	1691(肅宗17)	仙岩寺	木版本
霜月大師詩集	1782(正祖6)		木版本
西城中華海東佛祖源流	1764(英祖40)		木版本
釋門家禮抄	1670(顯宗11)	通度寺	木版本
釋氏源流應化事蹟	1673(顯宗14)	佛岩寺	木版本, 복본
禪家龜鑑	1618(光海10)	松廣寺	木版本
禪門寶藏錄	1611(光海3)	能仁庵	木版本
禪門拈頌說話	1707(肅宗33)	楞伽寺	木版本
禪門拈頌集	1636(仁祖14)	大原寺	木版本
禪門五宗綱要	1689(肅宗15)	釋王寺	木版本
禪門撮要	1908(隆熙2)	梵魚寺	木版本
禪源諸詮集度序	1603(宣祖36)	能仁庵	木版本
禪源諸詮集度序	1606(宣祖39)	西木寺	木版本
禪源諸詮集度序	1634(仁祖12)	天冠寺	木版本
禪源諸詮集度序	1647(仁祖25)	普賢寺	木版本
禪源集度序着柄	1757(英祖33)	長水寺	木版本, 복본
星州琵瑟山龍淵寺事蹟	1696(肅宗22)		木版本
十地經論	1635(仁祖13)	松廣寺	木版本, 복본
野雲大禪師文集	1827(純祖27)		木版本
廬山蓮宗寶鑑念佛	1853(哲宗4)	內院庵	木版本
蓮潭大師林下錄	1799(正祖23)	美黃寺	木版本
靈山大會作法節次	1613(光海)5	安興寺	木版本
詠月大師集	1656(孝宗7)	澄光寺	木版本

永川郡銀海寺事蹟	1798(正祖22)	銀海寺	木版本
暎虛集	1635(仁祖13)		木版本
五種梵音集	1740(英祖16)		木版本, 복본
雲水壇	甲辰年(1664)	海印寺	木版本
雲水壇謌詞	1639(仁祖17)	般若菴	木版本
雲水壇謌詞	1719(肅宗45)	海印寺	木版本
原人錄	1607(宣祖40)	松廣寺	木版本
月峯集	1703(肅宗29)	龍湫寺	木版本
月城集	1798(正祖22)	觀音寺	木版本
月渚堂大師集	1717(肅宗43)	普賢寺	木版本
六祖大師法寶壇經	1703(肅宗29)	松川寺	木版本
六祖大師法寶壇經	1883(高宗20)	海印寺	木版本
六祖大師法寶壇經	1855(哲宗6)	雙溪寺	木版本
因明入正理論解	1714(肅宗40)	王山寺	木版本
日用作法	1882(高宗19)		木版本
作法龜鑑	1827(純祖27)	雲門庵	木版本
諸般文	1691(肅宗17)		木版本
諸般文	1719(肅宗45)	海印寺	木版本
諸般文	1733(英祖9)	普賢寺	木版本
准提淨業	1724(景宗4)	華岩寺	木版本
地藏菩薩本願經	1797(正祖21)	碧松庵	木版本
地藏菩薩本願經	1879(高宗16)	寶晶社	木版本
眞言集	1800(正祖24)	望月寺	木版本
天地冥揚水陵齋儀梵音刪補集	1709(肅宗35)	道林寺	木版本
天地冥揚水陵齋儀梵音刪補集	1739(英祖15)	道林寺	木版本
天地冥揚水陵齋儀梵音刪補集	1637(仁祖15)	通道寺	木版本
請擇法報恩文	1767(英祖43)	鳳泉寺	木版本
淸虛堂大師集	1666(顯宗7)	泰安寺	木版本
淸虛堂大師集	1612(光海11)		木版本
秋波集	1780(正祖4)		木版本

緇門警訓	1638(仁祖16)	普賢寺	木版本
緇門警訓	1695(肅宗21)	雙磎寺	木版本
七衆受戒儀軌	1901(光武5)		全史字本
太上玄靈北斗本命延生眞經	1661(顯宗2)	天冠寺	木版本
通度寺舍利袈裟事蹟略錄	1642(仁祖20)	通度寺	木版本
八公山桐華寺事蹟	1732(英祖8)	桐華寺	木版本
鞭羊堂集	1647(仁祖25)		木版本
寒山詩	1856(哲宗7)	奉恩寺	木版本
涵弘堂集	1881(高宗18)		木版本
賢首諸乘法數	1673(顯宗14)	肝月寺	木版本
現行法會禮懺儀式	1710(肅宗36)	七佛寺	木版本
好隱集	1785(正祖9)		木版本
混元集	1912		木活字本
華嚴經行願品	1736(英祖12)	桐華寺	木版本
華嚴玄談會玄記	1695(肅宗21)		木版本

5. 결언

이상과 같이 계명대학교 도서관 소장의 한국 불교문헌에 대하여 형태를 중심으로 서지적인 관점에서 살펴본 결과는 대체로 다음과 같다.

1) 고려시대의 자료중 대장경의 영역에서는 初雕大藏經 ① 佛說十地經, 卷三 ② 大丈夫論, 卷上 ③ 集大乘相論, 卷下 ④ 佛說興起行經, 卷上 ⑤ 阿毘達磨大毘婆沙論 卷第三十八의 5종을 들 수 있으며 그 중 佛說興起行經 卷上과 阿毘達磨大毘婆沙論 卷第三十八은 일본의 南禪寺 소장본에서도 확인할 수 있다.

그 중『佛說十地經』卷三의 경우 재조대장경과 비교한 결과 본문의 글자가 밀려나서 전체적으로 다음 행으로 이동된 경우가 많다.『大丈夫論』卷上의 경우는 글자의 이동은 물론 일부 글자의 교정현상을 볼 수 있다.『集大乘相論』卷下와『佛說興起行經』卷上의 경우 글자의 행간이동과 피휘의 차이, 글자의 추가와 탈락 현상을 볼 수 있다.『佛說興起行經』卷上과『阿毘達磨大毘婆沙論』卷第三十八의 경우 일부 글자의 교정 현상을 볼 수 있다.

2) 再雕大藏經은 고려시대 印出本은 없으며 조선전기의 인출로 추정되는『大藏目錄』과 중기 이후에 인출된『維摩詰所說經』등 2종이 확인된다.

3) 고려본 중 가장 많은 책은『大方廣佛華嚴經疏』로 41책이며 白南寺에 소장되었던 판본으로 권말에는 16~17세기의 소장기록이 있고 같은 질에서 흩어진 여러 책이 다른 소장처에 국가문화재로 지정되어 전한다.

이 책은 고려 선종 4년(1087)에 저자인 淨源이 義天에게 송나라의 상인 徐戩을 통해 보낸 周本 화엄경을 주해한 註疏本 120권 목판에서 찍어낸 것으로 계명대 소장본의 표지는 갈색으로 염색한 종이에 중앙의 題簽은 金泥로 쓰고 본문의 글자체는 宋板에서 유행한 전형적인 구양순체이다. 권말에는 '嘉靖三十一年(1552)壬子 八月 日 大乘直 智膺 侍奉 覺圓'을 비롯한 3-4종류의 墨書가 있어서, 이 자료의 전래과정을 밝혀주고 있다. 묵서기록의 분포를 보면 1552年의 기록은 14종, 1553年의 기록은 12종, 1554年의 기록은 3종 이며, 1602년에 一確이 기록한 것도 2종이 있고, 그 밖의 나머지에는 丁巳年 墨書記錄으로 16세기 覺圓의 기록보다는 빠른 시기로 추정된다.

4) 그 밖의 고려본으로는 小字本『法華經』과『藏乘法數』,『慈悲道場懺法』과『詳校正本慈悲道場懺法』의 여러 종이 있다.

5) 조선초기 간본으로 安心寺 간행의『法華經』과 1415년간의『金剛般若波羅密經』, 1443년의『長壽經』, 1450년에 倭楮紙에 初鑄甲寅字로 찍은『妙法蓮華經』,『金剛經 五家解』, 乙亥字로 찍은『大方廣圓覺修多羅了義經』, 乙酉字로 찍은『金剛般若波羅密經』등이 있다.

6) 조선후기에는 전기와 마찬가지로『法華經』과『金剛經』의 간행이 많고 仁祖부터 景宗年間에 간행된 판본이 가장 많았다. 또 전기와 비교할 때 금속활자로 찍은 판본은 줄어들고 전사자 외에 목활자가 일부 사용되었다. 지역별로는 경상도 지역의 사찰에서 간행된 것이 가장 많은 비중을 차지하고 있다.

참고문헌

高翊晉. 1987.『韓國撰述佛書의 硏究』. 民族社.

金斗鍾. 1973.『韓國古印刷技術史』. 探求堂.

金煐泰. 1994.『韓國佛敎古典名著의 世界』. 民族社.

南權熙. 2002.『高麗時代 記錄文化 硏究』. 淸州古印刷博物館.

大屋德城. 1936.『高麗續藏經雕造攷』. 便利堂. (影印本)

文暻鉉. 1991.「高麗大藏經 雕造의 史的 考察」.『佛敎와 歷史 李箕永博士 古稀紀念 論叢』. 韓國佛敎硏究院.

靜嘉堂文庫. 1992.『靜嘉堂文庫宋元版圖錄; 圖版篇』. 同文庫.

鄭駜謨. 1990.『高麗佛典目錄硏究』. 아세아문화사.

정승석. 1998.『고려대장경 해제』. 고려대장경.

蔡尙植. 1991.『高麗後期佛敎史硏究』. 一潮閣.

千惠鳳. 1986.『國寶24 書藝·典籍Ⅱ』. 藝耕産業社.

千惠鳳. 2000.『고려시대연구Ⅱ』. 한국정신문화연구원.

千惠鳳. 1990.『韓國典籍印刷史』. 凡友社.

『韓國典籍綜合目錄』第1輯. 1974. 國學資料保存會.

계명대학교 동산도서관 소장 국어사자료의 가치

백 두 현

1. 서언

계명대학교 동산도서관에 소장되어 있는 국어사 자료는 질과 양의 면에서 탁월한 것으로 알려져 있다. 보물로 지정된 《용비어천가》 초간본, 《두시언해》 초간본, 유일본인 이수륜가판 《신증유합》, 《무예제보번역속집》 등 국어사 연구의 유일무이한 귀중본들이 이 도서관에 소장되어 있다. 이런 귀중본 외에도 여러 주제에 걸친 다양한 국어사 자료들이 소장되어 있지만 아직 그 전모가 드러나지 않은 상태이다.

필자는 계명대학교 한국학연구원으로부터 동산도서관의 국어사 자료에 관한 연구를 위촉받고, 일차적으로 《고서종합목록》 (계명대학교 동산도서관 2004)에 수록된 한글 문헌을 조사하였다. 여기서 뽑은 목록을 동산도서관 한적실에 가서 열람할 수 있었다. 그러나 연구 기간은 짧고

연구 대상 자료는 많아서 관심이 가는 문헌 전체를 자세히 검토할 수 없었다. 또한 개별 문헌에 대한 정세(精細)한 국어사적 분석을 할 수 있는 자료 제공이 되지 않아서 대체적 개요를 소개하는 데 그칠 수밖에 없다. 동산도서관 고문헌실 관계자의 협조를 받아 꼭 보아야 할 자료는 실사하였고, 이 실사 작업은 필자가 이 논문을 쓰는 데 큰 도움이 되었다.[1)]

이 논문을 쓰기 위해 필자는 다음과 같은 연구 방법과 논문 전개 방식을 취하였다. 먼저 동산도서관 한적본 목록집에 수록된 국어사 자료를 검토하여 중요 자료라고 알려져 있거나 필자의 관심에 든 문헌의 목록을 적출하였다. 적출된 목록을 동산도서관 누리집 검색창에 들어가 해당 자료의 서지 사항을 뽑아내고 청구기호를 확인하여 목록을 상세화했다. 상세화한 목록을 동산도서관 고서실에 요청하여 현장에 가서 열람하고 중요 사항을 기록하였다.

필자는 본고의 기술 대상이 된 문헌을 간본이냐 사본이냐에 따라 크게 두 범주로 나누고, 간본의 경우에는 자료의 성격에 따라 시문류, 자서류, 유교류, 불교류 등으로 나누어 기술할 것이다. 사본 중에서 한글 고전소설 등 문학류는 제외하였다.

필자는 기술 대상이 된 문헌이 여러 이판본 속에서 어떤 가치를 가지며, 그 문헌의 한글 문장에 나타난 국어사적 특징과 의미가 무엇인지 파악하는 데 초점을 두고 논의를 전개하였다. 개별 문헌에 대한 기술 방식은 모두 동일하지 않지만 대체로 다음과 같은 형식을 취하였다. 첫째,

---

1) 자료 열람을 도와 주신 계명대학교 동산도서관 고문헌실의 장인진 박사와 최경훈 선생께 감사드린다. 그리고 인터넷 검색과 사진 촬영을 도와 준 박유진과 배준영 군에게도 고마움을 전한다.

해당 문헌의 기본적 성격을 간단히 언급한다. 둘째, 그 문헌의 이판본 현황과 계통을 간략히 요약한다. 셋째, 여러 이판본 속에서 동산도서관 소장본이 차지하는 위상을 밝힌다. 넷째, 그 문헌의 국어사적 특징과 가치를 기술한다. 이 네 가지를 모든 문헌에 두루 갖추어 언급하지 않는 경우도 있다. 그리고 넷째 항의 기술은 문헌에 따라 편차가 있을 수 있다. 필자가 진행한 연구의 깊이가 모든 문헌에서 동일하지 않기 때문이다.

본고에서 다루는 자료는 거의 대부분 한글 자료이다. 구결 자료로는 고려말과 조선초기 음독구결 자료 몇 개에 그쳤다.

2. 계명대학교 동산도서관 소장 주요 간본 자료

필자는 동산도서관의 《고서종합목록》(2004)을 이용하여 이 책에 수록된 국어사 자료의 주요 문헌을 선별하는 작업을 했다. 그리고 동산도서관 인터넷 누리집에 들어가 그 주요 문헌의 서지 사항 목록을 복사하여 정리하였다.[2] 동산도서관 누리집 검색에서는 2004년도 목록집 간행 이후에 추가된 사항도 있었다. 이러한 작업을 통해 필자는 이곳에 소장된 국어사 자료의 전모를 파악할 수 있었다. 그러나 이런 작업을 통해 정리한 국어사 자료 목록을 본고에서 모두 다룰 수는 없어서 본고의 고찰 대상

2) 필자는 목록집에서 뽑은 문헌을 내용 기준으로 다음과 같이 범주화해 보았다. 불교류, 유교류, 도교류, 기독교류, 문학류, 역학서류, 병서류, 자서류, 운서류. 이런 분류에 의거하여 해당하는 국어사 자료를 논하는 것이 바람직하겠지만 이 논문에 이런 방법을 채용하지 못하였다. 이 도서관의 소장 자료 전체를 다 살펴볼 수 없었기 때문이다.

문헌을 국한하였다. 그리하여 동산도서관에 소장된 보물 지정 국어사 자료와 귀중본, 그리고 필자의 관점에서 학술 가치가 높다고 간주되는 문헌을 선정하여 이 논문의 고찰 대상으로 삼았다. 따라서 동산도서관에 소장된 국어사 자료라 하더라도 이 논문에서 다루지 않은 것도 상당수 있음을 미리 밝혀 둔다.

1) 시문류(詩文類)

《용비어천가》(龍飛御天歌)

《용비어천가》는 한글 창제 다음 해인 1447년(세종 29년)에 목판본 10권 5책으로 간행되었다. 1443년에 훈민정음을 창제한 후 세종은 정인지(鄭麟趾) 등에게 명하여 훈민정음으로 《용비어천가》 가사를 짓게 했다. 1445년에 정인지 등은 조선왕실의 조종인 목조(穆祖), 익조(翼祖), 도조(度祖), 환조(桓祖), 태조(太祖), 태종(太宗)에 이르는 육대의 사적을 사용하여 악장(樂章) 125장(章)을 훈민정음으로 지어 올렸다. 박팽년(朴彭年), 신숙주(申叔舟), 강희안(姜希顔), 성삼문(成三問) 등이 이 악장에 한문 주해(註解)를 붙여 1447년에 간행한 것이 바로 《용비어천가》이다. 원간본을 포함한 이 책의 이판본 현황은 다음과 같다.[3)]

(1) 원간본으로 권1,2(규장각 가람문고/1책 및 고려대 만송문고 소장/1책), 권3,4(서울역사박물관 소장/1책), 권7,8(고려대 만송문고 소장/1책), 권8,9,10(계명대 소장/3책), 권9,10(미국 컬럼비아대학 소장/1책)이 있다. 그리고 원간본 책판(冊板)을 그대로 이용하여 찍은 후쇄본이 규장각에

---

3) 《규장각소장어문학자료 어학편 해설》의 이호권 교수 해제 항목을 참고함.

소장되어 있는데('奎貴 2920, 5444') 완질이 아니라 권5와 권6이 빠진 책이다.

(2) 원간본의 체재를 그대로 따른 중간본 세 가지

(ㄱ) 만력본(萬曆本) : 1612년(광해군 4, 만력 40). 사고(史庫) 내사본이 규장각에 소장. 이 책은 원간본을 판하(版下)로 하여 복각한 것이나, 방점 및 글자의 탈획과 오각이 있다.

(ㄴ) 순치본(順治本) : 1659년(효종 10, 순치 16)에 간행. 이 중간본은 원간본(또는 1612년 복각본)과 달리 부드러운 필서체로 변했다.

(ㄷ) 건륭본(乾隆本) : 1765년(영조 41, 건륭 30) 간행. 이 책은 1659년(효종 10)에 새긴 책판 가운데 훼손된 책판을 보각(補刻)하여 삽입한 보판본(補版本)이다. 보판하지 않은 원래 책판은 인면이 마멸되어 상태가 좋지 않다.

계명대학에 소장된 《용비어천가》는 1445년 세종 27년에 찍은 원간본으로 판명되어 있다.[4] 《용비어천가》는 전체가 10권 5책으로 각 2권이 1책으로 장정되어 있다. 그런데 계명대 소장 8,9,10권은 각각 1책으로 분책되어 3책이 되어 있다. 이것은 최근에 배접하고 재장정하면서 분책을 달리 한 결과이다. 또 원래 오침안으로 된 것을 육침안으로 재장정하였다. 이호권[5] 교수는 인면 상태와 자획 마모 등을 기준으로 서울역사박물관 소장 초간본 권3,4와 계명대 소장본은 모두 초쇄본이 아닌 후쇄본으로

4) 이 책은 2006년 4월에 보물 1463호로 지정되었다.

5) 《민족문화대백과사전》 증보판의 해제 참고. 이 해제와 이화여대 소장본 해제를 보내 주신 이호권 교수께 감사 드린다. 이호권 교수는 《용비어천가》의 원간본은 물론 후대 판본을 세밀히 검토하여 이 책에 대해 상세히 밝혀 놓았다.

보았다. 또 계명대 소장본 권10에는 말미의 발문 2장이 결락되어 있다. 권10의 권말서명이 있는 장과 그 앞장은 상단부에 마모가 있어서 글자가 삭제된 부분도 있다. 그러나 한글 가사 125장은 한두 글자를 제외하고 거의 다 볼 수 있다.

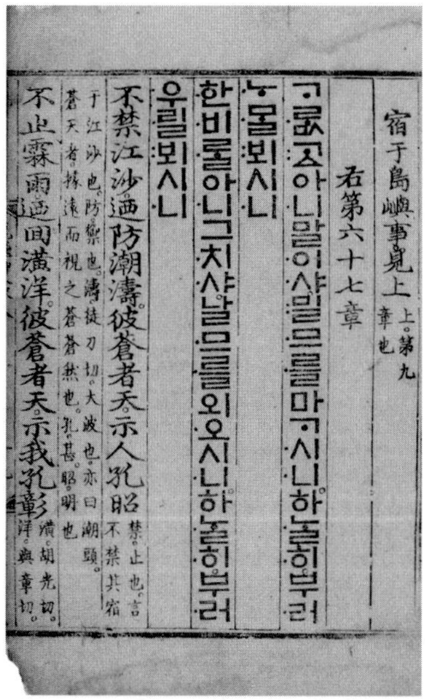

宿于島嶼事見上 上第九章也

右第六十七章

ᄀᆞᄅᆞᇝ ᄀᆞᇫ 아니 말이샤 밀므를 마ᄀᆞ시니 하ᄂᆞᆯ히 부러 ᄂᆞ몰 뵈시니

한비를 아니 그치샤 날므를 외오시니 하ᄂᆞᆯ히 부러 우릴 뵈시니

不禁江沙 遹防潮濤 彼蒼者天 示人孔昭 禁止也 言不禁其宿于江沙也 防禦也 濤徒刀切 大波也 亦曰潮頭 蒼天者 極遠而視之蒼蒼然也 孔甚 昭明也

不止霖雨 遹迴潢洋 彼蒼者天 示我孔彰 潢胡光切 洋與章切

필자는 국가기록유산 누리집(http://www.memorykorea.go.kr/)에서 제공하고 있는 계명대 소장본 8,9,10의 원문 이미지를 이용하여 이것과 만력본(규장각 소장본)의 한글 가사 부분을 일부 비교해 보았다. 짧은 시간에 전체를 세밀히 비교할 수 없어서 몇몇 가사에 한정하여 산발적으로 살펴보았다. 한글 가사 본문의 차이는 겨우 하나를 발견하였다.

계명대본 (권9. 장차로는 49장 앞면, 가사로는 제95장)

처섬 와 傲色 잇더니 濟世 英主ㅣ실씨 마ᄶᆞᄫᅵ예 ᄆᆞᅀᆞᄆᆞᆯ 놀라니

만력본 (같은 곳)

처섬 와 傲色 엇더니 濟世 英主ㅣ실씨 마ᄶᆞᄫᅵ예 ᄆᆞᅀᆞᄆᆞᆯ 놀라니

계명대본의 '잇더니'가 만력본에서 '엇더니'로 새겨져 있는데 이는 만력본의 오류이다. 여기에 해당하는 漢詩 '初附之時 尙有傲色'에 '有'가 있기 때문에 이것은 '잇-'(有)로 번역함이 옳기 때문이다. 이 낱말의 방점 표기도 서로 다르다. 계명대본에 '잇·더·니'로 된 것이 만력본에는 '엇더·니'로 되어 있다. 이것도 만력본의 오류이다. 선어말어미 '-더-'는 거성이기 때문이다. 다른 곳에도 방점 표기의 차이가 더러 있으나 여기서 자세히 언급하지 않는다.[6)]

계명대학 소장의 권8,9,10은 전체 10권 중 세 권밖에 안되지만 이 세 권에 수록된 한글 가사는 전체 125장의 절반을 넘는다. 권8에 19개장(59장~77장), 권9에 20개장(78장~97장), 권10에 28개장(98장~125장)이 실려 있어서 도합 67장의 가사와 그에 대한 주석이 실려 있다.[7)] 이런 점에서 계명대 소장본의 가치는 더욱 높다고 하겠다. 특히 이 책은 훈민정음 창제 당시의 국어 연구에 비교할 수 없는 귀중 자료이며, 한국문학 연구에서도 특별한 자리를 차지하고 있다.

---

6) 본 논문집에 실린 장인진 박사의 논문에 계명대 소장본의 오류가 만력본에서 수정되어 있는 곳을 지적하였다. 즉 계명대본의 권10 제15장 앞면에 "아ᄌᆞ미를 저ᄒᆞ샤 讓兄ㄱ ᄠᅳ들 니신ᄃᆞᆯ"이라 한 것을, 만력본에서 "아ᄌᆞ미를 저ᄒᆞ샤 讓兄ㄱ ᄠᅳ들 내신ᄃᆞᆯ"로 수정한 것이다. 후자가 전자의 오류를 고친 것이다. 장인진 박사는 동일한 수정이 《世宗實錄》(권145, 30장)에서도 행해졌음을 지적하였다.

7) 이호권의 《민족문화대백과사전》 증보판의 해제 참고.

초간본 《두시언해》(杜詩諺解)

초간본《두시언해》는 1481년(성종 12년)에 柳允謙 등에게 명하여 杜甫의 시를 언해하여 을해자로 간행한 책이다. 두보의 시 1,451수와 두보와 관련된 다른 사람의 시 16수를 합쳐 모두 1,467수를 언해 수록한 방대한 분량이다. 전 25권 중 권1, 2, 4는 전하지 않는다. 나머지 22권이 여러 도서관과 개인 소장에게 흩어져 소장되어 있다. 규장각 가람본에 권6-7, 권15, 권16이 소장되어 있고, 규장각 고도서본에 권11이 있다. 또한 일사문고에 권24가 소장돼 있다. 그리고 국립중앙박물관에 권17,18,19의 1책이 전한다. 계명대 동산도서관에 소장된 것은 권11과 권12이다. 계명대 소장본과 규장각 소장본 권11은 동일한 것으로 짐작된다.

계명대학교 출판부에서 권11과 12를 2000년 12월에 영인 출판하였다. 이 영인본에 실린 김영일 교수의 해제를 통해 권12에 나타난 국어학적 특징을 자세히 알 수 있다. 김영일 교수의 해제에 기대어 권12의 몇 가지 특징을 살펴보기로 한다.

《두시언해》 권12는 모두 44장으로 되어 있는 듯하다. 그러나 현존본은 아홉 장이 떨어져 나간 35장으로 되어 있다. 현존본 권12에는 두보의 시가 47편 수록되어 있으며 대부분 달과 비를 제재로 한 것들이다. 권12의 초간본을 중간본과 비교해 보면 중간본은 5장과 6장 사이에 한 장이 완전히 누락되어 있다.[8] 권12에는 모음조화에 어긋난 표기형이 많이 나타나는데 체언과 조사, 어간과 어미, 형태소 내부 및 파생어의 예들이 김영일의 논문에 정리되어 있다.[9] ·와 ㅡ 간의 혼란 표기례도[10] 적지

8) 김영일. 2000.「초간본 두시언해 권12의 어학적 고찰」.『두시언해 권十一-十二』. 계명대학교 동산도서관 고문헌총서 2. 계명대학교출판부. 153쪽.

않게 출현하는 바 모음조화의 혼란된 표기가 15세기 문헌에서 상당히 많았음을 보여 준다. '버혀(35ㄴ)-베히리오(27ㄴ)'와 같은 교체형은 ㅣ역행동화 현상이 15세기에 이미 존재했음을 증명한다.

문법사적 관점에서 주목되는 현상은 과거시상 및 상태 지속과 연관된 선어말어미 '-앳-/-엣-'(-아잇-/-어잇-) (-얫-/-옛-)과 '-앗-/-엇-'(-얏-/엿-)이 이 자료에 공존하고 있다는 점이다. 이 자료에는 부동사 어미 '-아/-어'와 조동사 '잇-'의 축약형인 '-앳-/-엣-' (-얫-/-옛-)과 이것에서 ㅣ가 탈락한 '-앗-/-엇-' (-얏-/엿-)이 뒤섞여 나타난다. 이에 관한 다수의 예가 정리되어 있다.[11]

'藥딘ᄃᆞᆫ(1ㄴ), 딘놋다(29ㄱ) 븐놋다(4ㄱ)(븥-)'와 같은 자음동화 표기가 부분적으로 나타나는데(김영일 2000:159), 이들은 15세기에 종성 ㄷ의 불파화를 증거하는 예들이다.[12] 동사 '엿보-'의 ㅂ이 w로 변한 '엿와'(2ㄴ)가 발견되는 바 이는 《월인석보》에 나타났던 '엿ᄫᅪ'의 변화형이다.[13]

이 자료에 나타난 특이어로는 '너르더근', '헤부치는', '그리쳐ᄒᆞᆯ션뎡' 등이 있다.[14] '너르더근'은 아마 '기울다, 쇠잔하다'를 뜻하며 그 어간은

---

9) 앞의 책. 154-155쪽.

10) 서늘호미(14ㄱ, 27ㄴ, 28ㄱ) 서ᄂᆞᆯ호미(12ㄴ) 서늘ᄒᆞ니(30ㄱ)-서ᄂᆞᆯᄒᆞ니(29ㄴ) 외ᄅᆞ왼(4ㄱ)-외로왼(6ㄴ, 24ㄱ) 아득ᄒᆞ야(22ㄴ)-아ᄃᆞᆨᄒᆞᆫ(26ㄴ) 등.

11) 앞의 책. 157-158쪽. 냇고(2ㄴ), 수맷ᄂᆞᆫ(7ㄱ), 두려웻도다(1ㄴ), 여렛도다(8ㄴ), 다ᄆᆞᆺᄒᆞ앳도다(4ㄱ), 사랏도다(1ㄴ), ᄇᆞᆯ갓도다(3ㄴ), ᄆᆞᆯ갓도다(10ㄱ) 등등.

12) 건나ᄂᆞ니(10ㄱ)(<건나-), 건ᄂᆞ니(12ㄱ)(<걷-), 나ᄃᆞᆫ니다(16ㄴ), ᄃᆞᆫᄂᆞ니(24ㄱ)(<ᄃᆞᆮ-), ᄃᆞᆫᄂᆞᆫ(29ㄱ)(<ᄃᆞᆮ-) 등도 그러한 예이다.

13) 앞의 책. 160-161쪽에 '短ᄋᆞᆯ 엿ᄫᅪ'(월석 19:60), '安隱을 得게 ᄒᆞ야 엿ᄫᅪ'(월 19:103)와 같은 용례가 제시되어 있다.

14) 너르더근 바ᄆᆡ 믌비치 樓에 ᄇᆞᆯ갓도다(殘夜水明樓)(3ㄴ).
헤부치는 ᄇᆞᄅᆞᆷ과 오란비(闌風伏雨)(15ㄴ).

'너르덕-'으로 추정되었고, '헤부치는'은 '함부로 이리저리 부는'의 뜻이며. '헤-'는 '함부로'의 뜻을 가진 접두사로 추정되었다. '그리쳐ᄒᆞ-'는 이 문헌의 유일 예로 '許'의 뜻이다.[15]

2) 자서류(字書類)

《신증유합》(李壽崙家刻板)

《신증유합》은 유희춘(1513~1577)이 편찬한 2권 1책의 아동용 한자 학습서이다. 수록한 글자수가 부족하고[16] 숭불적 성격이 있는 기존의《類合》을 고쳐서 1574년(宣祖 7) 황해도 해주에서《신증유합》초간본을 찍었다. 선조가《신증유합》의 훈석에 방언이 섞여 있는 등의 문제점을 지적하자 이를 수정하여 1576년에 교서관에서 다시 간행하였다.[17]《신증유합》의 현존본은 다음과 같다.[18]

목활자본 : 규장각 소장의 일사본(一蓑古 418.3-Y95a), 나손본(김동욱 교수 구장본).

목판본 : 성암본(성암문고 소장), 일본 東洋文庫本, 일본 尊經閣本, 일본

서르 그리쳐ᄒᆞᆯ션뎡 어느 두것 비듸 서르 마조ᄆᆞᆯ 議論ᄒᆞ리오(16ㄱ)(相許寧論兩相直).

15) 앞의 책. 161-162쪽.

16) 기존《類合》에는 1512자의 한자가 실렸고,《신증유합》에는 3000字의 한자가 수록되었다. 상권에 1000자, 하권에 2000자를 수록하고 있다.

17) 해주판의 수정 과정과 이 책의 이판본에 대한 서지학적 연구는 배현숙을 참고할 수 있다. 배현숙. 2003.「신증유합 판본고」.『민족문화연구』39. 고려대학교 민족문화연구원. 283-330쪽.

18) 앞의 책. 304-305쪽.

岩崎本, 개인 소장본, 이수륜가판, 고려대학교본(무인년[19] 해인사판).

계명대학 소장본은 1605년에 간행한 '李壽崙家刻板'이며 다른 곳에 없는 유일본이다. 이수륜은 유희춘의 《미암일기》에 등장하는 인물인데, 서사관(書寫官)으로 여러 서적의 서사에 참여한 기록이 있다. 이수륜은 《신증유합》의 서사에는 참여하지 않았지만 유희춘의 일에 조력한 사람이다. 이수륜이 미암을 만나러 자주 왕래하던 중 《신증유합》을 한 부 필사해 두었다가 나중에 개인적으로 판각한 것으로 추정된다. 《신증유합》의 다른 판본에는 '劒'의 훈이 '한도 검'이라 되어 있지만, 이수륜가판에만 '환도 검'이다. 이런 예와 더불어 '고항 고', '에월 잡' 등의 전라도 방언 요소가 있는 것으로 보아 이수륜가판은 초간본의 방언적 특징이 일부 잔존하고 있는 것으로 추정된다.[20]

이수륜가판의 권말에 다음과 같은 발문이 있다.

> 眉菴柳先生……(缺落) 字未穩後乃修正仍補善(?)千字以….(缺落) 蒙之誨適承旨鄭琢見而 啓達蒙 命投進 上曰此書固好第諺釋中多土俚 介眉菴退 與玉堂商確刪改 又從礪城君宋寅議定 差誤卽令刊行 壬辰兵火蕩失無餘 恐其泯滅 遂書一本 倩工入梓 萬曆乙巳[21]仲春前主簿李壽崙家刊

19) 이 판본은 일사본의 복각본인데 간기에 나오는 무인년은 1698년 추정(안병희), 1638년 추정(신경철) 설이 있다. 앞의 책. 315쪽.

20) 이수륜가본에 대한 위의 내용은 앞의 책. 314-315쪽을 참고한 것이다.

21) 간기에 나오는 만력 을사년은 1605년(宣祖 38)이다.

〈그림 2〉 이수륜가각판 신증유합의 권말 발문 및 간기

이 발문에 초간본에 있던 방언적 요소, 즉 '土俚'를 임금이 명하여 고쳤다는 사실이 기록되어 있다. 이 기록으로 보아 이수륜가판은 토리를 상당히 고친 판본을 참고했을 가능성이 높다. 이수륜가판은 《신증유합》의 여러 이본 중 가장 특이한 것이다. 다른 판본은 모두 반엽에 4행 4자 체제이지만 이수륜가판은 6行 8字이다. 훈음에도 차이가 있다. 예컨대 '宦'의 훈이 다른 판본에는 모두 '환쟈환 벼슬환'으로 되어 있는데(상 17ㄴ) 이수륜가판에는 '벼슬환 고쟈환'으로 되어 있다.[22] 배현숙은 판본 간의 자석 차이를 도표로 정리하였다.[23] 이 도표에서 이수륜가판의 독자

22) '宦'의 훈을 '고쟈'로 단 것은 《훈몽자회》(중 1ㄴ)에도 나온다.
23) 앞의 책. 317-323쪽.

적 특징을 보여 주는 훈음 몇 개만 가려 보면 다음과 같다.

신증유합 판본간 음훈의 차이

卷上 張次와 한자	羅孫本	誠庵, 東洋本	李壽崙家版	高大本	備 考
張 1前 三	석삼	석삼	서삼	석삼	
張 5前 輝	빗날휘	빗날휘	빈날휘	빗날휘	
張 8後 槐	회화회	회화회	회화괴	회화회	
張 11後 鷺	히야로비로	히아로비로	하야로비로	회아로비로	
張 12前 鴛	암즹경이원	암즹경이원	암즹경이원	암즹경이원	
張 12前 鴦	수즹경이앙	수즹경이앙	수즹경이앙	수즹경이앙	
張 12後 鴟	쇼로기치	쇼로기치	쇼로개치	쇼로기차	
張 13前 啄	딕조술탁	딕조술탁	딕조올탁	딕조술탁	
張 13前 豹	표범표	표범표	표엄표	표범표	
張 14後 亦	도역	도역	쏘역	도역	
張 14後 曰	ᄀᆞᆯ왈	ᄀᆞᆯ왈	ᄀᆞᄅᆞ왈	ᄀᆞᆯ왈	
張 16前 蝸	ᄃᆞᆯ판이와	ᄃᆞᆯ판이와	ᄃᆞᆯ팡이와	ᄃᆞᆯ판이와	
張 16後 庶	뭇셔	뭇셔	믈셔	뭇셔	李壽崙 不鮮明
張 17後 使	브린시	브린시	브릴ᄉᆞ	브린시	
張 17後 宦	환쟈환	고쟈흔	고자환	고쟈환	
張 18後 道	길도	길도	도리도(添加)	길도	
張 19後 妻	겨집쳐	겨질쳐	안해쳐	거집쳐	
張 20後 咽	식구무연	식구무연	밥구무연	식구무연	
張 27後 臼	호왁구	호왁구	확구	호왁구	
張 28後 劒	한도검	한도검	환도검	한도검	
張 31後 鞍	기ᄅᆞ마안	기ᄅᆞ마안	길마안	기ᄅᆞ마안	

이 표에 들어간 이외에도 이수륜가판의 독자적 성격을 보여 주는 훈음이 적지 않게 나타난다. '妻'의 훈이 다른 판본에는 모두 '겨집'으로 되어

있다.24) 이수륜가판에서만 '안해'로 한 것은 '여성 일반' 및 '妻'라는 두 개 뜻으로 쓰이던 '겨집'을 버리고, 단순 의미를 가진 '안해'를 '妻'의 훈으로 판단했음을 의미한다. 이러한 예들을 통해 이수륜가판 《신증유합》은 이수륜이 이 책을 간행하면서 한자의 훈음에 대해 깊이 생각하고 독자적 판단을 내렸음을 알 수 있다. 이런 점에서 이수륜가판의 독특한 가치가 있다 하겠다.

3) 유교류(儒敎類)

《삼강행실도》(三綱行實圖)

漢文本 《삼강행실도》는 세종의 命에 의해 설순(偰循) 등이 1434年(세종 16)에 편찬 간행하였다. 이 책은 중국 역대 문헌에 기록된 효자, 충신, 열녀 각각 110명(도합 330명)의 인물을 선정하여 각 인물의 행적을 도판, 漢文 설명 및 詩贊으로 표현한 것이다. 이 책이 원간본은 3권 3책으로 간행되었다. 그 후 성종 12년(1471年)에 이르러 각 분야의 인물 수를 35명으로 줄여(도합 105명) 欄上에 언해문을 붙여 3권 1책의 언해본을 간행하였다. 언해본 《삼강행실도》는 언해문 및 표기법의 특징을 기준으로 다음 세 부류로 나눌 수 있다25).

---

24) 《훈몽자회》(1527년)에는 '妻겨집 쳐'(상, 16a)로 나온다. '안해'는 15세기 문헌에 다음 예문과 같이 쓰였다.
번언팀의 안해ᄂᆞᆫ 위시니 양쥐 사ᄅᆞ미라(1471 삼강행, 열015a).
명쉬란 겨지븐 완안 댱악의 안해러니(1471삼강행, 열023a).
《천자문》과 《유합》에는 '妻'가 등재되어 있지 않다.

25) 아래 세' 부류는 규장각 한국본 도서 해제와 송일기를 참고하여 정리한 것이다. 송일기·이태호. 2001. 「조선시대 '行實圖' 板本 및 板畫에 관한 연구」. 『서지학연

① 원간본 계통 : 성종대 1481년경 간행. 성암문고, 고려대 도서관, 일본의 내각문고 등에 소장되어 있다. 방점, ㅸ, ㆆ, ㆅ이 쓰이며 한자의 번역문에 한자 및 그것의 동국정운식 한자음 표기가 붙어 있다. 그러나 개음절의 한자음 종성에 ㅇ을 표기하지 않았다.

② 선조대 중간본 : 1581년, 선조 14년 간행. 서울대 상백문고, 규장각, 가람본 등에 소장되어 있다. 방점이 없어지고, 언해문에서 한자가 사라졌다. 동국정운식 한자음이 아닌 현실 한자음으로 표기되고, 원간본의 협주가 본문으로 편입되었다. 세부적 표기와 언어 사실에서 원간본과 약간의 차이가 있다. ㅿ, ㆁ 등은 계속 사용되었다.

③ 영조대 중간본 : 1727년 평안도 箕營板을 시작으로 1730년(영조 6년)에 교서관과 지방의 여러 감영에서 간행한 이판본이 있다. 선조대 중간본과 번역을 달리하여 언해문에서 큰 차이가 있다. 서울대 일사문고, 규장각, 고려대 도서관, 경북대 도서관 등 다수 기관에 소장되어 있으며 가장 흔한 판본이다. 이 영조대 중간본은 선조대 중간본에 비해 번역이 원문에 충실하고 자세하게 되어 있다. 간기가 있는 이판본으로 箕營板, 海營板, 原營板, 咸營板이 알려져 있다.[26)]

(1) '侍講院' 印記 《삼강행실도》

동산도서관에서 《삼강행실도》는 다섯 책이 검색되어 나온다.[27)] 우리

구」 21. 서지학회. 79-121쪽.

26) 백두현. 2003.「취암문고 소장 국어사 자료의 연구」.『영남학』3. 경북대학교 영남문화연구원. 109-174쪽.

27) 동산도서관에 《이륜행실도》는 '庚戌六月 嶺營開刊'이라는 간기를 가진 1730년 영남감영판이 있다. 이 문헌은 다수 기관에 소장되어 있고 이미 널리 알려진

의 관심을 끄는 것은 두 책이다. 하나는 청구기호 '(귀)178.1권채ㅅ'인 귀중본이다. 간기가 없으나 '侍講院'이라는 印記가 있고, 판심이 內向黑魚尾이어서 상당한 고본임을 말해 준다. 이 책은 목판본이며, 四周單邊에 半郭 크기가 26.2×17.3cm이다. 13行 22字, 內向黑魚尾이고 책 크기는 36.8×22.6cm이다. 지질이 매우 좋고 보관 상태가 양호한 선본이다.

간기가 없어서 간년을 확정하기 어렵다. 앞에서 언급한 선조대 중간본(선조대 개역판)과 내용이 동일하다. 일본 동경대학부속도서관 소장본은 선조 13년과 15년 사이(1579-1581년)에 간행된 것이다. 이 판본의 '민손단의' 도판이 《諺解三綱行實圖研究》에[28] 수록되어 있다. 이 도판과 동산도서관 소장본의 해당 면을 비교해 보니, 양자가 완전히 동일한 판본에서 쇄출한 것은 아니었다. 필자가 보기에 선조대 중간본을 저본으로 간행한 것이 동산도서관 소장본이라 판단된다. 그러나 양자는 언해문의 행관이 완전히 동일하고 글자꼴도 매우 유사하다. 예컨대 '세 아ᄃᆞ리 치우리이다'에서 공손법어미 '-이-'의 옛 이응자의 자형도 서로 같다.

서울대 상백문고본(상백 고귀 173-Se63s)과 동산도서관 소장본의 '민손단의' 등 몇 개 내용을 비교해 보니 서로 아주 비슷하기는 하나 완전히 동일한 판본은 아니다. 동산도서관 소장본이 판각 상태가 더 정교하고 우수하다. 상백문고본은 동산도서관본을 복각한 것으로 생각된다. 시강원 인기가 있는 동산도서관 소장 《삼강행실도》는 선조 중간본(선조 개역판)을 저본으로 17세기말 혹은 18세기 초엽에 간행한 것으로 추정된다.

것이어서 본고에서 생략한다.

28) 志部昭平. 1990.『諺解三綱行實圖研究』 - 本文 校註 飜譯 開題篇 -. 고려서림. 378쪽.

(2) 竹樹校刊 《삼강행실도》

필자가 주목한 또 하나의《삼강행실도》는 '壬午孟夏 竹樹校刊'이라는 간기가 있는 판본이다. 이 책의 앞표지 이면에는 내사기와 비슷한 기록이 있는 바, 묵서로 "光緖八年壬午五月 日 面講面試入格 幼學 全大有 三綱行實一件"이라 씌어 있고 관인이 찍혀 있다.[29] 광서 8년은 1882년(고종 19년)이다. 그리고 이 책의 권말에는 朴憲陽이 쓴 발문이 있는데 이 책판과 직접 관련이 있는 내용만 가려서 옮겨 보면 다음과 같다.

> 憲陽來守竹樹之明年夏 得斷簡於壞樓塵堆之中 感其經殘敎弛 板亦朽傷缺漏 懼其差過 幾年 並此餘存者而無存焉 乃仍其舊補其刓?撮忠孝各三十一板 烈女二十八板 印行坊曲庶有補風化之萬一 上之卽阼十九年壬午四月庚申錦城朴憲陽謹跋

이 발문에 나오는 '竹樹'는 전라남도 화순군시 능주면의 고지명이다. 이곳은 본래 백제의 이릉부리군(尒陵夫里郡)인데 신라에서 능성군으로 고쳤다.[30] 조선 태종(太宗) 16년에 화순현(和順縣)을 합하여 순성현령(順城縣令)으로 했다가, 3년이 지나 다시 나누어 능성현으로 하였다. 박헌양이 능성현의 수령으로 왔다가 무너진 누각의 먼지 더미에서 결락된 책을 발견하고 그 감화를 새로이 느껴 훼손되고 없어진 판목을 보판 간행

29) 장인진 박사에 따르면 이 관인은 지방 관아의 인이라 한다. 이 관인과 기록 내용으로 보아 이 책은 향시의 면강면시 절차에 입격한 사람에게 상으로 준 것이 분명하다.

30) 계명대 고서실의 장인진 선생이 이 사실을 찾아 주셨다.

했다고 기록하였다. 보판은 충신편 31판, 효자편에 31판, 열녀편에 28판에 걸쳐 이루어졌다. 이 보판으로 인해 이 책에서 구판목으로 찍은 장차는 자획의 마모로 인해 인쇄가 흐릿하다.

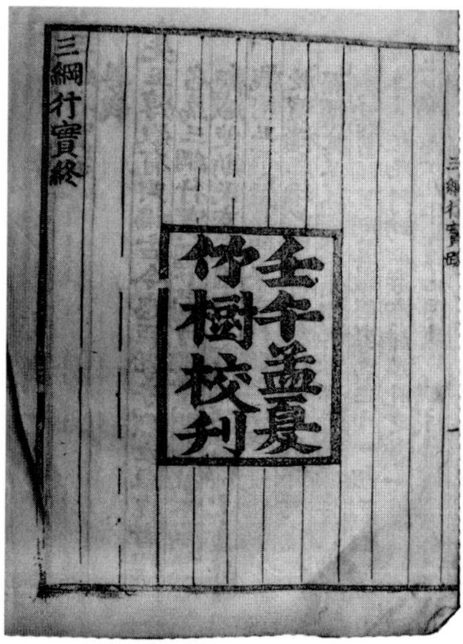

〈그림 3〉 박헌양 발문 삼강행실도의 간기

이 판본은 송일기 교수가 지적한 바와 같이[31] 규장각의 상백본 삼강행실도와 같은 것이며, 의역체로 번역된 중간본 중 최후에 복각된 것이다. 그런데 상백본과 계명대본은 완전히 동일한 판본이 아니다. 상백본에는 계명대본과 같은 보판이 없다.[32] 계명대본에서 보판한 판형은 상란의 언

31) 송일기·이태호. 2001. 「조선시대 '行實圖' 板本 및 板畵에 관한 연구」. 『서지학연구』 21. 서지학회. 92쪽.

32) 상백본은 홍문각 영인본(1990)을 이용했다. 이 영인본에는 고려대본, 성균관대

해문에도 광곽 테두리선을 둘렀다는 점이 판식상의 특징이다. 그러나 보판하지 않은 판면은 이 테두리선이 없고, 상백본에도 언해문에도 테두리선이 없다. 또 상백본에는 박헌양의 발문도 없다. 이런 점으로 보아 박헌양이 상백본과 동일한 판본을 이용하여 퇴락한 판을 보판하여 중각한 것이 바로 계명대본이라 하겠다.

상백본과 계명대본에서 같은 언해문 하나를 서로 대조해 보이면 다음과 같다.

상백문고본 효자 '薛包洒掃'(7ㄱ-7ㄴ)

셜포ᄋᆡ 아비 ᄒᆞᆺ계집ᄒᆞ야 셜포ᄅᆞᆯ ᄆᆡ여 나가라 ᄒᆞ야ᄂᆞᆯ 밤낫 울오 아니 나가거ᄂᆞᆯ 틴대 마디 몯ᄒᆞ야 문 밧긔 마개[33] 짓고 ᄆᆡ양 아ᄎᆞ미어든 드러 쁠에질 ᄒᆞ거늘 아비 노ᄒᆞ야 ᄯᅩ 내조ᄎᆞᆫ대 ᄆᆞ올히 마개 짓고 이셔 아ᄎᆞᆷ 나조ᄒᆡ 오더니 ᄒᆞᆫ ᄒᆡ 남ᄌᆞᆨ고 부뫼 븟그려 도로 오라 ᄒᆞ니라 부뫼 업거늘 아이 셰간 논호아 닫 사로려커늘 말이돌 몯ᄒᆞ야 노비란 늘그니ᄅᆞᆯ 가지며 닐오ᄃᆡ 나와 ᄒᆞ야 ᄒᆞᆫᄃᆡ 일ᄒᆞ얀디 오라니 너희 몯 브리리라 뎐디란 사오나오니ᄅᆞᆯ 가지며 닐오ᄃᆡ 져믄 제브터 ᄒᆞ던 거시라 됴히 너기노라 긔믈란 ᄒᆞ야디니ᄅᆞᆯ 가지며 닐오ᄃᆡ 아래브터 ᄡᅳ던 거시라 내개 편안ᄒᆞ애라 ᄒᆞ고 가지더라 아이 ᄌᆞ조 시간 배아ᄃᆞᆫ 믄득 다시 주더니 안뎨란 님금이 시듕 벼슬 ᄒᆡ이시니라

계명대본 효자 '薛包洒掃'(7ㄱ-7ㄴ)

셜포의 아비 ᄒᆞᆺ계집ᄒᆞ아 셜포ᄅᆞᆯ ᄆᆡ여 나가라 ᄒᆞ야ᄂᆞᆯ 밤낫 울오 아니 나기거ᄂᆞᆯ 틴디 마디 문ᄒᆞ야 문 밧긔 가개 짓고 [이셔] (ᄆᆡ양) 아ᄎᆞ미어는

본, 상백문고본, 규장각본이 영인되어 있다.

33) 마개 : 후인이 '가개'를 붓으로 수정한 듯이 보인다.

드러 쁠에질 ᄒᆞ거늘 아비 노ᄒᆞ야 ᄯᅩ 내조촌대 ᄆᆞ올ᄒᆡ 가개 짓고 이시 아ᄎᆞᆷ 나조ᄒᆡ 오더니 ᄒᆞᆫ ᄒᆡ 남ᄌᆞ고 부뫼 븟그려 도로 오라 ᄒᆞ니라 부뫼 입거늘 아이 셰간 ᄂᆞᆫ호아 ᄃᆡᆫ 사로려커늘 말이ᄃᆞᆯ 몯ᄒᆞ야 노비란 늘그니ᄅᆞᆯ 가지며 닐오ᄃᆡ 나와 ᄒᆞ야 ᄒᆞᆫᄃᆡ 일 ᄒᆞ안디 오라니 너희 몯 브리리라 뎐디란 사오나오니ᄅᆞᆯ 가지며 닐오ᄃᆡ 져믄 제브터 ᄒᆞ던 기시라 됴히 너기노라 긔믈란 ᄒᆞ야디니ᄅᆞᆯ 가지여 닐오ᄃᆡ 아래브터 ᄡᅳ던 거시라 내개 편안ᄒᆞ애라 ᄒᆞ고 가지더라 아이 ᄌᆞ조 세간 배아ᄃᆞᆫ 믄득 다시 주더니 안뎨란 님근 이 시듕 벼슬 ᄒᆡ이시니라 (탈획 등은 글자를 판단하여 입력함)

계명대본에서 밑줄친 '[이셔] (ᄆᆡ양)'은 상백본과 다른 부분이다. '이셔'는 계명대본에서 새로 넣은 것이고, 'ᄆᆡ양'은 상백본에 있는 것을 없앤 것이다. 계명대본에는 오각이 상백본보다 심한 편이다.

《속삼강행실도》(續三綱行實圖)

이 책은 申用漑 등이 왕명을 받아 《삼강행실도》에서 누락된 효자 36명, 충신 5명, 열녀 28명의 사적을 언해하여 간행한 1책의 목판본이다. 이 책의 원간본 간년은 南袞의 序文과 申用漑의 箋文 등을 통해 1514년(中宗 9)임이 드러난다.

《속삼강행실도》의 이본들은 세 가지 부류로 나누어진다. 첫째, 중종대에 간행된 원간본 계통인데, 규장각의 가람본과 일본 동양문고 등에 소장되어 있다. 이 판본은 국한 병용이며 동국정운식한자음 표기와 방점과 ㆆ, ㅸ, ㅿ 등의 문자가 사용되었다. 둘째는 선조대의 중간본으로 1581년(선조 14)에 간행된 것이다. 이 판본은 국내에는 없고 일본의 내각문고(內閣文庫)와 국회도서관, 대만의 중앙도서관에 소장된 것으로 알려져 왔다. 이 중간본에는 옛이응(ㆁ)은 계속 사용되지만 방점과 ㅸ, ㅿ은 사라졌으며 난상의 언해문도 한글로만 되어 있다. 셋째, 丁未年에 기영(평양감영)에서 중간한 것으로 국립중앙도서관, 규장각 등에 소장되어 있다. 이 중간본의 간기는 1727년(정미년)에 기영에서 간행한 《二倫行實圖》와 판식, 간기 양식 등이 동일하다.[34] 이런 점으로 보아 기영판 《속삼강행실도》의 간년도 1727년으로 판단된다.[35]

동산도서관에는 2책의 《속삼강행실도》가 소장되어 있다.[36] 이 두 책을 놓고 자세히 비교해 보니 완전히 동일한 목판에서 쇄출한 것이 틀림없다.[37] 내사기가 있음직하지만 표지의 개장과 권두의 낙장으로 내사기가 없어진 것으로 추정된다. 두 책 중 청구기호 '(고)178.1속삼강'('가본'이라 칭함)이 '이178.1신용개ㅅ'('나본'이라 칭함)보다 보존 상태가 훨씬 나아서 원문 이용에 '가본'이 편리하다. '나본'은 훼손 상태가 비교적 심하다. 앞뒤 표지가 절반 이상 마멸되어 떨어져 나가고 권두의 서문도 앞부분이 결락이다. 그러나 권두의 남곤(南袞)의 서문과 권말에 실린 신용개(申用漑)의 전문(箋文)은 상당 부분 보존되어 있다. 그러나 본문은 첫 부분 '王中感天'과 끝 부분 '鄭氏不食' 조를 각각 갖추고 있다.

계명대 소장의 《속삼강행실도》 두 책은 일본의 내각문고(內閣文庫)와 국회도서관, 대만의 중앙도서관에 있고 국내에는 전해지지 않는다고

---

34) 기영판 《이륜행실도》의 간기는 '丁未四月日 箕營開刊'이라 되어 있다.
35) 《규장각소장어문학자료 어학편 해설》의 이영경 집필 해제 참고.
36) 청구기호는 각각 '(고) 178.1 속삼강' 및 '(이) 178.1 신용개ㅅ' 이다.
37) 동산도서관 검색을 해보면 두 책의 서지사항이 다르게 나와 있다. 특히 반곽 크기가 가본은 25.5×17.5cm이고 나본은 24.0×16.6cm로 되어 있다. 행관 글자수의 차이도 각각 13行 22字와 13行 21字로 다르게 되어 있다. 이 차이는 권두 낙장 및 마멸로 인해 서로 다른 장차의 광곽을 재었기 때문일 것이다.

하는 선조대 중간본으로 판단된다. 앞에서 언급한 선조판과 계명대 소장본 두 책은 동일한 특징을 보여 주기 때문이다.

권두 첫 면 '왕중감천'조의 본문을 세 판본을 대조하여 옮겨 보면 다음과 같다.

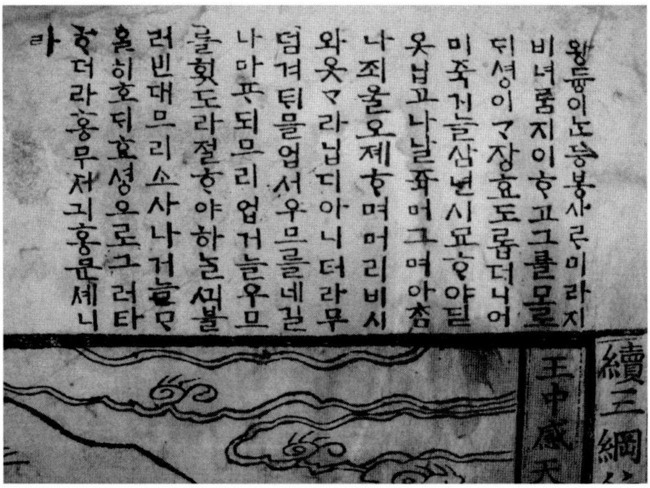
왕듕이는 등봉 사ᄅᆞ미라 지
비 녀ᄅᆞᆷ지이 ᄒᆞ고 그를 몰로
ᄃᆡ 셩이 ᄀᆞ장 효도롭더니 어
미 죽거늘 삼년시묘ᄒᆞ야 ᄃᆞᆯ
옷 닙고 나날 쥭 머그며 아ᄎᆞᆷ
나죄 울오 졔ᄒᆞ며 머리 비시
와 옷 ᄀᆞ라닙디 아니더라 무
덤 겨틔 믈 업서 우므를 네 길
나마 포ᄃᆡ 므리 업거늘 우므
를 횟도라 절ᄒᆞ야 하ᄂᆞᆯᄭᅴ 블
러 빈대 므리 소사나거늘 ᄆᆞ
ᅀᆞᆯ히 호ᄃᆡ 효셩으로 그러타
ᄒᆞ더라 홍무 저긔 홍문 셰니
라
續三綱
王中感天

〈그림 4〉 속삼강행실도 효자도 '王中感天' 조

가람본(원간본 계통)[38]

王中이는 登封 사ᄅᆞ미라 지비 녀름지이 ᄒᆞ고 그를 **몰로되** 性이 ᄀᆞ장 효도롭더니 어이 죽거늘 三年侍墓ᄒᆞ야 **ᄃᆞᆫ옷** 닙고 나날 粥 머그며 **아ᄎᆞᆷ 나죄** 울오 祭ᄒᆞ며 **머리 비시**와 옷 ᄀᆞ라닙디 아니터라 무덤 겨틔 믈 업서 우므를 네 길 나마 포ᄃᆡ 므리 업거늘 우믈을 횟도라 절ᄒᆞ야 하ᄂᆞᆯᄭᅴ 블러 빈대 므리 소사 나거늘 ᄆᆞᅀᆞᆯ히 호ᄃᆡ 孝誠으로 그러타 ᄒᆞ더라 洪武 저긔

38) 이 판본의 원전에는 방점과 동국정운식 한자음 표기가 있으나 생략한다.

紅門 셰니라

계명대본

왕듕이는 등봉 사ᄅᆞ미라 지비 녀름지이 ᄒᆞ고 그를 <u>모로ᄃᆡ</u> 셩이 ᄀᆞ장 효도롭더니 어미 죽거늘 삼년 시묘ᄒᆞ야 <u>딛옷</u> 닙고 나날 쥭 머그며 <u>아춤 나죄</u> 울오 졔ᄒᆞ며 <u>머리 비시</u>와 옷 ᄀᆞ라 닙디 아니터라 무덤 겨ᄐᆡ 믈 업서 우므를 네 길 나마 ᄑᆞ되 므리 업거늘 우므를 횟도라 절ᄒᆞ야 하늘ᄭᅴ 블러 빈대 므리 소사 나거늘 ᄆᆞ올히 호ᄃᆡ 효셩으로 그러타 ᄒᆞ더라 홍무저긔 홍문 셰니라

기영판

왕듕이는 등붕 사름이라 집이 녀름지이 ᄒᆞ고 글을 모로되 ᄀᆞ장 효도롭더니 어이 죽거늘 삼년 시묘ᄒᆞ야 <u>딧옷</u> 닙고 나날 쥭 먹으며 <u>앗춤 나조</u> 울고 졔ᄒᆞ며 <u>멀이 빗기</u>와 옷 글아 닙디 아니터라 무덤 겻ᄐᆡ 믈이 업서 우믈을 네 길 나마 ᄑᆞ되 믈이 업거ᄂᆞᆯ 우믈을 횟도라 절ᄒᆞ야 하ᄂᆞᆯᄭᅴ 블러 빈대 믈이 소사 나거늘 ᄆᆞ올히 호ᄃᆡ 효셩으로 그러타 ᄒᆞ더라 홍무 적의 홍운[39] 셰니라

계명대 소장의 두 책은 일본 내각문고 등에 있다고 하는 1581년(선조 14)판과 마찬가지로 언해문도 한글로만 표기되어 있다. 계명대 소장본에는 옛이응(ㆁ)이 사용되었으나 방점과 ㅸ, ㅿ은 없다. 선조대 중간본이 국내에도 존재한다는 점에서 이 계명대본은 각별한 가치를 가진다.

위 인용문에 세 판본간의 차이가 일부나마 드러나 있다. 원간본과 계명대본의 차이는 한자어 혼용이 없어진 것은 물론, '포되>ᄑᆞ되'와 같이 '–

39) 기영판은 '홍문'을 '홍운'으로 오각하였다.

오-'가 탈락된 어형 변화도 보인다. 《속삼강행실도》의 내용은 《동국신속삼강행실도》에도 수용되었던 바, 국어사적 관점에서 여러 이판본간의 본문 변화 연구에 계명대본이 중요 역할을 할 수 있다.[40)]

4) 불교류(佛教類)

《금강경삼가해》(金剛經三家解)

조선 초기의 고승 함허당(涵虛堂) 기화(己和)(1376-1433)가 《金剛經》에 대한 다섯 가지 解를[41)] 모아 《金剛經五家解說誼》를 간행하였다. 다섯 해 중에서 冶父의 頌, 宗鏡의 提綱, 己和의 說誼를 가려서 한글로 구결을 달고 번역한 책이 바로 《금강경삼가해》이다. 권5의 끝에 韓繼禧(1482년 7월)와 姜希孟(1482년 孟夏 仲浣)의 발문이 있는 바 여기에 간행 경위가 자세히 나타나 있다. 세종 28년(1446년) 소헌왕후가 하세하시자 그의 명복을 빌기 위해 세자 문종과 수양대군에게 이 책을 번역토록 했으나 간행되지 못하고, 세조대를 지나 성종 13년(1482년)에 세조비 자성대비가 그 유업을 받들어 학조대사에 명하여 1482년에 활자로 간행하였다.

이 책은 전체가 5권 5책의 활자본이며, 세종대왕 기념 사업회(권1, 권

---

40) 정우영 외(2008)에는 《속삼강행실도》의 국어학적 특징을 분석한 해제와 원문 이미지 및 자세한 주해가 실려 있다.
정우영·이정일·정상훈. 2008. 『역주 속삼강행실도』. 한국문화사.

41) 이 오가해는 당나라 宗密의 纂要, 梁나라 傅大士의 贊, 唐나라 六祖 慧能의 口訣, 宋나라 冶父 道川의 頌, 宋나라 宗鏡의 提綱에서 중요한 부분을 모아 풀이한 것이다. 《금강경오가해》는 1665년(현종 6)에 간행된 순천 흥국사판과 1680년(숙종 6)에 묘향산 보현사판이 전해진다.

5), 규장각(권2-5), 성암고서박물관(권3, 권4), 계명대 동산도서관(권2), 장흥 보림사(권1)이 소장되어 있다. 이 책이 중간된 적은 없다. 동산도서관에는 권2가 소장되어 있으며, 보물 772-2호로 지정되었다.

이 책은 15세기 말기의 국어 연구를 위한 중요 자료이다. 이 문헌에는 다른 문헌에 나타나지 않는 특이 어휘들이 적지 않게 나타난다. 'ᄋᆞᆺ'(所以. 涵序 3b,4b), 'ᄢᅵ니'(時. 1:15a), '수ᄂᆞᆰ'(嶺. 1:21a), '자치-'(止. 1:25b), 'ᄒᆞᆫ보로'(2:33a), '거ᇫ와ᅀᅵ'(蕩子. 4:22a) 등이 그러한 예이다.[42] 이 책에 대한 연구 논문과 영인본이 있어서[43] 참고가 된다.

《목우자수심결》(牧牛子修心訣)

이 책의 초간본은 보조국사 지눌(知訥)이 지은 '修心訣'을 세조대의 승려 신미(信眉)가 언해하여 간경도감에서 간행되었다. 동산도서관에 후쇄본이 아닌 고본 《목우자수심결》은 세 책이 있다. 두 책은 간기가 있는 바 '弘治十三年' 및 '留板于慶尚道 陜川土 伽倻山 鳳栖寺'라는 기록이 있다. 이 책은 간경도감판을 가져다가 복각한 것으로 1500년에 합천 봉서사에서 刊行한 것이다(청구기호 '(이)294.387지눌 모'). 이 봉서사판은 서울이 아닌 곳에서 간행된 최초의 한글 문헌이다. 간기가 없는 책은 청구기호가 '(이귀) 294.387 지눌ㅁ'로 되어 있는데 반곽 크기 등의 서지 사항으로 보아 봉서사판과 동일한 것으로 보인다. 봉서사판은 복각본인

---

42) 《규장각 소장 어문학자료 어학편 해설》의 박진호 해제 참고.

43) 김영배. 1975. 「금강경삼가해 권1에 대하여 -그 어휘를 중심으로-」. 『수련어문논집』. 3. 釜山女大.
심재완. 1981. 「금강경삼가해 해제」. 영인본 『金剛經三家解』. 영남대학교출판부. 등의 논문이 있고, 심재완(1981)과 한글학회(1982)에 영인되어 실렸다.

관계로 오각이 더러 발견된다. 그 판목이 해인사에 남아 있어서 1954년에 경북대학교 대학원 국어국문학과에서 학술총서의 하나로 쇄출하기도 했다.

《불정심다라니경》(佛頂心陀羅尼經)

'불정심다라니경언해'로 칭하기도 하는 이 책은 1485년에 인수대비가 간행한 것이 원간본이다. 원간본은 보물 제1108호로 지정되었고, 호림박물관 소장이다. 원간본이 나온 이후에 '嘉靖四年乙酉冬仲月'(1525년)이란 간기를 가진 책이 중간본으로서는 가장 빠른 판본이다.[44] 그 후의 중간본은 1553년의 황해도 심원사판, 1561년 평안도 해탈암판, 1631년 상주 봉불암판, 1644년 범어사판이 있다.[45]

동산도서관에 소장된 책은 1631년 상주의 봉불암(奉佛庵)에서 간행한 것이다. 상중하 3권 1책이며, 권1은 '佛頂心陀羅尼經', 권2는 '佛頂心療病救産法', 권3은 '佛頂心救難神驗經'으로 그 제목이 구분되어 있다. 계명대 소장의 봉불암판은 언해본만 있다. 봉불암판의 권말에는 '佛說高王觀世音經'(3장)과 '高王觀世音經序', '佛說如來藏經實章句', '大藏經七佛名號', '十齋日', 진언 몇 가지 등 의식을 치르는 데 필요한 내용이 덧붙어 있다. 그 뒤에 '玉井'이 쓴 발문이 있고 끝에 간기와[46] 刻工,

---

44) 남권희 교수로부터 필자가 얻어본 이 책은 간행처가 깎여져 나갔다. 그러나 간기 뒷장의 범문자 획 안에 '小伯山開版'이라는 글자가 있다. 소백산의 어느 사찰에서 간행된 것임을 알 수 있다. 이 책은 을해자본의 충실한 복판이다.

45) 《규장각 소장 어문학 자료 어학편 해설》 156쪽 해설(이승희 집필) 참고.

46) 옥정이 발문을 쓴 기록은 '崇禎紀元之三上章敦장'(1630년)이고, 간기는 '崇禎四年辛未'(1631년)이며, 간행지는 '慶尙道 尙州牧 奉佛庵'으로 되어 있다.

시주질이 있다.

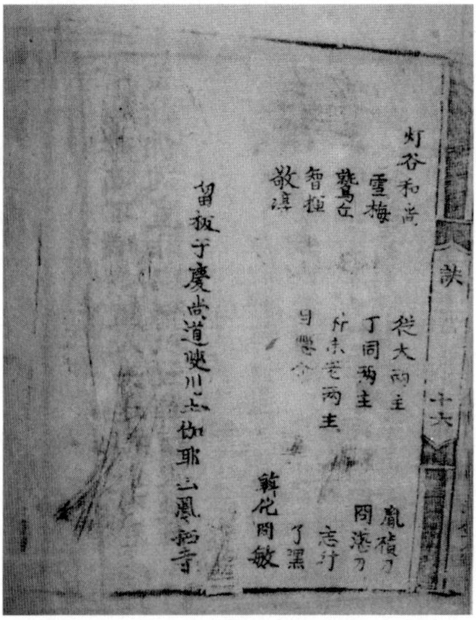

〈그림 5〉 봉서사판 목우자수심결의 간기

일반 불서 언해가 한문 단락을 앞에 놓고 그 뒤에 언해문 단락을 두지만 이 책은 국한 혼용의 언해문만 있다.[47] 봉불암판은 행수는 원간본과 같지만 하나의 계선 안에 두 행을 배치하여 계선의 개수가 원간본과 달라졌다. 그리고 제3장, 7장, 10장 뒷면 등은 계선이 아예 없는 것도 있다. 다음에 보듯이 방점 표기와 한자음 표기의 오각도 더러 있다.

47) 1485년의 초간본은 한문본은 목판본으로, 언해본은 활자본(을해자)으로 각각 별도의 책으로 간행하였다.

주·겨(원간본 3ㄱ) : 주겨(봉불암판 3ㄱ)
永윙(원간본 3ㄴ) : 永영(봉불암판 3ㄴ)
持띵(원간본 4ㄱ) : 持핑(봉불암판 4ㄱ)
陀땅(원간본 4ㄱ) : 陀팡(봉불암판 4ㄱ)

특히 '永영'은 당시의 현실음에 이끌린 것으로 보인다. '持핑'에서 보듯이 'ㄸ'을 'ㅍ'으로 오각한 예는 다른 한자음 표기에서도 여럿 나타난다.

《선종영가집언해》(禪宗永嘉集諺解)

이 책은 당나라 승려 玄覺이 지은《禪宗永嘉集》에 송나라 行靖이 주를 달고 淨源이 수정한 것을 한글로 번역한 것이다. 세조가 직접 한글 구결을 달고 혜각존자 신미와 효령대군이 언해하여 간경도감에서 1464년에 상하 2권 2책의 목판본으로 간행했다. 이 책은 두 가지 판본이 전한다.

1) 원간본 : 원간본은 세조대에 간경도감에서 간행한 목판본이다. 원간본은 상권이 동국대 도서관에 있고,[48] 하권이 규장각 일사문고에 있다.

2) 중간본 : 중간본은 원간본을 복각한 것으로 1520년(중종 15)에 경상도 장수사(長水寺)에서 간행하였다. 계명대 동산도서관에 소장된 것도[49] 이 중간본이다. 이 중간본의 간기는 '正德十五年庚辰六月日 慶尙道

48) 원간본 책판을 이용하여 1495년(연산군 1)에 후쇄한 책이 동국대에 소장되어 있는데(하권 1책) 권말에는 印經 木活字로 된 學祖의 발문이 있다. 장수사판 상하권이 1983년에 홍문각에서 영인되었고, 동국대소장 원간본 상권과 <一簑 古貴 294.388-Si65y>(하권)을 홍문각에서 1995년과 1992년에 영인하였다 (하귀녀 해제 참고). 이유기, 육효창. 1999.『선종영가집언해의 국어학적 연구』. 태학사에도 동국대 소장 원간본 상권이 영인되어 있다.

49) 청구기호가 '(고)294.387현각ㅅ-1' 및 '(고)294.387현각ㅅ-2'로 되어 있다.

安陰縣地 智牛山 長水寺重以開刊'으로 되어 있다.50)

《선종영가집언해》 초간본과 중간본은 15세기 국어를 연구하는 데 중요한 가치를 가진 희귀서이다. 이 자료의 표기법과 음운 현상, 문법형태와 통사 등에 국어학적 연구는 여러 논저에서 이루어졌다.51)

이 책의 한글 표기법에서 관형형 어미 '-ㄹ' 뒤에서 각자병서 표기가 수의적으로 쓰인 예가 많이 보인다.52)

그리고 '言語'에 대한 다음과 같은 불교적 풀이가 있어서 흥미를 끈다.53)

구결문 : 言語者ᄂᆞᆫ 直言曰言이오 難論曰語ㅣ니 此中言語ᄂᆞᆫ 取其文便ᄒᆞ니 善惡更端을 冷然可覽이로다

언해문 : 言語ᄂᆞᆫ 바ᄅᆞ 닐오ᄆᆞᆯ 닐오ᄃᆡ 言이오 힐훠 議論호ᄆᆞᆯ 닐온 語ㅣ니 이 中엣 言語ᄂᆞᆫ 그릐 便安호ᄆᆞᆯ 取ᄒᆞ니 善惡의 근 ᄀᆞ로ᄆᆞᆯ ᄆᆞᆯ가 어루 보리로다 (동국대본 상권 51ㄴ)

'言'은 바로 이르는 것이고, '語'는 상대방과 겨루면서 이르는 것이라고 설명하였다. 다르게 표현해 보면, 전자는 일방적 말하기이고, 후자는 주고받는 대화식 말하기라고 할 수 있겠다. 그리고 '言語'는 '글'에서 편안

50) 중간본의 책판은 매우 마멸이 심하지만 아직도 보존되어 있어서 근년에 후쇄한 책도 있다고 한다(민족문화대백과 사전 참고).

51) 이유기와 육효창의 1999년 『선종영가집언해의 국어학적 연구』(태학사)가 대표적 연구 성과이다.

52) 不生홀ᄃᆞᆯ ᄒᆞ시니라(상 53ㄴ). 나디 아니홀ᄯᆞᆯ ᄇᆞᆯ기시니라(상53ㄴ). 반ᄃᆞ기 아ᄅᆞᆯ 띠니라(상53ㄴ).

53) 이유기 육효창(1999)의 영인본을 이용하였다.

한 것을 취하여 말하는 것이어서 선하고 악함의 구별이 언어 속에 밝게 드러난다고 하였다. 이 문장에는 언어의 정의와 글과 말의 관계 그리고 말을 통해 선악의 진실을 알 수 있다는 깊은 의미가 담겨 있다.

《선가귀감언해》(禪家龜鑑諺解)

이 책은 서산대사 휴정(休靜)이 지은 한문본 '禪家龜鑑'에 금화도인(金華道人)[54]이 한글 구결과 언해문을 붙여 간행한 목판본이다. 상하 2권 1책이며 두 가지 판종이 전해진다. 하나는 '隆慶三年己巳 妙香山 善賢寺 開刊'이라는 간기를 가진 묘향산 보현사판이다. 융경 3년은 1569년이다. 규장각과 계명대 동산도서관(청구기호: 벽귀294.3휴정ㅅ) 등에 소장되어 있다. 다른 하나는 보현사판의 오류를 수정하여 전라도에서 중간한 책인데, '萬曆三十八年庚戌三月日 全羅道開刊'이라는 간기가 있다.[55] 이 책은 송광사에 그 목판이 보존되어 있어서 여러 번 후쇄 인출되었다.

동산도서관 소장본은 원간본 《선가귀감언해》이다. 이 책의 언해문에는 16세기 후기의 언어적 특징이 나타나 있다. 방점과 옛이응이 사용되었으나 혼란된 모습을 보인다. 여린시옷 ㅿ도 쓰였으나 ㅿ>ㅅ 변화가 실현된 '여식'(36a), '나사가ᄂᆞ니ᄂᆞᆫ'(38b), '그스며'(18b) 등도 나타난다. 15세기의 'ᄉᆞᅀᅵ'가 'ᄉᆞ시'(21a)로 표기된 것과, 'ᄉᆞ이'(42b)로 표기된 것이 공존

54) '金華道人義天書'(1572년 臣興寺版《釋迦如來行蹟頌》下 64b)라는 기록으로 보아 금화도인은 법명이 의천인 승려임을 알 수 있다. 유정의 발문에 의하면 의천은 휴정의 제자로 한문본의 교정에 참여하였다(민족문화대백과사전 '선가귀감언해' 항목 해설 참고).

55) 규장각 소장본 '一蓑古 294.315 H999se'의 간기이다.

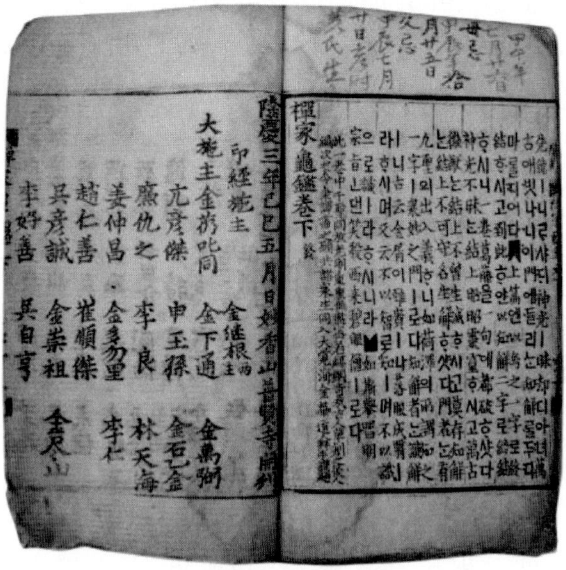

〈그림 6〉 선가귀감언해 권말 간기 및 시주질

하여 ㅿ의 과도기적 모습이 나타난다. 다른 문헌에서 찾아보기 어려운 희귀 어휘로는 'ᄲᅣ처내유ᄆᆞᆯ'(20b), '두디거ᄂᆞᆯ'(18b), '버리ᄡᅳᄂᆞᆫ'(16b), '너기ᄢᅧ'(63a)' 등이 있다. '되이ᄂᆞ니라'(40ㄱ), '게이르며'(35a), '외히려'(36a), '두리여젓ᄂᆞᆫ'(16b) 등과 같은 특이 어형도 보인다.[56]

《염불보권문》(念佛普勸文)

이 책의 온이름은 '大彌陀懺略抄要普勸念佛文'이며, '나무아미타불'을 외워 극락왕생한 여러 사례를 들어 염불의 큰 공덕을 대중들에게 전파

56) 《규장각소장어문학자료 어학편 해설》의 하귀녀 해제 참고.

하기 위해 편찬한 것이다. 1704년 예천 용문사에서 초간본이 나온 후 전국의 주요 사찰에서 간행되어 조선 후기에 불교 포교를 위해 널리 활용된 책이다. 다음과 같은 여러 이판본이 알려져 있다.

(1) 彌陀懺略抄 (1704년) : 경상도 예천 龍門寺板
(2) 念佛普勸文 (1764년) : 경상도 대구 桐華寺板
(3) 念佛普勸文 (1765년) : 황해도 구월산 興律寺板
(4) 念佛普勸文 (1765년) : 평안도 묘향산 龍門寺板[57)]
(5) 念佛普勸文 (1776년) : 경상도 합천 海印寺板
(6) 念佛普勸文 (1787년) : 전라도 茂長 禪雲寺板

이 이판본의 내용 및 언어 특징의 비교 연구는 선행 논저를 참고할 수 있다.[58)]

계명대 동산도서관《고서종합목록》(177-178쪽)에는 5책의《염불보권문》이 등재되어 있으나 동산도서관 누리집 검색에는 8책이 나타난다. 흥률사판이 3책,[59)] 해인사판이 1책이고 나머지는 간행처 미상으로 되어

---

57) 이 책은 충남대학교 도서관 소장이며, 김주원 교수에 의해 처음 소개되어 학계에 알려졌다. 김영배(1996)에 따르면 이 책은 1930년대의 후쇄본으로 동화사판을 복각한 것이라 한다. 김영배. 1996.「념불보권문의 해제」.『염불보권문의 국어학적 연구」. 동악어문학회 학술총서 5. 동악어문학회. 105쪽.

58) 김주원(1984a, 1984b)과 태학사의 영인본에 실린 홍윤표(1986b)의 해제, 그리고 김영배(1996) 등이 있다.

59) 경북대학교대학원 국문학과연구실에서 해인사에 보관되어 있는 판목을 이용하여 흥률사판과 해인사판을 국어국문학연구자료 제2집(其三, 1954년)으로 후쇄 간행하였다. 이 후쇄본도 동산도서관에 소장되어 있다.

있다. 흥률사판은 모두 해인사에 보관된 목판을 이용하여 후쇄한 것이고, 고본으로는 동화사판 1책과 무장사판 1책이 있다.[60]

동화사판에 해당하는 책은 청구기호가 '(고)294.34명연염ㅂ'로 된 1책의 목판본이다. 이 책의 판식은 四周雙邊에 半郭크기가 19.5×16.5cm이며, 有界, 11行 22字, 內向二葉花紋魚尾이다. 동산도서관 목록집과 누리집의 목록에 이 책의 판원이 명시되어 있지 않고 간행지 미상으로 되어 있다. 이 책은 보존상태가 매우 좋지 않아 권두 표지가 많이 손상되었고 낙장도 더러 있다. 권말의 간기 장도 낙장되어 간년과 간행처를 알 수 없게 되었다.

현재까지 알려진 동화사판은 영남대학에 소장된 것이 유일본이었다. 영남대 소장 동화사판이 있기 때문에 계명대본 동화사판의 확인이 가능하다. 필자가 계명대 소장의 '(고)294.34명연염ㅂ'의 《염불보권문》을 동화사판으로 판단한 근거는 '왕낭전', '공각전', '승규전'이 있기 때문이다. 영남대 소장의 동화사판 《염불보권문》에는 1764년에 동화사에서 찍었다는 간기가 분명히 있고, 《염불보권문》의 여러 이본 중 '왕낭전', '공각전', '승규전'이 수록된 것은 동화사판밖에 없다.[61] 필자가 영남대 소장의 동화사판과 계명대 소장의 동일 장차의 내용과 도각 상태, 판식 등을 비교해 본 결과 두 책은 완전히 동일한 판본이라는 결론을 내릴 수 있었다.

동화사판에 있는 '왕낭전', '공각전', '승규전'의 본문은 당대의 경상방

---

60) 위의 각주 59에서서 언급한 후쇄본은 본고의 논의 대상에서 제외한다. 《염불보권문》의 이판본간의 판식 차이, 내용 구성의 차이에 대한 연구는 김주원(1984)과 김영배(1996)를 참고할 수 있다.

61) 김주원. 1984. 「18세기 경상도 방언의 음운 현상 -몇몇 불서를 중심으로-」. 『인문과학』 6. 영남대학교 인문과학연구소. 33쪽 참고.

언 특히 대구권 방언을 적극적으로 반영하고 있다는 점에서 방언사 연구에 중요한 가치를 가진다. 방언적 성격이 뚜렷한 몇 예를 보이면 다음과 같다.

> 네 므슴 연고로 쇼 두 **바리**를 **주긴다** ᄒᆞ거늘 공각이 ᄃᆡ답호ᄃᆡ 나는 쇼 주긴 니리 업ᄂᆞ니다 ᄒᆞᆫᄃᆡ 명관이 닐오ᄃᆡ 네 아니 **쥐졋로라** ᄒᆞ거니와(염불보권문 동화사판 23a)

> 엇디 공각의 지은 션신들 업ᄉᆞ오릭가마는 저의 죄와 복을 냥탁ᄒᆞ옵썬ᄃᆡ 저의 **뼌ᄉᆞ**ᄂᆞᆫ 적고 죄는 만ᄒᆞᆫ지라 만ᄒᆞᆫ 거슬 **ᄆᆞᆫ져** 슈ᄒᆞ고 져근 거슨 밋처 슈케 ᄒᆞᄂᆞᆫ 법이오ᄆᆡ 그 복을ᄅᆞᆫ 의논치 아니ᄒᆞ옵고 **죄브텀** **ᄆᆞᆫ져** 슈케 ᄒᆞ미로쇠다(염불보권문 동화사판 24b)

> 공각이 다시 ᄭᆡ여 명승과 **뽀ᄉᆞ**를 **빵히** 청ᄒᆞ야 ᄎᆞᆷ회ᄒᆞ고 **뽀시 뼌**ᄉᆞ를 너비 ᄒᆞ고 닐웬만의 명죵ᄒᆞ니라(염불보권문 동화사판 25a)

‘바리’는 ‘마리’의 고어형이면서 현재의 대구방언에 그대로 쓰이는 낱말이다. ‘쥐겻로라’는 ‘주기다’의 ㅣ역행동화형으로 현재의 이 방언에서 ‘쥐기다-지기다’로 쓰이는 것이다. ‘뼌ᄉᆞ’(善事), ‘뽀ᄉᆞ’(道士), ‘빵히’(壯히), ‘뽀시’(布施)는 어두의 평음이 경음화된 것이다. 이런 경음화 현상도 역시 당시 대구방언권의 음운변화를 반영한 것으로 판단된다.

계명대 소장의 청구기호 ‘(고)294.34명연염ㄱ’인 《염불보권문》은 제51장에 ‘乾隆五十二年丁未七月日全羅道茂長禪雲寺開刊’이라는 간기가 있다.[62] 현재의 고창 선운사에서 1787년에 간행한 것이 이 책이다.

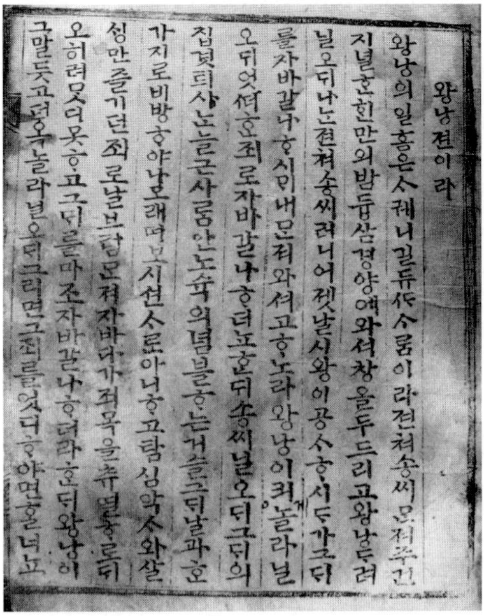
왕낭젼이라
왕낭의일홈은ᄉᆞ궤니길쥬ᄯᅡᄉᆞᄅᆞᆷ이라젼쳐송씨모져주건
지녇ᄒᆞᆫ힌만의밤듕삼경양예와셔창을두드리고왕낭ᄃᆞ려
닐오ᄃᆡ나ᄂᆞᆫ젼쳐송씨러니어젯날시왕이공ᄉᆞᄒᆞ시ᄃᆡ가그ᄃᆡ
ᄅᆞᆯ자바갈나ᄒᆞ시ᄆᆡ내먼져와셔고ᄒᆞ노라왕낭이킈게놀라닐
오ᄃᆡ엇뎌ᄒᆞᆫ죄로자바갈나ᄒᆞ더뇨ᄒᆞᆫᄃᆡ송씨닐오ᄃᆡ그ᄃᆡ의
집뒤ᄭᅴ사ᄂᆞᆫ늘근사ᄅᆞᆷ안노슉의념블ᄒᆞᄂᆞᆫ거ᄉᆞᆯ그ᄃᆡ날과ᄒᆞᆫ
가지로비방ᄒᆞ야날오래떠보시션ᄉᆞ로아니ᄒᆞ고탐심악ᄉᆞ와살
ᄉᆡᆼ만즐기던죄로날브답모져자바다가죄목을츄열ᄒᆞ로ᄃᆡ
오히려모ᄃᆡ못ᄒᆞ고그ᄃᆡᄅᆞᆯ마조자바갈나ᄒᆞ더라ᄒᆞᆫᄃᆡ왕낭이
그말듯고뎌옥놀라닐오ᄃᆡ그러면그죄ᄅᆞᆯ엇디ᄒᆞ야면ᄒᆞᆯ녀뇨

〈그림 7〉 동화사판 염불보권문에만 있는 '왕낭젼이라'

그런데 이 책은 1776년 합천 해인사에서 간행한 《염불보권문》을 그대로 간행한 것이다. 다른 판본과 달리 선운사판은 원문을 간행지 방언으로 수정하지 않았다. 당시의 전라도 고창 지역 방언이 합천방언과 큰 차이가 없어서 수정 없이 간행한 것인지는 판단하기 어렵다. 선운사판의 간기면 시주질과 각 장의 광곽 밖에 새겨진 시주자명은 해인사판과 다르다. 선운사판에는 간기장 뒤에 왕랑반혼전이 덧붙어 있다. 이것이 끝난 후에 '宗師秩', '供養主善守', '前行秩', '時維那' 등에 해당하는 승려의 법명과 '刻手秩 金水輝 端侃 徐明國 張性甲'이 새겨져 있다. 네 사람의 각수

62) 목록집에는 이 간기가 올라가 있지 않다.

가 이 책의 판각에 참여했음을 기록한 것이다. '端侃'은 승려의 법명인지 보통의 인명인지 확실치 않다.

여러 지역에서 간행된 《염불보권문》의 이판본은 선운사판을 제외하고 모두 당시 간행지의 방언을 반영하고 있다. 이 책이 간행지 방언을 많이 반영한 이유는 대중에게 불교를 포교하기 위한 이 책의 간행 목적에 기인한다. 당시의 민중들에게 읽히기 위한 책이니 그들의 일상 언어를 반영한 포교서를 만들었던 것이다.

황해도 흥률사판은 대구 동화사판의 영향을 받은 것이지만 동화사판의 구개음화 어형을 철저하게 비구개음화 어형으로 수정해 놓았다. 이에 비해 평안도 용문사판은 대체로 동화사판의 내용을 따르고 있는 것이 많다.[63] 그런 까닭에 평안도판에는 동화사판의 구개음화형을 고치지 않고 그대로 둔 것이 많다. 이것은 평안도 방언의 특성을 반영한 것이라 할 수 없다. 그러나 평안도판에는 동화사판에 나타난 ㄷ구개음화형을 따르지 않고 당시의 평안방언에 맞도록 고쳐 놓은 예도 동시에 나타난다. 다음은 대구 동화사판에서 ㄷ구개음화가 실현된 어형을 평안도판에서 구개음화가 실현되지 않은 古形으로 바꾼 것이다.

경상도 동화사판	평안도 용문사판	
쳔디간(5ㄴ)	텬디간(9ㄴ)	天地間
즁삼품(6ㄱ)	듕삼품(10ㄱ)	中三品
츙신(11ㄴ)	튱신(15ㄴ)	忠臣

63) 용문사판, 동화사판, 해인사판의 상호 관계와 내용 차이, 그리고 이들의 방언사적 가치는 김주원(1986a)에 자세히 연구되었다.

져리나(11ㄴ)	뎌리나(15ㄴ)	뎔(寺)이나
일웬날(14ㄴ)	닐웬날(18ㄴ)	닐웻날(七日)

한편 대구 동화사판에서는 구개음화의 영향을 받아 원래의 ㅊ,ㅈ을 ㅌ,ㄷ으로 과도교정한 것이 있는데, 평안도판에서는 과도교정된 것을 다시 원래의 정상적 상태로 바로잡았다. 다음이 그러한 예이다.[64)]

경상도 동화사판	평안도 용문사판	
삼텬불(1ㄱ)	삼쳔불(5ㄱ)	三千佛
맛티(11ㄴ)	맛치(15ㄴ)	맛치
듕싱(13ㄴ)	즁싱(17ㄴ)	衆生
니시니(14ㄴ)	이시니(18ㄴ)	이시니(있으니)

'千'의 원래 음은 '쳔'이다. 동화사판의 '삼텬불'은 원래의 ㅊ을 과도교정한 것이다. 이 과도교정은 당시 대구방언에 강하게 작용한 ㄷ구개음화의 영향을 받은 것이다. 원래 ㅊ인 것을 구개음화(ㅌ>ㅊ)에 의해 생성된 것으로 잘못 인식하고, 구개음화되기 이전의 모습 즉 ㅌ으로 바꾼 것이 '삼텬불'이다. 경상도판에 나타난 이런 과도교정을 평안도판에서 다시 제자리로 돌려놓은 것이 '삼쳔불'이다. ㄷ구개음화를 모르는 18세기 중엽의 평안도 사람들은 '삼텬불'과 같은 발음은 잘못된 것이라고 판단했던 것이다.

64) 이러한 예는 황해도 흥률사판에도 나타난다. 동화사판의 과도교정형 '긋티거나', '틸보'(七寶)를 흥률사판에서는 원래의 어형인 '긋치거나', '칠보'로 고쳐 놓았다. 이 점은 평안도 용문사판에서도 같다. 김주원. 1996. 「18세기 평안도 방언을 반영하는 염불보전문에 대하여」. 『음성학과 언어학』. 서울대학교출판부.

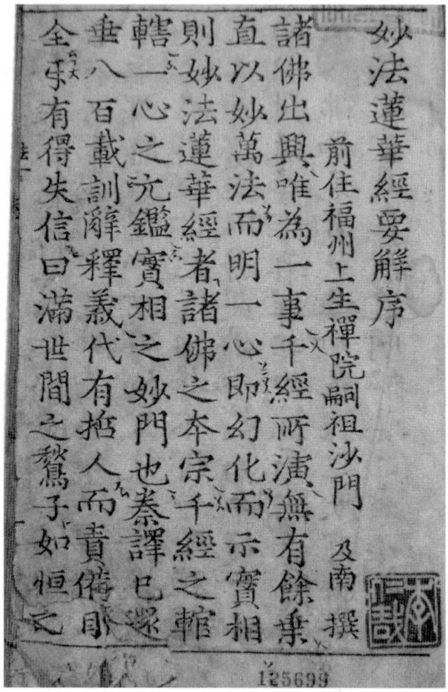

妙法蓮華經要解序
前住福州上生禪院嗣祖沙門 及南 撰
諸佛出興唯爲一事千經所演無有餘乘
直以妙萬法而明一心即幻化而示實相
則妙法蓮華經者諸佛之本宗千經之輨
轄一心之元鑑實相之妙門也秦譯已還
垂八百載訓解釋義代有指人而責備
全未有得失信曰滿世間之鶖子如恒

〈그림 14〉 묘법연화경(1405년판)의 음독구결

동화사판의 '맛티'는 '맛치'(마치)를 과도교정한 것이고, '듕싱'은 '즁싱'을 과도교정한 것이다. 동화사판의 '니시니'는 '이시니'를 과도교정한 것인데 이것도 당시 경상방언에 존재한 ㄴ구개음화의 영향에 의한 것이다. 이러한 과도교정형을 평안도판에서 고쳐 놓은 것은 구개음화에 대한 평안도 사람들의 인식, 즉 구개음화되지 않은 원래의 어형이 올바른 것이라는 인식이 작용한 결과이다. 18세기 후기의 경상도 사람들에게 ㄷ구개음화는 방언 특유의 표지(marker)로 인식되었을 것이고, 이 표지는 자기 방언이 가진 특징으로 받아들여져 일종의 언어적 자의식(自意識)을 형성했을 것이다. 이와 달리 평안방언 화자들은 ㄷ>ㅈ구개음화를 몰랐을 뿐만 아니라, ㄷ구개음화 비실현형이 올바른 발음이라는 확고한 인식을 가지고 있었다. 경상방언과 역으로 평안방언은 ㄷ구개음화 비실현형이 올바른 발음이며, 이것이 그들 방언이 지닌 고유의 특징이라 생각하고 평안도판에 보이는 바와 같은 교정을 실천한 것이다. ㄷ>ㅈ 실현형이 경상방언 화자의 표지라면, 그것의 비실현형은 평안방언 화자의 표지라 할 수 있다. 그런 점에서 평안도판 《염불보권문》에 나타난 위 예들은 당시 평안도 사람들의 언어 의식을 보여 준다는 점에서 매우 흥미로운 존재이다.[65]

끝으로 고려말 조선 초기에 간행된 불교서의 음독구결 자료 몇 가지에 대해 간략히 기술한다.

《묘법연화경》(妙法蓮華經)

이 책은 송나라 승려 戒環이 註解한 책이며, 7권 2책으로 되어 있다. 동산도서관에는 다수의 《묘법연화경》이 소장되어 있는데, 이 중 한문본으로 여말선초에 간행된 것이 세 건이 있다.

첫째, 청구기호 '(벽귀) 294.3354계환ㅁ'는 간년이 1382년(우왕 8년)으로 되어 있다. 반곽 크기 20.0×12.8cm, 無界, 14行 24字, 無魚尾의 판식을 가진 목판본이다. 권1-3이 여기에 소장되어 있는데 음독구결이 기입되어 있지 않다.

---

65) 평안도판 《염불보권문》에 나타난 흥미로운 낱말로는 '오마님'(18ㄱ)이 있다. 김주원. 1996. 잘 알려져 있다시피 오늘날 평안방언에서 '오마니'(母)가 쓰이고 있다. 「18세기 평안도」. 『음성과 언어학』. 서울대학교출판부. 442쪽.

둘째, 권근이 永樂 三年(1405 태종 5년)에 쓴 발문을 갖고 있으며 전라도 안심사에서 간행한 판본이다.[66] 7권 2책의 목판본이며 성달생이 亡父 성석용의 명복을 빌기 위해 필사한 것이다. 이 책은 보물 961호로 지정된 것과 동일 판본이다. 이 책에는 정세하게 쓴 음독구결이 기입되어 있다. 여말 선초의 구결연구에 활용되어야 할 자료이다.

셋째, 조선 성종 대에 간행한 두 책이다. 청구기호 '(이귀)294.3354계환ㅂ'(권1-3)은 성종 7년(1476년)에 간행된 것으로 되어 있고, 다른 하나는 청구기호 '(이귀)294.3354계환버-2'와 '(이귀)294.3354계환버-2=2'(권4-7)인데 이 책에는 成化十三年(1477년)에 전라도 화암사에서 간행했다는 간기가 있다.

《범망경》(梵網經)

이 책의 원명은《梵網經盧舍那佛說菩薩心地戒品》이다. 우리나라에서 말하는《梵網經》은《梵網經盧舍那佛說菩薩心地戒品 第十卷》이며, 이 책은 우리나라 불교 계율의 기초를 이룬 불경의 하나이다. 이 책은 상권과 하권으로 되어 있는데 상권에는 盧舍那佛에 대한 설명과 十發趣心, 十長養心, 十金剛心, 十地, 心地法門 등에 대한 설명이 있고, 하권에는 十無盡藏戒品을 설한 내용으로 十重戒와 四十警戒에 대한 내용이 기술되어 있다.[67] 현전하는 이본 중 '大德丙午'의 간기의 가진 것은 엄인섭본(嚴仁燮本)과 국립도서관본, 한국학중앙연구원본이 있다. 이 문헌들은 모두 14세기 음독구결 연구를 위한 귀중 자료들이

66) 청구기호는 '(이귀)294.3354계환법여-1'와 '(이귀)294.3354계환법여-2'이다.
67) 정재영. 1996.「순독구결 자료 범망경보살계에 대하여」.『구결연구』1. 구결학회.

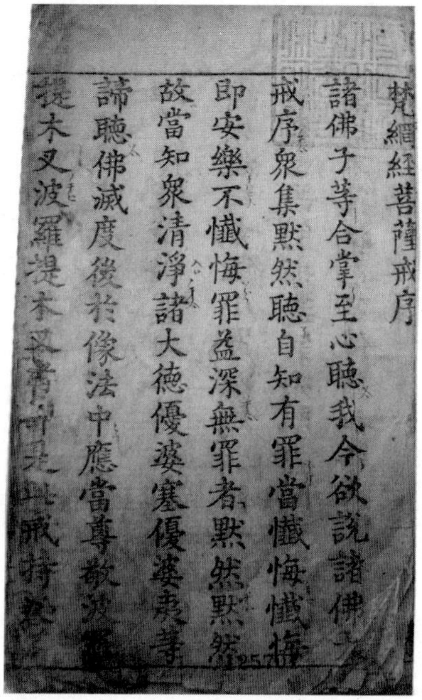

梵網經菩薩戒序
諸佛子等合掌至心聽我今欲說諸佛
戒序衆集黙然聽自知有罪當懺悔懺悔
即安樂不懺悔罪益深無罪者黙然黙然
故當知衆清淨諸大德優婆塞優婆夷等
諦聽佛滅度後於像法中應當尊敬波羅
提木叉波羅提木叉者即是此戒持

〈그림 9〉 범망경 1306년본의 권두 서문

다.[68] 동산도서관 소장 《범망경》은 소경(紹瓊)이 쓴 발문에 '大德丙午'(1306년, 忠烈王 32년)라는 연대기가 있다.[69] 이 책은 上下單邊에 左右無邊이며 반곽이 18.9×11.5cm이다. 無界, 6行 16字, 無魚尾인데 이런 판식은 고려본의 전형적 특징이다. 이 책에는 세필로 정치하게 기입해 넣은 음독구결자가 한문 본문의 구절에 붙어 있다. 기존의 《범망경》 구

68) 한국정신문화연구원본은 보물 1131호로 지정되어 있다. 이상의 내용은 정재영.(1996)을 참고한 것이다.

69) 청구기호는 '(이귀)294.334구마라범ㅁ-10'과 '(이귀)294.334구마라범ㅁ-10=2'로 되어 있다.

결 연구에 이용되지 않은 자료로서 앞으로 관심을 가져야 할 자료이다.

《금강반야바라밀경》(金剛般若波羅蜜經)

청구기호 '이294.3353구마라 가'인 이 책은 永樂 乙未(1415)에 守伊가 쓴 서문이 붙어 있다. 이 책의 형태 서지적 특징은 이 서문 연대의 간본들과 거의 일치하므로 이 책의 간행 연도는 1415년(大宗 15)으로 생각된다. 2권 1책의 목판본이며, 四周單邊, 半郭 20.3×13.2cm, 無界, 11行 21字, 無魚尾로서 고려본의 특징이 잔존해 있다. 송나라 태종 황제의 어제 서문이 권두에 붙어 있다. 세필로 정치하게 쓴 음독구결자가 한문 본문에 붙어 있는 바 여말 선초 시기의 음독구결 연구에 이용될 자료이나 지금까

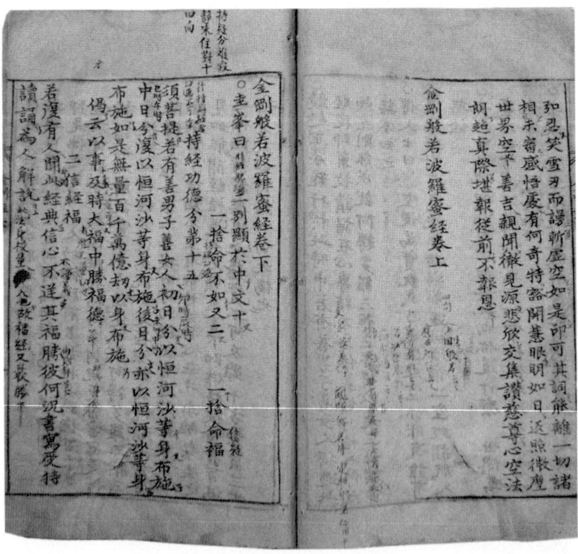

〈그림 10〉 금강반야바라밀경(1415년)에 기입된 음독구결

지 구결 연구자들이 이용하지 못하였다.[70]

여기서 언급한 것 이외에도 고려본《상교정본자비도량참법》 등 음독 구결이 붙어 있는 자료가 더 있다.[71] 이 책에 기입된 구결은 고려시대의 것이 아니라 훨씬 후대에 기입된 것으로 판단된다. 그밖에 차자표기 자료의 하나인《향약집성방》 훈련도감 목활자본(1633년간행) 9책(청구기호 '(이)615.3202권채향 1-9')과 연대 미상본이 2건 있다.

5) 병서류(兵書類)

《무예제보번역속집》(武藝諸譜飜譯續集)

이 책은《무예제보》(1598년 간행)의 내용을 보충하기 위해 1610년에 훈련도감의 최기남(崔起南)이 편찬 간행한 것이다. 최기남이 지은 발문에 따르면『무예제보』에는 이른바 무예 육기인 파(鈀), 검(劍), 곤(棍), 패(牌), 창(槍), 선(筅)에 관한 내용은 있지만 대권(大卷), 언월도(偃月刀), 구창(鉤槍), 왜검(倭劍) 등에 관한 설명은 없어서 이 내용을 보충해서 새로 편찬했다고 한다.[72]

김영일은 이 책의 내용을 분석하여 한문과 언해문이 서로 일치하지 않는 것, 언해문에서 누락된 것, 언해문의 오류 등에 해당하는 예를 밝혀 놓았다.[73] 이런 것은 잘못된 번역인지, 번역을 할 때 한문을 적절히 수정

---

70) 동산도서관에는 이 책을 필사한 필사본도 있는데 청구기호 '(이)294.3353구마라반'이다.

71) 목판본 2권1책이며, 청구기호는 '(이)294.3753제대법사-2'이다.

72) 앞의 책. 117쪽.

73) 앞의 책. 118-120쪽.

해서 언해한 것인지 분명치 않으나, 전자일 가능성이 높은 것으로 보인다.

이 문헌에는 '-을 하는 결에'라는 뜻의 '겨레' 혹은 '겨ᄅᆡ'라는 낱말이 자주 쓰였다. 이 낱말은 《무예제보》, 《연병지남》 등에도 많이 나타난다. 무예의 동작이 연이어지는 모습을 표현할 때 이 낱말이 자주 쓰였기 때문이다. '왼 소ᄂᆞ로 올ᄒᆞᆫ 풀궁동이ᄅᆞᆯ 텨'(11b)의 '풀궁동이'는 한자 '주'(肘)의 번역어인데 다른 문헌에 없는 희귀어이다.[74] 부사 '어둑'은 '많이'를 뜻하는데 다른 문헌에 잘 나타나지 않고, 오직 《남명천계송언해》에 나타난다.[75] 이 '어둑'은 '더욱'의 음운도치형으로 볼 여지가 있다. 두 어휘는 쓰이는 문맥에서 교체될 수 있고 그 뜻도 유사하다.

《병학지남》(兵學指南)

《병학지남》은 임진왜란 이후 조선군의 군사 훈련에 필수적으로 사용되었던 교본이다. 임진왜란 때 명나라 장수 이여송이 왜군과의 치열한 접전 끝에 평양성을 탈환하였다. 선조가 이여송에게 그 비결을 물으니 척계광의 《기효신서》의 진법에 의거해 싸웠기 때문이라고 대답하였다고 한다. 이에 선조는 중국으로부터 《기효신서》를 구해 오게 하여, 유성룡에게 이 책의 방대한 내용을 간추려 이용하기 쉽게 만들도록 명하였다. 군사 훈련 교본으로 사용하기 위해 선조 이후 19세기까지 이 책의 간행은 계속되었다. 그리하여 다음과 같은 다수의 이판본이 전해지고 있다.[76]

---

74) 《월인석보》에 "肘ᄂᆞᆫ ᄇᆞᆲᄆᆞᄃᆡ니'(월석 10:118)가 있고, 《훈몽자회》에 '풀구브렁 듀'(훈몽 상 13), 《신증유합》에 '풀구븨 듀(신합 상 21)' 등이 나온다. 앞의 책. 131-132쪽.

75) 長댱鎗챵이 어둑 불어디ᄂᆞᆫ 故고로(21b-22a). 中下ᄂᆞᆫ 만히 듣ᄃᆞ록 어둑 信티 아니ᄒᆞᄂᆞ니 (中下ᄂᆞᆫ 多聞ᄐᆞ록 多不信ᄒᆞᄂᆞ니)(남명상 36). 앞의 책. 133쪽.

1) 무고판(武庫板)(서울 1649년)
2) 상산판(商山板)(상주 1740)
3) 남원영판(南原營板)(남원 1688)
4) 별후영판(別後營板)(영변 1708)
5) 운봉영판(雲峰營板)(운봉 1711)
6) 강원감영판(江原監營板)(1724)
7) 우병영판(右兵營板)(진주 1737)
8) 기영판(箕營板)(평양 1739)
9) 광주부판(廣州府板)(경기도 광주 1746)
10) 건륭 경진 영영판(乾隆 庚辰 嶺營板)(대구 1760)
11) 강화도판(江都部板)(강화도 1769)
12) 장영판(壯營板)(서울 1787)
13) 강영판(岡營板)(서울 1797)
14) 촉성판(矗城板)(진주 1798)
15) 유성판(溜城板)(1798)
16) 계유 신간 영영판(癸酉 新刊 嶺營板)(대구 1813).
17) 기타 간기가 없는 판.

위 이판본들은 한글 언해문 권차를 기준으로 크게 세 부류로 나누어진다. 첫째 부류는 권1만 언해되어 있는 판본으로 무고판, 별후영판이 여기에 속한다. 이들은 선조 때 나온 원간본 계통을 이은 것으로 보인다. 둘째

76) 아래 판본은 다음 두 논문과 필자의 연구 결과를 바탕으로 정리한 것이다. 황용주. 2004.「병학지남(兵學指南)의 서지(書誌)와 국어학적 특징」.『한국언어문학』. 53. 한국언어문학회. 41-70쪽; 고성익. 2007.「병학지남(兵學指南)의 서지적 고찰」. 2007년 겨울 구결학회 국어사학회 공동 전국학술대회 발표논문집. 141-166쪽.

부류는 권2도 언해된 것으로서,《병학지남》의 定本이라 할 수 있는 장영판(1787)이 나오기 이전의 판본들이다. 운봉판, 남원판, 상산판, 강원감영판, 우병영판, 광주부판, 건륭 영영판이 여기에 속한다. 이 판본들의 권2는 충청도 병마절도사 최숙(崔橚)이 언해한 것이다. 셋째 부류는 정조의 명으로 간행된 장영판(1787)과 이것을 다시 간행한 촉성판, 계유 영영판 등이다. 이 부류의 책은 내용과 체제가 가장 정제되어 있고 언해문도 다듬어져 있다.

동산도서관 누리집 검색에서《병학지남》은 모두 여덟 개가 색출된다. 이 중에는 동일 판의 복본도 있다. 위에 나열한 이판본을 기준으로 보면 2)상산판이 1책(청구기호 (오)399.12병학), 3)남원영판이 3책(청구기호 (이)399.12병학지-1 외), 12)장영판 1책이 있고(청구기호 이)399.12정조ㅂ), 나머지는 간기가 없다. 간기가 없는 동산도서관 소장본은 모두 5권 1책으로 되어 있다. 이른바 '훈국 구본'으로 불리는《병학지남》고본은 5권 1책으로 분책되어 있다. 최숙이 간행한 남원영판 등은 4권 1책(혹은 4권 2책)으로 분책한 것도 있었으나 정조(正祖)가 개수하여 정본으로 확정된 책은 다시 5권 1책으로 돌아갔다.

동산도서관 소장본 중 가장 특이한《병학지남》은 남원영판 중 4권 2책으로 된 책이다. '戊辰秋南原營開刊'이라는 간기를 가진 이 책은 홀로 4권 2책으로 분책되어 있다. 필자가 이 책의 표지 상태 등을 정밀히 관찰해 보아도 개장된 흔적이 없었다. 애초에 2책으로 분책하여 장정한 것으로 판단된다. 4권 2책으로 분책된 것은 이것 이외에 달리 찾아보지 못하였다. 그러나 책의 내용은 4권 1책으로 분책된 남원영판과 차이가 없다.

《화포식언해》(火砲式諺解)와 《신전자초방언해》(新傳煮硝方諺解)

이 책은 이서(李曙 1580-1637)가 1635년에 당시의 각종 화포(火砲)와 화약 쓰는 법을 모아서 한글로 언해한 병서의 하나이다. 이 책의 이판본에는 다음과 같은 것이 있다.[77]

1) 1635년 원간본 : 미확인.[78]

2) 1685년 중간본 : '後五十年乙丑正月日重刊 監校官副司果金益粲'이라는 간기가 있다. 이 간기의 '乙丑'은 1685년(숙종 11)에 해당한다. 이 판의 이본들이 장서각(藏書閣)과 국립중앙도서관, 서강대 도서관 등에 전한다. 책 뒤에 《신전자취염소방언해》(新傳煮取焰焇方諺解)》가 합철(合綴)되어 있다. 이 합철 책 말미에 최명길(崔鳴吉)의 발문(跋文)이 있고 그 간기가 '崇禎八年八月日刊'로 되어 있다. 이 해는 1635년이다. 이 간기는 원간본 간행 당시에 이미 《화포식언해》와 《신전자초염소방언해》가 합철 간행되었음을 뜻한다.

3) 1685년 중간본 계열A : 위의 2)의 간기 '後五十年乙丑 …云云…'이라는 간기가 없고, 《화포식언해》와 《신전자초염소방언해》에다가 《신전자초방언해》까지 합철되어 있다. 이 책은 장서각(등록번호 41023034)[79] 등에 소장되어 있다.

---

77) 황문환. 1997. 「신전자초방(언해)에 대한 국어학적 고찰」. 『정신문화연구』. 20(4); 139-157쪽.

78) 계명대 대학원에서 박사 논문을 집필 중인 이진호 선생은 《신전자취염소방언해》와 합철된 《화포식언해》 중 장서각에 각각 소장된 책을 초간본으로 보았다. 장서각 소장본 《신전자취염소방언해》 권말의 최명길 발문 끝에 '崇禎八年八月日刊'이라는 간기만 붙어 있음을 그 근거로 삼았다.

79) 《장서각한글자료해제》 620쪽의 황문환 해제 참고.

4) 1685년 중간본 계열B : 3)과 달리 《화포식언해》와 《신전자초방언해》가 합철되어 있고 《신전자초염소방언해》가 없다. 이 책이 계명대학 동산도서관에 소장되어 있다.[80] 《화포식언해》는 30장이고 《신전자초방언해》는 24장이다. 《신전자초방언해》 끝에는 '己丑仲秋 武庫增補'라는 간기가 있다.

《신전자초방언해》는 숙종 24년(1698년)에 초간된 것으로 보이나 원간본은 전하지 않고, 1796年(正祖 20년)에 중간된 목판본이 규장각, 장서각 등 여러 도서관에 소장되어 있다. 후자는 25장으로 되어 있으며, 언해문이 끝나고 '得硝法始末'이라는 한문이 실려 있는데 이 글에 이 책의 간행 경위가 서술되어 있다. 계명대 도서관에는 《화포식언해》와 《신전자초방언해》가 합철된 것이 1책(위의 1685년 중간본 계열B에 해당함), 《신전자초방언해》 단독으로 묶여진 것 1책[81]이 있다.

6) 역사서류(歷史書類)

《십구사략언해》(十九史略諺解)

이 책은 원나라의 曾先之가 편찬한 《十八史略》에 明의 余進이 元史를 더한 《十九史略通攷》의 앞부분을 언해한 책이다. 언해본에는 중국 태고 시대의 황제 이야기와 초나라, 진나라 등의 중국 역사를 담고 있다. 현전하는 《십구사략언해》에는 다음과 같은 이판본이 있다.[82]

---

80) 청구기호는 '(이)394이서ㅎ'이다.

81) 청구기호는 '(고)394.1김지남ㅅ'이다.

82) 이에 관한 자세한 정보는 필자의 다음 논문에 서술되어 있다. 백두현. 2000. 「십구사략언해 諸 판본의 계통 연구」. 『국어학』 36. 국어학회.

(가) 無刊記 古本 : 무간기 고본은 그 서지적 특징으로 보아 17세기 후기이거나 늦어도 18세기 초기를 넘지 않는다. 규장각, 영남대, 동국대, 필자 등이 소장하고 있다.

(나) 花谷新刊版(花谷版) : 화곡판의 간년을 1749년으로 판단된다. 동일한 판본의 후쇄본 내지 복각본이 다수 있어서 화곡 신간 초쇄본을 판단 기준으로 삼아야 한다. 동산도서관에 2권 2책짜리 두 질이 있고, 경북대 도서관 등 여러 곳에 소장되어 있다.

(다) 京中版 : '歲在嘉慶甲子孟春京中改板'(1804년)이라는 간기와 '歲在屠維大荒落暮春花谷新刊'이라는 두 개의 간기가 같이 새겨져 있는 판본이다.

(라) 嶺營新刊版(嶺營版) : 권말 목기에 '歲在壬辰嶺營新刊'이라는 간기가 있는 영남감영판이다. 여기의 '壬辰'은 1772년이 아니라 1832년임이 밝혀졌다(김주원 1996).[83]

(마) 新式 활자판 <詳密註釋 史略諺解> : 언해 내용을 확충하여 3권 3책으로 간행. 京城 普成社의 1914년판, 京城 誠文社의 1914년판, 京城 唯一書館의 1917년판, 京城 新舊書林의 1922/1924년판, 世昌書館의 1951년판 등이 있다.

계명대학교 동산도서관에 소장된 《십구사략언해》 중 가장 주목되는 자료는 위의 (나)花谷新刊版(花谷版)에 해당하는 두 질이다. 청구기호 '(이)952십구사-1'과 '(이)952십구사-1=2'가 한 질이고, 청구기호 '(고)952

83) 김주원. 1998. 「十九史略諺解(嶺營版)의 간행 연대」. 『국어학』 32. 국어학회.

십구사-1'과 '(고)952십구사-2'가 다른 한 질이다. 전자를 '가본', 후자를 '나본'으로 칭하고 각각의 서지적 특징을 기술하면 다음과 같다.[84]

(1) 가본

'가'본의 간기는 '歲在屠維大荒落暮春花谷新刊'이고 第一之一과 第一之二로 구성된 2권 2책의 목판본이다. 인쇄가 더욱 선명하고 깨끗하여 초쇄본으로 판단된다. 상하내향 이엽화문어미가 고르다. 특히 이 책 표지의 능화판 문양은 蓮唐草紋이며, 이는 18세기 간본의 특징이다. 이 책에는 소장자와 관련하여 다음과 같은 買得記가 기입되어 있다.

> 辛未十二月二十八日 李興叟 春坊 直中買得 直件 崔翼之寫題目(2권 권말)
> 辛未十二月二十八日 冊主 李興叟(1권 권말)
> 丙午三月十三日 李興叟矣冊二卷乙金龍起錢文三錢去ソロ 金龍起持來 印(1권 권말)

辛未年 12월 28일에 春坊(世子侍講院)에서 직무를 수행하던 李興叟가 이 책을 매득하였고 같이 근무하던 동료 崔翼之가 표지 서명을 써 주었다는 기록이다. 그 후 丙午年에 金龍起가 이흥수로부터 책을 사서 자기 것으로 만들었다는 기록이 추가되어 있어 병오년에 책 주인이 바뀌었음을 알 수 있다.

---

84) 다음 내용은 백두현. 2000. 앞의 책에서 인용한 것이다.

(2) 나본

'나'본의 간기는 '歲在屠維大荒落暮春花谷新刊'이고 第一之一과 第一之二로 구성된 2권 2책의 목판본이다. 이 책은 가본과 권말 간기는 같으나 본문의 서체와 판심 등에 있어서 몇 가지 차이점이 있다. 상하내향 흑어미가 다수이고 이엽화문어미가 섞여 있다. 가장 큰 차이는 글자의 서체가 상당히 다르다는 점이다. 또한 음각으로 새긴 부분도 있다. 판식이 조잡하고 글자를 새기는 솜씨도 소홀한 판본이다. 탈획이 많은 편이며 후대 복각본으로 판단된다.

필자는 화곡판의 몇몇 이본을 비교해 본 결과 계명대 소장의 '가본'은 화곡판 중 가장 연대가 빠른 초쇄본으로 판단하였다. 이 판단은 책에 쓰인 종결어미 '-롸', 표지의 능화판 문양, 간기의 己巳年과 이흥수가 買得한 辛未年의 관계 등을 근거로 한 것이다. 그리고 이런 관찰에 의거하여, 화곡판의 간기 '歲在屠維大荒落暮春花谷新刊'에서 '屠維大荒落'(己巳年)은 1749년으로 판단했다. 종전에 이 화곡판을 흔히 1869년 간행으로 보아 왔으나 이 책의 형태서지 사항과 언어적 특징으로 볼 때 1869년이 될 수는 없다. 필자가 이런 판단을 내리는 데 위의 '가본'이 중요한 기준이 되었다.

6) 의학서류(醫學書類)

《간이벽온방》(簡易辟瘟方)

이 책은 중종 때 김순몽 등이 왕명을 받아 瘟疫의 치료에 필요한 방문을 찬집하여 1책으로 간행한 것이다. 《간이벽온방》의 이판본에는 다음과 같은 것이 있다.

1) 원간본 : 1525년 5월 간행. 전하지 않음.

2) 을해자본 : 만력 6년(1578년 선조 11년)의 내사기가 있는 을해자본. 고려대학교 및 고 김완섭 소장(현재 고려대 만송문고).

3) 훈련도감판 : 만력 41년(1613년 광해군 5년)의 내사기가 있는 훈련도감 목활자본. 규장각, 청주 고인쇄박물관, 계명대학교 동산도서관 소장.

《간이벽온방》의 원간본은 전해지지 않지만 중간본 두 종이 전해지고 있다. 1578년의 을해자본은 《민족문화》 7호(고려대 민족문화연구소)에 박병채 교수의 해제를 붙여 영인하였고,[85] 1613년 훈련도감판은 한국과학기술사자료대계 의약학편 38(1988)로 여강출판사에서 영인한 바 있다.

동산도서관 소장 《간이벽온방》은 훈련도감판과 동일한 것으로 萬曆四十一年(1613) 윤선(尹銑)에게 내려준 내사기가 있다.[86] 3자합용병서 'ㅴ'가 보이고, 옛이응자(ㆁ)가 분명한 형태로 쓰였지만 ㆁ을 쓸 자리에 ㅇ을 쓴 것도 다수 보인다.[87] ㅿ이 정확히 쓰였고, 종성에서 ㅅ과 ㄷ도 구별 표기되어 있다. 이런 표기법의 의고성은 이전 판본의 영향에 기인한 것으로 볼 수 있다. 《간이벽온방》은 극히 희귀한 한글본의 하나로 전통

85) 이 을해자본은 홍문각(1982)에서 《분문온역이해방》, 《우마양저염역병치료방》, 《벽온신방》과 합철되어 다시 영인하였다. 이 을해자본의 언어 특징에 대한 요약은 박병채. 1973.과 홍윤표. 1986a. 「간역벽온방 해제」. 『영인본 분문온역역해방 간역벽온방 우마양저염역병치료방 벽온신방』. 홍문각.

86) 이 책의 청구기호는 '(이)615.3202김순몽ㄱ'이다. 이 책의 내사기 기록은 사진에 보는 보와 같다. 萬曆四十一年正月 日 內賜刑曹參議尹銑辟瘟方一件 命除謝恩 右承旨 臣 李 (수결).

87) ᄣᅢ(7ㄴ), ᄉᆡᆼ강(7ㄴ), 넉량(7ㄴ), ᄉᆼ마(升麻)(8ㄱ), 병ᄒᆞ니ᄅᆞᆯ(8ㄱ), ᄀᆞ장(8ㄱ) 등등.

의학 및 국어사 연구에 중요한 자료이다.

《두창경험방》(痘瘡經驗方)

《痘瘡經驗方》의 원간본은 조선 현종 때 박진희(朴震禧)가 자신의 임상 경험을 바탕으로 지은 것으로 알려져 있으나 원간본은 전해지지 않고 간년도 분명치 않다.[88]

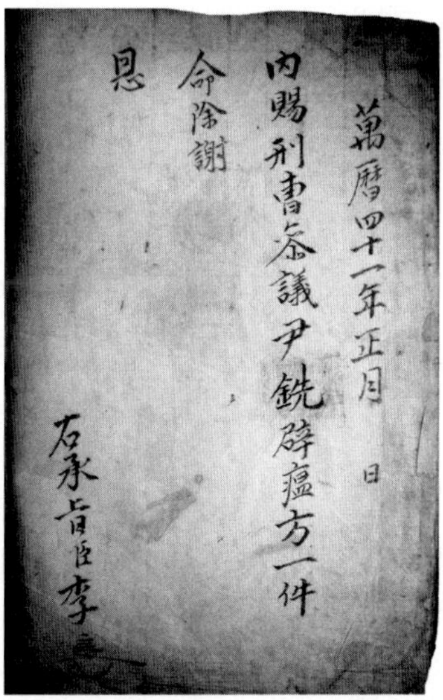

萬曆四十一年正月 日
內賜刑書參議尹銑辟瘟方一件
命除謝
恩
右承旨臣李

〈그림 11〉 훈련도감자 《간이벽온방》의 내사기

88) 1672년(현종 13)에 간행된 이번(李蕃)의 《용산요두편》(龍山療痘篇)에 박진희의 《두창경험방》을 참고하였다는 기록이 있다. 그리고 현종 말경 판인 《고사촬요부록》(攷事撮要附錄)에 이 책의 이름이 등장하는 것으로 보면 원간본은 17세기 후반에 간행된 것으로 추정된다. http://www.hangeulmuseum.org/ 이영경 해제 참고.

동산도서관에는 두 책이 있는데 하나는 필사본(고 615.3202두창경)이고 하나는 목판본(이 615.3202박진희ㄷ)이다. 후자 목판본의 권말에는 '辛卯十二月 駒城 李世恒書于商山製錦軒'라 하여 이세항이 쓴 발문이 있다.89) 이 발문의 말미에 박진희의 처방이 영남 인민들에게는 미치지 못함을 안타까이 여겨 一本을 구하여 '摹工'하였다는 말이 있다. 이로 보아 이세항이 박진희의 저서를 구하여 상주에서 복각했음을 알 수 있다.

이세항의 발문에 나타난 '辛卯'가 어느 해인지 분명치 않다.90) 이세항(李世恒)은 신묘(辛卯)년 1651에 태어나서 숙종(肅宗) 22년(1696년) 병자(丙子) 식년시(式年試) 생원(生員) 3등(三等)으로 합격했다는 사마방목 기록이 있다.91) 이세항이 신묘(辛卯)(1651년)에 태어났기 때문에 발문의 '辛卯'는 60년 후 신묘년 즉 1711년으로 잡아야 한다.92) 따라서 이세항의 상산판《두창경험방》의 간년은 1711년이 된다. 현전하는《두창경험방》은 1711년에 이세항이 간행한 상산판이 가장 흔하다.

이 문헌의 언어적 특징은 이영경의 해제에 간략히 언급되어 있다. 이 중 특히 주목되는 것 몇 가지는 다음과 같다. 첫째, 주격 조사 '-가'가 빈번히 출현한다는 점이다. 예) 병든 아희가 비록 어육을 다라 ᄒᆞ야도(11ㄴ). 사람 소기ᄂᆞᆫ 해가 이러틋 ᄒᆞ디라(11ㄴ). 다만 졋 먹이ᄂᆞᆫ 어미가 소를

89) 이 발문을 가진 책은 경북대학교 도서관 등 여러 곳에서 찾아 볼 수 있다.

90) 동산도서관 목록집에는 이 '辛卯'를 1663년으로 해 놓았는데 착오가 있는 듯하다.

91) http://people.aks.ac.kr/view.jsp?id=EXM_SA_6JOb_1696_016585 참고. 이세항(李世恒)이란 이름이 세 사람이 검색된다. 이 중 본관이 '駒城'인 이세항은 한 사람이다.

92) 小倉進平(1964:285)의 註에 前間恭作의 소장본으로서 康熙 辛卯(1711)에 李世恒이 重刻한 것이 있다고 하였으나, 계명대 소장본이나 경북대 소장본 등에 '康熙'라는 연호 표기가 없다.

ᄒᆞ면(12ㄱ).[93] 둘째, 명사형 어미로는 '-기'가 '-음'보다 훨씬 우세하게 나타난다. 셋째, 간행지 방언형을 반영한 것으로 보이는 특이 어휘가 더러 나타난다. 예) 니블을 들셔 보니 온몸이 벌거ᄒᆞ고(44ㄴ).[94] 채소복기를 기둘러 다ᄉᆞ리미 가ᄒᆞ고(69b). 반ᄃᆞ시 ᄌᆞ로 블라 ᄆᆞ양 저젓게 ᄒᆞ여야 그 효험을 엇ᄂᆞ니라(22ㄴ).[95] 혹 난 것도 빗치 담ᄒᆞ야 희옵스러ᄒᆞ고 알키를 그치디 아니ᄒᆞ면(25ㄴ).[96] 《두창경험방》은 여러 가지 점에서 국어사 연구의 가치 있는 자료라 하겠다.

7) 외국어 학습서류(外國語類)

《노걸대언해》(老乞大諺解)

고려 시대부터 이용되어 온 중국어 학습서 《老乞大》를 언해한 책에는 여러 가지가 있다. 16세기초의 《번역노걸대》를 필두로 17세기말의 《노걸대언해》, 18세기 중엽의 《노걸대언해》(평안감영판), 《노걸대신석언해》, 《중간노걸대언해》가 시대의 요구에 따라 차례대로 간행되었다. 계명대 동산도서관 소장본은 금속활자인 무신자(戊申字)본 2권 1책((이) 412.11노걸대ㅇ)이다. 이 책에는 간기가 없으나, 《通文館志》의

---

93) 이 예들에서 보듯이 '-가'의 출현 환경은 확대되지 못하고 모음 'ㅣ'나 'ㅐ' 등 ㅣ를 가진 모음 뒤에 국한되어 있다.

94) '들셔 보-'는 《규합총서》 목판본(1869년)에 가서 다시 보인다. 이 낱말은 현대 경상방언에서 흔히 쓰이고 있다.

95) '저젓게'는 한문의 '留着'의 뜻이다. 바른 액체가 살갗에 머물러 젖어 있는 상태를 뜻한다. 다른 문헌에 보이지 않는 말이다.

96) '담ᄒᆞ야 희옵스러ᄒᆞ고'는 한문의 '淡白'에 대응한다. 따라서 '희옵스러ᄒᆞ고'는 '白'의 특수한 상태를 나타낸 색채어이다. 이 낱말은 다른 문헌에 쓰이지 않은 유일 예이다.

"內賜老乞大諺解二本, 康熙庚戌(1670) 陽坡鄭相國啓 令芸閣鑄字印行"(권8, 書籍條)이라는 기록에 의하여 1670년(현종11)에 鄭太和에 의해 간행된 것으로 추정되고 있다.[97]

이 책의 내용은 조선의 상인이 북경에 가서 말을 팔고 다시 조선에 와서 팔 물건을 사서 조선에 돌아가는 동안에 생긴 일을 대화체 문장으로 표현하여 중국어를 배울 수 있도록 구성한 책이다. 이 문헌에 쓰인 국어 문장과 한자음 표기는 국어사 연구와 중국 한자음 연구에 훌륭한 연구 자료가 되고 있다. 이 책에 대한 연구 논저는 적지 않아서 일일이 언급할 필요가 없을 듯하다.

3. 계명대학교 동산도서관 소장 주요 필사본 국어사 자료

《숙휘신한첩》(淑徽宸翰帖)

이 책은 왕과 왕비를 비롯한 왕실 인물들이 주고받은 한글 편지첩이다.[98] 《숙휘신한첩》의 서문은 숙휘공주의 후손인 정진석이[99] 집안에 전

---

97) 《규장각소장 어문학자료 어학편 해설》의 정승혜 해제 참고.

98) 목록집에는 이 책의 서명이 '宸翰帖'으로 되어 있다. '宸翰'은 왕실의 편지 일반을 뜻하는 낱말이므로 이 편지의 주인공인 숙휘공주의 이름을 붙여 '숙휘신한첩'으로 부름이 옳겠다. 김일근, 이종덕, 윤경수 등이 이미 '숙휘신한첩'으로 명명하여 사용하였다.

99) 숙휘공주는 寅平尉 鄭齊賢(1642-1662)에게 출가하였으나 정제현은 21세(1662, 현종 3년)에 요절했다. 삼남매를 두었으나 남매는 어려서 죽고 유일한 독자 台一(1661-1685)도 25세로 요사하였다. 이런 불행한 가정사를 안타까이 여긴 궁내의 왕실에서 숙휘공주를 위로하기 위해 많은 편지를 보냈던 것이다. 이 언간첩을 성책한 鄭晉錫(1778-1834)은 정제현의 奉祀 5대손이다.

해지던 왕실 편지를 순조 2년(1802년)에 성첩할 때 쓴 것인데 이 편지들을 쓴 사람과 성첩한 경위를 알려 준다. 원래 《숙휘신한첩》은 건첩과 곤첩 2첩으로 만들었다. 건첩은 효종, 현종, 숙종, 영조의 어필첩이고, 곤첩은 효종, 현종, 숙종 및 仁宣, 明聖, 仁賢王后 등의 언간첩이다. 계명대학에 소장된 것은 이 언간첩이다.

《숙휘신한첩》에는 숙휘공주(1642-1696, 효종의 제3녀)에게 보낸 여섯 사람의 한글 편지 35편이 실려 있다. 이 여섯 사람은 효종(1619-1659)과 그의 비 仁宣王后(1618-1674), 현종(1641-1674)과 그의 비 明聖왕후(1642-1683), 숙종(1661-1720)과 그의 비 仁顯왕후(1667-1701)이다. 왕과 왕비의 삼대 언간이 한 첩에 실린 것이다. 전체 35편 중 32편의 수신자가 숙휘공주이고, 이 편지들의 발신자는 부왕 효종이 쓴 것 2편, 모후 인선왕후가 쓴 것 16편, 올케 명성왕후가 쓴 것 1건, 조카인 숙종이 쓴 것 6건, 조카며느리인 인현왕후가 쓴 것이 5건, 계조모 장렬왕후가 쓴 것이 2건이다. 35편 중 나머지 3편의 수신자는 인선왕후와 정제현이며, 이 편지들의 발신자는 현종이다. 전체적으로 볼 때 어머니 인선왕후가 딸에게 보낸 편지가 가장 많음을 알 수 있다.

《숙휘신한첩》은 《숙명공주편지첩》 및 《순원왕후어필첩》(규장각)과 함께 왕실 언간으로 매우 귀중한 한글편지 자료이며, 궁중 언어 연구와 경어법 연구 등에 유용하게 이용되고 있다. 《숙휘신한첩》에 대한 자세한 해제와 소개는 김일근의 연구를 참고할 수 있다.[100] 윤경수는 이 편지에 연관된 역사적 사실 및 언간 서식을 예문을 통해 자세히 분석하

100) 김일근. 1986.『언간의 연구』. 건국대학교출판부. 60-61쪽.

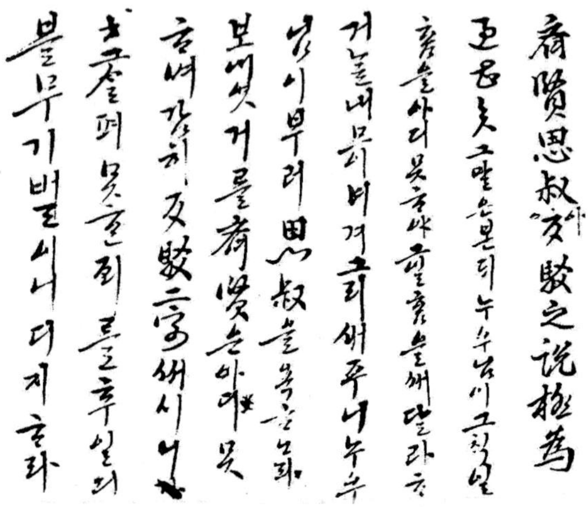

〈그림 12〉 현종이 부마 정제현에게 보낸 편지

였다.[101] 이 언간첩에 실린 현종과 숙종 언간을 각각 하나씩 소개하여 이 자료의 특성과 가치를 확인해 보기로 한다.

현대어역

齊賢 思叔아, 反駁之說 極爲過甚矣(제현 사숙아. 반박한 말은 극히 심하였다.) 그 말은 본디 누님이 그 책의 이름을 알지 못하여 그 이름을 써 달라 하거늘 내가 밉살스럽게 여겨 그리 써 주니 누님이 일부러 思叔을 욕하노라 보내었거늘, 齊賢은 알지 못하면서 감히 反駁 二字를 썼으니 그 살피지 못한 죄를 후일에 不無其罰(벌이 없을 수 없음)이니 그리 알라.

---

101) 윤경수. 1987.「淑徽宸翰帖의 연구-가치와 書式을 중심하여」.『外大語文論集』3. 부산외국어대학교 어학연구소. 157-184쪽. 그 후 김일근·이종덕(2000-2001)은 《문헌과 해석》에 이 편지의 본문에 대해 매우 상세한 주석을 달고 현대어로 번역하여 소개하였다.

위 편지는 현종이 숙휘공주의 남편이자 부마인 정제현에게 보낸 편지이다. 왕이 부마에게 쓴 편지로는 유일한 것으로서, 妻男 妹夫 사이에서 흔히 있을 수 있는 弄談調의 酬酌을 보여 준다.[102] 이 편지의 특징은 언간이면서 한문구와 한자어를 한글 문장에 섞어 쓰고 있다는 점이다. 언간에서 이런 문체는 극히 희귀한 경우에 속한다. 남성이 남성에게 보낸 언간도 극히 드문 것이어서 위의 자료는 언간 중에서도 아주 특수한 사례에 속한다.

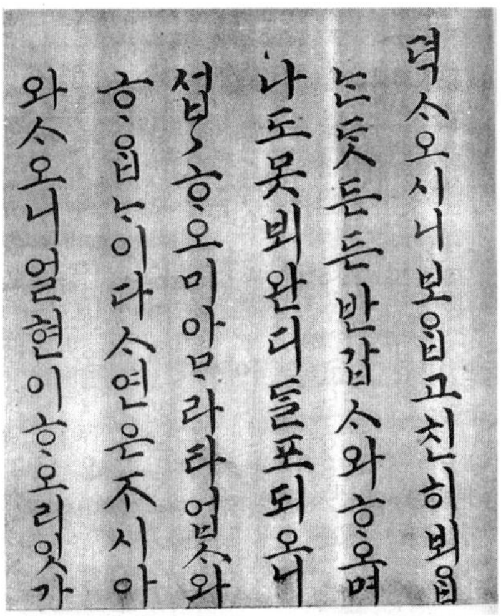
뎍ᄉᆞ오시니보ᄋᆸ고친히뵈ᄋᆸ
ᄂᆞᆫᄃᆞᆺ든든반갑ᄉᆞ와ᄒᆞᄋᆸ며
나도못뵈완디돌포되오니
섭섭ᄒᆞ오미아ᄆᆞ라타업ᄉᆞ와
ᄒᆞᄋᆸᄂᆞ이다ᄉᆞ연은ᄌᆞ시아
와ᄉᆞ오니얼현이ᄒᆞ오리잇가

〈그림 13〉 숙종이 숙모뻘인 숙휘공주에게 보낸 편지

현대어역

적어 보내신 것을 보압고, 친히 뵈옵는 듯 든든 반갑사와 하오며, 나도

102) 김일근·이종덕. 2000-2001. 「17세기의 궁중 언간: 淑徽宸翰帖 ①-④」. 『문헌과 해석』 11-14. 문헌과해석사.

못 뵈온 지 ᄃᆞᆯ포 되오니 섭섭하옴이 아무러하다 말할 수 없사와 하옵나이다. 사연은 자세히 알았사오니 어련히 하오리이까.

짧은 편지 내용이지만 이 문장에는 국어사적 관점에서 흥미로운 예가 몇 개나 보인다. 'ᄃᆞᆯ포'는 '한 달이 조금 넘는 동안'의 뜻인데, '날포'(하루 남짓), '해포'(일년 남짓)와 함께 현대국어에까지 계승된 고유어이다.[103] '아ᄆᆞ라타'는 언간에서 주로 쓰이는 특이한 어휘로, '아ᄆᆞ라ᄒᆞ다'의 준말이다. 이 낱말 뒤에는 '없-'이 오는 경우가 대부분이며, 이 낱말에 한정하여 그 뜻을 직역하면 '아무러하다' 정도가 되고, '없-'을 포함한 문맥을 고려하면 '아무러하다 말할 수 없-'(무어라 말할 수 없-)이라고 풀 수 있다. 'ᄌᆞ시 아와ᄉᆞ오니'의 '아와ᄉᆞ오니'는 '알-ᄋᆞ오-아-ᄉᆞ오-니'로 분석된다. '-삽-'이 중첩되면서 이 형태가 청자 존대와 겸양법을 겸하는 특이한 사례이다.

《오영재 주인 언간독》(諺簡牘)

《언간독》은 한글 편지 규식서를 모은 책이다. 목판본으로 간행된 《언간독》은 권두서명이 《언간독》으로 된 것과 《증보언간독》으로 된 것 두 가지가 있다. 《언간독》의 이판본으로 '由洞新刊'이라는 간기를 가진 것(1847-1885년), '癸卯仲夏完山重刊'이란 간기를 가진 것(1903년),

103) 'ᄃᆞᆯ포' 등의 '-포'는 '거듭되다'를 뜻하는 'ᄑᆞ다'에서 파생된 접미사로 본다. 예) 그리 나간 디 날이 ᄑᆞ니 그덧 ᄉᆞ이도 섭〃ᄒᆞ고 그립기 ᄀᆞ이 업ᄉᆞ니(《언간의 연구》, 원문 121번 편지). 김일근·이종덕. 2000-2001. 「17세기의 궁중 언간: 淑徽宸翰帖 ①-④」. 『문헌과해석』 11-14. 문헌과해석사.

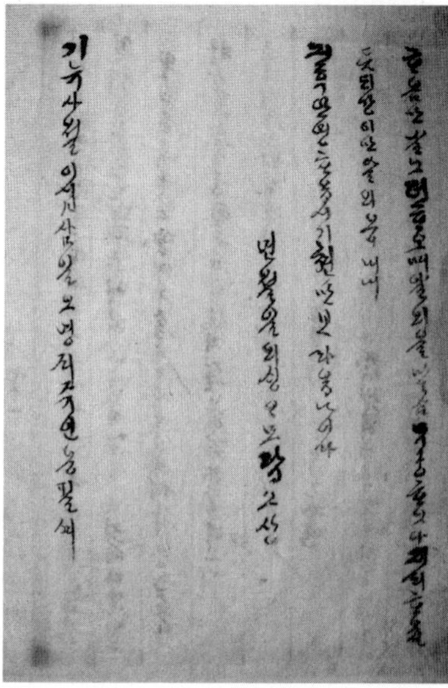

〈그림 14〉 언간독 필사본 권말의 '오영재 주인' 필사기

'明治四十五年二月二十二日　完興社書舖'(1912년)이 있다. 《증보언간독》의 이판본으로는 간기가 '丙戌十一月冶洞新刊'(1886년)[104]인 것, '壬寅季春完西重刊'(1902년)인 것, '乙巳季春完南新刊'(1905년)인 것이 전해진다. 간기가 없는 《언간독》과 《증보언간독》도 있다.[105] 이들은 19세기에 한글 편지 작성이 상민층에 이르기까지 대폭 확대되면서 상업적 판매를 목적으로 한 방각본이다. 이 간본을 다시 필사하면서 필서자

104) 권두서명이 '징보언간독'으로 되어 있다.

105) 언간독의 이판본에 대한 종합적 연구는 김봉좌. 2003.「조선 시대 한글 편지 규식서 연구 - 방각본 언간독(諺簡牘)을 중심으로-」. 한국정신문화연구원 석사학위 논문(미간행).이 자세하다.

나름대로 체제를 바꾼 필사본 언간독이 다수 전해지고 있다.

동산도서관 소장의 《오영재 주인 언간독》은 1책의 필사본으로 전체 71장의 분량이다. 오침안정의 선장으로 잘 장정한 선본이다. 청구기호 '(이)811.65오영재ㅇ'인 이 책의 표지서명은 '諺簡牘'이고, 권말에 '기뉴 사월이십삼일 오영지 쥬인옹필셔'라는 필사기가 있다.106) 지질과 책의 상태로 보아 '기뉴'(己酉)년은 1909임이 확실하다.

이 책은 목판본 언간독을 단순히 베낀 것이 아니다. 이 책의 내용은 크게 두 가지로 나누어진다. '언간수록'이라는 권두서명 아래 1장부터 20장까지는 다양한 발수신자를 설정한 여러 가지 언간 종류를 실었다. 특히 제10장-12장에는 '고령 가곡 녀즈들 등님곡이라'는 제목 아래 "어와 가소로다 녀즈 일싱 가소로다"로 시작하는 가사를 수록하였다. 또 제13장부터 20장까지는 '경상도 각셩씨 현조 관향녹'이라는 제목 아래 "예안 계동 니씨는 퇴계 즈손이되 본은 진보 / 현풍 못골 김씨는 한헌당 즈손인되 본은 셔흥" 등등과 같이 경상도 주요 반촌에 사는 성씨와 본관을 나열하였다. 이런 내용은 양반가에서 자녀들에게 보학을 가르칠 때 이용되는 기본 자료 중의 하나이다. 21장부터는 '언간독'이라는 제하에, "아비가 나간 아들의게 하는 편지 / 것봉 아모 싸 긔듕 즉젼 / 규식 아모 싸 본졔 평셔 / 봉"과 같은 목판본 《언간독》의 내용을 필사해 놓았다.

필사기에 나온 '오영재 쥬인옹'이 누구인지 알아 내지 못하였으나 '옹'을 붙인 점을 보아 남성이 쓴 것임을 알 수 있다. 그리고 고령 가곡 부녀자들이 지은 가사가 실린 것으로 보아 고령 지역에서 나온 것으로 추정된다.

106) 도서관 목록 검색에 이 책의 저자를 '오행재쥬인'으로 잘못 기재하였다. 청구기호에 등재된 '오영재'로 수정해야 한다.

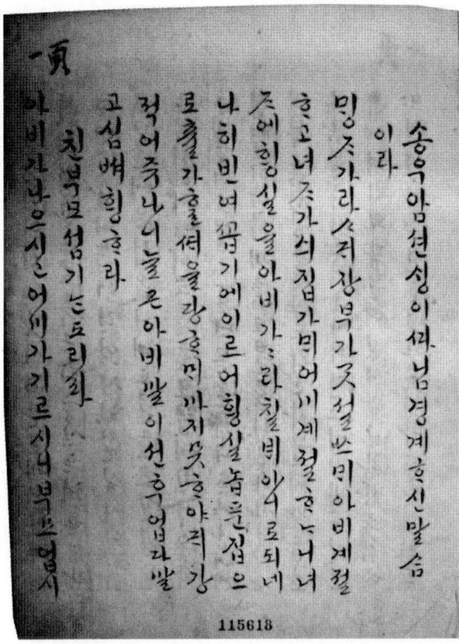

〈그림 15〉 송우암선생 계녀서 권두

이 책은 '언간독'이라는 제목 아래 가정교육에 필요한 자료를 추가한 자료라는 점에 그 특징이 있다. 이 책의 후반부는 한글 편지 쓰는 서식을 모은 것이지만 흔히 보이는 목판본 《언간독》과 완전히 동일하지는 않다.

《우암선생계녀서》(尤庵先生戒女書)

흔히 '우암선생계녀서'라고 불리는 이 자료는 송시열이 출가하는 딸에게 집안을 잘 다스리는 방법을 조목별로 가르친 내용이며 여성 교육서로 대표적인 문헌이다. 여성의 수신제가에 필요한 내용을 20개 항으로 나누어 서술하였다. 이 자료는 여러 지방에서 다수의 사람들에 의해 전사되었고 많은 사본이 전해진다. 동산도서관 소장의 이 책(청구기호 고172.6송시열ㄱ)은 질 좋은 닥종이에 유려한 궁서체로 잘 쓴 필사본 1책이다. 표지서명은 묵서로 '송우암션싱계녀셔'이라 썼고, 권두 서명은 '송우암션싱이 짜님 경계ᄒᆞ신 말숨이라'로 되어 있다. 권말에 다음과 같은 필사기가 있다.

> 이 칙이 녀ᄌᆞ가 맛당이 비울만ᄒᆞ기로 괴로움를 잇고 등셔ᄒᆞ노리 부듸 실힝ᄒᆞ기를 바라노라 무진 ᄉᆞ월 초일〃 필셔

이 필사기는 이 책을 손수 필서한 사람의 것으로 보인다. 여기에 나오는 '무진'(戊辰)은 책의 지질이나 보관 상태로 보아 1928년 무진년으로 판단된다. 경북대 도서관에도 '우암션싱계녀서'라는 필사본이 전하는데 필치가 서툴고 졸(拙)하다.[107] 동산도서관 소장의 이 책은 보관 상태가 좋고 필치가 뛰어나며 정교하게 필서한 선본이어서 영인본을 낸다든가 할 때 가장 적합한 자료이다. 이 자료는 여성사 연구 혹은 여성문학 연구자들에 의해 관심을 끌어 왔으며, 영인하거나 현대어 번역을 붙여 출판한 것도 있다.

《규학신편》(閨學新編)

《규학신편》은 전통적 윤리와 행실 규범을 가르치는 여성교육서로 1책의 필사본이다. 표지서명은 한자로 '閨學新編'이라 썼고 내지에 한글로 '규학신편 님신 양월 십구일'로 되어 있다. 책의 첫 면에 서문에 해당하는 다음과 같은 글이 있다.

107) 경북대 소장본의 표지 서명은 '閨範'으로 되어 있고 권두서명은 '우암션싱계녀서'이다. 도서번호는 '811.13 규 43'.

방언이 잇스이 부여 가라치난 도난 언힉 아이면 능히 아지 못ᄒᆞ난지라 그런고로 여렴집 여ᄌᆞ는 여공을 ᄃᆞ사리고 틈을 타 언힉 공부ᄒᆞ야 인도을 ᄇᆡ홀지라 (…중략…) 영역ᄇᆡᆨ육십년 병오 월일 조션일민 우고는 셔ᄒᆞ노라

이 서문에서 말하는 '언힉'는 곧 한글을 뜻한다. 이 서문은 여자들의 한글 공부 필요성을 언급한 점에서 특징적이다. 서문 말미에 '영역ᄇᆡᆨ육십년 병오'라는 기록 연대가 있다. '영역'은 명나라를 존숭하는 의미에서 명 멸망 이후에도 써 온 연호이다. 연호명인 '永曆'을 한글로 적은 것이 '영역'이다.[108] 영력 원년은 1647년이므로 '영역ᄇᆡᆨ육십년'은 1806년이 된다. 이 책의 서문을 쓴 연대가 1806년 병오년인 것이다. 그런데 앞에서 언급했듯이 이 책의 내지에는 '규학신편 님신 양월 십구일'이라는 필사기가 있다. 이 책의 언어 변화 상태로 보면 이 필사기의 '님신'(壬申)년은 1872년 혹은 1932년이 된다. 1806년에 저술된 책을 후대의 누군가가 다시 전사한 것이다.

책의 내용은 '정심편', '부모봉양편', '형제우ᄋᆡ편', 'ᄌᆞ여교훈편' 등을 항목별로 서술하였다. 이 책의 권말에는 '정효부 사셜이라'이라 하여 효부전이 덧붙어 있다.

《명륜만행록》(明倫萬行錄)

이 책은 전통적 인륜의 가르침과 사람이 행해야 하는 규범을 서술한 것으로서, 2권 1책의 필사본이다. 뛰어난 달필의 한글 행서체로 씌어 있다. 표지에 '명륜만힝녹'이라 묵서하였고, '광무십일년'이라는 기록도 보

108) 이 사실은 남권희 교수의 도움으로 알게 되었다.

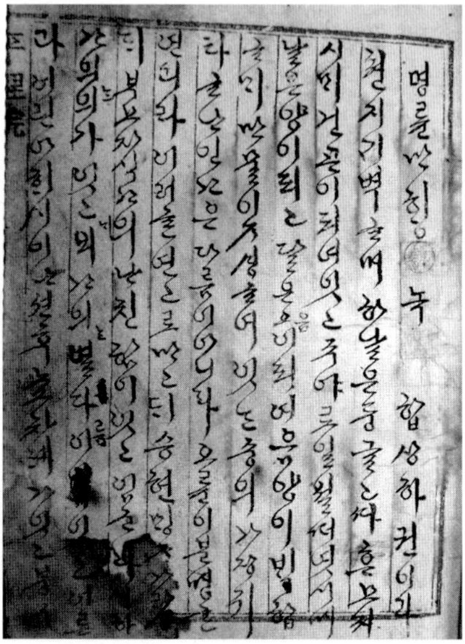

〈그림 16〉 명륜만행록 권두

인다. 권두서명은 '명륜만ᄒᆡᆼ녹 합상하 권이라'이며 필사기는 '광무십일년 정미정월이십오일십삼세위시'로 되어 있다. 광무 십일년은 1907년에 해당하는데 隆熙 1년으로 변경된 해이다.

본문을 쓴 종이는 붉은 색의 계선을 넣은 인쇄지이다. 1장에서 21장까지는 판심 해당 자리에 붉은 글씨로 '平理院'이라 인쇄되어 있고, 22장부터 29장까지는 같은 자리에 '高等裁判所'라 인쇄되어 있다. 당시 관청에서 쓰던 용지에 필사한 것이다. 본문의 시작은 "천지기벽ᄒᆞ며 하날은 둥글고 ᄯᅡ흔 모지시ᄆᆡ 건곤이 되어 잇고 주야로 일월 ᄡᅥ엿시며 날은 양이 되고 달은 음이 되어 음양이 ᄇᆡᆨ합ᄒᆞᄆᆡ 만물이 ᄌᆞᄉᆡᆼᄒᆞ여 잇ᄂᆞᆫ 중의 가장 귀타 ᄒᆞ난 인간은 다름이 아니라 오륜이 분명한 연괴라"로 되어 있다.

부모 자식 간의 윤리로 시작하여 인간 만행의 이치를 논한 글이다. 20세기 초기의 언어자료 및 윤리교육서로 다룰 수 있다.

동산도서관에는 기타의 한글 필사본이 더 있다. '언간독', '실달타태자경', '슈다라태자경', '미륵불대도삼강대전', '관셩졔군졈셔', '요집문' 등 다수의 필사본이 소장되어 있다. 이 자료들에 대한 연구는 다른 기회로 미루어 둔다.

4. 결언

본고에서 필자는 계명대학교 동산도서관에 소장된 국어사 자료 중 중요 자료로 인정된 문헌과, 필자의 관점에서 연구 가치가 높다고 생각되는 문헌을 선별하여, 이 문헌들의 이판본 현황과 그 속에서 계명대 소장본이 갖는 국어사적 가치를 논하였다. 이런 작업을 통해 필자는 아직까지 판본의 정체가 드러나지 않은 여러 문헌이 이 도서관에 소장되어 있음을 밝혀낼 수 있었다. 특히 지금껏 국내에 없는 것으로 알려진 선조 중간본《속삼강행실도》 2책이 소장된 사실이 드러나게 되었다. 이 자료는 행실도류 문헌 연구 전반에 기여할 것이다. 그리고《삼강행실도》 최후의 간본인 '竹樹校刊'(1882년)판의 소재도 알 수 있게 되었다.

불교서로서는 동화사판《염불보권문》과 전라도 선운사판《염불보권문》이 이 도서관에 소장되어 있음이 새로 밝혀졌다. 귀중본에 속하는《금강경삼가해》,《불정심다라니경》,《선종영가집언해》,《선가귀감언해》 등 불서 언해류도 앞으로 적극적으로 활용되어 할 자료이다. 아울러 《범망경》 등 고려말 조선초기의 불서에 기입된 음독구결 자료 3건을 소개하였다. 이 문헌들은 여말선초의 국어사 연구에 중요 자료가 될 것이다. 그리고 병학서 몇 가지와 역사서 《십구사략언해》, 의학서, 외국어학습서에 대하여 각 문헌의 이판본 계통과 계명대 소장본의 특징을 기술하였다.

끝으로 필사본 한글 자료 중 중요 자료로 생각되는 몇 가지에 대해 논하였다. 귀중본에 속하는 왕실 한글 간찰첩 《숙휘신한첩》의 언어적 특징을 분석해 보았고, 《오영재 주인 언간독》의 내용, 선본 《우암선생계녀서》와 여성교육서 《규학신편》, 《명륜만행록》 등의 자료적 가치를 논하면서 그 특징을 기술하였다.

참고문헌

고성익. 2007. 「병학지남(兵學指南)의 서지적 고찰」. 『2007년 겨울 구결학회 국어사학회 공동 전국학술대회 발표논문집』. 141-166쪽.

규장각 편. 1981. 『규장각 한국본 도서해제』(史部 1). 서울대학교 규장각.

김동소. 2001. 「무예제보(武藝諸譜)연구」. 『한글』 251호. 한글학회.

김봉좌. 2003. 「조선 시대 한글 편지 규식서 연구 - 방각본 언간독(諺簡牘)을 중심으로-」. 한국정신문화연구원 석사학위 논문(미간행).

김영배. 1975. 「금강경삼가해 권1에 대하여 -그 어휘를 중심으로-」. 『수련어문논집』. 3. 釜山女大.

김영배. 1996. 「염불보권문의 해제」. 『염불보권문의 국어학적 연구』. 동악어문학회 학술총서 5. 동악어문학회.

김영신. 1975. 「간역벽온방 연구 -국어사를 중심으로-」. 『어문학』 35.

김영일. 1999. 「무예제보번역속집의 국어학적 이해」. 『무예제보번역속집』. 계명대학교 동산도서관 고문헌총서 1. 계명대학교출판부.

김영일. 2000. 「초간본 두시언해 권12의 어학적 고찰」. 『두시언해 권十一-十二』. 계명대학교 동산도서관 고문헌총서 2. 계명대학교출판부.

김원룡. 1982. 「삼강항실도해제」. 『삼강항실도』. 세종대왕기념사업회.

김일근. 1986. 『언간의 연구』. 건국대학교출판부.

김일근·이종덕. 2000-2001. 「17세기의 궁중 언간: 淑徽宸翰帖 ①-④」. 『문헌과해석』 11-14. 문헌과해석사.

김주원. 1984a. 「18세기 경상도 방언을 반영하는 佛書에 대하여」. 『유창균박사환갑기념논문집』.

김주원. 1984b. 「18세기 경상도방언의 음운현상」. 『인문연구』 6. 영남대학교 인문과학연구소.
김주원. 1994. 「18세기 황해도 방언의 음운 현상 -염불보권문(흥률사본)의 분석을 통하여-」. 『국어학』 24. 국어학회.
김주원. 1996. 「18세기 평안도 방언을 반영하는 염불보전문에 대하여」. 『음성학과 언어학』. 서울대학교출판부.
김주원. 1996. 「18세기 평안도」. 『음성과 언어학』. 서울대학교출판부. 442쪽.
김주원. 1998. 「십구사략언해(영영판)의 간행 연대」. 『국어학』 32. 국어학회.
류탁일. 1989. 『한국문헌학연구』. 아세아문화사.
류탁일. 2001. 『영남지방 출판문화논고』. 세종문화사.
박병채. 1973. 「간역벽온방 해제」. 『민족문화연구』 7. 고려대학교 민족문화연구소.
배현숙. 2003. 「신증유합 판본고」. 『민족문화연구』 39. 고려대학교 민족문화연구소. 283-330쪽.
백두현 · 김주원. 2007. 『십구사략언해 연구』. 역락.
백두현. 1988. 「강희 39년 남해 영장사판 유합과. 천자문의 음운변화」. 『坡田金戊祚博士 華甲紀念論叢』. 동 간행위원회.
백두현. 1989. 「두시언해 초간본과 중간본의 통시음운론적 비교」. 『어문학』 50. 한국어문학회.
백두현. 2000. 「십구사략언해 제 판본의 계통 연구」. 『국어학』 36. 국어학회. 3-38쪽.
백두현. 2003. 「취암문고 소장 국어사 자료의 연구」. 『영남학』 3. 경북대학교 영남문화연구원. 109-174쪽.
백두현. 2005. 「석독구결의 문자체계와 기능 -고려시대 한국어 연구-」. 한국문화사.
서울대학교 규장각. 2001. 「규장각소장어문학자료 어학편 해설」. 태학사.
小倉進平. 1964. 『增訂補註 朝鮮語學史』. 東京 刀江書院.

송일기·이태호. 2001. 「조선시대 '行實圖' 板本 및 板畵에 관한 연구」. 『서지학연구』 21. 서지학회. 79-121쪽.

심재완. 1981. 「금강경삼가해 해제」. 영인본 『金剛經三家解』. 영남대학교출판부.

안병희. 1979. 「중세어의 한글자료에 대한 종합적인 고찰」. 『규장각』 3. 서울대학교 규장각.

안병희. 1996. 「노걸대와 그 언해본의 이본」. 『인문논총』 35. 서울대학교 인문학연구소.

윤경수. 1987. 「淑徽宸翰帖의 연구-가치와 書式을 중심하여」. 『外大語文論集』 3. 부산외국어대학교 어학연구소. 157-184쪽.

이승재. 1990. 「고려본 범망경의 구결」. 『애산학보』 9.

이유기·육효창. 1999. 「선종영가집언해의 국어학적 연구」. 태학사.

이호권. 2007. 「용비어천가(龍飛御天歌) 권8-10」 해제. 『민족문화대백과사전』 증보판.

이호권. 2008. 「용비어천가」. 「이화여대 중앙도서관 소장 고서해제(2)」. 이화여자대학교 한국문화연구원 편. 평민사. 257-264쪽.

정우영·이정일·정상훈. 2008. 『역주 속삼강행실도』. 한국문화사.

정재영. 1996. 「순독구결 자료 범망경보살계에 대하여」. 『구결연구』 1. 구결학회.

정하명. 1988. 「화포식언해」. 한국민족문화대백과사전. 한국정신문화연구원.

志部昭平. 1990. 『諺解三綱行實圖研究』 - 本文 校註 飜譯 開題篇 -. 고려서림.

최현배. 1961. 「고친 한글갈」. 정음사.

한국정신문화연구원. 2000. 『장서각한글자료해제』. 한국학자료해제.

홍윤표. 1986a. 「간역벽온방 해제」. 『영인본 분문온역역해방 간역벽온방 우마양저염역병치료방 벽온신방』. 홍문각.

홍윤표. 1986b. 「염불보권문 해제」. 영인본 『념불보권문』. 태학사.

홍윤표. 1993. 『국어사 문헌 자료 연구』. 태학사.

홍인숙. 2003. 「17세기 여성사의 문제적 인물. 尤庵 宋時烈 : 碑誌類. 祭文과 <우암선생계녀서>를 중심으로」. 『동양고전연구』 18. 동양고전학회. 103-140쪽.

황문환. 1997. 「신전자초방(언해)에 대한 국어학적 고찰」. 『정신문화연구』. 20(4); 139-157쪽.

황문환. 2000. 「화포식언해」. 『장서각한글자료해제』. 한국정신문화연구원.

황용주. 2004. 「병학지남(兵學指南)의 서지(書誌)와 국어학적 특징」. 『한국언어문학』. 53. 한국언어문학회. 41-70쪽.

『武藝諸譜飜譯續集』. 1999. 계명대학교 동산도서관 고문헌총서 1. 계명대학교출판부.

『간이벽온방』. 1578년 내사본. 고려대도서관본. 『민족문화』 7. 고려대 민족문화연구소.

『간이벽온방』. 1988. 만력 41년 내사본. 서울대 규장각본. 한국과학기술사자료대계 의약학편 38. 여강출판사.

『금강경삼가해』 (권2-5. 가람문고본). 한글학회

『금강경삼가해』 (第1). 1982. 한글학회.

『尤庵先生戒女書』. 1969. 송시열 저. 청주국어국문학연구회.

계명대학교 동산도서관 소장 조선후기 필사본 문집 고찰*

김 영 진

1. 서언

계명대 동산도서관 소장 고서의 書目 및 수량적 개관은 1,346쪽에 달하는 『계명대학교 개교50주년기념 고서종합목록』(2004)에 잘 드러나 있지만 보물지정 고서 등 극히 일부의 고서를 제외하고는 소장서의 자료 가치에 대한 종합적 검토는 없었다. 계명대 한국학연구원에서 교육과학기술부의 지원을 받아 2007년 6월부터 2008년 12월까지 수행한 '계명대 동산도서관 소장 선본고서 해제 및 자료공개화 사업'을 통해 그 자료적 가치가 일부 밝혀졌다. 일단 질과 양의 면에서 종합적으로 보자면 동산도

---

* 본고는 필자의 「계명대 동산도서관 소장 조선후기 필사본 문집 善本書에 대한 일고찰」. 『한국학논집』 37. 계명대 한국학연구원. 2008.12를 대폭 수정, 보완한 것임.

서관 소장 고서는 소장 고서가 10만책을 상회하는 국립중앙도서관, 서울대 규장각, 한국학중앙연구원 장서각, 고려대 도서관, 연세대 도서관의 다음 수준에 자리하고 있지 않을까 한다.[1] 어느 기관도 자 기관 고서의 총체적 검토를 시도하진 않은 듯하여 섣불리 비교할 수는 없지만[2] 금번 해제 및 자료공개화 사업, 기획학술대회[3] 등을 통해 동산도서관 소장 고서 善本들과 그 특징이 일정 정도 구체화되었다고 보인다.

필자는 외람되게 '계명대 동산도서관 소장 선본고서 해제 및 자료공개화 사업'을 기안하였고, 실무책임을 맡았다. 본고에서 다룰 조선후기 필사본 문집[4]은 2008년 12월로 종료된 해제 사업의 대상 서목 가운데 의미가 큰 자료를 위주로 한다. 주요 자료를 소개하고[5], 마지막에 종합하여 고찰하는 방식을 취한다. 주요 자료의 소개는 1, 2차년도 해제를 수합·

1) 고서 수장의 양이 질까지 보장하진 않지만 물량적으로 보자면, 규장각, 고려대, 연세대의 다음 수준으로 영남대가 80,000책, 성균관대 78,000책, 계명대·경북대가 각각 70,000책 정도라고 한다, 동국대의 경우 고서 보유는 37,000책(이 중 7,000책은 경주캠퍼스 소장)정도이지만 불교서(국보, 보물 포함)로는 단연 우수하다.

2) 1996년 영남대에서 중국본을 중심으로 학술대회를 한 것과 최근 경북대에서 개인문고인 취암문고를 중심으로 학술대회(『영남학』 3, 경북대학교 영남문화연구원, 2003)를 한 것 정도가 있다.

3) 2008년 10월18일 계명대 한국학연구원 주최 기획학술대회 '계명대 동산도서관 소장 고서의 자료 가치'

4) 본고를 작성키 위해서는 계명대 동산도서관 소장 고서 70,000책 가운데 조선후기 필사본 문집이 몇 종 몇 책인지의 수량 조사와 그 전체에 대한 검토가 선행되어야 하겠으나 후자의 경우 제한된 시간에 전체를 볼 수는 없었다. 전자의 경우 벽오고문헌실 장인진 선생님의 傳言으로는 30,000책 가량이 문집이고 이 중 필사본은 10-20%정도로 추산된다고 한다. 필사본은 조선후기의 것이 전기의 것에 비해 월등 많기에 조선후기 필사본 문집은 대략 3000-4500책 정도로 추산된다.

5) 소개 순서는 書名 가나다順으로 한다. 다만 본고 2장의 광주이씨가 문집 및 3장의 현풍곽씨가 문집은 일괄 자료라서 맨앞에 배치하였다.

정리하고[6], 해제 대상에 포함되지 못한 의미 있는 자료의 소개를 보태고자 한다. 鄭錫儒의 경우처럼 해제 종료 이후에 관련 자료가 상당 수 나온 경우도 있어 추가 보완하였다.

2. 계명대학교 동산도서관 소장 주요 조선후기 필사본 문집 선본

계명대학교 동산도서관 소장 주요 조선후기 필사본 문집 선본을 소개한다.

石潭先生遺稿, 李潤雨(1569~1634) 著, 筆寫本 6권 1책
先稿, 李道長(1603~1644) 著, 筆寫本(定稿本) 1책
歸巖先生文集(12권6책)/歸巖謾錄(2책) 등 일괄, 李元禎(1622~1680) 著, 筆寫本
參判公遺稿[7], 李聃命(1646~1701) 著, 筆寫本 6권3책
王考遺稿, 李以豊(1768~1827) 著, 筆寫本(定稿本) 1책
龜隱遺稿, 李肇秀(1811~1884, 肇淵으로 改名) 著, 筆寫本 2권2책
聾巖漫錄/聾巖遺稿, 李相奭(1835~1921) 著, 筆寫本 각 1책

이상의 책들은 모두 漆谷郡 石田·梅園 일대에 세거한 廣州李氏家

---

6) 해제위원들의 공 들인 해제를 본고에 정리·소개하는 것이 송구하기도 하나 해제 대상 자료의 선정은 필자가 주도적으로 하였던 것이기도 하고, 일부 자료는 필자가 저자를 고증한 뒤 해제를 의뢰하기도 하였으며, 해제를 교열하는 과정에서 수정·증보한 것도 있다는 점에서 양해를 구하고자 한다.

7) 도서번호 '고811.081이담명ㅊ'를 말한다. 계명대학교에는 이담명의 필사본 6권3책의 『참판공유고』가 2종 있다.

의 필사본 문집들이다. 위 저자 중 이윤우(『石潭先生文集』), 이도장(『洛村文集』), 이원정(『歸巖先生文集』), 이담명(『靜齋先生文集』), 이상석(『聾巖先生文集』)의 경우 문집이 간행되었으나 위 자료들은 筆寫原稿本으로 각별한 의미를 갖는다. 작가의 생애를 소개하면 다음과 같다.

李潤雨(1569~1634)의 자는 茂伯, 호는 石潭으로 星州 上枝里(웃갓) 출신이다. 고려 때 判典校寺事를 지낸 遁村 李集의 후손이다. 寒岡 鄭逑(1543~1620)에게 수학하였다. 1591년 진사시, 1606년 문과에 급제하였다. 광해군 때 史官으로서 鄭仁弘의 비위 사실을 적발했다가 탄핵을 받은 바 있고, 인조반정 후 吏曹參議에까지 올랐다. 鄭經世, 張顯光 등과 교유하며 학문을 강론하였다. 柒谷 泗陽書院, 星州 檜淵書院 등에 배향되었다. 東溟 金世濂(1593~1646)이 묘지명을 찬하였다.

李道長(1603~1644)의 자는 泰始, 호는 洛村으로 선조 36년(1603) 星州 八莒縣 上枝里(웃갓)에서 이조참의를 지낸 李潤雨와 仁川蔡氏 사이에서 둘째 아들로 태어났고, 42세를 일기로 卒하였다. 모친 인천채씨는 成均生員 蔡應麟(1529~1584, 자 君瑞, 호 松潭·灘隱)[8]의 딸이다. 이도장의 집안이 영남에 자리를 잡은 것은 이윤우의 고조부인 摯부터로, 성주가 처가였던 인연으로 落南하게 되었고 이후 성주에서 칠곡으로 移居하게 되었다. 이도장은 泗上에서 寒岡 鄭逑를 스승으로 섬기면서 이름이 알려졌다. 1630년 大科에 급제하여 承政院 注書, 副應敎, 陜川郡守 등을

8) 노계 박인로가 지은 「소유정가」(동산도서관 소장 유일본)의 小有亭의 주인이다. 蔡應麟은 한강 정구와 교유하며 대구 북쪽 금호 가에 압로정을 짓고 강학하였다. 19세기 이후에 『송담선생실기』가 목판으로 간행되었으며, 동산도서관에 소장된 『狎鷺亭題詠』(필사본 1책)도 이 집에 관련된 시문 모음이다.

지냈다.

李元禎(1622~1680)의 자는 士徵, 호는 歸巖, 본관은 廣州이다. 1622년(광해군 14) 漆谷 泗陽村에서 李道長과 安東金氏 사이에서 태어나 1680년(숙종 6) 70세에 黨禍로 별세하였다. 모친 안동김씨는 판중추부사를 지낸 荷潭 金時讓(1581~1643)[9]의 딸이다. 이원정은 1652년(효종 3) 증광문과에 갑과로 급제하여 이후 벼슬을 시작하였다. 1656년 說書에 제수되었고, 史局에 薦入되어 翰林이 됨으로서 조부와 부친에 이어 三世가 翰苑에서 붓을 잡는 영광을 누리게 되었다.[10] 1657년 典籍에 제수되어 병조좌랑, 정언, 지평, 시강원문학을 거친 뒤 전주판관, 장성부사를 역임하였다. 1659년(현종 즉위년) 書狀官으로 淸에 다녀왔고, 이후 강릉부사, 동래부사, 전주부윤, 광주부윤, 공조참판 등을 역임하였다. 1670년 謝恩副使로 다시 청에 다녀왔다.[11] 1673년 도승지에 오르고, 연이어 형조참판·도승지·예조참판에 제수되었다. 2차 예송논쟁에서 남인이 주도권을 잡은 이후 그는 형조참판, 대사간, 형조판서 등을 거쳐 대사헌·호조판서에 제수되는 등 권력의 핵심에 있었다. 1680년(숙종 6) 이조판서로 재임시 庚申大黜陟이 일어나자 이에 연루되어 楚山으로 유배되었다가 다시 불려와 杖殺되었다. 1689년 己巳換局 이후 남인이 재집권하면서 신원되어 영의정에 추증되었으나 직후 정국의 변화에 따라 다시 추탈되었

9) 최근 遺文들을 모아 『하담김시양문집』(하담문집발간추진회 간, 2001)이 간행되었다. 이원정은 외조부 하담 김시양의 행장을 지은 바 있다(「外王考荷潭金先生行狀」, 『歸巖集』 권10).

10) 차남 李漢命까지 문과급제 후 翰林을 역임하여 '四世入翰苑'이 되었다.

11) 계명대 소장 필사본 『귀암선생문집』은 총 12권 6책인데 마지막 책인 제6책은 이 두 번의 燕行에 대한 연행록이다. 아직 학계에 알려진 바 없는 귀한 자료이다.

다. 시호는 文翼이다.[12] 그의 생애에 대해서는 손자 李世瑗이 쓴 「家狀」과 蔡濟恭이 쓴 「神道碑銘」에 상세하게 기술되어 있다. 「家狀」과 「神道碑銘」에는 "저술한 바 『星山誌』, 『歸巖漫錄』, 『增修鄕約』 등이 집안에 보관되어 있다."고 기록하고 있어 『歸巖漫錄』이 그의 정치적, 문학적 면모를 확인할 수 있는 중요한 자료임을 알 수 있다. 현재 계명대에는 이원정의 시문으로 自筆稿本인 『私稿』·『雜稿』·『雜稿』·『歸巖漫錄』과 문집을 편찬하기 위해 정서한 『귀암집』, 최종 정리·淨書된 『귀암선생문집』(필사본 12권 6책), 목판본 『귀암선생문집』(10권 5책)과 1937년 간행 목활자본 『귀암선생문집』(12권 6책) 등이 남아있다. 아울러 이 집안의 장서 목록[13]도 일부 남아 있다. 계명대에는 광주이씨 문적이 상당량 입수된 바[14] 이원정의 조부 이윤우, 부친 이도장으로부터 후손 이담명, 이이풍, 이조수, 이상석에 이르기까지 필사본 원고본이 대량 소장되어 있다.[15] 이원정의 동생 李元祿(1629~1688, 官 大司憲, 『朴谷先生集』 4권2책 刊)과, 5세손 李萬運(1736~1820, 『默軒先生集』 12권6책 刊)도 정치적, 학술적으로 중요한 인물들이나 이들의 주요 필사본은 계명대에 소장된 것이 없으므로 생략한다.

---

12) 이원정의 정치적 행적과 그 의미에 대해서는 정호훈. 2007. 「17세기 李元禎·李聃命 父子의 정치 기반과 활동」. 『조선의 명가 광주이씨』. 서울역사박물관 참조.

13) 『廣州李氏書冊置簿』(필사본 1첩) 및 『完府措備書冊』(필사본 1책). 이 두 종의 소장 서책 목록은 중복된 부분이 많은데 이원정대에 정리가 시작되어 이담명대까지 수집된 서책을 정리한 것으로 보인다.

14) 칠곡 석전에 세거한 광주이씨의 고문헌들은 계명대 외에도 서울역사박물관, 대구가톨릭대, 한국학중앙연구원 장서각 등 여러 곳에 흩어져 소장되어 있다.

15) 문집 외에도 『歸巖家狀草』(李世瑗 撰), 『歸巖先祖神道碑銘』(채제공 찬), 『(靜齋公)家狀』(李懿秀 찬) 등도 原稿本이 소장되어 있다.

李聃命(1646~1701)의 자는 耳老, 호는 靜齋로 1646년 칠곡 石田(돌밭)에서 이조판서를 지낸 李元禎과 碧珍李氏(父 承旨 彦英[16]) 사이의 3남 4녀[17] 중 장남으로 출생했다.[18] 1666년(현종 7) 생원시에 합격하고, 1670년 문과에 급제한 후 通德郎, 승정원 注書, 병조좌랑, 사간원 正言·持平, 홍문관 수찬, 이조정랑, 동부승지, 호조참의, 사간원 대사간, 홍주목사 등을 역임했다. 1680년(숙종 6) 4월 경신환국으로 부친이 楚山으로 유배되자 따라 갔고, 윤8월 부친이 刑場에서 돌아가시자 모시고 장사지냈다. 1689년(숙종 15) 기사환국으로 다시 관직에 나가 부제학, 예조참판, 도승지, 경상도관찰사, 성균관 대사성, 사헌부 대사헌, 한성부좌윤, 이조참판, 예조참판 등을 지냈다. 1694년 갑술옥사로 昌城으로 유배되었다가 1697년 藍浦로 移配되었고, 1699년 解配되었다. 계명대 소장 필사본 『참판공유고』는 刊本 『靜齋先生文集』의 초고본으로 간본에는 빠진 「思老親曲 十二章」(한글가사)이 수록되어 있는 등 그 의미가 매우 크다.[19]

---

16) 1568-1639. 조선 중기의 문신. 정언 때 영창대군의 寃死를 항의하다 역적으로 몰린 정온을 변호하여, 삼사의 탄핵을 받고 삭직되었다. 인조반정으로 직강에 오르고 승지, 청주·선산 부사를 역임했다. 『완정문집』이 8권4책 목판본으로 간행되었다. 칠곡 석전에 거주하여 사위 이원정이 석전에 세거하게 된 계기가 되었다. 영남 남인의 중요한 인물이다. 또 다른 사위 朴宗胄(1591-1623, 문과, 본관 고령)는 고령의 유명한 士族으로, 정인홍과 가까이하다가 연루되어 피해를 입었다.

17) 둘째 사위 崔恒齊(1649-1698, 文科, 官 輔德)는 조선후기 小北系 유명 시인 杜機 崔成大의 祖父다.

18) 장인 全州 李碩揆(李晬光의 손자, 李聖求의 아들), 사위 晉州 姜楷, 泗川 睦聖謙 등도 정치적, 문학적으로 중요하다.

19) 장인진. 2005. 「영남 문집의 문헌적 연구」. 영남대학교 국문과 박사학위논문(미간행). 95-97면 참조.

李以豊(1768~1827)의 자는 亨伯, 호는 九庵, 본관은 廣州이다. 6세조는 이조판서를 지낸 歸巖 李元禎, 5세조는 이조참판을 지낸 李聃命, 고조는 李世琛(1671~1731, 생원), 증조는 李大中(1697~1754)[20], 조부는 李東陽(1723~1746)[21]이다. 부친은 李泰運이요, 모친은 金翼東의 따님으로 이이풍은 5남1녀 중 장남으로 태어났다. 아들이 없어 동생 李以晉의 아들 肇秀를 後嗣로 삼았다. 천문·역상·의학에 밝았다. 『九庵文集』(4권 2책)이 1911년 목활자로 간행되었다.

李肇秀(1811~1884)의 자는 基彦, 호는 龜隱이다. 생부는 李以晉이나 李以豊의 후사로 들어갔다. 후에 肇淵으로 改名. 제용감 봉사를 거쳐 돈녕부 도정 등을 지냈다. 『龜隱遺稿』(필사본 2권2책)가 있다.

李相奭(1835~1921)의 자는 *濟汝*, 호는 聾巖이다. 나라가 日帝에 망하자 농암정사를 짓고 두문불출하였다고 한다. 계명대에는 『聾巖漫錄』(필사본 1책), 『聾巖遺稿』(필사본 1책)가 소장되어 있다. 1971년 후손가에서 『聾巖先生文集』(석판본 6권3책)으로 간행했다.

家稿, 趙載遇(1709~1762) 著, 筆寫本 1冊(零本)

趙載遇(1709~1762)는 漢城府 庶尹을 지낸 哲命(1681~1744)과 延安李氏 사이의 4남 2녀 중 장남으로 태어나 54세를 일기로 卒하였다. 본관은 豊壤, 자는 會之, 호는 陶村이다. 고조부는 監役 珉(1575~1650, 판서

20) 50세 때인 1750년 戶口單子가 계명대에 소장되어 있다.
21) 『廣陵李氏輓祭錄』(필사본 1책, 계명대소장)은 李東陽(1723-1746)의 죽음에 대한 친지들의 만사, 제문 모음이다. 표제는 '抆血錄'

珩의 형)이며, 文翰으로 이름난 相鼎(1631~1720)과 司馬試에 장원한 大壽(1655~1721)는 그의 증조, 조부이다. 조모 達城徐氏는 영의정 徐文重(1634~1709)의 딸이다. 孝純王后의 부친 鶴巖 文命(1680~1732)과 歸鹿 顯命(1690~1752), 東谿 龜命(1693~1737)과 판서 遠命(1675~1749) 등을 배출한 그의 집안은 조선후기 대표적 벌열 가문 중 하나이다.

1735년(영조 11) 進士試에 장원한 그는, 1740년 健元陵 參奉을 시작으로 이후 繕工監 奉事, 尙瑞院 直長, 掌樂院 主簿, 懷德縣監 등을 거쳐 全州判官을 끝으로 벼슬살이를 마쳤다. 그는 당대 문장으로 명성을 떨쳤던 동계 조귀명을 스승으로 삼아 글을 배웠다.[22] 또한 그는 막내아우 載道[23]와 더불어 강마하며 학문을 익혔으며, 문장으로 이름난 水南 李彛章, 承旨 林象元, 李匡會 등과 道義로써 교유하였다. 墓誌銘은 三從姪 重鎭이, 墓表는 아들 尙鎭(1740~1820)이 지었다.

필사본인 『家稿』는 卷首題가 '家稿 下'로 되어 있는 零本의 책이다. 「上東谿書」를 필두로 1728년 이후 지은 산문 78편이 연대순으로 실려 있다.[24]

---

22) 조재우가 조귀명에게 『당송팔대가문초』에서 요긴한 글을 抄해주기를 부탁하여 209편을 받고 본인이 다소 수정을 가해 211편으로 최종 확정한 『팔가문』(필사본 4책)이 개인소장으로 현존한다. 1737년 조재우가 쓴 발문과 '趙載遇章'이라는 장서인이 찍혀 있다.

23) 그는 일찍 요절했다. 문집 『忍庵遺稿』를 형 趙載遇가 편집하였다. 이 책은 申大羽의 序(1805), 아들 趙尙鎭의 跋을 붙여 19세기 전반에 목활자본 5권2책으로 간행되었다. 규장각 등 소장.

24) 본서는 동일 내용을 담은 이본 1종이 문우서림(나손 김동욱 선생 구장본)에 소장되어 있다. 표제는 '雜言'으로 '自戊申始'라는 표시와 함께 「上東谿書」로 시작하고 있다.

可齋先生文集, 權明佑(1722~1795) 著, 필사본 8권4책

權明佑(1722~1795)는 본관은 安東, 자는 子淵, 호는 可齋이다. 초명은 褎이다. 경종 2년(1722) 護軍을 지낸 縉과 禮安李氏 사이의 장남으로 태어나 正祖 19년(1795) 74세를 일기로 卒하였다. 이름난 문인인 屛谷 權榘(1672~1749)의 손자다. 일찍 과거 시험을 포기하고 도학에 전념하였다. 1749년 조부 병곡이 죽자 유고를 수습하여 大山 李象靖(1710~1781)에게 가져가 교정을 받았는데, 이 때 그의 제자가 되었다. 1788년에 正祖가 1728년 李麟佐의 난에 억울하게 피해당한 사람을 조사할 때 조부 권구의 무고함을 기록하여 올려 임금으로부터 칭찬을 받았다. 평생 벼슬을 하지 않고 은거하며 학문에 전념하였는 바 詞章의 글은 별로 없고 箚錄·記疑와 같은 잡저와 행장·제문·상량문 같은 실용문이 대부분이다. 『가재문집』(4권2책)이 1963년 석인본으로 간행되었지만 본고는 그 원고본으로 몇몇 작품이 더 실려 있다.

覺軒遺稿, 張儔(1771~1832) 著, 筆寫本 2卷2册

張儔의 생애는 그의 손자 張福樞(1815~1900)의 『四未軒文集』 권11에 수록된 「祖考覺軒府君家傳」에 자세하다. 장주의 본관은 玉山, 초명은 壽星, 자는 老如로 旅軒 張顯光의 6대손이다. 1771년(영조 47) 星州 角山里에서 태어났다. 본디 趾馨의 소생이나 趾穆에게 입계하였다. 평생 관직에 나아가지 않았으며, 산수 유람을 좋아하여 국내의 명승을 두루 다니며 題詠을 남겼는데, 人口에 회자되었다고 한다. 1832년(순조 32)

세상을 떠났다. 前配는 坡平 尹檍의 女, 後配는 善山 金光泂의 女이다. 본서는 1책에 詩 474題, 2책에 시 138제와 문 11편, 그리고 부록이 실려 있다. 시는 유람·일상생활·교유·親知의 죽음 등을 읊은 시가 대부분이다. 弦窩 尹東野(1757~1827), 芝厓 鄭煒(1740~1811) 등 다수의 인물과 교제했다.

過齋先生遺稿, 金正默(1739~1799) 著, 筆寫本(稿本) 10卷5冊

金正黙(1739~1799)의 초명은 斗默, 자는 而運, 호는 過齋 또는 貞村, 본관은 光山이다. 부친은 金偉材이고 어머니는 坡平尹氏이다. 辛壬士禍 이후로 부친이 은거하자 따라서 과거에 응시하지 않았다. 1776년 부친상을 당하고, 1780년에 관찰사가 '경학이 밝고 행실이 청결하다(經明行潔)'는 것으로 천거하여 돈녕부 참봉에 제수되었으나 부임하지 않았고 곧이어 대신의 천거로 다시 이 직책에 제수되었다. 1784년에 조정의 선발로 인하여 사헌부지평 겸 경연서연관에 제수되었으나 상소하여 사직을 청하였다. 1799년 향년 61세로 생을 마쳤다. 과재의 사후에 門人 宋穉圭(1759~1838)가 「行狀」을 짓고, 宋秉璿(1836~1905)이 「墓誌銘」을 지었다. 본서는 10권 5책인데, 권1 詩, 권2 書 疏, 권3~10 雜著, 권11 祭文 墓誌 傳의 순서로 되어 있다. 본서는 1928년 연활자본으로 正本이 간행되기 전의 稿本이다. 편제상에는 다소 온전하지 못한 점이 있으나 정본의 원래 모습을 지니고 있는 필사 유일본이라는 것에서 그 가치가 인정된다. 그리고 특히 雜著 가운데 「經書辨答補遺」과 「南塘集箚辨」은 조선후기 經學과 心性說 연구에 있어서 율곡과 우암 학맥의 견해를 파악할 수 있는 중요한 자료로 판단된다.

癯翁集, 姜世文(1738~1802) 著, 筆寫本 3卷1冊

姜世文의 字는 士郁, 호는 癯翁, 본관은 晉州다. 경상도 聞慶에 대대로 거주한 것으로 보인다. 강세문이 지은 「祖考進士府君行狀」·「先考處士府君行狀」을 통해 집안의 내력을 알 수 있다. 작자가 교유한 인물을 살펴보면, 족제 姜世白(1748~1824)을 비롯하여 趙錫獻, 李之默, 李敬儒, 李揵儒, 鄭宗魯, 鄭鏱, 族弟 姜世綸[25], 李昌發, 申鼎五, 張尹燮, 申光進, 崔宗燮, 姜世靖, 南漢朝 등이 확인된다.

『癯翁集』은 1권과 2권은 詩, 3권은 書·記·祭文·行狀·雜著로 구성되어 있다. 정확한 편찬 연대를 알 수 없으나, 서발문에 기록된 것으로 판단해 보면 순조 연간에 편찬된 것으로 보인다. 권수에는 1810년 夏至에 族弟 姜世白이 쓴 서문과 1803년 5월에 쓴 東野老農의 서문(「癯翁遺稿敍」)이 있으며, 권말에는 신미년(1811)에 쓴 鄭宗魯의 발문이 있다. 1권에는 121제 151수, 2권에는 113제 136수의 시가 실려 있다. 3권에는 書 1편, 記 5편, 祭文 3편, 行狀 2편, 雜著 1편이 실려있다.

본서는 미간행본 유일 필사본(手稿本으로 추정됨)이라는데 우선의 가치가 있다. 또 저자가 생전에 직접 편집하여 족제인 姜世白에게 품평을

---

25) 국포 강박의 손자로 尙州에 거주하였다. 1783년 23세의 나이로 증광문과에 합격한 뒤 장령 등의 내직 및 종성도호부사(1821.9~1822.10 재임) 등의 외직을 지냈다. 문집 『芝園遺稿』를 남겼다고 하나 현재까지 소재가 확인되지 않고 있고 다만 그 중 일부인 『北征錄』(필사본 1책, 규장각 소장, 종성부사 부임 및 재직 시 작품)만 전하고 있다.

요구하여 이와 관련된 것이 반영되어 있기에 또 다른 의미도 있다. 저자는 大司諫 姜詗의 후손으로, 族叔 姜樸(1690~1742, 호 菊圃)과 함께 南人에 속한 선비로서, 남인계 문인들의 동향을 파악하는데 유용한 자료가 되리라 본다. 또 가야산, 경주 지역 등을 유람하고 남긴 기행시가 많아 의미 있는 자료로 보인다.

洛下集, 鄭錫儒(1689~1756) 著, 筆寫本 1冊

鄭錫儒(1689~1756)의 字는 季直, 본관은 東萊, 거주지는 星州로, 曾祖父는 鄭彦友, 祖父는 鄭昌業, 父는 鄭弘鎰(1666~1743, 進士), 外祖父는 申瀏(1619~1680)다. 英祖 13년(1737) 文科 別試에 丙科 3등으로 합격하였다. 계명대 소장본이 유일본으로 추정되었으나 최근 정석유 관련 자료가 더 발굴되었다.[26] 즉 『杏隱遺稿』(필사본 零本 2책, 권11~13, 전부 詩), 『杏隱公日記錄』(필사본 零本 1책, 1738년 3월~9월까지 서울에서의 일기), 『杏隱公年譜』(필사본 1책)가 그것이다. 모두 한국학중앙연구원 장서각에 소장된 것으로 『杏隱公年譜』를 통해 그의 일생을 구체적으로 확인할 수 있다. 정석유는 성주에서 태어나 20대 초반 서울로 가 相國 李㙉 등의 門下에서 생활, 남극관과 김진규 등 여러 문인들에게 문학을 인정받으며 이름을 떨쳤다. 49세 때인 1737년 殿策으로 문과에 급제하였다. 중년에 성주를 떠나 합천에 잠깐 옮겨 거주한 적이 있었으며, 줄곧 서울을 오가며 지냈다. 1747년에는 通信使行의 製述官으로 추

26) 제보해 준 한국학중앙연구원 부유섭 同學께 감사드린다.

천되기도 했으나 병을 이유로 사퇴하였다. 零落한 남인 출신이라는 이유로 미관말직을 전전했다. 奉常寺 主簿, 太常寺 主簿, 良才道 察訪[27]이 官歷의 전부이다. 교유 인물로는 申維翰(1681~1752)[28], 李墣(1664~1733, 판서), 柳儼(1692~1752), 姜樸, 權萬, 李光庭, 權以鎭, 安鍊石, 李象靖, 李達中, 李秉淵, 洪應夢(성주목사), 趙祺錫(官 府使), 李玄輔(1679~1745, 官 江原監司), 李喆輔(1691~1770, 號 止菴, 官 吏曹判書), 黃翼再(1682~1747, 호 白華齋, 『華齋集』이 있음), 崔應徵(官 江界府使), 趙錫命(1674~1753, 호 墨沼), 趙駿命(1677~1732), 李萬敷(1664~1732, 『息山集』이 있음), 趙顯命(1690~1752, 『歸鹿集』이 있음), 趙文命(1680~1732, 『鶴巖集』이 있음), 柳弼垣, 休侃上人 등이 있다.

『洛下集』은 不分卷 1책(71장)의 필사본으로, 아마도 표제 '낙하집'은 본디 그가 서울에 머무를 때 지은 시문집의 이름인데[29], 서울 생활 외에 지은 시문까지 섞인듯 하다. 시와 산문이 구분 되어있지 않고 섞여 편집 되었다. 시가 117題 194首이고, 傳 1편, 書 8편, 序 3편, 記 3편, 祭文 1편, 祝文 2편, 啓 1편이다.

藍田詩稿, 徐其玉(1849~1894) 著, 필사본 1책

본서의 저자는 19세기 후반 대구의 기생이었던 藍田 徐其玉(1849~

---

27) 이익의 『성호사설』에서도 찰방 정석유에 대한 언급을 확인할 수 있다.

28) 성섭 『필원산어』에는 신유한과 정석유가 비슷한 나이에, 영남의 가까운 지역에 살면서 文名을 떨쳤음에도 서로의 문집에 한 마디 교유의 흔적이 없으니 이로써 '文人相輕'의 예를 본다고 말한 바 있다.

29) 서울에서 諸公들과 唱酬한 『洛下吟』 여러 권이 있었다고 함.(『年譜』 1742년조)

1894)이다. 그동안 徐其玉이라는 여성 한시 작가에 대해서는 별반 알려져 있지 않았는데, 19세기 후반을 대표하는 여성 시인으로서의 면모를 처음 확인하게 되었다.[30)]

徐其玉은 妓名이 貴香이며, 호는 藍田이고, 본관은 達城이다.[31)] '其玉'은 그녀의 어릴 때 이름이며, 대체로 '藍田'이라는 호로 불려졌다.[32)] 그녀는 1849년에 大邱府 薪田洞에서 태어났으며, 11세에 大邱府 官妓가 되어 기생으로서의 삶을 살아갔다. 20여세 무렵 經史子集 등의 한문 고전을 폭넓게 학습하고 唐宋詩를 공부하면서 새로운 삶을 추구하게 된다. 한말의 대표적인 사상가이며 애국계몽운동가였던 海鶴 李沂(1848~1909)가 1891년 대구에 왔을 때 처음 徐其玉을 만나게 된다. 그 때 서기옥은 42세로, 자신의 삶을 술회하기도 하였다.(李沂, 「藍田詩稿序」 참조).

기생으로서의 삶을 청산하고 시인으로서의 삶을 살아가기로 결심한 서기옥은 당송시를 학습하면서 한시 창작에 힘을 쏟았다. 이때부터 藍田

---

30) 서기옥과 『남전시고』는 『계명대 동산도서관 소장 선본고서해제2』의 해제(정우봉)를 통해 알려졌다. 최근 정우봉의 본격적인 연구논문이 나왔다. 정우봉. 2009. 「19세기 후반 대구지역 여성문인, 徐藍田의 생애와 문학」. 『대동한문학』 30. 대동한문학회.

31) 경상도 관찰사를 지냈던 李鑢永의 『嶠藩集略』(국립중앙도서관 소장본) 5冊에 「退妓貴香, 號藍田, 居漆谷鳴淵, 而曾以詩聞, 故招來偕吟」이라는 시가 실려 있어, 徐其玉의 妓名이 貴香임을 알 수 있다. 이헌영은 『藍田詩稿』에 서문을 썼는데, 본서에 수록된 이헌영의 서문에는 일부 글자를 지우고 다시 써놓은 것이 있다. 즉 '退妓'를 '女士'로 바꾸고, '青樓'를 '女子'로 바꾸었다. 참고로 이헌영의 『再嶠集略』 1책에 「藍田妓詩集序」가 수록되어 있는데, 그곳에는 '退妓'와 '青樓'로 기재되어 있다.

32) 海鶴 李沂가 쓴 「謝徐藍田」(『李海鶴遺書』, 권12)라는 제목의 시에 보면, "藍田, 名其玉, 本大邱妓也. 頗工於詩, 年四十餘, 退居漆谷府架山之隅"라고 밝혀놓았다. 그리고 본서에 수록된 해학 이기의 서문 중에 '其玉'이 '小名'임을 註로 적어놓았다.

의 詩名이 알려지기 시작했다. 그녀가 기생 생활을 언제 그만두었는지 정확하게 알려져 있지 않지만, 30세 이후에는 경상북도 漆谷郡 箕陽里에 터전을 마련하고 그곳에서 생활하였다. 서기옥은 영남 지역의 시인묵객들과 교유하며 활발한 한시 창작 활동을 계속하는 한편 그녀가 머물고 있는 기양리에는 시인 묵객들이 방문하여 시회가 빈번하게 열리기도 하였다. 그녀가 교유했던 인물들로는 배전, 金蘭, 徐錫止, 鄭來朝, 金舜夏, 崔錫珉 등 영남 지역의 문인 학자들이 다수를 차지한다. 이외 海鶴 李沂, 경상도 관찰사 이헌영 등이 있다.

徐其玉은 1894년 병으로 세상을 떠났다. 슬하에 3남 2녀를 두었는데, 그 중에서 딸 小桃는 호가 小藍으로, 한시 창작에 능하였고 난초 그림을 잘 그렸다. 본서의 부록에 15題 17首의 한시 작품이 수록되어 있다. 小桃 또한 19세기 후반을 대표하는 여성 예술가의 한 사람으로 자리매김될 필요가 있다.

『藍田詩稿』는 작품 뿐만 아니라, 서문과 발문, 目錄, 行狀, 輓章, 附錄 등이 수록되어 있다. 문집 간행을 목적으로 정서된 필사본으로 보인다. 서발문, 행장, 만장 등을 포함하여 『남전시고』의 전체적인 구성은 다음과 같다.

序文 : 李鑢永[33], 趙秉瑜[34], 李沂, 李斗錫, 蔡憲植

---

33) 이헌영(1837-1907)은 1881년 신사유람단의 일원으로 일본 문물을 시찰하였고 주일공사를 지내다가 1890년 귀국하였다. 그후 1891년에 경상도 관찰사로 대구로 내려왔다가 徐其玉을 만나게 된다. 이헌영이 경상도 관찰사로 재임할 때 저술한 『嶠藩集略』에는 서기옥에게 준 한시 작품이 다수 실려 전한다. 이헌영은 1902년에 다시 경상도 관찰사로 내려오게 되는데, 이때 서기옥이 죽었다는 소

跋文 : 殷憲杓

總目錄 및 目次

한시 작품(107題 118首)

輓章 : 李容直, 鄭濟斌, 李圭容, 嚴柱鶴, 池錫永, 崔英達, 盧奎南, 鄭際唐, 徐薰, 鄭來朝

行狀 : 崔德林

附錄 : 小藍 徐小桃(15제 17수), 雲坡 趙秉瑜의 한시

여성 문인의 작품으로는 적지 않은 분량이다. 시체별 작품수를 비교해 보면, 오언시 보다 칠언시가 압도적으로 많은 비중을 차지하고 있다. 그리고 한시 작품 이외에 詞(5수)와 賦 작품을 남기고 있다는 점도 주목된다. 여성한시(또는 기녀한시)를 고찰하는데 중요한 자료가 발굴되었음을 확인할 수 있다. 아울러 계명대 동산도서관에는 서기옥과 동시대의 이름난 詩妓인 姜澹雲(차산 배전의 첩)의 『只在堂稿』[35]도 소장되어 있어

식을 들었으며, 『남전시고』를 편찬하여 간행하고자 한 小桃의 부탁으로 본서의 서문(1903년)을 쓰게 된다.

34) 雲坡 趙秉瑜는 한말의 관료 문인으로 이 무렵 지방 관직을 역임하였는데, 1905년 義興郡守로 재임할 때 본서의 서문을 써주었다. 趙秉瑜는 서기옥의 딸 徐小桃와 師弟의 관계를 맺은 인연이 있는 인물이다. 徐小桃에게 써 준 작품이나 칠곡군 기양리를 소재로 한 작품 등이 본서의 부록에 徐小桃의 작품과 함께 실려 있다.

35) 계명대에는 1877년 무렵 목활자로 간행된 『只在堂稿』 외에 필사본도 3종이나 소장되어 있다. 다만 필사본에는 간본에 없는 발문이 1편 추가된 것 외에는 동일한 순차로 필사되어 있다. 강담운에 대해서는 박영민. 2002. 「姜澹雲, 名妓의 내적 성찰과 悲憤의 서사」. 『우리어문연구』 20. 우리어문학회; 2003. 「<금릉잡시>의 대립구도와 그 의미」. 『한국고전여성문학연구』 7. 한국고전여성문학회; 강담운 저. 이성혜 역. 2002. 『그대 그리움을 아는가』. 보고사; 이성혜. 2003. 「지재당 강담운의 시세계」. 『동양한문학연구』 18. 동양한문학회 등을 참조.

각별한 의미를 보태주고 있다.

棠溪遺稿, 金光遇(1707~1781), 筆寫本 1冊

金光遇(1707~1781)는 본관은 金海, 자는 伯瞻, 호는 棠溪이다. 아버지는 鎭夏, 어머니는 弘文舘 校理를 지낸 泗川 睦林重의 따님이다. 承旨를 지낸 豊山 洪萬紀의 따님과 혼인하여 남인계의 명가와 혼맥을 형성하고 있다. 김광우는 宦路 이후에 세거지가 있던 원주의 彌勒山 아래에 살았다. 그의 호 당계는 原州 미륵산 아래 복거지에 있던 작은 내에서 따온 것이다. 원주 法泉의 丁範祖(1723~1801)와는 15살이나 차이가 남에도 서로 文科 同榜인데다 至近에서 살았으므로 서로 왕래가 잦았다. 김광우의 사후에 정범조가 문집 서문과 묘갈명을 지었다. 1737년(31세)에 생원이 되고, 1749년 海州 判官을 지냈으며, 1763년(56세) 증광문과에 병과로 급제, 성균전적, 병조좌랑, 예조좌랑을 거쳐 咸鏡道 亞使, 司憲府 持平이 되었다. 세상과 뜻이 맞지 않아 문학(시와 고문)에 전력하였는데 당대 남인 종장인 吳光運, 姜樸 등이 그의 시를 보고 극찬하였고 정범조도 김광우의 시를 극찬한 바 있다. 김광우는 당대의 남인문단의 핵심적인 인물로 姜樸, 吳光運, 申光洙, 丁範祖, 蔡濟恭, 睦萬中 등과 교유하였다.

본서는 김광우의 시를 권차를 나누지 않고 정리한 선집으로 晩年 작품을 편년순으로 수습한 것으로 보인다. 벼슬에서 물러난 60대 전후의 작품들로 추정된다. 전체 221수가 수록되어 있다. 『棠溪遺稿』의 서문(『海左集』 所收)을 쓴 정범조에 의하면, 김광우의 아들 命亨이 遺稿

3권으로 정리하였다고 한 것으로 보아 정고본이 따로 존재하는듯하나 현전 김광우의 문집은 이 책만이 확인된다.

본서의 내용을 몇가지 특징으로 나누어 정리하면 다음과 같다. 첫째 당대 남인 문단의 주요인물인 신광수, 정범조, 홍수보, 채제공, 권사언 등과 교유를 확인할 수 있다. 둘째, 여행을 다니면서 남긴 題詠詩가 많다. 셋째, 중국의 인물을 소재로 한 「王昭君」, 「班婕妤」, 「卓文君」, 「李夫人」 등의 詠史詩를 남겨 놓았다. 넷째, 逸民意識이 강하게 노정되어 있다. 退居한 만년의 작품에서 여러 차례 자신을 逸民이라고 규정하고 있는데, 당쟁의 와중에 지체되었던 남인 세력의 모습을 보여주는 것이 아닌가 한다. 이 책은 현전 유일본으로 추정되는 만큼 가치가 높다. 당대 남인 주요 인사와의 교유는 물론, 김광우 시세계를 엿볼 수 있는 중요한 선집이다. 그러나 아쉽게도 仕宦 이후 원주로 퇴거한 만년의 작품만 보인다. 그의 문학세계를 조명하는데 충분하지는 않지만 만년의 작품 세계를 조명하는데 一益할 수 있을 것이다.

峒陰遺稿, 李範會(1848~1899) 著, 필사본 1책

『峒陰遺稿』는 저자 미상이었으나 본고를 통해 李範會(1848~1899)로 저자를 확정하게 되었다. 詩題를 통해 저자의 親族으로 '弩菴族兄(範翊)', '水西丈(範善)', '碧霞(承旨 範祖)', '四從叔 騎判(景夏)', '仁川內從(徐始淳)', '美山(建夏)', '松谷丈(範成)', '族祖 湖隱(寅翊)', '四從叔 毅齋丈 都事(公夏)' 등을 확인할 수 있다. 본서의 저자는 全州李氏 廣平大君派의 範字 항렬 인물임을 알 수 있다. 그런데 「別舍季之泰仁謫

所」라는 작품을 통해 본서의 저자를 최종 확정할 수 있게 되었다.[36)]

『승정원일기』 고종 21년(1884) 8월10일조에 李範會를 宗親府 參奉에 제수한다는 기록이 나온다. 그러나 그는 이틀만에 신병을 이유로 개차되었다. 여러 정황으로 보아 이범회는 서울·近畿 지역에 거주하며 벼슬 없이 한평생을 지냈던 인물로 보인다.

『峒陰遺稿』의 끝에는 낙장이 일부 있는데, 총 111題 217首의 漢詩와 2편의 散文이 실려 있다. 문은 「龍津舟遊記」(1883년 2월)와 「遊夙夢亭記」(1880년 5월)이다.

본서에 수록된 漢詩는 대부분 창작연대가 적혀 있고 연대순으로 편차되어 있다. 시 가운데 특징적인 것은 집안 親知들과의 唱和詩, 紀行詩, 詠物詩 등이다. 기행시로는 1874년 가을 親知들과 더불어 관악산 아래 사는 穆窩 尙駿鉉과 관악산을 유람[37)]하고 남긴 10여 수의 시편(七言 146韻 1,022字의 長篇古詩 「冠嶽秋遊篇」 포함)이 특히 주목된다. 『峒陰遺稿』는 우선 唯一 筆寫本이라는데 일차적인 가치가 있고, 朝鮮末期 특히 高宗 때 서울·近畿 詩人들의 문학적 교유 양상, 한시 세계의 한 경향을 짐작할 수 있게 한다는 점에서 의미있는 자료라 할 만하다.

---

36) 『全州李氏廣平大君派世譜』(1977) 권3 定安副正公派에 李國夏(1821~1875)와 星州李氏(1816~1896) 사이에 範會, 範大(1851~1886, 1880년 文科), 範升(1859~1899 이후, 1886년 文科) 삼형제가 보인다. 『승정원일기』 고종18년(1881) 8월 27일조에 試券을 거듭낸 죄인 幼學 李範升을 泰仁으로 유배 보냈다는 기록이 보인다.

37) 「尙穆窩駿鉉近與相識, 一日見訪, 謂余曰: "儂家距冠嶽纔十里餘矣, 請與子同遊可乎?" 余應曰: "諾." 遂期以季秋旣望. 盖此際霜月甚佳, 楓菊正姸, 遊子奇觀倍有加於他時故也. 趁期啓行, 族祖湖隱(寅翊), 李友橋史(承陸)諸君子偕焉. 又有一奚尾之, 而橋史則不謀而同者也, 凡往還六日, 行里百五十」

蓬巢集, 張漢師(1730 이전~1764 이후) 著, 筆寫本 1冊

본서는 저자 미상이었던 것을 해제를 통해 저자가 張漢師임을 확인하게 되었다. 장한사의 자는 君房, 본관은 仁同, 張孝曾(~1731)의 二男 중 장남으로 태어났다. 靑泉 申維翰(1681~1752)의 생질이자 제자였다.

표제는 '蓬巢集'이나 표지 안쪽에는 '漁樵餘事抄', 권수제는 '漁樵餘事'로 되어 있다. 전체적으로 보면 詩文의 구분 없이 정리한 亂藁로 여겨지며 정리된 원고에서 抄寫한 것이 아닌가 추정된다. 산문은 설, 제문, 서, 유기 등이 실려 있다. 장한사의 문집 전체가 아니라 逸稿를 수습한 것이 아닌가 여겨진다. 여기에 수록된 작품군의 특징적인 면을 간추리면 다음과 같다.

우선 시의 경우 차운, 증답시, 聯句가 상당 부분을 차지하고 청천 신유한의 생질이자 제자이기도 한 저자가 청천 제자 그룹 주변인물과 교유한 흔적이 많이 보인다. 鄭元始, 鄭昌朝, 鄭瀾, 朴履坤, 李晦根 등이 모두 신유한의 제자 그룹으로 이들과의 시 수창이 보인다. 이들은 신유한의 사후에 年譜와 語錄 등을 정리한 인물들이다. 유명한 여행가 鄭瀾(1725~1791)에게 써준 「送鄭幼觀瀾遊金剛山幷序」도 수록되어 있다. 선배 문인으로 신유한과 친분이 두터웠던 杜機 崔成大(1691~1761)의 부음을 듣고 지은 시 「聞崔承旨成大丈喪有感」에서는 창해 정란과 청천과의 인연을 말하고, 두기의 유명한 「酸蔣歌」를 언급하면서 '酸蔣卽公因果事'라는 小註를 달았다. 尙古齋 金光遂(1699~1770)에 올린 칠언고시 「呈尙古齋金禮安丈」에서는 상고재를 청천에게 익힌 들어 알고 있었던 바였고 또 1752년 6월 1일 인제 고을 다스릴 때 온 편지를 보고

청천이 감탄하던 말을 떠올리며 敬慕해오던 차에 12년이 지난 후 목천현감으로 있는 김광수를 찾아가 만나고 돌아오면서 그 경모의 뜻과 아쉬움을 읊고 있다. 본서는 장한사의 문집으로는 현재까지 확인된 바로는 유일본으로 가치를 가지고 있다.

先考遺藁, 李常五(1722~1796) 著, 필사본 1冊(零本)

李常五(1722~1796)는 본관은 전주, 자는 士恒으로 조선후기의 문제작가 李鈺(1760~1815)의 부친이다. 그는 33세 때인 1754년 진사시에 급제하였으나 평생 布衣로 생을 마감했다. 아들 이옥의 생애가 그동안 널리 고증되지 못한 것과 마찬가지로 부친 이상오의 삶 역시 구체적으로 밝혀진 것은 없었다. 최근『璿源續譜』효령대군파에서 그의 가계를 찾음으로써 그 집안이 비교적 소상히 드러나게 되었다.[38] 이를 통해 이옥 집안은 무반 출신의 서족이자 당색은 小北임이 밝혀졌다.

본서는 표제가 '家藏世藁'로 되어 있고, 표지의 우측 하단에 '共六'이라고 적혀 있다. 내제는 '先考遺藁'이다. 白文方印으로 '鈺'이 찍혀 있고, '花石庄本'이란 版心題가 찍힌 絲欄空卷 원고지에 필사되어 있다. 표제와 내제를 통해 이 책의 편찬 정황을 추정해 보면 다음과 같다. 이상오의 시문을 '先考遺藁'라고 쓴 것으로 보아 그 아들이 부친의 死後(1796년 이후) 편집한 것임을 우선 알 수 있다. 본서는 零本 1책으로 두 부분으로 나뉘어 있다. 앞은 '칠언율시'로 총 53제 68수의 시가 실렸고,

38) 김영진. 2002.「李鈺 硏究(1)-가계와 교유, 명청소품 閱讀을 중심으로」.『한문교육연구』18. 한국한문교육학회.

책의 중간부엔 卷이 새로 바뀌면서 '先考遺藁第八編'이라 쓰여졌는데 '칠언율시잡체' 5제 7수, 7언배율 2제 2수, 5언장편 3제 3수가 실려 본서에 실린 시의 총수는 63제 80수이다. 다만 본서에 절구시 및 文이 없는 것으로 보아, 또 초장년기의 작품이 없는 것으로 보아 이상오의 시문집이 적어도 2~3책은 더 있었을 것이고, 그 외에 祖父, 從祖父, 曾祖父 등의 시문집이 '共六' 내에 포함되었을 것으로 추정된다. '花石庄本' 版心題 사란공권은 바로 이옥의 개인원고지로서 『烟經』(영남대 남재문고)[39], 『唐律』(개인소장) 등 동일한 실물들이 남아 있다. 이옥 친필 여부는 미상이나 장서인이 찍힌 것으로 보아 수택본임은 분명하다.

본서에 실린 작품은 이상오가 서울 생활을 접고 고향인 南陽 花石庄으로 돌아간 만년의 작품들이다. 이옥의 기록을 통해 보면 서울에서 남양으로 낙향한 시기는 대략 1784년 무렵이다. 낙향 이후의 시들이라 田園에서 消日하는 일상의 모습이 많이 등장하고 있다. 또 인근 또는 서울을 오가면서 인척 및 친구들과 酬唱한 시도 많이 있다. 그 외 벗들에 대한 輓詩, 아들(특히 李鈺)에게 주는 시 등이 있다. 만년의 시인지라 자신의 삶을 회고하는 내용이 많은데 역시 벼슬 또는 문학으로 功名을 이루지 못한 것에 대한 아쉬움이 많이 토로되어 있다. 이상오도 아들 이옥만큼 多作의 작가였을 가능성이 있다. 또 아들 이옥에게 준 여러 편의 시들은 이옥의 생애와 관련해 많은 정보를 주고 있고 네 아들 중 이옥에 대한 애정이 깊었음을 보여주고 있다.

---

39) 김영진. 2003. 「이옥 문학과 명청 소품」. 『고전문학연구』 23. 한국고전문학회; 이옥 저. 안대회 역. 2007. 『烟經, 담배의 모든 것』. 휴머니스트.

小游散艸, 權用正(1801~1861) 著, 筆寫本 1책(37장)

본서도 해제의 과정에서 저자가 權用正(1801~1861)으로 고증, 확정되었다. 권용정의 본관은 安東, 자는 諠卿, 호는 小游로 19세기에 활약한 詩人이자 畵家이다. 시인으로서 그의 이름은 「歲時風謠」와 「東謳」의 저자로 알려져 있고, 화가로서의 명성은 『槿域書畵徵』의 간략한 기록[40]과 함께 현존 유일작 <등짐장수>(간송미술관 소장)가 전하고 있다. 『안동권씨화천군파세보』 권용정조에는 "遺稿 7권이 있다"고 적혀 있으나 아직 현존 여부는 파악되지 않았다.

권용정은 花川君 權瑊(1423~1487)의 13대손으로 權復仁(1770~1830, 進士, 호 天游)과 청주한씨(1773~1823) 사이에 2남 중 장남으로 태어났다.[41] 생애의 대부분을 서울에서 지낸 것으로 보인다. 蔭職으로 산청현감, 안산군수, 이천도호부사, 광주판관, 고양군수 등을 연임했고, 1860년 청풍도호부사로 부임하여 1861년 임소에서 졸하였다. 小科도 하지 않은 인물이 官運이 비교적 좋았던 것은 집안의 族叔이었던 영의정 彝齋 權敦仁(1783~1859)의 영향이 있지 않나 추정된다. 후에 권용정의 차남 寶善은 양자를 가서 권돈인의 손자가 되기도 하였다.

문집에는 伯父 權愚仁(1766~1837), 부친 權復仁, 아우 權用直(號 蘭史)과의 시 창수가 많이 보인다. 확인되는 교유자로는 錦雲 朴宗塾, 林下(또는 水雲) 朴元陽, 薇溪 金在顯[42], 海史 洪翰周, 自濳 柳榮五,

---

40) "善山水, 畵法頗有勁健淸灑之氣."(오세창, 『근역서화징』).

41) 동생 權用直(1806~1868, 자 禮卿, 호 蘭史, 1846년 進士)은 叔父 擇仁에게 입계. 1864년 당진현감을 시작으로 함열현감, 금산군수(1867년) 등을 지냈다.

42) 일본 천리대 천리도서관(今西龍 구장본)에 『薇溪集』(필사본 4책)이 있다하나 아

錦帆 尹致義 石梧 尹致英 형제[43], 玉坡 申弼永, 原泉 洪祐健, 雲皐 徐有英, 經臺 金尙鉉, 圭庭(또는 基山) 徐承輔, 東樊 李晩用 등이 확인된다.

계명대 소장 『小游散艸』(표제 : 種桃館藏稿)[44]는 저자의 친필 원고본이다. 연세대 소장 『소유잡저』에도 '種桃館藏'이란 말이 보이는 것으로 보아 저자의 당호가 種桃館이었음을 알 수 있다. '小游散艸'라는 內題가 붙은 면에는 '花山', '權用正印'이라는 장서인 2과가 있다. '花山'은 권용정의 본관인 安東의 古號이다. 책의 시작은 내제와 장서인이 찍힌 장이어야 할 터인데 그 앞에 3장이 더 붙어 있어 1832년작 「壬辰仲秋海士室逢錦雲林下次大復韻」 등이 필사되었다. 이 3장은 원래 타인 또는 본인의 序를 붙이기 위해 남겨두었던 여백지였는데 종이가 모자라 이곳에 쓴 것으로 보인다. 그러므로 순서의 맨 마지막으로 돌려야 할 것이다. 『소유산초』에는 시를 刪削한 표시가 많이 남아 있는데 刪削을 표시한 시(총30수)를 제외하고 총153수(오언절구 12수, 칠언절구 36수, 오언율시 28수, 칠언율시 70수, 오언고시 2수, 칠언고시 5수)의 시와 賦 1편, 산문 2편(「游祥雲寺記」, 「題蘭史詩卷首」)이 실렸다.

시는 연대순으로 실려 있는데 저자 15세 때인 1814년작 「暮上圓嶠」

직 열람치 못하였다.

43) 尹致義(1797~1870, 초명 致秀)의 문집으로는 연세대에 『錦帆全集』(필사본 63권 31책)이, 윤치영의 문집으로는 국립중앙도서관에 『石梧集』(필사본 22책)이 소장되어 있다(권두에 권용정의 서문도 있음).

44) 『고서종합목록』(계명대 동산도서관, 2004) 및 계명대 동산도서관 자료검색에는 이 책이 '종도관장고'로 올라있으나 고서 서명의 內題 우선 원칙을 따라 '소유산초'로 바꿔야 옳다고 생각한다.

로부터 시작하여, 1821년~1832년까지의 시가 실렸다. 1823년부터 3년간의 시가 빠진 것과 1830년부터 3년간의 시가 빠진 것은 母親喪과 父親喪으로 시를 짓지 않았던 때문으로 추정된다. 이 책에 실린 자료로 가장 주목되는 것은 「新年雜詠」 21수이다. 이 중 6수에 '刪' 표시가 되어 있다. 칠언절구 14수(2수 삭제), 오율 2수(2수 모두 삭제), 칠언율시 2수(1수 삭제), 칠언고시 3수(1수 삭제)로 칠절은 「拜歲」, 「湯餠」(삭제), 「跳板」, 「法鼓僧」, 「打處容」, 「賣暑」, 「聰耳酒」, 「嚼疽」,「藥飯」, 「迎月」, 「踏橋」, 「陣菜」(삭제), 「風車」, 「踢毬」, 오율은 「擲柶」(삭제), 「紙鳶」(삭제), 칠율은 「元宵月」, 「春帖」(삭제), 칠고는 「飯龍」(삭제), 「稻竿」, 「石戰」이다. 이 외에도 「又吟飯龍」(칠언고시), 「又吟陳菜」(칠언절구)가 별도로 있다. 권용정이 고전문학사에 이름을 남긴 것은 기실 그의 「歲時風謠」와 시조를 漢譯한 「東謳」로 인한 것이었다.[45] 본 해제 대상 자료의 발굴을 통해 학계에 기존 소개된 것의 미흡함을 보충할 수 있게 되었다. 기존에 알려진 「세시풍요」는 27수로[46] 「稻竿」과 「擲錢」을 제외하면 모두 7언절구로 되어 있다. 하지만 『소유산초』에 수록된 「新年雜詠」 21수와 기타 2수는 詩體가 훨씬 다양하다. 「세시풍요」와 비교해보면 동일 작품에서도 글자 출입이 상당하여 향후 면밀한 검토가 필요하다. 어쨌건 본 해제를 통하여 조선후기 풍속사, 한시사에 주목되는 자료인 「세시

45) 이병기·백철. 1979. 『국문학전사』. 신구문화사; 김명순. 1993. 「權用正의 歲時雜詠에 나타난 형상화 양상과 작가의식」. 『복현한문학』 9. 복현한문학회; 김명순. 1996. 「權用正의 <東謳>에 대하여」. 『대동한문학』 8 등. 위의 논문들은 김명순. 2005. 『조선후기 한시의 민풍 수용 연구』. 보고사에 재수록되었다.

46) 『세시풍요』에 수록된 「花餻」, 「鬪草」, 「燈市」, 「秋千」, 「棚戲」, 「高壘」, 「擲錢」은 「新年雜詠」에는 수록되지 않았음.

풍요」의 원 창작년이 1829년이고 이후 수정, 보완을 거쳐 현재의 모습으로 완비되었음을 새로이 확인할 수 있다.

1827년작 「讀水滸傳」은 저자 본인의 刪削 표시가 있기는 하지만 이 시기 사대부들의 소설 향유와 관련해 의미 있는 작품이고, 「游祥雲寺記」는 1826년 10월 벗 海史와 함께 북한산을 유람하며 지은 遊記로 소품적 필치가 한껏 드러나 있다.

족보에 遺稿 7권이 있다고 기록되어 있지만 이 完本은 현재까지 발굴되지 않은 상태이고, 다만 시문의 일부가 散見되고 있다. 본서 외에 권용정의 異本으로는 『權小游詩抄』(표제: 小游詩抄, 필사본 1책, 성균관대 존경각 소장), 『小游集』(필사본 1책, 성균관대 존경각 소장), 『小游雜著』(필사본 1책, 연세대 중앙도서관 노산문고 소장), 『小游雜記』(필사본 1책, 숙명여대 도서관 소장) 등이 있다.[47]

松厓集, 崔亨基(19세기) 著, 필사본 1책

崔亨基의 본관은 全州, 자는 德之, 호는 松厓이다. 동시대에 松厓 崔虎文(1800~1850, 『松厓集』 刊本 4권2책)이란 인물이 있어 고서목록들에 종종 착오가 있다. 전혀 다른 인물이다. 최형기는 현재까지 행적이 거의 알려지지 않고 있는데[48], 교유한 인물로는 紫霞 申緯(1769~1847),

47) 이본에 대해서는 김영진. 2008. 「계명대 동산도서관 소장 『小游散艸』 外 權用正 시문집 일괄」. 『고전과해석』 4. 고전문학한문학연구학회. 보고사. 참조

48) 최형기는 秋琴 姜瑋(1820~1884)가 중심이 되었던 六橋詩社에도 참여했었던 것으로 보아 中庶人 출신일 가능성도 있다.(『古歡堂收艸 · 六橋聯吟集』, 「金小棠奭準從事將赴燕, 同崔松崖亨基 · 朴蘿山性浩 · 金石隱瑨 · 鄭澹園日愚 · 李玉海容奎 ·

東樊 李晚用(1792~1863), 澹園 鄭日愚, 鄗南 趙雲漢 등을 꼽을 수 있다. 이 중 鄭日愚는 최형기의 시집을 중국에 가지고 가서 중국인에게 비평을 받아 왔다.

현재 확인된 바로 최형기 스스로 정리했거나, 자손에 의해 정리된 시집은 모두 세 종류이다. 본래 집에 간직하고 있었던 10餘卷 분량의 稿本이 있었고, 1896년 金澤榮이 최형기의 아들인 內部主事 時鳴의 부탁으로 뽑아서 2권으로 간행한 活字本『松厓詩集』(국립중앙도서관 소장)이 있으며, 최형기 스스로 중국인에게 비평을 받기 위해 뽑은 1권의 선집이 있었다(金澤榮,「松厓詩集序」및 申緯「松厓詩鈔序」참조). 이밖에 近體詩를 뽑은『崔松厓詩』(金榮鎭 소장본)가 있는데, 위의 세 종류와는 계통이 다른 것으로 보인다. 계명대 동산도서관 소장『松厓集』은 그 중에서도 시인 스스로 뽑은 自選詩集으로 판단된다. 앞에는 申緯의 序가, 뒤에는 중국인 張丙焕의 跋이 붙어 있다. 이 책에는 卷首題가 따로 없지만, 跋을 참조하면 본래『松厓詩鈔』였던 것으로 추정된다. 신위의 序는 다음과 같다.

> 내가 처음에 趙鄗南을 통해서 崔松厓라는 시인이 있다는 것을 알게 되었고, 마침내 면식이 있게 되었으나 그 시를 보지는 못했었다. 지금 송애의 최근 지은 小稿를 보니, 名章傑句가 때때로 사람을 놀라게 하여 詩名을 헛되이 얻은 것이 아니었다. 또 내 詩社에 한 蓮洋을 더하게 된 것을 기뻐하였다. 시집에 大梁 張虎頭의 비평이 붙어 있는데, 모두 내 마음을 먼저 얻은 것이라 다시 비평을 덧붙일 필요가 없어 여기 몇 마디 말을 적어

高惠舫永周 · 金松年白 · 小香 · 劉雲農英杓會小棠紅藥館, 送餞分韻, 得幸字」)

당세의 知音者에게 알린다. 乙巳(1845) 가을 8월 3일 紫霞七十七叟緯는 卷首에 쓴다.

신위의 序 바로 다음에 오언절구 5수, 오언율시 20수, 칠언절구 15수, 칠언율시 50수가 수록되어 있다고 적혀 있다. 작품의 배열은 칠언율시, 칠언절구, 오언율시, 오언절구 순이며, 각 작품의 제목 아래나 詩句 아래에 때때로 評語가 적혀 있는데, 張丙煐이 붙인 것으로 보인다. 그리고 跋 뒤에는 역시 張丙煐이 이 시집을 읽고 지은 칠언율시 한 편이 붙어 있는데, 끝에 "훌륭한 작품이 拙著 詩話에 많이 실렸는데, 이 시를 읊어 바로 잡아 주시기를 청하오니, 和章을 보내 주시기를 바랍니다(大作載入拙集詩話中頗多, 賦此求正, 望賜和章見寄)"라는 말을 덧붙이고 있다.

한편, 국립중앙도서관에는 저자의 필사본 시집이 두 종류 있다. 하나는 『松厓詩稿』(위창 고 3644-22)로 저자의 稿本 전집의 일부를 필사한 것으로 판단되는데, 辛亥年(1851), 壬子年(1852)에 지은 시를 모아 놓았다. 또 하나는 『松厓詩艸』(고 3644-11)로 전반부는 『松厓詩鈔』의 異本이며, 후반부는 위의 『松厓詩稿』와 같다. 『松厓詩艸』의 전반부는 『松厓詩鈔』와 몇몇 오탈자를 제외하고 거의 같은데, 다만 작품 수록 순서가 칠언율시, 오언율시, 칠언절구, 오언절구의 순서로 되어 있다. 그런데, 국립중앙도서관본 『松厓詩艸』에는 저자의 이름이 崔亨遠으로 되어 있는데, 단순한 필사의 착오인지, 아니면 初名인지 현재로서는 분명치 않다.

본 시집에 실린 시들은 주로 雪花風月을 읊거나 春興 · 秋愁를 노래한 작품들이 대부분이다.

張丙煐의 跋을 소개함으로써 송애시의 양상을 드러내보이고자 한다.

東國의 詩敎는 중국과 같지 않다. 중국은 時風을 좇아, 날마다 공교로운데 빠졌지만, 동국은 오히려 古法을 숭상하여, 비록 聲調가 부드럽지 않고 用字가 억지스러운 점은 있어도, 天眞爛漫하여 그 아름다움이 손상되지 않는다. 지난 庚子歲(1840)에 李醇溪(李正履) · 念齋(李正觀) 형제와 편지 한 통을 보내 이에 대해 논하였다. 지금 澹園(鄭日愚)이 이 시집을 가져와 보여 주었는데, 情思가 超曠하여 이른바 "정신이 옛스럽고 색다른 곳에서 나왔으니, 담담함이 억지로 이르게 된 것이 아니다"(司空圖, 『詩品 · 淸奇』)라는 것이요, 때때로 颯爽한 자태를 보여 사람의 눈을 진동시켜 그 온축된 바를 알겠으니, 동시대 사람이 아무런 느낌이 없겠는가! 澹園은 同類들 중에서 빼어나니, 魯나라에 군자가 없다면 이 사람이 어디서 이를 취하였겠는가?(『論語 · 公冶長』) 정녕 동국에는 어진 사람이 많구나! 이 시집을 펴서 읽고 차마 손에서 떼어놓지 못하였으니, 이 시집에서 읊은 대로 "새로 지은 시 읽느라 푸른 산이 저물어 가"(「與李丈海舘夜賦」)게 되었다. "뜬 구름 낀 숲 속 지나 嘉陵(가평) 땅 벗어나서, 저문 해 강물 소리 穢貊 땅에 들어 왔네"(「旅次淸平湖」)와 "만리 길 차가운 빛 기러기 등에 돋아나고, 오경의 서릿 기운 사람 옷에 스며드네"(「次徐裕軒寄示韻」)와 "버려둔 동산엔 가을 되어도 돌아온 학 적고, 높은 다락에 손님 오니 매미 소리만 많구나"(「李蕉谷宅小酌」) 등과 같은 聯들은 壯闊하고 激昻되어, 비록 高適이나 岑參이라 하더라도 이보다 월등하지는 못할 것이다. 또, "세상이 머니 문장은 늘 哭하려 하고, 술 깨니 비바람에 시름 일기 쉽구나(「與淸湖共賦」)"와 "이름난 꽃 평생의 뜻 펼치려 하고, 늙은 버들 아직도 죽지 않은 마음 있구나"(「上元前夜竹西宅, 與李溪堂及諸雅共賦」)와 "영웅호걸 죽어도 기이한 계책 못 냈으니, 나무하고 소 몰며 생활함도 맘에 드는 일이로다"(「賦懷呈海舘丈」)는 어쩌면 그리도 수심이 깊은가? 독자로 하여금 거의 끝까지 다 읽지 못하게 한다. 天機가 이른 곳에서는 스스로 警湛하여, 새롭고도 빼어나서, 멀리 나아가 다른 사람을 蹈襲하지 않은 것으로는 "오늘 밤 눈 개이면 웅당 달이 뜰 터이니, 이웃집에 술값 나올

옷 한 벌이 없으리오"(「暮雪閉門孤坐, 是人見過」)와 "병들어서 살구꽃 활짝 핀 줄 몰랐더니, 산속에서 비로소 꾀꼬리 소리 들었노라"(「東樊丈書室遇徐箕山及諸人共賦」)와 "깊은 산 하루 종일 복사꽃 기운, 옛 절엔 사람 없고 두견 소리만"(「陪石南閤及諸丈遊燕尾洞」) 등과 같은 詩句들이 있으니, 이른바 意象이 저절로 이루어져, 人力이 개입한 것이 아니다. 오언율시는 더욱 天眞함이 發露된 것이 느껴지니, 글자마다 長城이다. 「김용산과 더불어 새벽에 짓다 與金蓉山曉拈」와 「원생의 집 벽에 쓰다 題元生屋壁」와 「가을밤에 잠이 안와 회포를 적다 秋夜少昧遣懷」 등의 작품은 모두 格이 높고 韻은 老成하여 唐賢에게서 나온 것과 같다. 오언절구와 칠언절구 중에서는 「청호의 저녁 조망 淸湖晩眺」이 특히 이른바 "한 글자도 안 놓았어도, 풍류를 모두 얻었다"(司空圖, 『詩品·含蓄』)는 경지에 올랐다. 중국의 작자 중에서는 마땅히 前輩들 중에서 구해야 하고, 지금에는 적수가 없을 것이다. 이 시집을 읽다가 문득 詩卷의 끝에 군말을 붙였으니, 송애가 읽어 보고 정확한 평가라고 생각할지 터무니 없는 소리라고 생각할지 모르겠다. 道光乙巳(1845) 人日에 大梁 張丙燡 虎頭氏가 燕台 宣武坊 북쪽 晩翠齋에서 『松厓詩鈔』에 삼가 쓰다.[49]

계명대본은 중국인에게 평을 받기 위해 최형기가 스스로 뽑아서 보낸 시집의 원모를 비교적 잘 보존하고 있다는 점에 가치가 있다. 다만 더러 오탈자가 있고, 국립중앙도서관 소장의 『松厓詩艸』에 비해 張丙燡의 評語가 생략된 곳이 많으므로 他本을 참고할 필요가 있다.

49) 원문은 생략한다. 번역문은 이현일의 해제에서 옮겨 왔다. 人名·典據와 인용한 詩句들의 제목들도 이현일의 해제에서 고증한 것이다.

守白堂遺稿, 李晦根(1728~1809) 著, 필사본 零本 1책(권3)

李晦根(1728-1809)의 자는 顯甫, 호는 守白堂, 본관은 경주로, 益齋 李齊賢의 먼 후손이자, 碧梧 李時發의 6대손이다. 벽오의 후손들은 대부분 서울·경기·충청 일대에 世居했지만(이회근의 고조부 李寅炯은 龍仁 貢谷里에 살았다), 조부 李聖一(1680~1752, 호 竹窓, 1729년 進士)[50]부터 高靈郡 良田里(지금 開津面 直洞)에 살게 되었다(聖一은 遺腹子로 外家인 高靈에서 태어났다). 이회근의 5대조인 李慶善은 文科에 급제하여 호조좌랑을 거쳐 충청도 藍浦縣監으로 재직 중에 병자호란을 당했는데, 충청감사 鄭世規의 지휘 하에 경기도 廣州의 險川에서 淸軍에 맞서 싸우다가 전사했다. 그 아들 寅炯은 용인으로 거처를 옮기고 仕宦에 뜻을 두지 않았다고 한다. 이회근의 부친 思游(1701~1760, 호 遯窩)는 문장에 뛰어났으나[51] 관직에 나가지 않았다고 한다. 모친은 현감을 지낸 전주 李錫禧의 딸이다. 아내는 순흥안씨(父 文再)이다. 6대손 春熙가 쓴 「家狀」[52]에 따르면 이회근은 10세 이전에 사서삼경을 독파했는데 특히 『주역』에 통달했다고 한다. 이회근은 만년에 高靈으로 돌아온 문인 靑泉 申維翰(1681~1752)에게 글을 배워 1754년(27세 때) 진사시에 합격했다. 또 시기가 분명치 않으나 大山 李象靖(1710~1781)

50) 이회근이 수습한 『죽창유고』 3권이 家藏되어 있었다하나 6.25동란 중에 소실되었다고 한다.

51) 이회근 「先考遺集序」(『守白堂文集』 권4)에 의하면 이사유는 문학으로 담헌 이하곤, 곤륜 최창대 등의 칭송을 받았다고 한다. 시 2책, 문 1책으로 이회근이 그의 遺文을 정리했으나 문은 일실되고 시만 『遯窩遺稿』로 후손이 영인·간행했다.

52) 『수백당문집』 6권2책. 대구 譜文社. 1995.

에게도 사사했다고 하며, 이 외 아들 尹心協의 任所인 高靈(1763~65 재직)에 와있던 石門 尹鳳五(1688~1769)[53]와도 詩唱酬를 넘어 일정한 師事가 있었던 것으로 보인다.[54] 벗으로는 고령 일대에 거주한 이들이 많다. 崔興璧(1749~1812, 『蠹窩集』), 朴文國(1757~1836, 『松泉集』), 郭世翰(1760~1789, 호 龜潭) 등이 절친한 벗이고, 같은 신유한의 門徒였던 朴履坤(1730~1783, 『芝村集』), 尹東野(1757~1827, 『弦窩集』), 吳慶觀(1751년생, 1789년 生員), 盧光復, 姜鼎煥(1741~1816, 『典庵文集』), 고령현감 林濟遠(1794~95 재임)·李象鼎(1795~98 재임, 子 李思默)·閔師膺(1807~ 09 재임) 등과 교유했다.

이회근과 관련해서 그가 청천 신유한의 門徒였다는 점과 高靈 지역의 선비들과 폭넓은 교유 및 후진을 양성했다는 점이 의미를 갖는다. 신유한은 이회근의 조부 李聖一과 친구였고, 李思游·李晦根 父子의 스승이 되었다. 이회근이 쓴 신유한의 행장을 보면, 그가 당시 서울의 지식인들에 대해 풍부한 정보를 갖고 있었음을 알 수 있다. 『청천집』에 실린 청천의 「연보」에는 "참판 李瀰가 墓誌를, 문인 이회근이 (청천의) '행략'을, 土木窩 崔重純이 行狀을, 參判 洪梓가 碑銘을 지었다"고 기록되어 있으나, 『청천집』 부록에 이회근의 글은 실리지 않았다. 다만 최중순이 쓴

53) 문집 『石門集』(8권4책)이 목판으로 간행(규장각 등 소장, 한국고전번역원 한국문집총간 속69에 영인)되었으나 간행경위를 알려 주는 序跋도 없고, 윤봉오에 관한 행적을 알려주는 글도 부록되어 있지 않다. 그의 행적은 아들 尹心協이 찬한 「石門先生府君家狀(표제: 先府君家狀)」(국립중앙도서관 소장, 필사본 1책)에 상세하다.

54) 후에 윤봉오의 손자 尹羲厚가 거창부사(1802-05 재임)로 내려오자 이회근은 그와 함께 여러 번 유람을 즐겼다.

「행장」의 끝에, 그가 행장을 쓰면서 '參判 鄭元始가 쓴 言行實錄과 進士 李晦根이 기록한 行略을 기본 자료로 채택했다'고 밝히고 있어서, 이회근이 신유한의 행략을 쓴 사실은 입증이 된다(『青泉集』 권10 부록, 「연보」 및 『청천집』 권11 속집). 후손이 발간한 『수백당문집』[55]의 권5에 行略이 아니라 청천의 「행장」(「통훈대부평해군수청천신공행장」)이 실려 있다.

이회근은 27세에 진사하고, 英祖를 직접 만나기도 한다. 영조는 그가 지은 시를 외어보라고 하고는 들으면서 書案을 치며 칭찬한 뒤, "나중에 반드시 大科가 되겠다" 했다고 한다. 그는 끝내 문과를 하지는 못했지만, 家産을 지키면서 名士들과 두루 교유하였다. 아울러 집안의 文翰의 전통을 이으면서 서당(眉山書齋)[56]을 열어 향리에서 제자들을 배출하며 82세의 긴 생애를 보냈다.

필사본 『수백당유고』 제3권 한 책은 시집이다. 전체 문집의 중간 부분이므로, 서문이나 발문은 없다. 책에 所藏印 등의 표지나 필사 경과를

---

55) 『수백당유고』와는 따로, 이회근의 문집인 『수백당문집』 6권2책이 후손들에 의해 간행된 바 있다(대구 譜文社, 1995). 그 간본은 후손들의 기증으로 고려대 등 국내 여러 대학 도서관에 소장되어 있다. 권1-3이 묶인 첫 책은 詩, 권4-6이 묶인 두 번째 책은 文이다. 계명대학교 동산도서관 소장 『수백당유고』는 그 6권 가운데 제3권 한 책의 필사본인데, 『수백당문집』에 빠진 시가 다수 실려 있다. 후손들이 간행한 문집의 초고와는 다른 계통으로 필사되어 전해진 자료로 생각된다. 현재 후손가에는 문집 간행시 대본으로 삼은 자료가 남아 있지 않고, 그 행방을 알지 못한다고 한다.

56) 미산서당은 본디 고령에 거주한 鄭子翰(본관 진주, 子翰은 字)의 서당으로 고령현 서쪽 九眉山(또는 耳山) 아래에 위치하여 붙여진 이름이다. '眉山書堂' '養正室' 등의 이름은 이회근이 지은 것이라고 한다. 최흥벽. 「眉山書堂記」. 『蠹窩先生文集』 권8.

알 수 있는 다른 기록도 없다. 모두 66장인 이 낙질 필사본에는 344題 402수의 시가 실려 있는데, 창작 연대순 배열이다. 즉 1793년부터 작고한 해인 1809년까지의 시편들이다. 60대 중반 이후부터 여든이 넘어서까지, 이회근의 만년 16년간 창작된 시들이다. 다만 책의 후반부인 58장-b부터 64장-a까지 「南歸唱酬錄」[57](1783년)이, 그 뒤부터 끝장인 66장-b까지 추가로 찾은 시 일부가 필사되어 있다. 이 『수백당유고』에 실려 있는 시 가운데 『수백당문집』(6권2책, 1995년 刊)에 누락된 시는 93제 101수이다. 따라서 『수백당문집』과는 별도로 계명대 소장본 『수백당유고』가 갖는 가치는 매우 크다.

시는 대부분 이회근의 일상의 삶을 잘 보여주고 있다. 만년에는 집을 떠나 인근의 서당에서 학동들을 훈도하며 지냈음도 확인할 수 있다. 일상적인 시 외에 가야국 首都인 高靈을 읊은 「古王都曲(幷小序)」(7절 3수, 1798년), 玩好物이 아닌 일상 생활에 빠질 수 없는 巾·帶·枕·衾 등 10가지 사물을 읊은 「十友贊」(4언고시 10수), 『江都錄』·『東國名賢

57) 1783년 9월 同鄕의 벗 崔興璧, 朴文國, 郭世翰과 漢陽에 過擧를 치러 갔다가 모두 낙방해 함께 돌아오면서 속리산 등을 유람하며 내려오면서 지은 시 모음집이다(崔興璧과 朴文國의 문집에도 각각 '南歸唱酬錄'이 들어 있다). 이회근의 작품은 20여 수가 실려 있고, 함께 지은 聯句詩 2수 등이 포함되어 있다. 『수백당문고』 권4에 「南歸唱酬錄序」(1783)와 「南歸唱酬錄跋」(1807)이 실려 있다. 서와 발의 시간 차가 큰 것은 1807년 겨울 郭世翰의 아들 郭宗傳(字 念祖)이 "先君께서 시를 좋아하셨는데 다 잃어버리고 남은 것은 이 「南歸唱酬錄」 뿐"이라면서 선군의 벗이자 '南歸唱酬錄' 동참자의 한 사람인 이회근에게 발문을 부탁하여 이에 응해 써준 것이기 때문이다. 『수백당유고』의 후반부에 이 '南歸唱酬錄'이 실린 것도 곽씨본을 입수해 옮겨 놓은 것이 아닌가 한다. 『수백당유고』의 '南歸唱酬錄' 끝에 「跋唱酬錄(1807), 系之以一律以志感」(1808년작) 시가 있다는 점에서 더욱 그러하다.

錄』·『東史』 등을 읽고 독후감으로 쓴 시, 居昌에 놀러가 남긴 시들인 「遊古見菴詩軸(幷序)」(1802), 安義縣 三洞 등을 유람하고 남긴 일련의 시(1802), 「自輓」(雜言古詩, 1809) 등이 주목된다.

이회근의 『수백당유고』는 18세기 지방 지식인의 면모를 보여주는 중요한 자료다. 그의 집안은 여러 대에 걸쳐 관직이 끊이지 않은 文翰世家였지만 서울에서 멀리 떨어진 경상도 고령으로 낙향한 뒤에 향촌에 정착했다. 한문학 뿐 아니라 유관 분야에도 의미있는 자료가 될 것이라고 판단된다.

水月軒遺稿, 李集(1672~1747) 著, 필사본 零本 4권2책

李集(1672~1747)의 자는 伯生, 호는 洗心齋 또는 水月軒, 본관은 眞城이다. 退溪 李滉의 5대손으로, 教官 英哲의 아들이다. 어려서부터 총명하고 詩·賦에 능하여 葛庵 李玄逸로부터 큰 칭찬을 받기도 하였고, 그 뒤 主一齋 柳厚章와 梧陰 成文夏의 문하에서 수업하였다. 늘 『論語』와 『心經』을 기본으로 삼았으며 禮說에 더욱 힘을 쏟았다고 한다. 權斗寅·權斗經 등과 함께 도학을 강마하였다. 1709년(숙종 35) 蔭職으로 尙瑞院 直長 등을 지냈다. 영의정 李濡, 판서 李健命, 朴權 등이 그를 존중하여 벼슬에 추천하여 의금부도사·三嘉縣監 등을 지내고 향리로 은퇴하였다.

1728년(영조 4) 李麟佐의 난이 일어나자 陶山書院에서 친족들과 함께 의병을 일으키고 군량을 모집하였다. 난이 평정된 뒤 조정에서 상으로 관작을 주고자 하였으나 사양하였다. 벼슬이나 재물에 마음을 두지 않고,

오로지 학문과 수양, 그리고 후진양성에 진력하여 그 덕망이 영남 일대에 칭송되었다고 한다. 1747년 75세의 일기로 사망하였고, 이조참판이 증직되었다. 저서로 『從心錄』·『家禮附解』·『經義』·『禮論』 등과 문집 6권이 있었다고 한다.(『韓國系行譜』)

『水月軒遺稿』는 본디 6권3책인데 본서는 4권2책의 零本이다. 1~2권은 시, 3~4권은 문이다. 시는 총 280題 332首이다(33題 42首의 輓詞 별도). 화초나 누대 등 자연 경물, 유람이나 연회, 벼슬살이 등에 대한 감회, 교유시 등이 대부분을 차지한다. 시에 나타난 교유 인물들을 보면, 姜再弼, 姜再恒, 任世翰, 安鍊石, 權斗緯, 權斗經, 權斗紘, 南九明, 申益愰, 黃翼再, 洪道達, 都永成, 李弘基, 李元基, 李世瑗, 姜載厚, 成起寅, 文德龜, 金重謙, 姜必輔, 權相一, 金瑞必, 琴壽天, 金岱, 李光庭, 李棟完, 趙德鄰, 羅學川, 權萬, 權 등이다. 문으로는 辭狀(2편), 書(23편), 說(1편), 序(1편), 記(2편), 跋(3편), 行錄(2편), 祭文(7편) 등이 실려 있다.

본서는 『水月軒遺稿』를 간행하기 위해 편찬된 초고본으로, 字句의 교정이나 欄 外에 추가된 사항을 통하여 내용의 變改를 살펴 볼 수 있다. 『水月軒遺稿』는 결국 간행되지는 못한 듯하고, 마지막 5-6권 1책의 행방도 아직 확인되지 않고 있다. 이러한 실정이기에 계명대본의 자료 가치는 크다고 할 수 있다. 이현일, 류후장, 성문하, 권두인 등 영남학파의 사승 관계나 교유를 살펴 볼 수 있으며, 아울러 퇴계 후손들의 학문적 성취를 가늠할 수 있는 자료로 판단된다.

是菴遺稿, 李鼎烈(1738~1813) 著, 필사본 1책(79장)

『是菴遺稿』 역시 저자 미상이었던 것이 해제를 통해 저자 고증이 되었다. 저자 이정렬은 본관이 牛峯이고, 자는 士凝, 호는 是菴이다. 陶庵 李縡(1680~1746)와 한 집안이다. 이정렬의 차남 李運(1765~1827)의 『사마방목』 기록에 따르면 부친 이정렬은 통훈대부로, '江華府 經歷'을 역임했다고 되어 있다. 이정렬의 장남 李選(1762~1828, 字 秀夫, 호 幾翁)[58]은 나이 마흔이던 1801년 문과에 급제했는데, 『문과방목』에 따르면 李選은 翰林의 三司 직책을 역임했다고 한다. 이정렬의 장인인 黃奎河(1678~)는 농암 김창협과 도암 이재, 竹泉 金鎭圭 등 명망가들과 두루 교분이 있던 인물이다.

『是菴遺稿』는 필사본 詩稿다. 아들 李選의 『幾翁集』(앞의 註58 참조)과 동일한 絲欄空卷에 동일 筆體로 쓰인 것으로 보아 이선이 필사한 것임을 알 수 있다. 표지 우측 상단에 "七言絶句, 古詩, 律 / 上疏 / 筵說 附 他疏"라고 쓰여 있다. 內題가 따로 없이 '七言絶句'를 시작으로 위 표지 우측 상단 표기 순서대로 필사되어 있다. 전체 257수 가운데 240수가 7언의 절구와 율시다. 시는 앞부분 51장에 필사되어 있고, 제52장부터 끝까지 28장은 상소문과 筵說 등이다. 전체 책수에 대한 언급이 없지만, 『是菴遺稿』는 애초 5언시가 필사된 앞부분 1책 정도가 더 있었을 것으로 생각된다. 실제로 7언율시의 여러 詩題에, 같은 제목의 5언율시

58) 충남대 소장 『幾翁集(표제: 李別檢集)』에는 1786년부터 1828년까지 지은 文 40편이 수록되어 있고, 한국학중앙연구원 장서각 소장 『幾翁集』에는 詩만 수록되어 있다. 이 두 종의 책은 동일 絲欄空卷에 저자의 친필로 쓰인 것이다.

가 따로 있다는 주석이 붙어 있다. 책의 후반에는 '上疏, 筵說 附 他疏'가 실려 있다.[59)]

7언 이외의 5언시나, 상소문 이외의 일반 산문들이 더 있었을 것이다. 현전하는 257수는 체제별로 분류한 다음 창작 시기에 따라 필사된 듯하다. 한 사람의 정성스런 필치로 깔끔하게 필사되어서, 일견 상당히 정리된 모습이다. 그러나 문집 간행을 위한 판저본이라거나, 교정을 거친 精緻한 稿本이라고는 생각되지 않는다. 책수나 권수에 대한 언급이 없을 뿐만 아니라 빠뜨린 시를 행간이나 書首에 추가로 기록하고 있다.

『시암유고』에 실린 시는 일부 젊었을 때 작품이 있기도 하지만, 대부분은 저자의 나이 일흔 이후 만년에 쓰였다. 이정렬의 시세계는 문집 전체가 전하지 않기에 그 전체 면모를 알 수는 없다. 남아 있는 시로만 말하자면 일단 교유와 술회를 주요 내용으로 한 시가 대종을 이루고 있음을 확인할 수 있다.

我室遺稿, 洪璟(1669~1746) 저, 필사본 1책

洪璟(1669~1746)의 자는 聖白, 호는 我室·墨址, 본관은 南陽이다. 부친은 이조판서를 지낸 南坡 洪宇遠(1605~1687), 증조부는 宣祖 때의 名臣 晩全 洪可臣(1541~1615)이다. 조모 陽川許氏는 許筬(호 岳麓)의

59) 1769년(영조45) 기축 정월 20일자 저자의 상소를 시작으로, 같은 날 金龜柱·具庠 등의 聯名 상소. 같은 날 영조가 도제조, 승지 鄭昌聖에게 상소를 읽도록 하고 들은 뒤 이정렬을 흑산도로 정배하라는 筵說. 다음 날의 또 다른 筵說. 부수찬 金履禧 상소(정월 24일)로부터 마지막 諮議 權震應 상소(2년 뒤인 1771년 3월 13일)까지가 수록되어 있다.

딸이다. 홍우원은 初娶인 연안이씨(延原府院君 李光庭의 딸)에게서 2남 4녀를, 再娶인 안동권씨(通德郎 權謙의 딸)에게서 3남 2녀를 낳았다. 洪璄은 안동권씨 소생의 둘째 아들이다. 현재 洪璄의 생애에 대해서 알 수 있는 것은 거의 없다. 평생 포의로 지낸데다 墓文이 발견된 것이 없기 때문이다. 벗인 趙德隣(1658~1737)이 洪璄의 청으로 남파(홍우원)의 행장을 지으며 洪璄에 대해 "淸高有節槩 能守家法 無田無宅 江湖流落"으로 표현한 것이 전부다. 安城을 세거지로 하는 洪璄의 집안은 본디 畿湖南人을 대표하는 가문이다. 그런데 『我室遺稿』에서 확인되는 교유자는 대부분 嶺南 人士들이다. 丙子胡亂 이후 부친과 伯父 洪宇定(호 杜谷, 1693~1654)이 태백산 아래에 은거한 인연으로 이들과의 교류가 활발하게 이루어진 듯하다. 『我室遺稿』에 보이는 교유자는 다음과 같다.

權以鎭(자 子定, 호 有懷堂), 洪萬遇(자 季會), 趙自敬(자 成之), 安日履(자 吉甫, 호 洛厓), 李栽(자 幼材, 호 密菴), 李浹(자 悅卿, 호 東厓), 李萬敷(자 仲舒, 호 息山), 黃翼再(자 再叟, 호 白華齋), 洪大龜(자 國寶, 호 東菴), 孫景錫(자 仲百, 호 南巖), 柳聖和(자 介仲, 호 西湖), 趙德隣(자 宅仁, 호 玉川)

『我室遺稿』에는 시 126제 143수가 실려 있다.[60] 시에 창작 연대 표기

60) 표제에 '詩', '序', '附 疏 祭文'으로 나와 있지만 엄밀히 말해서 본서는 시만 실려 있는 시집이라 할 수 있다. '序'가 1편 있지만 시를 짓기에 앞서 경위를 설명한 '幷序'이기 때문이다(「我室詩並序」). 그리고 '附錄'으로 실린 것은 저자의 것이 아니고 歸鹿 趙顯命(1690~1752)의 '疏' 2편과 다른 사람이 지은 것으로 보이는 '祭文' 2편이 있다. 「我室詩並序」는 저자의 당호인 '我室'의 의미를 풀어낸 글이다. '我室'이라고 하지 않더라도 모두가 다 아는 사실인데 굳이 '我室'이라고 편

가 없어 저작 시기를 파악하기가 쉽지 않다. 주위 기록들과의 대조와 본서 목차에 표시된 몇 개의 연도를 종합해 본 결과 본서에 실린 시는 대체적으로 1716년부터 1730년까지의 작품이 실린 것으로 추정된다. 48세에서 62세까지이다. 대부분 50대의 작품인데, 저자가 78세의 수를 누린 것을 생각하면 이외의 작품들이 더 있었을 것으로 추정된다. 詩題들을 통해 확인 할 수 있는 洪境의 활동권은 안동, 봉화, 상주, 선산, 김천, 경주 등 영남 북부권에 집중되어 있다.[61] 洪境 시의 특징으로는 '無田無宅'과 '江湖流落'에서 오는 辛苦와 自嘲를 읊은 시들이 많다는 점과 수창시·기행시·영물시·輓詩 등이 대부분이라는 점이다. 南人에서 정치적 비중이 컸던 가문 인물의 유일본 시집이란 점에서 본서는 의미가 있다.

梧軒稿, 李秉徽(1784~1821) 著, 필사본 1책

『梧軒稿』도 저자미상이었으나 금번에 李秉徽(1784~1821)로 밝혀졌다. 본서의 앞에 찍힌 장서인('完山', '李秉徽印', '彝叔氏')이 저자고증의 단서가 되었다. 이병휘는 본관이 全州로 定宗의 아들인 守道君(諱 德生)의 후손이다. 부친은 渼湖 金元行(1702~1772)의 제자로 울산부사 등

액하였냐는 객의 질문에 대한 해명으로 이루어져 있다. 저자가 사는 골짜기의 이름이 '牛李谷'이고, 그 명칭이 붕쟁을 뜻하는 '牛李'인 바, 저자는 '我'자에 '우리'라는 뜻과 '室'자에 '谷'을 일컫는 속음이 있기에 '우리곡'을 '我室'로 바꾼다고 하였다. 그래서 妻孥宗黨, 琴書花卉, 山水自然 등이 모두 '우리실'의 井臼煙火가 되고, 나의 '室' 뿐 아니라 그 속에 사는 사람 모두의 '室'이 '우리실'의 풍광을 누리고 있다고 하였다.

61) 이외 세거지인 안성 및 평택, 천안, 아산 등 주로 경기와 호서 등을 왕래한 것이 다른 기록을 통해 확인된다.

을 지낸 李廷仁(1734~1817, 호 四事堂)[62]이며, 장인은 牧使 趙榮慶(1742~1809, 호 愚軒)이다. 공교롭게도 계명대에 장인과 사위의 시집이 함께 소장되었다.

이병휘는 순조 10년(1810) 진사시에 합격한 뒤, 음직으로 1816년 懿陵寢郎에 제수되었을 뿐 더 이상의 官歷은 확인되지 않는다. 가문은 老論에 속해 있었다.

본서는 필사본 51장으로 183제 266수의 시가 실려 있다. 19세 때인 1802년에 지은 「敬次外舅(趙榮慶)回甲韻」을 시작으로 곧이어 장인의 임소인 淸風, 錦山을 방문하여 지은 시들이 실려 있고, 蔚山府使를 마지막으로 은퇴한 부친을 서울에서 모시면서 벗들과 한양 내의 명소(貞陵, 北漢山 등)를 유람하며 지은 시들이 다수 실려 있다. 詩題로만 보자면 저자는 평생 詩酒와 遊覽으로 閑寂한 생활을 하였던 것으로 보인다. 죽기 전 해인 1820년(37세 때)에 지은 시까지 보이는 것으로 보아 시집은 이 1책이 전체였던 것으로 보인다. 시에 魚壽卿, 鄭致善이 가장 많이 등장하는 것으로 보아 가장 절친한 벗임을 알 수 있다. 한양 동쪽 자신의 집에서 보이는 경치를 읊은 「梧軒十二景」(7율 12수)는 한양의 풍치를 잘 드러내고 있고, 또 벗들과 창화한 시 가운데에는 回詩, 藏頭詩, 聯珠體, 浮碧樓體(自一字句至十字句, 自十字句還至一字句), 連環體 같이 漢詩 중 變格 내지 異體詩에 해당하는 것이 종종 있어 주목된다.

62) 『四事堂集』 18권9책이 석인본(1972년 序)으로 간행된 바 있다. 국립중앙도서관, 계명대 등에 소장. 홍산현감(1785-88), 용담현령(1788-89), 풍기군수(1789-93), 담양부사(1793-94), 호조정랑(1795-96), 울산부사(1796-1801)를 역임했다.

愚軒詩集[63), 趙榮慶(1742~1809) 著, 필사본 2책

본서는 趙榮慶의 시문집으로는 처음 발굴된 유일본이다. 표제는 '愚軒遺稿' 내제는 '愚軒詩集'으로 乾·坤 2책이다. 조영경은 大提學을 지낸 悔軒 趙觀彬(1691~1757, 본관 양주, 父는 우의정 泰采)의 3남[64)으로 자는 安叔, 호는 愚軒이다. 1765년 생원시에 합격한 뒤[65), 1771년 음직으로 관직에 나가 혜릉참봉, 의금부도사, 동몽교관, 공조좌랑, 홍산현감 등을 지냈고, 1791년부터 1808년까지 靈山縣監, 林川郡守, 利川府使, 星州牧使, 黃州牧使, 淸風府使, 錦山郡守를 역임했다. 초취 安東金氏(金和中 女)와의 사이에 1남 趙吉喆(1758~1824)을, 재취 함평이씨와의 사이에 1녀(李秉徽의 妻)를 두었다. 그는 50세 때인 1791년「愚翁自誌」를 남겨 자신의 일생을 회고했다. 즉 자신은 어려서는 문학에 몰두하고 또 과도하게 자부한 점에서 '妄者'였고, 중년엔 기이한 병에 걸려 오래도록 '病者'의 신세였고, 만년에는 삶에 달관한 '達者'였다고 하였다. 본서는 대부분이 시를 수록하였고, 坤冊의 끝부분에 祭文 몇 편을 비롯한 산문「先父君墓碣草」,「愚翁自誌」,「明孫誌銘」,「明孫壙誌」,「崇德殿碑閣重修記」,「錦州眉目樓記」,「坐仙閣題」(1806)가 실려 있다. 시는 금강산 유람시로 시작하고 있는데 금강산 유람시만이 창작연대가 미상

63) 본서는 뒤늦게 발굴된 탓에『계명대 동산도서관 소장 선본고서 해제집』1, 2에 수록되지 못했다.

64) 조관빈이 늦도록 아들이 없어 집안에서 榮晳(1707-1753, 김포군수)을 養子로 들였으나, 삼취 함양박씨에게 뒤늦게 2남1녀를 얻었다. 榮顯(1740-1767, 돈녕부 참봉), 榮慶, 女壻 金魯直이다.

65) 거주지는 경기도 안산이다. 같은 고향의 三當齋 姜俒(표암 강세황의 아들)과 절친했다.

일 뿐 그 외의 시들은 1794년 임천군수 시절 이후 만년의 작품들이다. 임천, 황주, 청풍, 금산 등 임지에서 지은 시가 대부분이고, 그 외 특기할 만한 것은 벗과의 교유시 및 亡友를 포함한 懷人詩가 많다는 점이다. 후자와 관련하여 선배인 李麟祥, 李亮天, 金相肅의 시에 次韻하거나 독후감으로 쓴 작품, 벗 沈念祖, 沈公著, 李寀(호 華泉), 李昉運(호 箕野)[66]에게 준 시들이 주목된다. 도연명 시 및 唐詩 次韻作도 상당수 있다.

雨村集, 南尚敎(1783~1866) 著, 筆寫本 1冊(零本)

南尙敎(1783~1866, 초명은 尙中)의 자는 文叔, 호는 雨村, 본관은 宜寧으로 19세기 한시사를 대표하는 중요한 시인의 한 사람이다. 아버지는 履佑, 어머니는 李基豊의 따님이며, 문과에 급제하여 형조참판 · 함경도 관찰사 등을 역임한 5代祖인 益薰 이후로 우촌의 부친에 이르기까지는 집안에 현달한 인물이 나오지 않았던 것으로 보인다.[67] 당색은 小北이고 충주에 거주했다. 우촌의 아들인 南鍾三(1817~1866)은 문과에 급제하여 承旨에까지 이르렀으나 독실한 천주교 신자였다. 결국 丙寅迫害 때 남상교 남종삼 부자는 죽임을 당하였다. 이렇게 비극적으로 생을 마감했기 때문에, 우촌과 교유했던 趙秀三(1762~1849), 申緯(1769~1847), 李學逵(1770~1835), 李晩用(1792~1863), 洪翰周(1798~1868) 등의 문집에서 그

66) 조영경과 이방운의 교유와 관련하여 조영경이 청풍부사 시절 그 일대를 유람한 것을 이방운이 화첩으로 그린 것이 있다. 박은순의 「19세기 초 名勝遊衍과 李昉運의 <四郡江山參僊水石> 書畵帖」. (『온지논총』 5, 1999)을 통해 소개되었는데 이 화첩에 글을 쓴 趙安叔, 金養之는 바로 趙榮慶과 그 인척 金孝根이다.

67) 朴能緖. 1992. 『韓國系行譜』. 寶庫社. 2152면 참조.

에게 보낸 약간의 시가 발견될 뿐, 남상교에 관한 충실한 기록은 거의 남아 있지 않고, 문집 역시 산일된 채 시집만 몇 권 전할 뿐이다.

남상교는 1816년 進士試에 합격한 뒤 순조 25년(1825) 10월 冬至使를 따라 燕行하여 이듬해 2월까지 연경에 머물다 귀국하였다. 蔭職으로 玄風縣監, 豊基郡守, 寧海都護府使, 忠州牧使 등을 지냈다. 우촌과 교유했던 홍한주는 『智水拈筆』에서 시를 '大家의 詩'와 '詩人의 詩'로 나누고, 淵泉 洪奭周를 '大家'로, 우촌을 신위와 함께 당대의 대표적인 '詩人'으로 꼽기도 했다.

이 책의 卷首題는 '靑琅玕館初稿'이다. 모두 205題 455首의 시가 실려 있고, 맨 뒤에 「好名賦」 1수가 실려 있다. 후대 필사본으로 보이는데, 수록된 작품들이 대체로 창작연도순으로 배열되어 있다. 『靑琅玕館初稿』는 계명대 이외에 국립중앙도서관(古3641-23, 단 제목이 '靑琅玕觀初稿'로 되어 있음)과 고려대 중앙도서관(신암貴 592)에 각각 1부씩 소장되어 있는바, 계명대본은 고려대본과 순서와 수록된 작품이 거의 동일하다. 반면에 국립본과는 수록된 작품들이 일치하는 것도 있지만 다른 것도 많이 있다. 그렇다면 국립본은 계명대본이나 고려대본보다 더 많은 작품을 수록하고 있는 어떤 이본에서 파생되어 나왔을 가능성이 있다. 우촌의 시집은 이밖에도 규장각에 소장된 『雨村詩稿』(古3447-11, 135題 239首), 『三秀堂詩抄』(申緯 審定, 연세대본 및 개인소장본), 『三家風謠』(국립중앙도서관, 62제 137수)[68]本 등이 있어 당대 널리 유통되었음을 알 수 있다.

---

68) 蘇山 尹起晉의 장서인 및 필사기(1892년)가 있다. 수록된 三家는 雨村 南尙敎, 芝田 李身逵, 棠浦 宋一善이다. 以上의 남상교 시집 異本에 대해서는 이현일. 2008. 「雨村 南尙敎 詩 연구」. 『한국한문학연구』 42. 한국한문학회. 참조요.

迂軒集, 鄭彦儒(1687~1764)著, 筆寫本 불분권 2책

저자 鄭彦儒(1687~1764)의 字는 林宗, 號는 迂軒, 本貫은 東萊이며, 성종 때의 名臣 鄭蘭宗(1433~1489)의 10세손이다. 曾祖는 鄭有徵, 祖는 鄭匡周, 父는 參奉을 지낸 鄭雲瑞이며 母는 全州李氏로 佐郎 李鼎興의 따님이다. 曾祖, 祖, 父는 정언유가 현달함에 따라 司僕正, 承旨, 吏曹參判에 追贈되었다. 저자는 1687년(숙종 13) 서울에서 출생하였다. 어려서 조부에게 수학하였는데 문장과 식견이 탁월하였고 대단히 총명하였다. 1721년(경종 1) 증광문과에 병과로 급제하여 禮曹佐郎, 泰川縣監, 溫陽郡守, 掌令, 弼善, 順天府使, 寧海府使, 濟州牧使, 同副承旨, 刑曹參判, 戶曹參判 등을 역임했다. 남인 문단에 이름이 있던 인물이다.

『迂軒集』은 불분권 2책(乾·坤)의 필사본으로 후손이 필사하였다. 끝에 제주목사 시절 지은 한글가사 「耽羅別曲」이 실려 있다.[69]

이 책은 『朝鮮王朝實錄』에 유능한 牧民官, 곧은 말을 하는 言官으로 기록되어 있을 뿐만 아니라 死後 淸白吏錄에 오른 조선후기의 양심적인 관료가 남긴 미발간 詩文集이라는 점에 일차적 의의를 부여할 수 있다. 더구나 작가가 李重煥의 『擇里誌』에 서문을 썼을 뿐만 아니라, 이 책의 내용을 일별할 때 국토산하와 이 땅에서 생장하는 동·식물에 대한 작가의 깊은 관심이 드러나 있어 조선 후기 실학파 문인들의 학문적 성향과 기식이 통하는 것으로 보인다. 특히 우리말로 창작한 가사인 「耽

69) 이 작품은 일찍 학계에 알려졌지만 최근 작품에 대한 재검토가 있었다. 김남형. 2008. 『탐라별곡 연구』. 『한국학논집』 36. 계명대학교 한국학연구원.

羅別曲」은 내용상 일정한 한계를 露呈하고 있기는 하지만 작품의 형식 및 작가의식과 관련하여 충분한 검토가 이루어 져야 할 중요한 작품인 것으로 판단된다.

芍玉詩集, 洪鍾應(1803~1866) 著, 筆寫本 1冊

洪鍾應(1803~1866)의 자는 士協 호는 芍玉인데 30대가 되기 전에는 靑霞와 華山이란 호를 썼다. 본관은 南陽, 시호는 文獻이다. 그는 선조 연간의 유명한 문사였던 拙翁 洪聖民(1536~1594)의 9대손이며, 영조 때 영의정을 지낸 北谷 洪致中(1667~1732)의 6대손이다. 홍종응의 집안은 노론에 속하지만 홍치중은 영조의 탕평책에 부응하여 소론과도 원만한 관계를 유지하였다. 홍종응의 부친은 校理를 지낸 洪勝圭(1775~1822)이고 모친은 안동김씨 金履顯의 따님이며, 장인은 전주이씨 李鼎觀이다. 족친 洪在元의 양자로 출계된 동생 悠齋 洪鍾序(1809~1868)도 문과에 급제하여 이조판서를 역임하였고, 그의 아들 洪淳大(1824~1879)도 문과에 급제하여 이조참판에 올랐다. 갑신정변을 주도하였던 洪英植(1855~1884)의 부친인 洪淳穆(1816~1884)이 그의 從侄이다. 홍종응은 1828년(순조 28) 문과에 급제하여, 홍문관 수찬, 성균관 대사성, 이조 참판, 도승지, 형조판서, 평안도 관찰사, 예조판서, 이조판서 등의 벼슬을 역임하였다.

『작옥시집』은 권수가 나뉘어 있지 않은 필사본으로 도합 209題 343首의 작품이 실려 있다. 그런데 실린 작품들이 모두 7언율시라는 특징을 보이고 있다. 또 겉표지 제목이 '芍玉詩鈔'인 점, 『대동시선』에 실린 시들이 『작옥시집』에 보이지 않는다는 점 등으로 미루어 보아 『작옥시집』은 홍종응의 시 가운데 특정한 성격의 시들만을 발췌해서 모아놓은 것으로 추정된다. 그리고 작품에 창작연대가 표기되어 있지는 않으나 그 내용을 검토해 볼 때 전체적으로는 창작연대순으로 작품을 배열한 것으로 볼 수 있을 듯하다. 책 말미에 "甲午夏 勛東書"라는 기록이 있어 필사년(1894)을 알 수 있는데, '훈동'이 누구인지(어디인지)는 분명치 않다.

홍종응은 19세기 서울 문단에서 활발히 활약하였던 이름 높은 문인이었으므로, 『작옥시집』은 이 시기를 연구함에 있어 매우 소중한 자료라 할 수 있다. 특히 홍종응이 맺었던 넓은 교유관계를 반영하고 있어 당시 서울 문단의 동향을 파악하는데 큰 도움을 준다.

『작옥시집』의 異本은 단국대 율곡기념도서관과 한국학중앙연구원 장서각본, 그리고 개인소장본이 전한다. 단국대본의 표제는 『洪芍玉詩集』이며 필사본 2권1책으로 이루어져 있다. 2권으로 분권되어 있기는 하지만 그 내용은 계명대본과 거의 같다. 작품 배열 순서에서 부분적으로 다른 점이 보이지만, 수록된 작품은 같다. 어느 쪽이 선본이라 단정하기는 어려운데, 필사상태에 있어서는 계명대본이 보다 깔끔하게 정서되어 있음을 볼 수 있다.

장서각본은 내제가 '洪芍玉詩集 卷之二'이다. 역시 7언율시만 실려 있다(단 2수만 7언절구). 총 123제 254수로 1862~65년 사이 작품들이다(끝부분에 1860년 成川에서의 시 등 창작년이 확인되지 않는 시 약간이 있음). 끝에 "辛丑(1901)二月旣望, 精抄于杏亭南湖庄"이라는 필사기가 있다.

雜卉園集, 李重慶(1599~1678) 著, 李祜徵 編, 著者 手稿本 2권2책

저자 李重慶(1599~1678)의 字는 慶叔, 號는 壽軒, 本貫은 全義인데, 조선 세종 조에 中樞院使를 지낸 孝靖公 李貞幹의 8세손이다. 효정공의 5세손이며 저자의 曾祖 李興智가 경상도 淸道의 名儒인 朴河淡(1479~1560, 본관 밀양, 『逍遙堂先生逸稿』)의 따님을 娶한 인연으로 경기도 衿川에서 경상도 淸道로 移居하였다. 父는 竇巖 李璣玉(『竇巖先生文集』)인데, 東岡 金宇顒과 寒岡 鄭逑 兩門에 師事하여 문장과 학덕에 뛰어 났으나, 정여립의 己丑獄死에 연루되어 함경도 鍾城에 유배되었으며, 39세에 졸하였다. 母는 경상도 醴泉 高坪里에 世居했던 潘夢壁의 따님이다.

이중경의 手稿本 『雜卉園集』은 2권2책으로 구성되어 있다. 卷首에 저자의 自筆 序文을 넣었고, 그 아래 長男 李祜徵이 追記하였다. 1권과 2권에는 시와 산문이 혼합되어 있고 전체 작품은 862편인데 詩가 대부분이다. 시 외의 작품은 11편이 실렸다. 1959년 후손들이 『수헌선생문집』(6권2책)을 연활자본으로 간행하였는 바 필사본 『잡훼원집』에 실린 862편 가운데 357편을 削去하고, 211편은 내용을 刪改하는 등 총 568편이 刪削되었다. 또 내용 刪改 211편 중에서도 편명만을 취한 후 몇 수씩을 削去한 것이 보이므로 실제는 더 많이 刪改한 것으로 보인다.[70] 이런 점에서 原稿本 『잡훼원집』의 자료 가치는 이루 다 말할 수가 없다.

70) 장인진. 2008. 「『잡훼원집』의 문헌적 특성」. 계명대학교동산도서관 고문헌총서 7. 『雜卉園集』. 계명대학교출판부.

車城歌, 鄭泰源(19세기) 著, 필사본 1책

본서는 표제도 없고 내제도 없어 첫 작품인 「車城歌」(7언율시)로 제목을 삼긴 했으나 전체가 漢詩를 수록한 시집이다. 저자도 미상이었으나 「漢北水門」 詩의 주석에 "門楣即族大夫故相公鶴南手筆"(鶴南은 鄭羽良의 號임)이란 언급과 '家兒雲鶴'이란 기록에 의거해 저자를 鄭泰源(본관 延日)으로 고증할 수 있었다. 「車城歌」의 車城은 경남 機張의 옛이름으로 정태원은 1861년 11월부터 1863년 7월까지 기장현감으로 재직한 후, 左兵營虞候(1863), 慶州營將(1864)을 연이어 지낸 武班의 인물이다. 본 시집은 앞 부분에 기장, 울산, 경주에 재직할 때 지은 시 30여 제를 실은 후, "以下 在京詩篇"이란 표시 하에 기장에 내려오기 직전인 1857~60년 사이 서울에서 지은 시 10여 題가 실려 있다. 永恩府院君 金汶根(1801~1863)과 창화한 시가 여럿 보이는 것으로 보아 그의 측근이었던 듯하다.[71] 경주에서 지은 산문 「種蓮說」 1편도 같이 실렸다.

清流遺稿, 權祿仁(1769~1834) 著. 筆寫本 1冊

權祿仁(1769~1834)의 자는 景淸 호는 淸流이며 또 다른 호는 望道齋이고, 본관은 安東이다. 생부는 權爔인데 당숙 權燧의 후계로 들어갔다. 1769년 태어나서 1834년 66세로 졸하였다. 묘소는 尙州 近巖村에

71) 정태원은 이전 기장현감 재직 때의 일로 1867년 7월 평안도 三和府에 유배되었고, 1869년 3월 해배되었다. 이후 宣傳官, 茂山府使 등을 역임했다. 정태원은 武人이면서도 시를 잘 했는데 '石莊', '月圃', '錦西', '蕙東' 같은 詩朋이 있다고 하나 이들의 이름은 미상이다.

썼다. 立齋 鄭宗魯(1738~1816)의 門下에 從遊하였으며, 문경 · 상주 일대에서 활동하며 국포 강박의 손자인 姜世白과 식산 이만부 집안의 李敬儒와도 교유한 바 있다. 조부인 兢齋 權相龍이 문과에 합격한 전력이 있고 淸臺 權相一(1679~1760)이 재종조부였다는 사실을 미루어 볼 때 영남 지역의 명문 출신으로 학문을 강학하고 지역에서 지도적인 역할을 하였을 것으로 생각된다.

본서는 모두 시인데 권수제는 '淸流遺稿 卷之一'이고 詩와 輓詩를 나누어 편차하였다. 시는 150題이고 만시는 33題이며 서문이나 발문은 없다.

문경 상주 일대 이만부 · 권상일과 그 문도들의 雅會 공간을 알게 해주는 시가 많다. 안동권씨의 弄淸臺, 장수 황씨의 不換亭, 인천 채씨의 石門亭과 磻溪書堂, 개성 고씨의 南石亭 등을 배경으로 한 작품이 그것이다. 이들 가문의 일원들은 18세기경 문경 · 상주 일대에서 활동하였으며 국문학계에서 이른바 '石門亭歌壇'으로 알려져 있다.72)

본서는 제목 및 시 구절 여러 곳을 교정한 筆寫稿本으로 현재 유일하게 확인된 權祿仁의 문집이다. 본서는 18세기 후반 19세기 초반 문경 상주 일대에서 활동하였던 남인 명문가의 후손들에 대한 정보가 풍부하다. 이들의 선조들은 채수, 고상안, 강박, 이만부, 권상일 등 중앙정계에서 활약한 인물이었다. 이들은 석문정 · 농청대 등에 모여 시회를 갖고 때로는 국문시가를 짓기도 하였는데 이들의 모임은 이른바 '석문정가단'이라 일컬어진다. 본서의 저자인 권녹인은 '석문정가단'에서 중심적인 역할을

72) 박이정. 2005. 「石門亭歌壇의 성립과 그 의미」. 『한국시가연구』 17. 한국시가학회.

했던 채헌의 아들 채시옥의 사위로서 본서에는 '석문정가단'의 실상을 보충할 자료들이 풍부하다.

靑下私集, 趙濟華(1816~1891) 著, 필사본 零本 1책(卷下)

저자 조제화는 자가 季實, 호는 靑下, 본관은 한양으로 龍洲 趙絅(1586~1669)의 7대손으로 포천에 세거한 인물이다. 1859년 생원시, 1870년 문과정시에 합격한 뒤 이조참판까지 지냈다. 당색은 남인으로 중요 가문과 연혼 관계가 맺어져 있다. 본서는 文만 수록된 영본이나 저자의 장서인이 찍힌 精稿本이다. 수록된 주요 작품 목차는 다음과 같다.

「家狀」(1844), 「漢陽趙氏文獻序」(1864), 「從高祖贈吏參公行狀」(1865), 「謹書急難圖後」, 「柳相國閤下致仕還鄕之行」(1872), 「送韓尙書敦源之燕之行」(1876), 「監役濟升東遊錄序」(1876), 「辭吏曹參議疏」(1877), 「八美堂記」(1880), 「書朴匡西家藏鎭江府牌文後」(1880), 「書靈珠記行後」(1881), 「長子婦淑人全州李氏行錄」, 「族譜重刊序」(1884), 「卜居說」(1886), 「祭許性齋先生文」(1886), 「回巹日述懷」(1891) 등이다.

春庵遺稿, 蘇凝天(1704~1760) 著. 筆寫本 3冊(零本)

蘇凝天의 자는 一渾이며 본관은 晉州이다. 18세기 호남의 저명한 학자이자 문장가이다. 소응천은 당시 吳達運(1700~1747), 李彦根(1697~1764)과 함께 '3문장'으로 불리웠다.[73)]

---

73) 아울러 소응천의 「萬古序」가 人口에 膾炙되어 이와 관련된 기사가 많이 나온다.

필사본인 『春庵遺稿』는 零本 3冊의 필사본이다. 1-2책의 내제는 '春庵遺稿'로 제1책은 賦·詩, 제2책은 書·序·記가 수록되어 있고, 제3책은 '春庵續稿'로 詩와 附錄으로 구성되어 되어 있다. 부록은 「遺事」(조카 蘇洙儒 씀), 「行狀」(尹光顔이 씀), 「墓喝銘」(洪良浩가 씀), 「墓誌」(李璹이 씀), 「實記」로 구성되어 있다.

이 책은 본디 총 7책으로 이루어진 문집이다. 다만 卷次는 확정되어 있지 않다. 전남대 호남한문학연구소에 유재영 교수가 기증한 『춘암유고』 필사본 7책이 있는데[74] 순차와 내용이 동일하다. 다만 전남대본이 글씨가 아주 좋고[75], 계명대본은 다소 후대에 필사된 것으로 보인다. 전남대본의 권차는 다음과 같다.

제1책(권1-2) 賦·詩, 제2책(권3-5) 詩, 제3책(권차 없음) 書·序·記, 제4책 祭文·墓誌·墓碣·行狀·傳·錄, 제5책 雜著(일반 글)·論·說·上樑文·箴·銘·頌·策·雜著(讀書箚疑), 제6책 雜著(禮記集註箚疑), 제7책은 '春庵續稿'로 詩(補遺)·附錄으로 구성되어 있다.

계명대본은 이 가운데 제1책, 제3책, 제7책과 동일본이다. 소응천의 문집으로 현재까지 확인된 것은 계명대본과 전남대본 2종뿐이므로 희귀본

---

74) 유재영 교수가 수집한 고서(복사본 포함)가 전남대로 기증되었고, 이를 정리한 『春岡文庫目錄』(호남한문학연구소 편, 전남대출판부, 2007)가 나왔다. 유교수가 재직했던 원광대에도 그 소장서 일부가 복사본으로 비치되어 있다. 『춘암유고』 원광대 소장 복사본을 보내준 이군선 교수께 감사드린다.

75) 한 사람의 빼어난 필체로 되어 있는데 다만 제1책 맨앞의 「春庵遺稿序」(丙辰, 耳溪居士洪良浩)와 제7책 맨끝의 「李鳳煥箚記」(『雨念齋集』 내 소응천 기사) 및 「蘇處士傳」(洪敬謨)은 다른 글씨이다. 따라서 이 글들은 후대에 첨입된 것임을 알 수 있다.

이라 할 수 있고 당대에 지명도가 상당했던 인물이란 점에서 자료 가치가 있다고 하겠다.

虛舟散稿, 嚴慶遇(1655~1731) 著, 筆寫本 1冊(零本)

본서의 저자는 해제를 통하여 嚴慶遇(1655~1731)로 밝혀졌다. 엄경우의 자는 泰徵, 호는 巴陵·虛舟窩, 본관은 寧越이다. 판서를 지낸 緝(1635~1710)과 原州金氏 사이의 3남 2녀 중 장남으로 태어났다. 中宗 연간 文名이 있었던 十省堂 昕(1508~1553)의 현손이며, 監察을 지낸 聖耈(1612~1662)의 손자다. 부친 緝은 붕당의 다툼이 극심하였던 숙종대에 恬穆自守하여 세인의 칭송을 받았던 인물이다. 엄경우 집안의 黨色은 小北이다. '小北5君子'[76] 중 아우 慶遂(1672~1718, 자 仲成, 호 孚齋)[77], 慶遐(1678~1739, 자 季長, 호 稼隱)가 모두 포함되어 있다. 嚴聖耈와 嚴慶遂의 신도비를 撰한 尹彙貞(1676~1754, 자 彦吉, 호 厓西) 또한 '小北5君子' 중 한 사람이다. 엄경우는 全州李氏(父 正言 李命殷)[78]와 혼인한 후 1682년(숙종 8) 진사시에 합격했으나 문과에는 응시하지 않았다. 두 아우가 문과에 급제하여 修撰, 左承旨를 한 것과 대조적이다. 엄경우의 관력은 孝陵參奉과 僉正, 廣興倉守를 지낸 것으로 확인된

76) 鄭胤永(1833~1898), 「北譜序」(『后山文集』 권6, 후손가장본). 참고로 '小北5君子'는 宋瑱, 尹彙貞, 嚴慶遂, 李庭綽, 嚴慶遐이다. 이들은 모두 1670년대 생으로 숙종~영조대에 활동한 인물들이다.

77) 『孚齋日記』(필사본 8책, 규장각 소장)가 현존한다. 윤휘정이 찬한 「弘文館修撰贈吏曹判書孚齋嚴公神道碑銘」(탁본, 국립중앙도서관 소장)이 전한다.

78) 1627년생. 본관은 전주. 1675년 정릉참봉으로 증광별시문과에 급제했다. 문집 『白雪遺稿草』(필사본 1책, 장서각 소장)가 전한다.

다. 교유는 같은 소북계인 任舜元(1653~1723, 자 士擧), 宋瓆(1676~1741, 자 仲潤, 호 恥庵), 李萬選(1654~1735, 자 擇仲, 호 蘧齋), 李尙說(1660~1733, 자 汝雨), 崔守慶(1668~1726, 자 景餘, 호 鳳岛), 洪洵(1661년생, 자 信甫), 金文夏(1652~1699, 자 聖起), 李萬維(1674~1736, 李沃의 三男), 李熊徵(1658~1713, 자 聖輔, 호 黔州), 李震休(1657~1709, 자 伯起), 李龜休(1675~1735, 자 仲暉), 朴萬普(1663~1730, 자 遠萬) 등과 절친하게 지냈다.

필사본『虛舟散稿』는 불분권 1책이다. 內題 없이 表題만 있다. 시와 산문이 섞여 있다. 「湍行十詠」은 선영이 있던 長湍에 놀러 가서 지은 시로 10수이다. 「癸卯暮春者…」는 1723년(경종 3) 任舜元과 그의 조카 任守迪 從孫 任珽, 宋瓆 및 저자와 그 아우 慶遐 등 10여인이 三淸洞에서 한바탕 어울려 놀았던 경과를 적고 그때 자신도 사양치 못하고 따라 시를 지었다고 하였다. 「寄李汝雨崔景餘兄弟」은 벗 이상열과 최수경에게 주는 시이다. 최수경의 아들은 시인으로 유명한 崔成大(1691~1761, 호 杜機)이다. 「日本國記」는 예전 「日本風土記」를 적은 것이 다소 누락된 것이 있다고 생각되어 들은 것을 바탕으로 새로 덧붙인다고 하였다. 그의 이러한 기록은 통신사행의 사신으로 일본에 다녀온 친구 任守幹(1665~1721, 호 遯窩) 등을 통해 많은 정보를 얻은 것 같다. 이어 「耽羅誌」를 비롯 각 지방의 풍토기와 전국 명산에 대한 간략한 기록이 서술되어 있다. 그 중 「關西風土記」는 檀君朝鮮을 소개하고 檀君-解夫婁-金蛙-朱蒙을 嫡傳으로 기술하였다. 「詩話」는 玉峯 白光勳, 孤竹 崔慶昌에서 시작하여 田禹治, 黃眞伊에 이르기까지 25명의 시화를 기록하였다. 대부분 16세기의 인물들로 기존 시화들과의 별다른 차이는 보이지 않는다. 「敬裕入直騎曺…」는 매제 李庭輯의 동생이자 '소북오군자'의 한 사람인 李庭綽(1678~1758, 자 敬裕, 호 悔軒)과 어울린 시이다. 이정작은 장편소설 『玉麟夢』의 저자이기도 하다. 「遊沁都記」는 1723년 가을 長寧殿 參奉으로 재직 중인 宋瓚을 찾아가 함께 강화도 일대를 유람한 유기이다.

『虛舟散稿』의 표지 우측 하단에 '共二十五'라고 되어 있다. 본서가 전체 25책 중 한 책의 낙질본임을 말해주는 것이다. 이와 관련해 필자는 여러 해 전 영남대에 본서와 동일 표제의 책 4책(낙질)을 확인하였다.79) 금번 해제를 통해 이것이 모두 엄경우의 자필 초고본으로 본서와 아울러 '共二十五' 중 일부임이 확인되었다. 4책에 적힌 제목을 보면 詩, 文(일부)과 「松都見聞錄」, 「南行散記(1682년 巴陵의 집을 출발해 天安, 長城, 綾城 등을 여행한 기록)」, 「東國沿革」, 「雜敍」, 「東京誌」, 「西京誌」, 「理學源派」 등이 있다. '共二十五' 중 나머지 20책의 발굴이 기대된다. 『영월엄씨족보』의 엄경우조에는 '有遺集二卷'이라 기록되어 있는데, 아마도 『虛舟散稿』 가운데 정통 詩文만을 抄하여 2권으로 엮은 것

79) 一: 「南行散記」(1682년 11월 巴陵 本家로부터 綾城에 이르기까지의 기행문) 「李聖輔(熊徵)에게 보낸 편지」(2편), 「金聖起(文夏)에게 보낸 편지」(1편), 「祭季父進士公文」(1680), 「祭外舅白雲李公(命股)文」, 「祭金聖起文」(1699), 「雉嶽山歌」, 「松都序」(57句, 변려문, 1685), 「感遊賦」 등 賦 3편.
一: '松都錄'(「松都聞見錄」-1703년 부친 따라 감, 「松都追後聞見錄」) 및 「遊淸風溪記」, 「遊玉流洞記」, 「關王廟記」(1703), 「集賢殿直提學元公(諱昊)行狀」, 「李聖輔(熊徵)에게 보낸 편지」, 「遊天磨山記」 및 詩 약간,
一: 文(雜著·跋·說 등), 시(送別詩 및 輓詩: 南五薰, 柳近, 許頫, 洪潾 등에 대한 輓), 「後端行錄」(1726), 「東國沿革記」 등.
一: 「雜敍」(雜錄·札記 17조목), 「東京誌」, 「西京誌」, 「與人唱酬詩」, 「理學源派」.

이 아닌가 생각된다. 역시 발굴이 기대된다. 엄경우의 더 많은 자료가 발굴된다면 소북 문인들의 동향 파악뿐만 아니라 17세기 말~18세기 초의 문학사의 영역이 적지 않게 확대될 것이기 때문이다. 아울러 저자의 아우 慶遂의 저서인 『孚齋日記』(필사본 8책)[80]가 전하고 있어 저자를 이해하는데 참고가 된다.

3. 계명대학교 동산도서관 소장 조선후기 기타 필사본 문집

앞서 필사본 善本들을 살펴보았다. 이제 기타 필사본들[81] 몇 가지를 소개한다. 우선 소개할 것은 고령·현풍·의령 일대에 세거한 현풍곽씨가의 문집들이다.

郭越(1518~1586, 官 黃海監司)[82]은 초취 진주강씨와 사이에 세 아들을, 재취 김해허씨와의 사이에 두 아들을 두었는데 그 중 셋째가 忘憂堂 郭再祐(1552~1617)이고 다섯째가 郭再祺(1573~1649)인데 계명대에는 곽재기 직계 후손의 문집들이 소장되어 있다. 즉 곽재기의 아들 곽류[83]와 곽융 형제, 곽류의 삼종질 곽홍지의 문집 등이 그것이다.

---

80) 이이화 편. 1987. 『조선당쟁관계자료집』. 15. 여강출판사. 에 영인된 바 있다.

81) 앞서 2장에서 소개했던 본들보다 善本은 못 되거나, 善本으로 충분한 의미가 있으나 아직 본격적으로 고찰하지 못한 자료들이 여기에 해당한다.

82) 『定庵先生逸稿』(2권1책, 達城 藍溪書堂, 1925)는 석판본이 있으나 경상대 등에 필사본 善本(『定庵先祖文集』 1책, 宜寧, 1651년 郭瀏 序)도 있다.

83) 곽류는 곽융의 아들 郭世構(1622~1676)를 入系했는데 곽세구의 『從仕郎遺稿』(필사본 1책)는 연세대에 소장되어 있다. 유일본이다.

萬進堂文集, 郭瀏(1597~1671) 著, 필사본 1책

자는 彦浩. 1617년 생원시에 합격. 병자호란 뒤에 忠憤으로 科擧를 폐하고 향리(현풍)에 처하여 '崇禎處士'로 불리었다. 문집은 해좌 정범조의 서(1785)가 앞에 실려 있고, 이어 곽류의 詩, 序(「王父定庵遺稿敍」, 「苞山郭氏族譜序」 등), 記(「白鷗亭記」 등), 論, 書後, 行狀(조카 곽홍지에 대한 행장), 祭文, 跋 등을 수록하였다. 끝에는 萬進堂府君에 대한 行狀, 遺事 등이 실려 있다. 내용은 단출하기는 하나 현존 유일본이다.

鳩谷先生文集, 郭瀜(1600~1670) 著, 필사본 1책/필사본 2권 1책

자는 彦淑. 호는 鳩谷 또는 蘆谷. 현풍에 살았다. 郭瀏의 동생이다. 靈山縣監을 지낸 金致謹(본관 경주)의 사위. 1616년 사마시에 합격, 1627년 문과에 급제하였다.[84] 미수 허목과 사승 관계를 맺었다. 벼슬은 省峴察訪, 成均館 典籍, 幽谷察訪 등을 지냈다. 현풍현감에 재임중(1634년)인 동명 김세렴에게 조부 郭越의 언행을 서술하여 가지고 가 신도비문을 받았다. 2권1책본에는 戊子年(1768) 5세손 郭厚寧의 跋이 있다. 앞부분에는 「世系」와 「鳩谷先生傳」(1689년 재종질 郭世翼 撰), 「行狀」(1695년 사위 星山 李榮世[85] 撰)이 먼저 실려 있고 이어서 곽융이 지은 문, 시의 순으로 실려 있다. 문은 送序, 逐鬼文, 祭文 등이다. 시는 輓詞와 일반 시가 실려 있다.

---

84) 추후 문제가 생겨 이 일로 덕산현에 유배되었다가 이듬해 풀려났다.
85) 1618~1698. 생원. 『日體亭先生文集』(4권2책, 목활자본)이 간행되었다.

太虛亭遺集[86], 郭弘址(1600~1656) 著, 필사본 6권 2책

본관은 현풍, 자는 子久, 호는 太虛亭으로, 앞서 본 郭瀏·郭瀜 형제의 三從姪이다. 1623년 生員試에 합격했다가 罷榜되고 1624년 진사시에 합격했다. 1635년(인조 13) 문과에 합격한 뒤 예조정랑 등을 지내다가 1646년 서장관(정사는 海翁 呂爾載, 부사는 方丈 崔有淵)으로 淸에 다녀왔다. 귀국 후 태안군수, 형조정랑, 창원부사 등을 지냈다. 초취는 창녕조씨(父 友仁), 재취는 완산이씨(父 蒶), 아들 郭鑴가 칠곡의 광주이씨 李道長(1603~1644)의 사위가 되어 兩家가 사돈이 되었다. 아울러 본고 2장에서 언급한 高靈의 문인 李晦根(『守白堂遺稿』)의 친우였던 郭基(호 靜觀齋) 郭世翰(호 樂窩) 父子는 바로 곽홍지의 5세손과 6세손이다.

제1책은 권1-3으로 詩(正使·副使 등과 함께 지은 「燕行酬唱」도 포함), 賦, 書, 表奏, 咨文, 記, 祭文, 疑가 수록되어 있고, 제2책의 권4-5는 「燕行日記」 上·下, 권6은 附錄으로 저자에 대한 輓章, 祭文, 行狀, 墓碣, 碑陰後敍, 投贈詩牘이 실려 있다.

東湖遺稿, 郭溟翰(1770~1809) 著, 필사본 3책

본관 현풍, 자는 南爲, 호는 東湖, 郭弘址의 6대손이다. 거주지는 고령으로 23세 때인 1792년 3월 도산서원에서 거행된 別試에 합격한 바

86) 계명대본과는 거의 유사한 후손가장본이 있어 1985년 대구에서 譯文을 곁들여 1책으로 간행한 바 있다. 영남대학교 등에 소장되어 있다.

있고, 1795년 생원시에 합격했다. 1책과 2책에 저자의 일반 시문이 실려 있고, 제3책은 전체가 저자에 대한 輓詞 모음이다.

西原世稿(浩齋遺稿), 郭守智(1555~1598, 進士) 著, 필사본 零本 1책
讓軒遺稿, 郭以楨(1619~1685) 著, 필사본 3권1책
勉進堂遺稿, 郭麒世(1669년생) 著, 필사본 3권1책

위 3종은 1292년(충렬왕18) 일본에 사신 갔다가 억류되어 돌아오지 못한 청주곽씨 郭麟 후손들의 문집이다. 곽린 후손들은 본디 칠곡에 세거하다가 임진왜란 전후 함창으로 이주하였다. 浩齋 郭守智는 임진왜란 때 처가인 풍기에서 의병을 일으켜 謙庵 柳雲龍을 도와 공을 세운 인물이다. 『西原世稿』는 호재 곽수지의 7세손 郭萬胄가 편집 필사하여 1792년 立齋 鄭宗魯에게 서문도 받았으나, 간행은 호재의 9세손 郭仁英에 의해 1872년 활자본 6권3책으로 간행되었다.[87] 계명대본은 原稿本으로 의미가 있다. 讓軒 郭以楨과 勉進堂 郭麒世는 祖孫 관계로 郭守智의 직계 후손이다. 咸昌에 살았다. 郭以楨의 『讓軒遺稿』도 실은 『西原世稿』에 넣기 위한 刪定 작업을 한 원고본이다.[88] 郭以楨은 申厚載, 洪汝河, 李元禎, 蔡獻徵, 李夏鎭 등 名士와 교유가 있다. 郭麒世 역시 權相一, 曺夏瑋 등과 교유가 보인다. 『면진당유고』에는 「慕張齋記」, 「望洋亭記」, 「舒嘯巖記」, 「庭置怪石記」, 「漱齋記」 등 기문이 많은

---

87) 이 외에도 곽인영 편의 『瀼潭浩齋師友錄』(2권2책), 『浩齋辰巳日錄』(2권2책) 등이 1935년 大邱 津津堂에서 석판본으로 간행되었다.

88) 『서원세고』는 권1-3 「浩齋遺稿」(郭守智), 권4 「沙塢逸稿」(郭龍伯), 권5 「讓軒逸稿」(郭以楨), 권6 「瀼潭實記」(郭守仁)로 구성되어 있다.

것이 눈에 띈다.

九皐遺稿, 金相寅(1818~1874 직후) 著, 필사본 1책

김상인은 본관은 順天, 자는 鶴老로 안동에 거주했던 인물이다. 1865년 진사시에 합격했다. 『順天金氏世稿』(필사본 2책, 성균관대 소장)를 편찬한 바 있다. 본서에는 시(「謹次許判書性齋『士儀』刊行韻」 등), 疏, 書(「上大院位」 등), 序, 記 , 跋, 祭文, 上樑文, 雜說, 墓誌, 行錄 등의 문체가 실려 있다. 豊山柳氏家와 절친했던 듯 「谿堂柳先生(諱 疇睦) 行錄」을 비롯하여, 龍宮縣監 柳敎睦, 洛坡相公 柳厚祚 등에 대한 輓詩가 있다. 계명대본이 유일본이다.

陶窩遺稿, 崔南復(1759~1814), 필사본(定稿本) 零本 4책

崔南復(1759~1814)의 자는 景至, 호는 陶窩, 본관은 경주다. 崔瓚(學生)과 전주이씨(父 齊松, 병와 이형상 후손) 사이의 3남 중 장남으로 태어났다(동생은 崔馨復, 崔曦復). 경주에 세거한 인물로 1792년 생원시에 합격하였다. 구체적인 생애는 성재 허전이 찬한 묘갈명이 있다. 본서는 絲欄空卷에 깔끔이 필사된 정고본으로 전체 책수는 알 수 없는 영본 4책이다. 甲冊은 권1-2, 乙冊은 권3-4, 丙冊은 권5-6으로 모두 詩가 수록되었다. 창작 연도순으로 실려 있으며 대부분의 작품에 간지가 표시되어 있다. 주요 구절에는 靑圈이 쳐 있다. 戊冊은 권9-10으로 편지(書)가 실려 있다. 남경희, 유의목, 참의 채홍원, 김득후, 영천군수 서유교, 영남관찰사 윤광안 등 영남 지역의 유명 인물 및 관원들과 교제하며 보낸 것들이다. 崔南復의 문집은 후에 『陶窩先生文集』(목판본 8권4책)으로 간행되었으나 본서는 원고본 또는 정고본으로서 자료 가치가 높다. 한편 한국학중앙연구원 장서각에도 崔南復의 草稿本으로 추정되는 문집 4책[89]과 『泣號錄(先考妣行錄)』 1책이 소장되어 있다. 18세기 영남 지역의 문학과 학술 동태를 살필 수 있는 의미있는 자료이다.

東溪遺稿, 李碩九(1713~1785) 著, 필사본 1책

李碩九의 자는 幼齡, 호는 東溪, 본관은 星州이다. 1751년 정시문과에 급제(거주지 星州)하여 掌令, 正言, 獻納 등을 지냈고, 외직으로 영해도호부사(1780~81 재임)를 지냈다. 조부 李達漢은 爾靖·爾膺·爾紳 삼형제를 두었는데 李碩九는 爾膺의 차남이다. 爾紳의 장남 李碩文은 武官으로 사도세자에 대한 의리를 지켜 성주(한개마을)로 낙향 후 사립문을 北으로 냈다 해서 '北扉公'으로 알려진 인물이다. 그 후손이 農栖 李奎鎭, 凝窩 李源祚, 寒洲 李震相 등이다.

권1에는 시가 실려 있고, 부록으로 저자에 대한 墓道 문자(墓誌銘-曾孫 李源孝 찬, 墓碣銘-판서 신응조 찬, 家狀-從子 敏哲 撰)가 실려 있다. 계명대본이 유일본이다.

89) 『陶窩遺稿』 권7-8: 書, 권11-12: 序·記·跋, 권13-14: 雜著, 그리고 권차 미상의 1책(傳·祭文 등)이 그것이다.

遁山遺稿, 金崇濂(1700~1743) 著, 筆寫本 1책

金崇濂의 자는 士希, 호는 遁山이며 본관은 義城이다. 학봉 김성일의 6세손이다. 조부는 義禁府都事를 지낸 金命基로 金命基에겐 두 아들이 있었는데 큰 아들 昌鉉은 백부 金正基의 系子로 들어갔고 둘째 아들 良鉉은 鄭錫僑(본관 진주, 우복 정경세의 증손)[90]의 딸을 아내로 맞이하여 長子 崇濂을 낳았다. 崇濂은 昌寧人 成世項의 딸을 아내로 맞이하여 두 딸을 낳았는데, 장녀는 鄭之益에게, 차녀는 李德中(朴谷 李元祿의 증손자)에게 시집을 보냈다. 崇濂은 32세에 喪妻하였고 姜棁(본관 진주)의 딸을 再娶로 들여 2남 1녀를 낳았는데 장남은 中柱이고 차남은 河柱이다. 1743년, 향년 44세로 세상을 떠났다.

이 책은 크게 遺稿와 附錄 부분으로 구성되어 있다. 遺稿는 詩(6수), 書(2편), 祭文(8편), 雜著(序 1편)로 이루어져 있고, 附錄에는 韓山 李光靖이 쓴 遺事(1770)와 金裕壽·權正宅·李光靖 등이 쓴 輓詞가 수록되어 있다. 李光靖이 쓴 遺事에 의하면, 金崇濂의 두 아들 中柱와 河柱가 어려서 부친을 여의어 부친의 언사와 행적을 살필 길이 없었던 까닭에, 생전에 교유가 있었던 자신에게 글을 부탁하였다고 하였다. 이를 통해 볼 때 『遁山遺稿』는 金崇濂의 두 아들이 장성한 뒤에 선친을 기리기 위해 소량의 詩文이나마 수습하여 후대에 남기려 한 것으로 보인다. 遺稿의 전체적인 내용은 부질없는 속세의 부침을 떠나 자연에서 살아가고자 하는 隱逸的 풍취가 주를 이루고 있다. 계명대본이 유일본이다.

---

90) 廣州李氏 朴谷 李元祿의 사위이다.

仙山府君遺稿, 吳三聘(1653~1703) 저, 필사본 2권1책

본관은 함양. 갈암 이현일(1627~1704)의 제자이다. 권1에는 詩(「姜菊圃樸亡子葬時韻」, 「挽存齋李先生徽逸」 등), 書(「答金正言天與昌錫」), 祝文, 祭文(「祭外舅奉事權公玘文」, 「祭申妹壻碩翰文」 등) 권2는 附錄으로 저자에 대한 타인들의 輓詞, 祭文, 遺事가 실려 있다. 유일본이다.

沈鍾山詩/鍾山遺稿 以上 필사본 각 1책, 沈英慶(1809~1878 직후) 著

沈英慶은 본관은 청송, 자는 伯雄, 호는 鍾山으로 1848년 진사시에 합격(당시 거주지는 江華)한 뒤 1862년 9월 英陵參奉을 시작으로 환갑 즈음인 1868년부터 10년간 蔭職으로 황간현감, 면천군수, 원주판관, 대흥군수, 삼척부사, 가산군수를 지냈다. 당대에 詩人으로 이름 높았는데 특히 삼척부사 시절 죽서루, 경포대 등에서 지은 시는 人口에 膾炙되기도 하였다. 詩名을 반영하듯 그의 시집은 필사본만 10여 종 이상이 현재 전하고 있다. 1944년 손자 심완진이 300여 수의 시를 『鍾山詩集』(석판본 1책)으로 간행하였다. 심완진의 跋에 의하면 심종산의 시문은 상당히 많은 양이 집안에 남아 있었던 듯 한데 그 많은 양의 문집은 현재 행방이 확인되지 않는다.

月谷遺稿, 吳允諴(1570~1635) 著, 필사본 1책

본관은 해주. 오윤함은 楸灘 吳允謙(1559~1636)의 동생이다. 시(「送

舍伯奉使日本(丁巳 7월)」, 「送舍伯將赴燕京」 외)와 제문(3편) 등이 수록되어 있다. 끝에 5대손 吳彦相의 「月谷先生遺稿序」가 붙어 있다. 충남대에 동일한 필사본이 한 부 더 있을 뿐 희귀본이다.

鍾南旅草, 尹鍾均(1861~1940) 저, 필사본 1책

저자 미상이었던 것을 본고를 통해 밝혀냈다. 윤종균의 본관은 해남, 자는 泰卿, 호는 酉堂. 순천 출생으로 전라도 일대에서 시명이 높았던 인물이다. 매천 황현, 묘원 허규, 소천 왕사찬 등과 절친하여 '매천시파'의 일원으로 활약하였고, 서울 쪽의 창강 김택영, 영재 이건창, 난곡 이건방 등과 친밀히 교유하였다. 본서에는 을묘년(1915) 高墉柱[91]가 쓴 「讀鍾南旅草小序」 및 「讀鍾南旅草下序」가 붙어 있는 바, 이 두 편의 序에 의하면 윤종균이 南獄에 칩거하며 지은 『종남려초』 264수 가운데 1차로 74수(상편), 2차로 77수(하편)를 선하여 예전 柳琴이 이덕무 등 사가의 시를 선하여 청의 이조원, 반정균의 평을 얻은 것처럼 자신도 이 시대의 이조원, 반정균을 기다리겠노라고 하였다. 윤종균의 『酉堂詩集』(석판본 1책)[92]은 1934년 순천에서 간행되고 1968년 再刊되었는 바 본서는 그 이전의 필사본이란 점에 의의가 있다. 또 「歲暮懷人」 같은 중요한 작품

91) 『장흥고씨가보: 구례문중』(간본)의 편찬자.

92) 역주본도 나왔다. 『역주 유당시집』(한국고전번역원, 2003) 윤종균에 대해서는 다음 논문 참조. 김정환. 2006. 「매천시파 연구」. 전남대학교 국문과 박사학위논문(미간행); 황수정. 2008. 「유당 윤종균의 삶과 시 연구」. 『고시가연구』 21. 한국고시가문학회. 『유당시집』 앞에 붙은 從子 尹承浩의 「叙傳」에 의하면, 윤종균은 만여 수의 시를 지었고 매천(황현)과 난곡(이건방)이 이에서 수천 수를 선하였다고 한다.

이 간본에는 칠언절구 54수가 실린데 반해 본서에는 60수가 실리는 등 간본에 누락된 작품도 다수 보인다는 점에서 자료 가치가 높다.

春塘手稿, 吳守盈(1521~1606) 著, 필사본 1책

자 謙仲, 호 春塘, 본관 고창. 퇴계의 숙부 松齋 李堣(1469~1517)의 외손자로 16세 때 퇴계의 문하에 들어갔다. 1555년 진사시에 합격한 뒤 出仕하지 않았다. 글씨에 뛰어나 李叔樑, 琴輔와 더불어 '退門三筆'로 일컬어졌다. 高靈의 世族으로 자리한 竹牖 吳澐(1540~1617)의 叔父이다. 『춘당수고』에는 시만 수록되어 있는데 저자의 친필본이라고 한다. 1898년 11대손 吳鼎洛이 목활자본(4권2책)으로 간행한 『春塘先生文集』 내의 작품과 향후 대조가 필요하다.

寒溪集, 金繼善(1758~1835) 著, 필사본 零本 1책

이 책은 그간 저자 미상이었으나, 해제를 계기로 저자가 밝혀졌다. 이 책에 수록된 시에는 서문이 병기된 경우가 많은데, 서문의 말미에 저자의 성명과 자호가 기록된 경우가 더러 있어 저자를 밝힐 수 있었다. 저자는 金繼善(1758~1835)으로 자는 孝述 또는 君述, 호는 寒溪(耐耐翁이라는 호도 간혹 사용)이다. 본관은 선산으로 金叔滋·金宗直의 후손이다.

본서는 2권1책의 落帙本으로 책머리에 실린 총목으로 미루어보아 본디 8권으로 편차되었음을 알 수 있다. 권1-2는 詩, 권3은 書, 권4는 書·序·記·題跋·雜著, 권5는 墓碣·遺事·行狀·祭文, 권6은 祭文, 권7

은 祭文·哀辭·雜識, 권8은 雜識이다. 이 중 현재 남아 있는 것은 권1-2 詩뿐이다. 현재 完本은 발견되지 않았으나, 본서의 서문에 해당하는 글이 남아 있다. 저자의 외증손 鄭趾善(1839~1897)의 『兢齋集』(국립중앙도서관 소장) 7권에 실린 「寒溪金公遺集序」가 그것이다. 본서에는 이 글이 실리지 않았으나 저자와 그 문집의 성격을 잘 보여준다고 생각된다. 이를 통해 보면 저자는 家學을 계승하여 志業이 淸簡高邁하였으며, 忠信孝友에 독실하였다. 과거를 일삼지 않고 조용히 향리(성주·고령 인근)에 은거하면서 의리를 劇論하여 한 시대를 바로잡으니 훌륭한 선비들이 종유하였다. 문집이 남아 있으며 사후 腏享의 의론이 있었으나 아직 이루어지지 못하였다고 한다.

저자는 시문에서 본인이 김숙자와 김종직의 후손이라는 사실을 자주 언급하였다. 이로 보아 저자가 명문의 후예로서 남다른 가문의식을 지녔음을 알 수 있다. 본서는 유일본으로서 지역 한문학을 연구하는 데 의미있는 자료가 되리라 생각한다. 남은 부분의 발굴도 기대해본다. 참고로 서울대 규장각에 소장된 김종직 편의 『彝尊錄』(想白 古 181.251-G421i2)에 '寒溪', '金繼善若述印' 등 저자의 印記가 찍힌 手澤本이 있다. 아울러 이일협의 『螭窩集』(목활자본)에 김계선이 1809년에 쓴 跋(장복추 序)이 있는 등 遺文도 종종 눈에 띈다.

4. 계명대학교 동산도서관 소장 조선후기 필사본 문집 선본의 가치

계명대학교 동산도서관 소장 조선후기 필사본 문집 선본의 가치를 정리하면 아래와 같다.

첫째, 의미있는 유일본들이 대거 소장되어 있다는 점이다. 아울러 해제 과정에서 저자가 새로 밝혀진 것이 상당 수가 있다. 예컨대『棠溪遺稿』(金光遇 著),『蓬巢集』(張漢師 著),『先考遺藁』(李常五 著),『是菴遺稿』(李鼎烈 著),『虛舟散稿』(嚴慶遇 著),『小游散艸(표제: 種桃館藏稿)』(權用正 著),『迂軒集』(鄭彦儒 著),『梧軒稿』(李秉徽 著) 등은 유일 필사본이면서 저자가 거의 알려지지 않거나 잘못 기재되어 있던 것들이다.[93]

둘째, 필사본 중에는 또 저자의 원고본(초고본)이 많다는 것이다. 문집 간행의 저본이 된 것들인데 간본 문집에 비해 보다 상세한 사실 정보를 수록한 경우, 간본 문집에는 刪削되었으나 이 원고본에는 고스란히 남아 있는 것 등 개별 문인 연구에 더 할 수 없이 중요한 자료이다. 예컨대『雜卉園集』(李重慶 著),『過齋先生遺稿』(金正黙 著),『石潭先生遺稿』(李潤雨 著),『歸巖先生文集』(李元禎 著),『參判公遺稿』(李聃命 著),『守白堂遺稿』(李晦根 著),『陶窩遺稿』(崔南復 著),『四未軒文集』[94](張福樞 著) 등이 그러하다.

셋째, 영남 문인들(특히 남인계)의 유일본들이 많이 발굴되었다.[95] 이윤우-이도장-이원정-이담명 등 칠곡 石田 광주이씨가 문집들을 비롯

93) 예시된 것 외에도 저자를 새로 밝힌 것은『覺軒遺稿』(張儔),『觀潭集』(金敎賀),『南涯詩史』(姜鳳欽),『沙月翁遺稿』(李在弼) 등이다.

94) 계명대소장 필사본 22책.

95) 조선전기 인물이라 본고에 거론치 않았지만 李福老(1469~1533. 본관은 합천, 안동에 거주)의『龜村文稿』(필사본 1책)도 중요한 선본이다. 김영진. 2008.「구촌 이복로의 경기체가-<화산별곡>과 <구령별곡>」.『한국시가연구』25. 참조.

하여, 『可齋先生文集』의 저자 權明佑는 屛谷 權榘의 손자이고, 『覺軒遺稿』의 저자 張儔는 四未軒 張福樞의 조부이다. 『癯翁集』 저자 姜世文과 「南涯詩史」의 편자 姜鳳欽은 한 집안으로 모두 상주 인근에서 활약한 남인계 문인들이다. 『觀潭集』의 金敎賀, 『洛下集』의 鄭錫儒(성주 출신), 『遁山遺稿』의 金崇濂(본관 의성, 학봉 김성일 후손), 『水月軒遺稿』의 李集(본관 진보), 『沙月翁遺稿』의 李在弼(본관 진성), 『省齋集』의 金世鋑(본관 의성, 예천·안동 거주), 『笑庵遺稿』의 曺夏瑋(밀양 출신), 『淸流遺稿』의 權祿仁(淸臺 權相一의 재종손, 상주 거주), 「我室遺稿』의 洪璄(안동 거주), 『寒溪集』의 金繼善(고령 거주) 등이 해당된다. 또 「봉소집』의 저자 張漢師와 「수백당시고』의 저자 李晦根은 모두 영남의 유명한 문인이었던 靑泉 申維翰(1681~1752)의 제자들 문집이다. 이들을 좀더 고찰하면 아직 알려지지 않은 영남 문단의 중요한 계보를 더 파악할 수 있을 것으로 보인다. 이외에 「당계유고』의 저자 金光遇도 영남 문인은 아니지만 석북 신광수, 해좌 정범조와 가장 절친했던 문인으로 남인 문단의 주요 시인의 한 사람이다.

넷째, 영남 외에 서울·경기의 주요 문인들도 많이 포함되어 있다. 다음과 같다(괄호는 당색). 趙榮慶(노론), 李秉徽(노론), 趙載遇(소론), 李常五(소북), 崔亨基(당파 미상), 沈英慶(당파 미상), 李範會(당파 미상), 南尙敎(소북), 洪鍾應(노론), 李學逵(남인), 嚴慶膺(소북), 趙濟華(남인).

다섯째, 徐其玉의 『藍田詩稿』와 姜澹雲의 『只在堂遺稿』 등 19세기 후반 영남 詩妓의 시집이 발굴되었다는 점이다. 향후 여성문학사 연구에 좋은 재료로 쓰일 것이다.

여섯째, 문집과는 다소 성격이 달라 본고에 본격적으로 소개하지는 않지만 필사본 시선집 가운데 주목할 자료가 많이 있다. 『南涯詩史』(姜鳳欽 集說, 필사본 1책)[96], 『三洌詩選』([淸] 茆塘 李賢挺 編, 필사본 零本 1책 권3)[97] 등이 그것이다.

---

96) 강봉흠의 본관은 晉山, 자는 德祖이다. 생몰년은 미상이다. 菁川 姜綖(1552~1614)의 7세손으로 조부는 姜必愼(1687~1756, 생원·문과, 『慕軒集』이 있다), 부친은 姜世晉(1717~1786, 생원, 『警弦齋集』)으로 尙州에 세거한 南人 文翰家 출신이다. 族曾祖 姜楷가 李聃命의 사위로 칠곡에 오래 거처하였을 뿐 아니라 강봉흠도 칠곡의 광주이씨 李東茂의 사위가 되었다. 『南涯詩史』는 신라 崔致遠·王巨人과 고구려 乙支文德부터 조선 영조 때 姜樸·姜必愼(호 慕軒)에 이르기까지, 군왕과 여러 시인들이 지은 시 가운데 시대의 상황과 정치적 사건의 배경을 알 수 있는 한시를 소개하고, 역사서·문집·야담·시화 및 행장·묘지문 등에서 관련 일화를 적출한 뒤, 작가의 略傳을 부기하여 엮은 책이다(南夏正의 『桐巢漫錄』에서도 많이 取材하였다). 또한 外國人으로서 명나라 李如松, 安南人 阮莊, 回回國人, 遼東人 林本裕 등의 시를 부록으로 실었다. 편찬시기는 1797년부터 1800년 사이로 추정된다. 이 책은 신라·고구려 시대부터 조선 영조 때까지의 역사를 시를 통해서 일별하게 한 詩史의 체제를 취함으로써 우리나라 시화집 가운데 매우 독특한 위치를 차지한다. 곧, 이 『南涯詩史』는 역사적 사건과 관련이 있는 주요한 시들을 선정하고 관련 일화를 충분한 길이로 소개하여 시의 의미를 부각시키는 한편, 역사의 흐름을 일별할 수 있게 하였다. 이 책은, 역사적 사건을 배후에 지닌 시들을 선별하였다는 점에서는 故事詩의 집성이라고 할 수 있고, 시의 소개를 통해서 역사의 흐름을 일별할 수 있게 하였다는 점에서 詩史라고 말할 수 있다. 계명대본 『南涯詩史』는 저자의 장서인까지 찍힌 親筆 精稿本으로 서지적 가치 또한 높다.

97) 이 책은 四針에 비단 장정으로 되어 있고 봉면지에 '三洌堂板 靑霞山人 丁亥開刊'이라 쓰여 있어서 청나라 李賢挺에 의해 편찬되고 靑霞山人 王澥에 의해 1887년 간행된 책임을 알 수 있는데 刊本은 아직 확인되지 않고 있다. 조선사람 16인의 명단과 함께 그들의 한시가 정갈한 해서체로 실려 있다. 1860년대 이후 朝淸 문사 교류와 詩文의 選刊이 크게 성행하는 바, 주목되는 자료이다. 16인은 다음과 같다(굵은 글씨는 문집이 현존하는 인물). **姜子綦**(字悠成 号秋琹 晉陽人), 尹相殷(字景任 号一農 坡平人), 金日常(字而衆 号楚雅 盆城人), 金秉天(字彝老 号澹嵓 旌善人), **李建昌**(字鳳藻 号寗齋 完山人), 李瑨昱(字伯裕 号東村 完山人), **金蘭**(字晦夫 号畹山 廣州人), **朴文逵**(字雲鴻 号天游 密城人), 韓鎭昌(字文愈

【부록】계명대 동산도서관 소장 조선후기 필사본 문집 선본서 영인 현황 및 화상이미지 제공 목록

"계명대학교 동산도서관 고문헌총서"로 영인[98]

연번	책제목	저자	영인본 책수/원본 책수
7	雜卉園集	李重慶	1책 / 필사본 2책

조선후기 필사본 문집 중 계명대 동산도서관 홈페이지 화상이미지 서비스 목록

연번	책제목	저자	원본책수	서비스 면수
1	迂軒集	鄭彦儒	2책	170
2	棠溪遺稿	金光遇	1책	76
3	種桃館藏稿[99]	權用正	1책	80
4	家稿	趙載遇	1책	170
5	南涯詩史	姜鳳欽	1책	208
6	虛舟散稿	嚴慶遇	1책	102
7	蓬巢集	張漢師	1책	70
8	是菴遺藁	李鼎烈	1책	164
9	愚伏雜錄	鄭經世	1책	146
10	雨村集	南尙敎	1책	104
11	藍田詩稿	徐其玉	1책	92
12	梧軒稿	李秉徽	1책	102

号莠士 淸州人), 李泰璘(字雲瑞 号左村 永川人), 鄭惟本(字固鄉 号雲樵 東萊人), **許薰**(字舞歌 号舫山 金陵人), 崔克昌(字致明 号石庄 曲江人), **成薰永**(字子湘 号南坡 昌寧人), 金近淵(字聲遠 号九樵 延安人), 徐晦輔(字根汝 号惠春 達城人)

98) 고급 영인본은 '계명대학교 동산도서관 고문헌총서'로 이어지는 기존의 영인시리즈(제1집 『무예제보번역속집(武藝諸譜飜譯續集)』, 1999)를 이어나가 일련번호를 매기고 있다. 현재까지 12권이 간행되었다.

99) 해제집엔 내제 원칙으로 '小游散艸'를 제목으로 하였으나 도서관 검색엔 표제인 '종도관장고'로 올라 있다.

참고문헌

계명대학교 동산도서관. 2009.「朝鮮의 名案」. 개교55주년 기념 고문헌전시회.

계명대학교 동산도서관. 2004.『계명대학교 개교50주년기념 고서종합목록』.

계명대학교 한국학연구원. 2008.『계명대학교 동산도서관 소장 善本古書 해제집 1』. 계명대학교출판부.

계명대학교 한국학연구원. 2009.『계명대학교 동산도서관 소장 善本古書 해제집 2』. 계명대학교출판부.

권오정. 2009.「칠곡 광주이씨가의 역사와 소장 고문서」.『고문서집성 92: 칠곡 석전 광주이씨편(1)』. 한국학중앙연구원.

김남형. 2008.「탐라별곡 연구」.『한국학논집』36. 계명대학교 한국학연구원.

김명순. 2005.『조선후기 한시의 민풍 수용 연구』. 보고사.

김영진. 2008.「구촌 이복로의 경기체가-<환산별곡>과 <구령별곡>」.『한국시가연구』25. 한국시가학회.

김영진. 2008.「계명대 동산도서관 소장『小游散艸』外 權用正 시문집 일괄」.『고전과해석』4. 고전문학한문학연구학회. 보고사.

김영진. 2002.「李鈺 硏究(1)-가계와 교유. 명청소품 閱讀을 중심으로」.『한문교육연구』18. 한국한문교육학회.

김정환. 2006.「매천시파 연구」. 전남대학교 국문과 박사학위논문(미간행).

박능서 편.『韓國系行譜』(전3책). 보고사.

박영민. 2002.「姜澹雲, 名妓의 내적 성찰과 悲憤의 서사」.『우리어문연구』20. 우리어문학회.

박은순. 1999.「19세기 초 名勝遊衍과 李昉運의 <四郡江山參僊水石> 書畵帖」.『온지논총』5.

박이정. 2005. 「石門亭歌壇의 성립과 그 의미」. 『한국시가연구』 17. 한국시가학회.

송혁기. 2005. 「17세기 후반~18세기 초 허목 계열 남인 문단의 산문론」. 『민족문학사연구』 27. 민족문학사학회.

신희철. 2002. 『외안고』. 보경문화사.

『영남학』 3. 경북대학교 영남문화연구원. 2003.

이성혜. 2003. 「지재당 강담운의 시세계」. 『동양한문학연구』 18. 동양한문학회.

이현일. 2008. 「雨村 南尙敎 詩 연구」. 『한국한문학연구』 42. 한국한문학회.

장인진. 2005. 「영남 문집의 문헌적 연구」. 영남대학교 국문과 박사학위논문(미간행).

장인진. 2008. 「『잡훼원집』의 문헌적 특성」. 계명대학교동산도서관 고문헌총서7. 『雜卉園集』. 계명대학교출판부.

정우봉. 2009. 「19세기 후반 대구지역 여성문인. 徐藍田의 생애와 문학」. 『대동한문학』 30. 대동한문학회.

정호훈. 2007. 「17세기 李元禎·李聃命 父子의 정치 기반과 활동」. 『조선의 명가 광주이씨』. 서울역사박물관.

호남한문학연구소 편. 2007. 『春岡文庫目錄』. 전남대학교출판부.

황수정. 2008. 「유당 윤종균의 삶과 시 연구」. 『고시가연구』 21. 한국고시가문학회.

계명대학교 동산도서관 소장 국문시가 자료의 가치

권 순 회

1. 서언

고전문학 연구에서 자료의 중요성은 새삼 언급할 필요가 없겠지만 국문시가 분야는 특히 그러하다. 그 이유는 한문학이나 고전소설에 비해 기록되어 전해지는 문헌의 수가 현저히 적기 때문이다. 계명대학교 동산도서관은 국문시가 연구에 매우 긴요한 자료를 다수 소장하고 있다고 학계에 널리 알려져 있다. 본고의 목표는 이들 자료의 시가사적 가치를 판단하는데 있다.

현재 동산도서관에는 국문 악장 1종, 경기체가 2종, 시조 4종, 가사 8종, 총 15종의 국문시가 자료가 소장되어 있다. 본고는 먼저 이들 자료의 현황과 가치를 개관하고자 한다. 그리고 그 가운데 시가사적 가치가 크다고 판단되는 주요 자료를 선별하여 그 특성에 대해 상론할 것이다.

2. 계명대학교 동산도서관 소장 국문시가 자료 개관

1) 악장·경기체가

동산도서관에는 국문 악장의 대표 작품인 「용비어천가」와 경기체가 2편이 소장되어 있다. 동산도서관 소장 「용비어천가」는 1447년(세종 29)에 간행된 초간본 10권 10책 가운데 8, 9, 10권 3책이며 내용으로는 59장부터 125장까지이다. 8권에 59장부터 77장까지, 9권에 78장부터 87장까지 10권에 98장부터 125장까지 수록되었다. 「용비어천가」는 시가사적 위상을 새삼 재론할 필요가 없을 정도로 중요한 자료이다.

「花山別曲」과 「龜嶺別曲」은 각기 6장으로 구성된 경기체가이다. 동산도서관에 소장된 李福老(1469-1533)의 문집인 『龜村文稿』(필사본 1책)에 수록되어 있다. 최근에 계명대학교 한문교육과 김영진 교수가 발굴하여 학계에 보고한 신자료이다.[1] 창작 년대는 정확히 고구할 수 없으나 16세기 초반 무렵으로 짐작된다.

「花山別曲」은 安東府의 勝地와 民風을 찬양하고, 산천과 고적을 돌아본 감회와 호탕한 풍류를 노래한 작품이다. 반면에 「龜嶺別曲」은 저자가 안동 一直 龜嶺 인근에 卜居하며 강호 생활의 흥취를 구가한 것이다. 현전하는 경기체가 작품이 총 25편밖에 되지 않는 상황에서 「花山別曲」과 「龜嶺別曲」의 자료적 가치는 각별하다. 아울러 이들은 15세기 말에서 16세기 초 경기체가의 변모 양상을 살필 수 있는 귀중한 자료이다.

---

1) 김영진. 2008. 「龜村 李福老의 경기체가 – <花山別曲>과 <龜嶺別曲>」. 『한국시가연구』 25집. 한국시가학회.

2) 時調

동산도서관 소장 시조 문헌 자료의 수량은 많지 않다. 하지만 시가문학사에서 이들 자료가 차지하는 비중은 결코 작지 않다. 소장 자료의 현황은 다음과 같다.

- 李重慶 著. 「梧臺漁父歌」. 『雜卉園集』. 著者手稿本 2卷 2冊.
- 『海東歌謠』. 필사본 1冊.
- 『青丘永言』. 필사본 1冊.
- 『詩餘』. 필사본 1冊.

『雜卉園集』에 수록된 「梧臺漁父歌」는 李重慶(1599-1678)이 58세 되던 1656년에 창작한 연시조이다. 「梧臺漁父歌九曲」, 「漁父詞五章」, 「漁父別曲前三章」, 「漁父別曲後三章」으로 구성되었다.[2] 창작 경위는 「梧臺漁父歌自序」에 소상하게 나와 있다. 自序에 밝힌 바와 같이 「梧臺漁父歌九曲」, 「漁父詞五章」은 李賢輔(1467-1555)의 「漁父歌九章」과 「漁父歌五章」을, 「漁父別曲前三章」, 「漁父別曲後三章」은 李滉(1501-1570)의 「陶山十二曲」을 모방하여 梧臺에서의 어부 생활의 흥취와 현실적 고뇌를 노래한 작품이다.

「梧臺漁父歌」는 17세기 어부가 계열의 작품 분화와 강호시조의 변이 양상을 살필 수 있는 귀중한 자료이다. 17세기 강호시조의 시적 인식의

---

2) 「梧臺漁父歌」의 발굴 경위 및 문헌적 특성에 대해서는 다음 논문이 참조 된다. 장인진. 1983. 「새로 발굴된 李重慶의 梧臺漁父歌」. 『도서관학』 10. 한국도서관학회; 장인진. 2008. 「『雜卉園集』의 문헌적 특성」. 『雜卉園集』. 계명대학교출판부.

구도는 16세기의 연장선상에 있다고 할 수 있다. 하지만 16세기 강호시조에 비해 정치 현실에 대한 대타 의식과 도학적 이념은 현저히 약화된다. 대신에 재지사족들의 체험적 삶의 고뇌를 투영한 작품들이 등장한다. 이러한 17세기 강호시조의 변화의 분기점에 있는 작품이 「梧臺漁父歌」이다.[3)]

『해동가요』는 1979년 朴永弴 선생에 의해 발굴·소개된 가집이다.[4)] 이로 인해 학계에서는 『해동가요』 박씨본으로 통칭된다. 539수의 시조와 가사 「수시가」를 수록하고 있다. 『해동가요』 초간본의 전사본으로 추정되는 가집이다. 이상원은 『해동가요』(박씨본)는 1755년경에 완성된 『해동가요』 초간본을 저본으로 삼아 1760년대 후반 경에 韓維信의 활동 무대였던 대구 지역에서 편찬된 가곡창 가집으로 보았다.[5)] 『해동가요』(박씨본)에는 『해동가요』와 함께 한유신의 「永言選序」(1762년)와 시조 11수, 대구 지역 문인 8명의 발문이 수록되어 있다. 대구 지역의 가곡 연행 상황을 보여준다는 점에서도 우리의 관심을 끈다.[6)]

---

3) 이형대. 2002. 『한국 고전시가와 인물형상의 동아시아적 변전』. 소명출판. 143-152쪽.
4) 朴永弴. 1979. 「海東歌謠 異本書誌 小考와 因緣記」. 『韓國文學』 通卷六三號. 韓國文學社.
5) 이상원. 2002. 「조선 후기 가집 연구의 새로운 시각 - 『해동가요 박씨본』을 대상으로」. 『시조학논총』 18. 한국시조학회.
6) 『해동가요』(박씨본)에 대한 그간의 주요 연구 성과는 다음과 같다.
朴魯春. 1979. 「朴氏本 「海東歌謠」의 資料的 價値」. 『국어국문학』 81. 국어국문학회 ; 李相寶. 1979. 「海東歌謠 附永言選 해제」. 『海東歌謠 附永言選』. 奎章文化社 영인 ; 황충기. 1979. 「박씨본 <해동가요>에 대하여」. 『어문연구』 23. 한국어문교육연구회 ; 최동원. 1980. 「박씨본 『해동가요』고-진청·해박·해주의 대비적 고찰」. 『고시조론』. 삼영사 ; 沈載完. 1992. 「韓維信과 永言選」. 『모산학보』 3. 모산학술연구소 ; 양희찬. 1995. 「김천택의 <해동가요록>과 김수장의 <해동가요>의 관계」. 『우리어문연구』 9. 우리어문학회 ; 양희찬. 1998. 「『해동가요』의 편찬과 성격에 대한 시론」. 『순천향어문논집』 5. 순천향어문학연구회 ; 조규익. 1999.

『靑丘永言』(계명대본)은 필사본 1冊으로 이루어진 가곡창 가집으로 아직 학계에 소개되지 않은 신자료이다. 같은 이름의 가집과 구분하기 위해 본고에서는 『청구영언』(계명대본)이라 칭하고자 한다. 시조 474수가 수록되어 있다. 계명대본은 18세기 가집의 재필사본을 저본으로 삼고 그 뒤에 자신의 시조 54수를 추록한 가집이다. 무엇보다 188수에 달하는 신출 작품이 발견된다는 점에서 매우 귀중한 자료이다.

『詩餘』는 필사본 1冊으로 이루어진 시조창 가집이다. 시조 170수가 수록되어 있다. 심재완 선생이 『시조의 문헌적 연구』에서 해제를 통해 소개 한 바 있다.[7] 특히 시조창 계열의 대표 가집인 『남훈태평가』와 그 체제가 유사하여 주목된다. 시조창 가집 관련 논문에서 언급되기는 했으나 이 가집의 특성에 대해 본격적으로 연구되지는 않았다.

3) 歌辭

동산도서관에는 총 8종의 가사 문헌 자료가 소장되어 있다. 소장 자료의 현황은 다음과 같다.

- 朴仁老 著.「小有亭歌」. 필사본 1冊.
- 鄭彦儒 著.「耽羅別曲」.『迂軒集』. 필사본 불분권 2冊(乾, 坤).
- 『가정만가』. 필사본 1冊.
- 『김교리북천가』. 필사본 1冊.

「『영언선』의 정체와 가집 편찬사적 의미」.『시조학논총』15. 한국시조학회; 김용찬. 1999.『18세기 시조문학과 예술사적 위상』. 월인; 이상원. 앞의 논문.

7) 심재완. 1972.「시조의 문헌적 연구」. 세종문화사. 63-64쪽.

- 『백발가』. 필사본 1冊.
- 『思鄕曲』. 필사본 1冊.
- 『閒閨要抄』. 필사본 1冊.
- 『歌詞集』. 필사본 1冊.

「小有亭歌」는 경북대 김문기 교수가 1980년 4월에 永川에서 발굴한 蘆溪 朴仁老(1561-1642)의 가사이다. 이 歌帖은 「小有亭歌」의 유일본이다. 歌帖에는 「小有亭歌」와 함께 小有亭의 扁額 글자를 1폭에 1자씩 摸寫하여 놓았고, 그 경위를 밝힌 「摸小有亭揭號額字說」과 小有亭의 主人인 蔡應麟(1529-1584)의 한시를 부기하였다. 歌題 아래에 "朴萬戶仁老作 永川人"이라는 기록이 있어 「小有亭歌」의 작자가 朴仁老임을 확인할 수 있다.

김문기 교수는 「小有亭歌」가 1692년(숙종 18)에 필사되었다고 보고 있다. 채응린의 외증손인 李鳴宇가 外曾祖父宅에 출입하면서 소유정은 소실되었으나 당대 명필이었던 裵大維가 쓴 '小有亭' 편액이 먼지투성이로 전해지는 것을 보고 이를 摸寫하고 그 과정을 밝히는 「摸小有亭揭號額字說」을 쓰면서 그때까지 외증조부 댁에 전해지던 「소유정가」를 필사하여 이 가첩을 만들었다고 파악했다.[8] 「소유정가」가 추가되어 박인로의 가사는 총 9편으로 늘었다. 「소유정가」는 「사제곡」, 「노계가」와 더불어 박인로의 강호가사의 면모를 확인할 수 있는 소중한 자료이다.

8) 이 가첩의 발굴 경위와 특징에 대해서는 다음 논문에 소상히 밝혀져 있다. 김문기. 1989. 「소유정가의 특징과 가치」. 『한국학논집』 16. 계명대학교 한국학연구소.

「耽羅別曲」은 迂軒 鄭彦儒(1687-1764)가 창작한 제주도 관련 기행가사이다. 총 120구로 구성되었다. 『탐라별곡』이 수록된 동산도서관 소장 필사본 『迂軒集』은 불분권 2冊(乾, 坤)으로 구성되었으며 迂軒의 6세손 鄭雨德의 跋文에 의하면 1905년에 편집이 완성된 초고본이다. 「탐라별곡」은 坤 말미에 合綴別錄 형태로 수록되어 있다.[9)]「탐라별곡」의 이본은 동산도서관 소장본 이외에도 윤석창 소장본(4卷 2冊)[10)], 한국학중앙연구원 소장 두루마리 필사본이[11)] 존재한다. 이 가운데 한국학중앙연구원 소장본과 동산도서관 소장본이 윤석창 소장본 보다 필사 시기가 앞서고, 그중에서도 동산도서관 소장 「탐라별곡」이 善本인 것으로 밝혀졌다.[12)]

「탐라별곡」은 迂軒이 제주목사로 부임하는 과정과 관내를 순행하면서 목도한 백성들의 삶의 참상, 그리고 목민관으로서의 감회를 노래한 작품이다. 특히 본사에서 기근과 가혹한 세금에 시달리는 제주 백성들의 참상을 매우 사실적으로 그리고 있어 주목된다. 迂軒은 1749년(영조 25)에 濟州牧使에 제수되었다가 1751년(영조27)에 파직된 바 있는데 「탐라별곡」은 迂軒이 제주목사로 부임한 1749년 무렵에 창작된 것으로 판단

9) 『迂軒集』의 문헌적 특성에 대해서는 김남형. 2008. 「迂軒集 解題」. 『계명대학교 동산도서관 소장 善本 古書 해제집 1』. 계명대학교출판부 참조.

10) 윤석창. 1982. 「耽羅別曲硏究」. 『명지어문학』 12. 명지대학교 국어국문학과.

11) 윤치부. 1995. 「耽羅別曲의 구성과 표현」. 『제주교육대학교 논문집』. 제주교육대학교. 이 논문에서 윤석창 소장본과, 한국학중앙연구원 소장본을 비교·검토 하였다.

12) 김남형. 2008. 「鄭彦儒의 「耽羅別曲」에 대하여」. 『한국학논집』 36. 계명대학교 한국학연구원. 이 논문에서 동산도서관 소장 『迂軒集』 소재 「耽羅別曲」의 특성과 가치에 대해 자세히 다루었다.

된다.

「탐라별곡」은 현재까지 발견된 유일한 제주도 관련 기행가사라는 점에서 18세기 가사 연구에 매우 소중한 자료이다. 아울러 동산도서관 소장 『迂軒集』 소재 「탐라별곡」은 이본 가운데 善本이라는 점에서 자료적 가치가 돋보인다.

『김교리북천가』의 경우 표제는 유배가사인 김진형의 「북천가」이지만 실상은 필사본 규방가사집이다. 「북천가」와 함께 「사친가」, 「계녀가라」, 「희조사라」, 「회한가」, 「정승상회혼가」 등을 수록하였다. 을축년(1925)에 필사되었다.

『백발가』도 필사본 규방가사집이다. 「백발가」, 「송씨부인효힝표창문」, 「김씨열여가」, 「이석가라」, 「사친가」, 「석별가」, 「신행가」 등을 수록하였다. 경북 고령에서 필사된 것이다. 중간에 필체가 달라지는 것은 여러 번에 걸쳐 필사된 흔적으로 판단된다.

『思鄕曲』도 「ᄉᆞ향곡」, 「답사향곡」, 「상사별곡이라」 등을 수록한 필사본 규방가사집이다. 근년(庚子, 1960)에 필사된 것이다.

『가정만가』도 필사본 규방가사집이다. 「화수가」, 「행신가」, 「사친가」, 「곽씨제문」 등을 수록하였다. 표지의 "戊戌年 二月 十七日"과 후미의 "檀紀 四二九一年 四月 휴가 마지막날"이라는 기록을 통해 1958년에 필사된 사실을 확인할 수 있다.

『閒閨要抄』 역시 「이회가」, 「원별가」, 「억부모가」, 「화슈가」, 「화전가」 등을 수록한 규방가사집이다. 특이한 것은 금전출납기록대장 위에 필사했다는 점이다. "丁酉春正月上浣始"라는 기록으로 미루어 1957년에 필사된 것이 확실하다.

한편 『歌詞集』은 100여 면에 이르는 장편가사집이다. 「역대가」 형태로 주요 왕과 관련된 일화나 야사를 중심으로 정조 때 까지 서술하고 있다. 20세기 초반에 필사된 것으로 판단된다.

이상과 같이 가사 문헌 자료는 「小有亭歌」, 「耽羅別曲」, 『歌詞集』을 제외하면 모두 규방사류이다. 규방가사가 경북에서 다수 산출되었다는 점을 감안하면 이는 소장처인 계명대학교의 지역적 배경과 무관하지 않다. 이들은 모두 20세기에 창작, 필사된 가사들로 문학사적 가치는 그렇게 크지 않다고 판단된다.

3. 주요 자료의 특성과 가치

이상에서 개관한 소장 자료 가운데 시가사적 가치가 크다고 판단되는 자료는 「龍飛御天歌」, 「花山別曲」과 「龜嶺別曲」, 「梧臺漁父歌」, 「小有亭歌」, 「耽羅別曲」, 『海東歌謠』, 『靑丘永言』, 『詩餘』이다. 「龍飛御天歌」는 훈민정음 창제 이후에 처음 창작된 장편 국문 악장이다. 「花山別曲」과 「龜嶺別曲」은 16세기 초 경기체가의 변모 양상을 보여주는 신발굴 자료이다. 「梧臺漁父歌」와 「小有亭歌」는 17세기 재지사족 시가의 특성과 강호시가의 변이 양상을 살필 수 있는 귀중한 자료이다. 「耽羅別曲」은 현재까지 발견된 유일한 제주도 관련 기행가사라는 점에서 18세기 가사 연구에 긴요한 자료이다. 아울러 동산도서관 소장본이 「탐라별곡」의 善本이라는 점도 주목된다.

『海東歌謠』와 『靑丘永言』은 18세기 가집의 특성과 그 분화 양상을 보여주는 자료들이다. 특히 『靑丘永言』은 아직 학계에 소개되지 않은 새로운 자료라는 점에서 그 가치가 각별하다. 『詩餘』는 19세기말에서 20세기 초 시조창 가집의 분화 양상을 보여준다는 점에서 우리의 관심을 끄는 자료이다.

이 가운데 「용비어천가」의 문헌적 특성에 대해서는 본서의 장인진 선생과 백두현 선생의 논문에서 상론될 것이다. 「梧臺漁父歌」, 『海東歌謠』, 「小有亭歌」, 「耽羅別曲」의 특성과 가치에 대해서도 이미 학계에서 여러 차례 논의된 바 있다. 이에 본고에서는 신출 자료인 「花山別曲」, 「龜嶺別曲」, 『靑丘永言』과 상대적으로 논의가 소홀했던 『詩餘』의 주요 특성과 가치에 대해 상론하기로 한다.

1) 「花山別曲」·「龜嶺別曲」

「花山別曲」과 「龜嶺別曲」은 각기 6장으로 구성되었다. 특히 우리말 부분을 이두식으로 표기하였다. 「花山別曲」과 「龜嶺別曲」은 경기체가의 형식적 규범과 특성을 비교적 온전하게 갖추고 있다. 다만 「龜嶺別曲」의 마지막 6장은 형식적 규범에서 일탈하여 후절만으로 구성하였다.[13] 이러한 예는 權近(1352-1409)의 「霜臺別曲」 5장에서 단초가 보이고 丁克仁(1401-1481)의 「不憂軒曲」(1472) 7장, 金絿(1488-1534)의 「花田別曲」 6장 등 15세기말-16세기 초 경기체가에서 본격적으로 확인된다. 이 시기 경기체가의 형식적 변화를 보여주는 중요한 사례이다.

---

13) "宦海浮沈(豆) 我(卩)知(又亼) / 人間榮辱(豆) 我(卩)知(又亼) / 黃冠野服 忘形魚鳥 江湖散人(伊沙) / 我(叱分又多)"

「花山別曲」과 「龜嶺別曲」을 창작한 李福老는 李澤(1425-1487)과 豐山 沈氏사이의 4남 2녀 중 3남으로 漢陽에서 태어났다. 자는 百順 또는 君錫, 호는 龜村·雙峯이다. 이복로의 집안은 윗대의 묘가 합천에 있는 것으로 보아, 관향지인 합천에 先山 등 세거지가 있었음을 알 수 있다. 증조부 李瑤와 조부 李仲卿 兩代에 걸쳐 安東都護府使를 지내면서 안동에도 살 곳을 마련한 것으로 보인다.

20대 초반까지 부친의 임소 및 漢陽·楊州 등지에서 생활하였고, 22세 때 鄕邸가 있는 安東 一直에 와서 義城縣令 兪好仁(1445-1494)의 문하에서 수학하였다. 23세 때 一直의 영양 남씨와 혼인한 뒤 예안현감 金詮(1458-1523)의 문하에서 수학하였다. 안동에서 계속 공부를 하던 중 1495년(27세 때) 9월 생원·진사 양시에 모두 합격하여 성균관에 올라왔다가 이후 6-7년간 성균관과 고향을 오가며 학업을 계속하였다. 1508년(40세 때) 영천군수 李沆, 의성현령 李耔와 청량산을 유람하였다. 1513년(45세 때) 式年文科에 합격하였다. 이후 3년여 서울의 인척 및 친구 집을 빌려 寓居하였다. 博士, 養賢庫 直長, 典籍 등을 지내다가 1517년 겨울 하동현감에 제수되어 이듬해 부임하였다. 1524년 경상도 都事, 1525년 봉상시 판관 등을 지내고 1527년 草溪郡守로 부임하였다. 1530년 초계군수에서 파직되어 안동으로 돌아와 1532년 도연명의 「歸去來辭」, 「歸田賦」, 「閑居賦」 등에 和作을 지었다고 한다.[14)]

「花山別曲」과 「龜嶺別曲」은 같은 작가에 의해 창작된 작품임에도

14) 이상은 김영진 교수가 魚得江(1470-1550)이 찬한 「郡守公墓碣」와 龜村年譜, 『합천이씨강양군자손보』 등을 참조하여 이복로의 생애를 소개한 것을 정리한 것이다. 김영진. 앞의 논문. 349-350쪽.

불구하고 시적 지향은 사뭇 다르다. 「花山別曲」은 1장과 2장에서는 安東府의 勝地와 民風을 찬양하고 있다. 백성들이 근검절약하며 農桑에 힘써 민풍이 도탑다고 노래하였다. 3장에서 6장까지는 유람과 풍류의 광경을 읊었다. 3장에서는 映湖樓에서의 감회와 풍류를 호기롭게 담아냈다. 4장은 안동부의 산천과 고적을 유람하는 광경이다. 5장은 瓦釜灘에서 벌어지는 선유놀음의 광경과 흥취를 그렸다. 다음은 6장이다.

佳麗地 好時節 使華風流	아름다운 곳, 좋은 시절 사또의 풍류
皓齒歌 細腰舞 利園弟子	하얀 치아로 노래하고 가는 허리로 춤추는 이원의 제자
管絃聲裡 杯盤狼藉 賓主交歡	관현 소리에 잔과 소반 낭자하고 손과 주인은 즐겁도다
偉 同樂大平景 何	아, 태평 시절 함께 즐기는 광경 어떠한가!
厭厭夜飮 不醉無歸	물리도록 한밤까지 마시나니 醉치 않고는 못 돌아가는 도다
(再唱)	(再唱)
偉 秉燭夜遊景 何如	아, 촛불 잡고 밤드리 노니는 광경 어떠한가![15]

아름다운 땅(안동)에서 호시절에 벌어지는 使華風流의 장면을 호기롭게 그리고 있다. 妓樂을 동반하고 술에 취해 밤드리 노는 광경이 자못 질탕하다. 이처럼 「花山別曲」은 이복로가 자신의 고향이자 증조부와 조부가 府使를 지냈던 安東에 대한 감회와 풍류를 호기롭게 노래한 작품

15) 이하 인용 작품의 번역은 김영진. 앞의 논문. 351-355쪽 참조.

이다. 그가 언제 어떠한 연유로 이 작품을 창작했는지는 알 수 없다. 다만 형식적 규범에 대한 파격이 보이지 않고 경기체가 특유의 찬양과 과시의 정서가 두드러진다는 점에서 강호에서의 개인적 감흥을 노래한 「龜嶺別曲」에 비해 이른 시기에 창작되었을 것으로 판단된다.

「龜嶺別曲」의 시적 지향은 이와 대조된다. 鄕邸가 있는 安東 一直 부근의 龜嶺에서의 소박한 강호 생활의 흥취를 노래한 작품이다. 다음은 「龜嶺別曲」 3장이다.

八龍里 南水庵 泉石村庄	팔룡리 남수암 천석촌장
淵柳亭 蒲坪堤 十里長江	연류정 포평제 십리장강
紅蓼花邊 白鷗群飛 乘舟縱棹	붉은 여귀꽃 가로 백로 떼로 날고 배 띄워 맘대로 노 젓누나
偉 泝流上下景 其何如	아, 강물 따라 오르내리는 광경 그 어떠한가!
一竿漁父 傲視三公	낚싯대 맨 어부 삼정승을 오만히 보누나
(再唱)	(再唱)
偉 知我者無豆舍亽	아, 나를 알 자 없도다

강호와 합일된 漁父의 흥취를 노래하였다. 龜嶺 부근 강가에서의 강호 생활의 한 단면을 노래한 것으로 생각된다. 수사 방식이나 세계상이 「어부가」와 크게 다르지 않다. 특히 이러한 풍류를 알 자가 없다고 하며 강호 생활에 대한 강한 자긍심을 표출하였다. 이러한 시적 정조는 「龜嶺別曲」을 관통한다. 3장 이외에도 1장에서는 한적한 곳에 卜居하는 광경이 어떠하냐며 날 따를 자 몇 분인가라고 하였다. 2장에서는 초당에서

거문고와 바둑으로 음풍영월하며 頤養하는 감회를 노래하였다. 4장에서는 만물이 생동하는 봄날 踏靑하며 호탕하게 노래를 부르는 광경을 曾點의 舞雩臺 풍류에 비유하고 있다. 5장에서는 重九日에 아내와 아이들을 데리고 산수유 열매 꽂고 국화주를 마시면서 災厄을 피하고자하는 소박한 심경을 노래하였다. 그리고 마지막 6장에서는 세속의 부귀영화를 잊고 黃冠野服으로 몸을 잊고 魚鳥와 어울리는 江湖散人은 자신뿐이라고 하며 강호 생활의 자긍심을 노래하였다.

「龜嶺別曲」은 어떠한 계기로 창작된 것일까? 작품의 내용을 고려할 때 이복로가 초계군수에서 파직되어 歸田園한 직후로 판단된다. 연보에 의하면 그는 1530년 초계군수에서 파직되어 안동으로 돌아와 1532년 도연명의 「歸去來辭」, 「歸田賦」, 「閑居賦」 등에 和作을 지었다고 하는데 아마도 이 무렵에 歸田園한 소회를 담아 「龜嶺別曲」을 창작했을 것으로 생각된다.

이상에서 「花山別曲」과 「龜嶺別曲」의 시적 특성을 간략하게 살펴보았다. 보다 자세한 사항은 본격적인 작품론에서 거론될 터이나 여기서 한 가지 짚어 보아야 할 점이 있다. 「花山別曲」과 「龜嶺別曲」이 창작된 15세기말에서 16세기 초에 경기체가는 중요한 변화의 국면을 맞이한다. 형식적 측면에서 규범의 해체가 일어난다. 「불우헌곡」, 「화전별곡」 등에서와 같이 마지막 장을 후절만으로 구성하는 사례들이 포착된다. 「龜嶺別曲」도 마지막 6장을 후절만으로 구성하였다. 또 朴成乾의 「金城別曲」(1480)에서와 같이 전절의 격식을 해체한 사례도 발견된다. 더욱이 16세기 중반에 오면 반복-전환의 구조와 분절 형식이 해체되고 극단적으로 周世鵬(1495-1554)의 「道東曲」(1541), 「儼然曲」(1541), 「太平

曲」(1541)과 같이 후절만으로 작품을 구성하고 權好文(1532-1587)의 「獨樂八曲」에서와 같이 전절만으로 작품을 구성한 사례도 발견된다. 내용적 측변에서도 관인적 이상과 풍류를 강조하던 궁중음악의 일변도에서 벗어나 사대부의 개인적 이상을 노래한 작품이 등장하는 시점이다.[16)]

이복로의 「花山別曲」과 「龜嶺別曲」은 이러한 변화의 기로에 있는 작품이다. 우선 형식적 측면에서 「花山別曲」은 경기체가의 규범에서 벗어나지 않았지만 「龜嶺別曲」의 경우 6장을 후절만으로 구성하여 파격이 보인다. 내용적 측면에서도 「花山別曲」이 안동부의 勝地와 민풍을 찬양하고 使華風流를 호기롭게 노래한 반면, 「龜嶺別曲」은 鄕居생활의 自樂的 흥취를 노래하여 좀 더 후대적인 면모를 보인다. 특히 「龜嶺別曲」은 이 시기 경기체가의 변모 양상을 고스란히 담고 있다는 점에서 주목을 요한다. 그러므로 이 두 편의 발굴은 작품수의 추가를 떠나 이 시기 경기체가의 변화를 재구할 수 있는 자료를 확보했다는 의미를 갖는다. 아울러 안축-김구-주세붕-권호문으로 이어지는 영남 지역의 경기체가 傳承의 한 중간에 자리한다는 점에서[17)] 이 자료는 더 없이 소중하다.

2) 『靑丘永言』[18)]

『靑丘永言』(계명대본)은 필사본 1冊으로 이루어진 가곡창 가집이다.

---

16) 성기옥. 1985. 「경기체가」. 『국문학신강』. 새문사. 111-112쪽; 박경주. 1996. 『景幾體歌硏究』. 이회. 196-208쪽.

17) 김영진. 앞의 논문. 348쪽.

18) 계명대학교 동산도서관 고문헌총서 12로 간행된 『詩餘·靑丘永言』(계명대학교 출판부, 2009)과 『계명대학교 동산도서관 소장 善本古書 해제집 2』(계명대학교 출판부, 2009)에 필자가 작성한 『靑丘永言』(계명대본)과 『詩餘』의 해제가 수록

동산도서관 소장 목록에는 제명이 『靑丘永言』으로 나와 있는 바 이는 卷頭部에 수록된 「靑丘永言序」에 근거한 것이다. 총 112면(표지제외)인데 이 가운데 1-100면까지 총 474수의 시조 사설이 수록되어 있다. 나머지 12면은 시조와 관계없는 내용이다. 후대에 加裝하면서 추가된 부분으로 판단된다. 표기 형태는 국한문을 혼용하였다. 하단의 모서리가 일부 마모되어 후대에 배접한 흔적이 여러 군데 보인다. 한 면당 12行 24字씩 정연한 필체로 배열하였다. 이 가운데 188수가 신출 작품이다. 108인의 작가가 등장한다.

『청구영언』(계명대본)의 편찬자는 朴良佐라는 사람이다. 그는 가집을 편찬하면서 후미에 자작 시조 54수와 발문을 추록하였는데 발문에서 그에 관한 단편적인 사실들이 포착된다. 발문에 의하면 朴良佐의 字는 暎日이고 號는 愚叟이다. 海南 黃原面에서 태어나 성장했다. 평생 "尋山訪水之志"를 간직하고 있었지만 뜻을 이루지 못하고 康津 薪智島[19]의 江湖邊에서 말년을 보낸 인물이다.[20] 그는 이러한 자신의 삶을 「各意撰曲」에서 다음과 같이 읊었다.

되어 있다. 그런데 이 해제는 편집 과정의 오류로 최종 원고가 누락되고 草稿가 수록된 것이다. 본고의 『靑丘永言』(계명대본)과 『詩餘』에 관한 내용은 해제의 최종 원고와 같다. 이에 『靑丘永言』(계명대본)과 『詩餘』에 대해서는 본고의 내용을 참고하기 바란다.

19) 新智島는 현전 시조 작가 가운데 가장 많은 작품을 남긴(459수) 李世輔(1832-1895)가 29세(1860)에서 32세(1863)까지 유배를 가서 시조를 창작 했던 곳이기도 한다.

20) "右亦朴愚叟所撰 而愚叟名良佐字暎日 長生於海南黃原面 平生有尋山訪水之志 未果而病 蟄寓按於康津薪智島江湖邊 窮困年老"

病들고 늙은 몸이 江湖에 지쳐시니
듯는거시 물소릐요 보는거시 江山이로다
오날날 나의 悲感懷을 눌드려 이를소야

이처럼 그가 江湖散人이었다는 것 이외에 여타 정보는 현재로서는 파악이 곤란하다.

朴良佐의 시조 발문에는 이 가집의 편찬 경위가 나온다. 그는 康津 薪智島의 江湖邊에서 세속의 名利를 구하지 않고 소일하던 중 「誡子曲」, 「四時歌」, 「各意撰曲」을 지어 我國의 '三聖君', '名賢', '卿相', '高節士', '豪客', '名娼'과 麗朝時 各人의 歌詞集錄에 추록하였고 그 가운데 「誡子曲」은 자녀들의 훈계를 위해, 「四時歌」와 「各意撰曲」은 강호생활의 풍류와 다양한 소회를 피력하기 위해 창작한 작품임을 밝히고 있다.[21]

이 가집의 필사시기를 추정할 수 있는 단서는 다음과 같다. 卷頭 「靑丘永言序」 제목 아래에 "昌寧家藏歲在丁丑臘書"라는 기록이 있다. 丁丑年은 1877년과 1937년에 해당한다. 또 뒤표지에 "昭和肆年己巳〇十一月二五日臨淮面松月里寓留時加裝"이라는 기록이 보인다. 昭和肆年은 1929년(己巳年)이다. 그렇다면 필사시기를 어떻게 추정할 수 있

21) "蟄寓按於康津薪智島江湖邊 窮困年老 不求名利 以弃生樂事憂愁度日中 誡子曲四時歌各意撰書 付於我國三聖君明賢卿相高節士豪客名娼及麗朝時各人員〇歌詞集錄之尾端 而誡子謌曲 使近來閭巷誤入之輩 星之盲小補 而各意歌旨人之生死欷歔之歎及思憶江山風月 幽居樂道 醉酒忘憂 不顧功名富貴之意 則與古明賢所撰謌意 庶幾同 然惜哉 余以不學無識 但所作歌旨深遠精妙之意味 或恐未及於古歌之法矣 玩見諸君子勿爲 嚬笑焉"

을까? 아마도 1877년에 朴良佐의 집안 혹은 주변에서 전승되던 가집을 필사하고 여기에 자작 시조 54수를 추록하였던 것으로 판단된다. 底本은 『靑丘永言』(珍本)에 수록되었던 鄭來僑의 序文이 轉載되어 있고, 編制가 『海東歌謠』 계열 가집과 유사한 것으로 보아 18세기 가집의 재필사본일 가능성이 높다. 발문에서 밝힌 바 名賢들의 歌詞集錄이 바로 이를 지칭하는 것으로 보인다. 그리고 이 가집은 전승되다가 1929년(己巳年)에 加裝되었고 이 과정에서 "東國明賢歌謠詞集錄"이라는 표제를 附記했던 것으로 판단된다.

이제 이 가집의 편제와 주요 특징을 보기로 한다. 『靑丘永言』(계명대본)의 第次는 다음과 같다.

표지 : 東國明賢歌謠詞集錄
卷頭部 : 靑丘永言序-昌寧家藏歲在丁丑臘書
　　　　昔陰康氏時~
　　　　古之秦靑~
　　　　各調體格
本文 *( )은 작품수

初中大葉(1)
二中大葉(1)
三中大葉(1)
北殿(1)
二北殿(1)
初數大葉(1)
二數大葉

① 列聖御製 : 太宗大王(1) / 孝宗大王(5) / 肅宗大王(3)

② 麗末 : 李穡(3) / 鄭夢周(1) / 孟思誠(6)

③ 金宗瑞(2) / 成三問(4) / 朴彭年(3) / 王邦衍(4) / 李賢輔(11) / 徐敬德(2) / 李彦迪(1) / 曺植(6) / 洪暹(3) / 李滉(4) / 宋純(1) / 宋寅(7) / 鄭澈(6 附眞玉 1) / 李珥(10) / 李陽元(3) / 金玄成(2) / 徐益(1) / 李恒福(5) / 洪迪(2) / 李德馨(4) / 林悌(3) / 李濟臣(1) / 柳自新(2) / 李廷龜(2) / 申欽(9) / 趙緯韓(2) / 權韠(1) / 李安訥(2) / 金瑬(2) / 洪鳳瑞(1)[22] / 李舜臣(2) / 金尙憲(1) / 趙存性(4) / 金光煜(6) / 具仁垕(1) / 鄭太和(4) / 蔡裕後(2) / 尹善道(5) / 曺漢英(2) / 張晩(1) / 鄭斗卿(1) / 金堉(2) / 李貴(2) / 姜栢年(2) / 許珽(1) / 麟平大君(2) / 朗原君(4) / 積善君(2)[23] / 朴淳(2) / 宋時烈(3) / 南九萬(2) / 柳赫然(2) / 李華鎭(1) / 朴泰輔(2) / 李澤(2) / 具志禎(2) / 金盛亩(3) / 延陽君 李時白(2)[24] / 金昌業(4) / 申靖夏(2) / 尹斗緖(2) / 張鵬翼(1) / 兪崇(2) / 李渘(1)

④ 朴仁老(4) / 張炫(1) / 朱義植(2) / 金三賢(3) / 金聖器(4) / 金裕器(5)

⑤ 眞伊(3) /小栢舟(1)[25] / 梅花(2) / 笑春風(3) / 寒雨(1) / 松伊(1)

⑥ 許橿(2) / 朴明賢(3) / 林晋(3) / 李仲集(5) / 金應鼒(3)[26] / 麗朝末 王鎧(5) / 林先苾(2) / 任佳人(2) / 吳煥周(3) /月仙(3) / 朴邁(3) / 兪禎(3) / 李儕(4) / 陳墻花(2) / 黃中居(2) / 朱鼊(2) / 白蓮香(3) / 韓扛(2) / 梅花(2)[27] / 朴宇道(2) / 尹[此/心][28](1) / 朴志固(3) / 蔣淵(2) / 劉喜良(4)

---

22) 洪瑞鳳(1572-1645)의 誤記이다.

23) 朗原君의 시조 끝에 附記되어 있다.

24) 李時白(1581-1660)은 李貴(1557-1633)의 아들로 효종대에 延陽府院君에 봉해졌다. 따라서 '延陽君'은 延陽府院君을 잘못 표기했거나 延陽君 李後白(1520-1578)의 誤記일 가능성도 배제할 수 없다.

25) 眞伊의 시조 末尾에 附記되어 있다.

26) 金應鼎의 誤記로 판단된다.

27) 韓扛의 시조 末尾에 附記되어 있다. ⑤ 기녀 항목의 '梅花'와는 다른 인물로 판단된다.

28) 音과 訓을 알 수 없는 신출자이다.

⑦ 年代欠考無名氏(115)

⑧ 愚叟誡子曲(19) / 四時歌(4) / 各意撰曲(31) / 跋

卷頭部 「靑丘永言序」는 1728년에 간행된 『청구영언』(진본)에 수록되었던 鄭來僑의 序文을 그대로 옮긴 것이다. 다만 全萬齊를 가리키는 全樂士가 金聖器로 대치된 점이 특이하다. 같은 사례가 『靑丘永言』(육당본)에도 보인다. 권두부의 學歌舞에 관해 서술한 '昔陰康氏時~'와 善歌者에 대해 설명한 '古之秦靑~', '各調體格'은 『해동가요』 계열과 『靑丘永言』(장서각본) 등에 수록된 것과 같다.

第次만 보면 이 가집은 권두부에서 무명씨까지와 이하 편찬자의 작품을 수록한 부분으로 대별된다. 권두부에서 무명씨까지는 18세기 가집의 특성을 고스란히 보여준다. 우선 중대엽 파생곡에 사설을 한 수씩 수록하였다. 이들은 당시 해당 악곡의 대표 사설로 정착된 것들이다. 二數大葉에서 '列聖御製'를 처음에 배치한 사례는 『해동가요』 계열 가집에서부터이다. 『청구영언』(진본)에서는 本朝 뒤에 배치했었다. 列聖御製에 '太宗大王', '孝宗大王', '肅宗大王'을 배치한 사례는 『청구영언』(장서각본)에 보인다. 이하 麗末, 本朝, 歌客, 妓女, 年代欠考, 無名氏 등의 순으로 배열한 것으로 파악된다. 이와 유사한 사례는 18세기에 편찬된 『해동가요』(박씨본), 『청구영언』(장서각본), 『시가』(박상수본) 등에서 찾아진다.

③은 本朝 부분이다. 작가 배열순서는 18세기에 편찬된 『해동가요』(박씨본), 『청구영언』(장서각본), 『시가』(박상수본)와 크게 다르지 않다. ④는 歌客란이다. 가객란에 김천택과 김수장 작품을 제외하고 '朴仁老

/ 張炫 / 朱義植 / 金三賢 / 金聖器 / 金裕器'의 작품을 수록한 점도 『해동가요』(박씨본), 『청구영언』(장서각본), 『시가』(박상수본) 등과 같다. 朴仁老의 경우 『청구영언』(진본)에는 본조 항목에 수록되어 있는데 이들 가집에서는 가객란에 포함시켰다. 이런 점을 고려하면 『청구영언』(계명대본)의 底本은 序文을 轉載하였지만 『청구영언』(진본) 보다 이들과 친연성이 큰 것으로 판단된다.

『청구영언』(계명대본)에서 가장 특이한 부분이 바로 ⑥이다. 여기에는 24인의 작품이 수록되어 있다. 이 가운데 許橿, 朴明賢, 林晋, 李仲集, 金應鼎은 다른 가집의 年代欠考 항목에 수록되어 있던 인물들이다. 그런데 흥미로운 사실은 나머지 19인은 기존 가집에 등장하지 않는 사람들이라는 점이다. 18세기에 편찬된 가집의 年代欠考 항목에는 가집에 따라 3-5인의 작품이 수록되어 있는 점과 대비해 보면 흥미로운 사실이 아닐 수 없다. 그렇다면 이 부분을 어떻게 보아야하는가? 金應鼎 작품까지가 18세기 가집을 필사한 부분으로 판단된다. 그리고 이하 부분은 차후에 추록된 것으로 보인다. 물론 이 부분과 아래의 '無名氏' 항목이 애초부터 저본에 있었는지, 아니면 朴良佐가 자작 시조와 함께 추록한 것인지는 알 수 없다. 이에 대해서는 추후에 좀 더 세밀한 고찰이 이루어져야 할 것이다.

⑦은 '年代欠考無名氏'라고 표기되어 있는데 다른 가집의 '無名氏' 항목에 해당한다. 수록 작품 115수 가운데 36수가 신출작이다.

⑧은 이 가집의 편찬자인 朴良佐의 자작 시조이다. 「愚叟誡子曲」 19수, 「四時歌」 4수, 「各意撰曲」 31수를 수록하고 跋文을 붙였다. 「愚叟誡子曲」은 제목에는 20수라고 표기되어 있으나 실제로는 19수만 수

록되어 있다. 「愚叟誡子曲」이 19수만 수록된 이유는 알 수 없다. 다만 「各意撰曲」이 31수인 점으로 미루어 「愚叟誡子曲」 한 수가 「各意撰曲」에 포함되었을 가능성도 있다.

이와 같이 『청구영언』(계명대본)은 朴良佐가 집안 혹은 주변에서 전승되던 18세기 가집의 재필사본을 저본으로 삼고 여기에 자신의 시조를 추록하여 편집한 가집으로 파악된다. 그런데 『靑丘永言』(계명대본)에는 이들 가집과 구분되는 몇 가지 중요한 특징들이 발견된다.

첫째, 『靑丘永言』(계명대본)의 사설 배열 방식은 여타 가집과 다르다는 점이다. 통상 가집에서 사설은 개별 작품별로 행 가름을 한 후 줄글 형식으로 배열한다. 하지만 이 가집은 작가별로 작품을 연이어 줄글 형식으로 배열하였다. 그러면서도 詩行은 가곡창 방식에 따라 5장으로 구분한 점이 특이하다.

둘째, 작품의 서발문을 대부분 생략하였다는 점이다. 특히 연시조의 발문은 거의 삭제되었다. 李滉의 「陶山十二曲」이나 李賢輔의 「漁父歌」 발문이 모두 삭제된 반면 鄭澈(1536-1593) 작품 뒤에 기생 眞玉의 희작 시조와 그 일화를 덧붙였을 뿐이다.

셋째, 작가명 표기가 정확하지 않은 예가 적지 않다. '洪鳳瑞'은 洪瑞鳳(1572-1645)의 誤記이다. '金應肅' 역시 다른 가집의 年代欠考 항목에 許橿, 朴明賢, 林晋, 李仲集 등과 함께 '金應鼎' 작품을 수록한 것으로 보아 '金應鼎'의 誤記로 판단된다. '延陽君 李時白'도 '延陽府院君'을 '延陽君'으로 잘못 표기했거나 '延陽君 李後白'의 誤記일 가능성이 크다.

넷째, 새로운 작가가 대거 추가되었다. 우선 朴淳의 작품으로 2수가 수록되었다는 점이 주목된다. 朴淳의 시조는 다른 가집에서는 확인된 바 없다. 2수 가운데 '言忠信'은 『歌曲源流』 계열 가집에 成石璘(1338-1423)의 작품으로 나온다. 나머지 한 수는 신출이다. 李貴와 李時白의 시조도 이 가집에서 처음 확인된다. 李貴와 李時白은 父子간이다. 李貴의 작품은 2수 가운데 1수가 李浣(1579-1627)의 작품으로 확인되고 나머지 한 수는 신출작이다. 현재까지 李貴의 시조가 발견되지 않았고 체재가 유사한 다른 가집의 이 위치에 李浣의 시조가 배치된 점을 감안할 때 李貴는 혹여 李浣의 誤記일 가능성도 배제할 수 없다. 李時白의 시조는 2수가 수록되어 있다. 이 가운데 '딕초볼'은 『靑丘永言』(珍本)의 「무명씨」 '田家' 항목에 수록된 작품이다. '淸風徐來'는 『해동가요』(주씨본), 『해동가요』(일석본), 『樂府』(서울대본)에 李鼎輔(1693-1766)의 작품으로 수록되어 있다.

한편 18세기에 편찬된 가집의 年代欠考 항목에는 통상 許橿, 朴明賢, 林晋, 李仲集, 金應鼎 등 가집에 따라 3-5인의 작품이 수록되었으나 이 가집에는 이들 뒤에 19인이나 추가된 점이 흥미롭다. 이들은 모두 기존 가집에 등장하지 않는 사람들이다. 그렇다면 이들은 누구인가? 작가명의 주석에 따르면 '은일고사', '강호인', '협객', '명창' 등이다. 이는 편자가 발문에서 밝히고 있는 바와 같다. 우선 편자 주변의 인물을 상정할 수 있다. 하지만 이 가운데는 王鎧와 蔣淵은 고려시대 사람이라고 밝히고 있어 그렇게만 볼 수 없다. 또 이들의 시조가 모두 신출 작품은 아니다.

다섯째, 작품의 작자 분류가 정확하지 않고 기존 작가의 사설에 새로운 작품을 추록한 예가 많이 발견된다. 숙종의 시조에 두 수의 신출 작품이 추가되었다. 孟思誠(1360-1438)의 「江湖四時歌」에는 黃喜(1363-1452)

와 金宏弼(1454-1504)의 작품으로 알려진 '삿갓에', '강호에'가 추가되어 총 6수가 수록되었다. 朴彭年(1417-1456)의 작품으로 수록된 3수는 모두 그의 작품이 아닌 것으로 판명되었다. 成三問(1418-1456)의 작품으로 수록한 4수 가운데 '首陽山'을 제외한 나머지 3수는 성삼문의 것이 아니다. 王邦衍의 시조는 기존 가집에 '千萬里' 한 수만 나온다. 그런데 여기에는 막상 그 작품이 빠지고 4수의 다른 작품이 수록되어 있다. 이 가운데 '臨高臺ᄒᆞ여'는 『병와가곡집』에 李鼎輔의 작으로 나온다. 李賢輔의 작품도 11수가 수록되어 있다. 특이한 것은 「漁夫詞」라는 제목 하에 9수를 수록한 점이다. 그런데 이 가운데 「어부단가」는 3수(1, 3, 4번 작품)만 수용되어 있다. 편찬자가 이현보의 「어부단가」 일부에 어부 모티프가 두드러지는 작품을 선별하여 수록하고 「漁夫詞」라는 제목을 붙였던 것으로 판단된다.

南冥 曺植(1501-1572)의 작품도 6수나 수록한 점이 특이하다. 이 가운데 '두류산'을 제외하고는 조식의 것이 아니다. 韓濩(1543-1605)의 작으로 유명한 '짚방석'이 여기에 수록되어 있다. 한편 李彦迪(1491-1553)의 작품으로 '梨花桃花杏花芳草들아'를 수록하였는데 이는 道學者 李彦迪의 이미지와 전혀 어울리지 않는다. 뿐만 아니라 최근까지 三數大葉의 대표 사설로 가창되는 작품이다. 李舜臣(1545-1598)의 시조도 지금까지 '한산섬'만 알려져 있는데 이 가집에는 한 수가 더 실려 있다.

鄭澈의 작품에는 「訓民歌」가 빠져 있다. 李恒福(1556-1618)의 시조로 수록된 5수 가운데 3수는 신출이다. 李恒福의 대표작으로 알려진 '철령 높은 봉'은 정작 무명씨 항목에 수록되어 있다. 李德馨(1566-1645)의 작품으로 수록된 4수 가운데 2수만 그의 작품이다. '반남아'는 『靑丘詠

言』(가람본), 『靑丘永言』(육당본), 『東歌選』 등에 李明漢(1595-1645)의 작품으로 수록되어 있다. 申欽(1566-1628)의 작품으로 수록된 9수 가운데 6수만 신흠의 작품이다. '자네집'은 『청구영언』(진본)에 金盛最(1645-1713)의 작품으로 나온다. 李安訥(1571-1637)의 시조는 기존 가집에는 1수만 확인되는데 여기서는 2수가 수록되었다. 이 가운데 '호화도'는 金壽長이 지은 것으로 판명된다. 尹善道(1587-1671) 시조로 수록된 5수 가운데 3수만 그의 작품이다. 박인로의 시조로 수록된 4수 가운데 박인로 작품은 1수에 불과하였다. 이외에도 유사한 양상이 적지 않게 발견된다.

그렇다면 『청구영언』(계명대본)의 이러한 특성들은 어떻게 보아야 하는가? 여러 가능성을 상정할 수 있고 이에 대해서는 추후에 세밀한 논의가 필요하다. 하지만 무엇보다 가곡 연행의 중심이었던 서울이나 지방 관아의 敎坊 주변이 아닌 궁벽한 島嶼 지역에 우거하던 江湖散人의 가집 편찬 과정을 보여준다는 점에서 주목을 요한다. 편자는 평소에도 시조 사설에 적지 않은 관심을 가지고 있었던 것으로 판단된다. 54수나 되는 자작 시조가 이를 말해준다. 그가 접한 가집도 비단 하나에 그치지는 않았을 것이다. 그렇다면 『청구영언』(계명대본)은 그가 보았던 여러 시조 사설을 저본을 근간으로 그의 기억 속에서 재구한 결과가 아닌가 생각된다. 오히려 궁벽한 島嶼라는 지역적 특성으로 인해 기존의 틀에 구애받지 않고 자신의 취향을 적극적으로 반영하여 새로운 작품을 취하거나 기존 작품을 변형해서 수록했던 것으로 보인다. 예컨대 林晋의 시조는 기존 가집에는 한 수만 수록되어 있다. 그런데 정작 이 작품은 빠져 있고 다른 시조 3수가 수록되어 있다. 이 가운데 한 수는 김수장의 작품을 종장만 변형한 것이다.[29]

한편 『청구영언』(계명대본)에서 특히 우리의 관심을 끄는 부분은 편찬자인 朴良佐의 작품 54수이다. 「愚叟誡子曲」 19수, 「四時歌」 4수, 「各意撰曲」 31수가 그것이다. 54수면 개인 작품으로는 적지 않은 분량이다. 「愚叟誡子曲」은 집안의 자녀들을 훈계하기 위해 지은 것이고 「四時歌」는 신지도에서의 강호 한정을 노래한 작품이다. 「各意撰曲」은 탄로, 취락, 회한 등 내용 층위가 다양하여 일상에서의 소회를 때때로 피력했던 것을 모은 것으로 판단된다. 이 가운데 「愚叟誡子曲」은 교훈류 시조이지만 내용이나 어법은 기존의 교훈류 시조와 많이 다르다. 구체적으로 확인해 보기로 한다.

아ᄒᆡ들아 글ᄇᆡ야슬라 글못ᄒᆞ면 禽獸에 비ᄒᆞ고
능니 하ᄂᆞᆯ의 올나도 智術이 업ᄂᆞ니라
우리도 文學不足으로 늙도록 애달나라 「愚叟誡子曲 2」

며누리 어질기도 내 아달에 잇고
며누리 不孝도 내 아다리 어질면 며누리 제 사오날가
아마도 며누리 善惡이 다 내아달의 所爲로다 「愚叟誡子曲 12」

인용 작품은 일상에서 부모들이 자식들에게 흔히 하는 말을 그대로 시조화한 것이다. 때문에 구어투가 그대로 살아 있다. 「愚叟誡子曲 2」

29) "豪華도 거즛거시요 富貴도 거즛것시다 / 北邙山 언덕에 搖鈴소ᄅᆡ 근쳐지면 / 生前쩨 豪華富貴을 어가쁘리오." <임진, 청구영언(계명대본)>
"豪華도 거즛것시요 富貴도 꿈에 오레 / 北邙山 언덕에 搖鈴소ᄅᆡ 긋쳐지면 / 암을이 뉘웃고 ᄋᆡ달나도 미츨 길이 업ᄂᆞ니" <김수장, 해동가요(주씨본) 489>

는 자신의 경험을 사례로 자식들에게 학문에 힘쓸 것을 훈계한 작품이다. 다음 작품에서는 며느리는 내 아들이 하기 달렸다고 말하며 아들의 행실을 경계하고 있다.

이처럼 「愚叟誡子曲」는 훈계 방식이 기존의 교훈류 시조와 많이 다르다. 교훈류 시조가 주로 오륜의 덕목을 제시하며 실천을 역설한 반면 「愚叟誡子曲」은 마치 일상에서 자식들에게 말을 걸듯이 타이르는 듯한 어법을 통해 부모 봉양, 형제 우애, 학문에 힘쓸 것 등을 훈계한다. 그러한 연유인지 4음보 율격에서 벗어난 작품들이 많고 이전의 교훈류 시조에 비해 시적 긴장력도 다소 약화된 감이 없지 않다.

이상에서 『청구영언』(계명대본)의 주요 특성을 고찰하였다. 우리는 『청구영언』(계명대본)의 체제가 『해동가요』(박씨본), 『청구영언』(장서각본), 『시가』(박상수본) 등과 유사하다는 사실을 통해 이 가집이 18세기 가집의 재필사본을 저본 삼아 자신과 여타 작품을 추록하여 편찬된 가집임을 확인하였다. 따라서 『청구영언』(계명대본)은 18세기 가집의 후대적 분화 양상을 고찰하는 유용한 자료로 활용할 수 있을 것이다.

또한 편찬자인 朴良佐의 시조 54수를 포함하여 188수의 신출 작품을 수록하고 있다는 점에서도 『청구영언』(계명대본)의 시가사적 가치는 각별하다. 작품성을 떠나서 이는 우리 시가 문학의 소중한 자산이 아닐 수 없다. 아울러 서울이나 지방 관아의 教坊 주변이 아닌 궁벽한 島嶼 지역에 우거하던 江湖散人의 시조 창작 및 가집 편찬 과정을 보여준다는 점에서도 이 가집은 값진 자료로 평가할 수 있다.

2) 詩餘

그 동안 시조창 계열 가집 연구에서 『남훈태평가』와 더불어 자주 언급되었던 가집이 바로 『詩餘』이다. 이전에 李仁哉 선생이 소장했던 것으로 학계에서는 『詩餘』 李氏本으로 통칭된다. 『詩餘』의 편제와 특성은 다음과 같다.

① 표제 : 詩餘
② 樂時調 弄 編 頌 쇼용 羽調 後庭花 계면 萬壽大葉 원ᄉᆞ쳥
③ 본문 : 악곡 구분 없이 사설 170수 수록
④ 소춘향가

②는 권두에 배열된 악곡 목록이다. 배열된 악곡은 가곡창의 파생곡들이다. 이 가운데 '萬壽大葉'은 『해동가요』(일석본)에 용례가 확인되는 바 '蔓横'의 이칭이다. '원ᄉᆞ쳥'은 어떤 악곡을 지칭하는지 알 수 없다. 배열된 시조 사설에 악곡 정보 표시가 전혀 없어 권두에 이와 같이 악곡명을 배열한 이유와 수록된 시조 사설과의 관계는 현재로서는 파악이 곤란하다. 아울러 시조창 가집의 권두에 가곡창의 악곡 목록을 수록한 이유도 불분명하다. 시조창 파생곡이 '평시조', '지름시조', '사설시조' 등인 점을 감안할 때 이들 악곡이 가창의 실질과 무관하다는 점은 분명하다. 한편 『詩餘』의 악곡 목록이 『남훈태평가』(1863)의 권두에 수록된 것과 같다는 점이 흥미롭다. 다만 『남훈태평가』 목록에 보이던 '잡가'와 '가사' 항목은 생략되었다.

③은 시조 사설을 수록한 부분이다. 악곡 구분 없이 사설만 170수를

수록하였다. 이 가운데 사설시조가 59수이다. 여타 시조창 가집과 같이 종장 말음보를 생략하였다. 1면에 12행씩 사설을 배열하였는데 처음부터 끝까지 필체가 일관되고 정연하다. 표기 형태는 국한문을 혼용하였다. 시조창 계열 가집 대부분이 순국문 표기 형태를 취한 것과 대비된다. 작품마다 시작 부분을 한자씩 높이고 구절마다 붉은 점으로 句點을 찍었다. 句點은 歌唱 혹은 律讀의 필요성에 의해 필사 후 添記한 것으로 보인다. 붉은 글씨로 두 군데 한글 오탈자를 바로잡고 여섯 군데 한자음을 병기한 것이 이를 말해준다.

④는 잡가 「소춘향가」 사설이다. 「소춘향가」는 『남훈태평가』에 수록된 것과 같다. 『남훈태평가』의 경우 잡가편과 가사편을 구분하고 잡가편에는 「소춘향가」, 「믹화가」, 「빅구사」를, 가사편에는 「춘면곡」, 「상사별곡」, 「쳐사가」, 「어부사」 등 총 7편을 수록하였으나 『詩餘』에는 잡가편 가사편을 구분하지 않고 『남훈태평가』에 잡가편 첫 작품으로 수록되었던 「소춘향가」 1편만 실었다.

편제를 통해 확인한 바와 같이 『詩餘』와 가장 친연성이 있는 가집은 『남훈태평가』이다. 『詩餘』와 『남훈태평가』는 편제가 거의 같다. 권두에 배열된 악곡명이 같을 뿐만 아니라 『詩餘』 수록 사설 170수 가운데 156수가 『남훈태평가』와 중출한다. 중출율이 무려 91.8%에 달한다. 이 가운데 다른 가집에 등장하지 않고 오직 『詩餘』와 『남훈태평가』에만 수록된 사설은 총 13수(『詩餘』 19, 22, 31, 35, 63, 87, 99, 102, 122, 127, 132, 138, 152번)이다. 더욱이 아래와 같이 『詩餘』 1-156번까지의 사설 배열순서도 『남훈태평가』와 유사하다.

시여 → 남태	시여 → 남태	시여 → 남태	시여 → 남태
1 → 1	10 → 6	118 → 221	127 → 85
2 → 2	11 → 13	119 → 224	128-150번 까지 같은 방식으로 이어짐
3 → 3	12 → 14	120 → 7	151 → 188
4 → 4	13 → 16	121 → 44	152 → 198
5 → 5	14-113번까지 같은 방식으로 이어짐	122 → 46	153 → 217
6 → 8	114 → 214	123 → 50	154 → 219
7 → 9	115 → 216	124 → 55	155 → 223
8 → 10	116 → 218	125 → 56	156 → 61
9 → 11	117 → 220	126 → 60	157-170번까지 『남훈태평가』 미수록 작품

그렇다면 『詩餘』와 『남훈태평가』의 관계는 어떻게 보아야 하는가? 『詩餘』는 『남훈태평가』 수록 사설을 두 차례에 걸쳐 선별해서 전사한 가집이다. 우선 위의 표에 제시한 바와 같이 『남훈태평가』의 1번에서 224번까지 순서에 따라 사설을 선별하여 『詩餘』의 1번에서 119번으로 수록하였다. 이어 처음으로 돌아가 다시 37수를 선별하여 120번에서 156번으로 배치하였다. 그리고 여기에 『남훈태평가』에 수록되지 않은 사설 14수를 157-170번으로 추록하고 「소춘향가」를 덧붙여 『詩餘』라는 별도의 제목으로 엮은 가집으로 판단된다. 물론 그 반대의 가능성도 상정할 수 있다. 『詩餘』가 필사본 가집이고 국한문 혼용 표기를 취했다는 점에서 『詩餘』가 『남훈태평가』의 저본이었을 가능성도 완전히 배제할 수는 없을 것이다.

이상의 사실을 통해 판단컨대 『詩餘』는 애초에 '잡가'와 '가사'를 제외하고 100수 내외의 시조 사설을 수록한 시조창 가집으로 계획되었던 것으로 생각된다. 그리하여 『남훈태평가』의 卷頭 악곡 목록에 있던 '잡가'와 '가사' 항목을 전사 과정에서 생략하였고, 『남훈태평가』의 수록 순서에 따라 119수의 사설을 선별해서 전사했던 것이다. 통상 시조창 용도로 편집된 가집은 가곡창과 달리 파생곡의 수가 많지 않아 100수 내외의 사설을 수록한 경우가 일반적이라는 점도 이를 방증한다. 하지만 지면이 남았거나 혹은 다른 이유로 『남훈태평가』를 대상으로 1차 전사에서 빠졌던 작품에서 37수를 재차 선별하고 다른 가집에서 14수를 더 뽑아 추록했던 것이다. 그러고도 지면이 남아 『남훈태평가』 '잡가편'의 첫 번째 수록 작품인 「소춘향가」를 항목 표시 없이 덧붙였을 것으로 판단된다.

한편 이와 유사한 양상이 『時調』(池氏本)에서도 확인된다는 점은 대단히 흥미롭다. 『時調』는 池憲英 선생이 소장한 시조창 가집이다. 『時調』를 소개한 沈載完 선생에 따르면 이 가집은 소장자의 처남인 吳南植氏의 증조부가 필사한 것이라고 한다. 그는 충북 청원 현도에 거주하였고 五衛將을 지낸 인물인데 기독교 신자로서 풍류객이었다고 한다.[30] 이런 점을 고려하면 『時調』의 필사 시기는 19세기말에서 20세기 초일 가능성이 높다.

『時調』에는 시조 사설 125수와 「미화가」, 「빅구亽」, 「츈면곡」, 長短點이 수록되어 있다. 이 가운데 97수(77.6%)가 『詩餘』와, 118수(94.4%)가 『남훈태평가』와 중출한다. 특히 1-117번까지 수록 순서가 『남훈태평

30) 심재완. 앞의 책. 41쪽.

가』와 유사하다. 이로 보아 『詩餘』와 마찬가지로 『남훈태평가』 수록 사설을 선별하여 전사한 가집으로 판단된다. 따라서 『남훈태평가』와 『詩餘』, 『時調』는 계열 관계라고 볼 수 있다. 이 세 가집에만 중출하는 사설은 총 24수(『詩餘』 23, 27, 32, 34, 37, 40, 41, 45, 50, 53, 58, 62, 66, 71, 82, 96, 97, 100, 101, 116, 126, 131, 134, 135번)이다. 특히 『詩餘』와 『時調』는 坊刻本 가집인 『남훈태평가』의 대중적 영향력이 필사본 가집을 산출한 사례라는 점에서 주목된다.

그렇다면 『詩餘』의 필사 시기는 언제일까? 『詩餘』의 底本이 『남훈태평가』인 만큼 그 시기는 『남훈태평가』가 방각본으로 간행된 1863년 이후일 가능성이 높다. 성무경은 가곡원류기에 필사된 것으로 추정하였다.[31] 그런데 가집의 지질이나 필사 상태를 확인한 결과 20세기 들어서 필사되었을 가능성이 더 크다. 『詩餘』는 단정한 글씨로 정성들여 필사하였고 지질도 매우 깨끗하다. 주지하는 바 『남훈태평가』는 1863년 石洞에서 방각본으로 간행된 이래 다시 상·하 분권본으로 간행되었고 1920년, 1932년 한남서림에서 印刊된 바 있다. 1913년 신문관에서 딱지본 형태로 륙전소설 시리즈의 제1권으로 간행되기도 하였다.[32] 이러한 사실을 통해 우리는 『남훈태평가』가 20세기 초에도 여전히 대중들 사이에서 폭넓게 유통되고 있었다는 사실을 확인할 수 있다. 『詩餘』는 바로 이러한 영향권 아래서 20세기 초에 『時調』와 더불어 『남훈태평가』를 底本 삼

---

31) 성무경. 2005. 「보급용 가집 『남훈태평가』의 印刊과 시조 향유에의 영향(1)」. 『한국시가연구』 18. 한국시가학회. 380쪽.

32) 성무경. 앞의 논문. 370쪽. 『남훈태평가』의 印刊에 대해서는 이 논문에서 자세하게 다루었다.

아 편찬된 가집으로 판단된다. 대중적으로 폭넓게 유통되던 坊刻本 가집이 필사본으로 수용되는 사례를 보여 준다는 점에서 시가사적 의미가 각별한 자료라 하겠다.

5. 결언

이상과 같이 계명대 동산도서관에는 시가사적으로 중요한 자료가 다수 소장되어 있다. 소장 자료 가운데에서도 「龍飛御天歌」, 「花山別曲」과 「龜嶺別曲」, 「梧臺漁父歌」, 「小有亭歌」, 『海東歌謠』, 『靑丘永言』, 『詩餘』 등이 특히 시가사적으로 중요한 자료로 판명되었다.

「龍飛御天歌」는 훈민정음의 창제 이후에 창작된 대표적인 장편 국문 악장이다. 「花山別曲」과 「龜嶺別曲」는 16세기 초 경기체가의 변모 양상을 보여주는 신발굴 자료이다. 「梧臺漁父歌」와 「小有亭歌」는 17세기 재지사족 시가의 특성과 강호시가의 변이 양상을 살필 수 있는 자료이다. 17세기 들어 강호시가는 중요한 변화의 국면을 맞이한다. 16세기 도학적 이념을 노래하던 시가들이 약화되고 재지사족들이 자신들의 실존의 고민을 시가에 담아 노래하며 강호 형상도 변모한다. 「梧臺漁父歌」와 「小有亭歌」는 바로 이러한 재지사족 시가의 변모를 보여주는 자료이다.

「耽羅別曲」은 현재까지 발견된 유일한 제주도 관련 사행가사라는 점에서 18세기 가사 연구에 매우 소중한 자료이다. 아울러 동산도서관 소장본은 「탐라별곡」의 善本이라는 점에서 자료적 가치가 적지 않다.

『海東歌謠』와 『靑丘永言』은 18세기 가집의 특성과 그 분화 양상을 보여주는 자료들이다. 특히 『靑丘永言』은 아직 학계에 소개되지 않은 새로운 자료라는 점에서 그 가치가 각별하다. 『남훈태평가』를 저본으로 엮어진 『詩餘』는 19세기말에서 20세기 초 시조창 가집의 분화 양상을 보여준다는 점에서 우리의 관심을 끄는 자료이다.

이 가운데 「龍飛御天歌」, 「梧臺漁父歌」, 『海東歌謠』, 「小有亭歌」에 대해서는 이미 학계에서 여러 차례 논의된 바 있다. 이에 본고에서는 3장에서 신자료인 「花山別曲」, 「龜嶺別曲」, 『靑丘永言』과 상대적으로 논의가 소홀했던 『詩餘』의 주요 특성과 가치에 대해 상론하였다.

이처럼 계명대 동산도서관에는 각 시기별로 중요한 시가 자료를 소장하고 있다. 이들 자료에 대한 보다 온당한 가치 평가를 위해서는 수록 작품 분석 등 보다 세밀한 후속 연구가 뒤따라야 할 것이다.

참고문헌

■ 동산도서관 소장 자료

「龍飛御天歌」 卷八, 九, 十.

李福老 著.『龜村文稿』. 필사본 1冊.

李重慶 著.『雜卉園集』. 著者手稿本 2卷 2冊.

朴仁老 著.「小有亭歌」. 필사본 1冊.

鄭彦儒 著.『迂軒集』. 필사본 불분권 2冊(乾, 坤).

『海東歌謠』. 필사본 1冊.

『青丘永言』. 필사본 1冊.

『詩餘』. 필사본 1冊.

『가정만가』. 필사본 1冊.

『김교리북천가』. 필사본 1冊.

『백발가』. 필사본 1冊.

『思鄉曲』. 필사본 1冊.

『閒閨要抄』. 필사본 1冊.

『歌詞集』. 필사본 1冊.

■ 논저

김남형. 2008.「鄭彦儒의「耽羅別曲」에 대하여」.『한국학논집』36. 계명대학교 한국학연구원.

김남형. 2008.「迂軒集 解題」,『계명대학교 동산도서관 소장 善本 古書 해제집 1』. 계명대학교출판부.

김문기. 1989. 「소유정가의 특징과 가치」. 『한국학논집』 16. 계명대학교 한국학연구소.

김영진. 2008. 「龜村 李福老의 경기체가 - <花山別曲>과 <龜嶺別曲>」. 『한국시가연구』 25. 한국시가학회.

김용찬. 1999. 『18세기 시조문학과 예술사적 위상』. 월인.

朴魯春. 1979. 「朴氏本 「海東歌謠」의 資料的 價値」. 『국어국문학』 81. 국어국문학회.

朴永弴. 1979. 「海東歌謠 異本書誌 小考와 因緣記」. 『韓國文學』 通卷六三號. 韓國文學社.

박경주. 1996. 『景幾體歌研究』. 이회. 196-208쪽.

박을수. 1992. 『한국시조대사전』. 아세아문화사.

성기옥. 1985. 「경기체가」. 『국문학신강』. 새문사. 111-112쪽.

성무경. 2004. 「18세기 중반 가집 편찬의 동향과 『詩歌』」. 『열상고전연구』 19. 열상고전연구회.

성무경. 2005. 「보급용 가집 『남훈태평가』의 印刊과 시조 향유에의 영향(1)」. 『한국시가연구』 18. 한국시가학회. 380쪽.

沈載完. 1972. 『역대시조전서』. 세종문화사.

沈載完. 1972. 「시조의 문헌적 연구」. 세종문화사. 63-64쪽.

沈載完. 1992. 「韓維信과 永言選」. 『모산학보』 3. 모산학술연구소.

양희찬. 1995. 「김천택의 <해동가요록>과 김수장의 <해동가요>의 관계」. 『우리어문연구』 9. 우리어문학회.

양희찬. 1998. 「『해동가요』의 편찬과 성격에 대한 시론」. 『순천향어문논집』 5. 순천향어문학연구회.

윤석창. 1982. 「耽羅別曲研究」. 『명지어문학』 12. 명지대학교 국어국문학과.

윤치부. 1995. 「耽羅別曲의 구성과 표현」. 『제주교육대학교 논문집』. 제주교육대학교.

李相寶. 1979.「海東歌謠 附永言選 해제」.『海東歌謠 附永言選』. 奎章文化社 영인.

이상원. 2002.「조선 후기 가집 연구의 새로운 시각 -『해동가요 박씨본』을 대상으로」.『시조학논총』 18. 한국시조학회.

이형대. 2002.『한국 고전시가와 인물형상의 동아시아적 변전』. 소명출판. 143-152쪽.

장인진. 1983.「새로 발굴된 李重慶의 梧臺漁父歌」.『도서관학』 10. 한국도서관학회.

장인진. 2008.「『雜卉園集』의 문헌적 특성」.『雜卉園集』. 계명대학교출판부.

조규익. 1999.「『영언선』의 정체와 가집 편찬사적 의미」.『시조학논총』 15. 한국시조학회.

최동원. 1980.「박씨본『해동가요』고 - 진청·해박·해주의 대비적 고찰」.『고시조론』. 삼영사.

황충기. 1979.「박씨본 <해동가요>에 대하여」.『어문연구』 23. 한국어문교육연구회.

계명대학교 동산도서관 소장 고전소설의 현황과 가치

김 준 형

1. 계명대학교 동산도서관 소장 고전소설의 현황

계명대 동산도서관에 소장된 고전소설이 총 몇 종이고, 그 책 수가 얼마인가에 대해서는 아직까지 논의된 바 없다. 도서목록이 간행되었지만,[1] 누락된 소설이 적지 않다. 목록만으로는 소설의 정확한 서지사항조차 확인할 수 없는 경우도 많다. 또한 여러 제한된 여건으로 인해 동산도서관에 소장된 고전소설을 모두 접할 수도 없다. 이런 상황에서 동산도서관에 소장된 고전소설의 현황을 파악하고, 그 가치를 논하는 작업은 그리 만만할 일일 수 없다. 연구자의 취사선택 여부에 따라 자칫 왜곡된 결과를 낳을 수도 있기 때문이다. 이 글은 출발에서부터 이런 한계를 안고 있다.

1) 계명대학교 동산도서관 편. 『고서종합목록』. 2004.

그렇다 하더라도 '도서관에 소장된 고전소설의 전체적인 면모를 드러내고, 그 가치를 밝혀야 한다'는 원론적인 주장은 십분 강조해도 모자람이 없다. 논지가 옳든 그르든 간에 전체적인 면모가 드러나야만 구체적이며 세부적인 논의도 뒤따를 수 있기 때문이다. 특히 표준성과 규범성을 지향하는 중앙문화와 달리, 특정 지역을 대상으로 한 논의는 그 지역이 갖고 있는 특수성과 독자성을 읽어내는 한 계기가 된다. 이 글도 여기에 초점을 두고 논의를 진행시키기로 한다.

우선 필자가 조사한 동산도서관에 소장된 고전소설 목록을 제시한다. 목록은 계명대 동산도서관에서 출간한 『고서종합목록』에 수록된 고전소설을 중심에 둔다. 하지만 『고서종합목록』에는 누락된 고전소설이 적지 않다. 이 부분을 보완하기 위해 인터넷 검색창을 이용하였다. 인터넷 검색을 통해 확인한 다수의 고전소설도 목록에 추가하였다.[2] 다음으로는 조사하여 정리한 목록을 토대로 동산도서관에 소장된 자료의 전체적인 성향을 파악하기로 한다. 전체적인 성향을 통해 동산도서관에 소장된 고전소설의 독자적인 특성을 읽어낼 것인데, 그것은 대구와 경북 지역에서의 고전소설 향유의 일단을 엿보기 위함이다. 이어서, 동산도서관에 소장된 고전소설 중에 우리 문학사에서 중요한 가치를 갖는 몇 작품을 제시하고, 그 작품에 대해 평가하기로 한다. 동산도서관에는 몇 종의 유일본이 있는데, 이 작품들을 중심에 두고 논의를 펴는 것은 당연하다. 그것은 단지

2) 그렇지만 필자가 확인하지 못한 고전소설도 다수 있으리라 본다. 또한 동산도서관에는 아직도 정리 중인 작품집이 있다. 이 점을 고려하면, 필자가 제시한 목록이 절대적인 것이라 하기 어렵다. 이러한 한계를 충분히 인식하면서도 현재로서는 다른 방법을 찾을 수가 없었다. 이후 이 목록은 추가·보완이 필요함을 미리 밝혀 둔다.

유일본이기 때문이 아니라, 우리 문학사에서 생동하는 소설의 움직임을 포착할 수 있는 한 계기가 되기 때문이다.

현재까지 필자가 조사한 동산도서관 소장 고전소설 목록은 다음과 같다. 목록은 '가나다' 순이며, 중국 간행본 및 활판본[구활자본]은 제외하였다.

일련번호	작품명	책수	비고	일련번호	작품명	책수	비고
1	강남추월젼	1책		84	幽閑堂謝氏言行錄	1책	한문본
2	강릉추월젼	1책	丁未粧	85	유한당사씨언행록	1책	
3	계상국젼	1책	辛丑(1902). 長峴.	86	유한당사씨언행록	1책	
4	곽분양튱장녹	1책	零本(3책 중 1권). 庚辰	87	유한당사씨언행록	1책	壬戌
5	寇萊公傳	2권 2책	낙질. 丙寅 結冊	88	유한당사씨언행록	1책	柳文宗의 女, 姜必魯 妻
6	구릭공젼	3권 3책	낙질.	89	이츈믹젼	1책	乙丑. 표지 이면은 경북 醴泉郡 流里面 民籍簿
7	구운몽	6권 3책	木版. 崇禎後三度癸亥(1803)	90	壬辰錄	1책	零本(下)
8	구운몽	1책	목판. 낙질.	91	임진녹	1책	
9	구운몽	3권 3책	戊戌. 水原 逸院精舍.	92	임진녹	1책	
10	구운몽	2책	零本. 戊午. 致德書.	93	임진록	1책	
11	구운몽	1책	乙丑	94	자녀혼가젼	1책	壬申(1932)
12	구운몽	1책	零本	95	장국중젼	1책	
13	구운몽	2책	零本(1-2, 5-6). 목판. 7과 같음.	96	장두영젼	1책	한문본. 光緖15년(1889). 金僊覺

14	구운몽	1책	한문	97	장끼전	1책	
15	구운몽	1책	앞부분 낙장	98	장ᄇᆡᆨ젼	1책	木版
16	권익중전	1책		99	장풍운전	1책	
17	김부인열행가	1책		100	장풍훈젼	1책	己酉. 표제: 장씨충효록
18	김원전	1책	辛巳	101	장학사전	1책	
19	김이양문록	1책	뒷부분 낙장.	102	장학사전	1책	隆熙5년(1911). 한성 신의관댁
20	김진옥전	1책		103	장화홍연젼	1책	
21	김ᄐᆡᄇᆡᆨ젼	1책	유일본	104	정수경젼	1책	표제: 鄭叔英傳
22	김희량젼	1책		105	정을션젼	1책	戊辰.
23	남정기	1책	崇禎紀元後三丙寅 (1806) 錦水旅中書. 염승전 합철	106	정을션젼	1책	
24	뉴씨삼ᄃᆡ록	10책	零本(3-5, 7-13)	107	정을선전	1책	
25	뉴씨삼ᄃᆡ록	18책	零本(1, 3-19)	108	정해경젼	1책	
26	뉴씨삼ᄃᆡ록	1책	零本(7)	109	조웅젼	1책	
27	뉴씨삼ᄃᆡ록	4책	零本(1, 2, 6, 14)	110	조웅젼	1책	
28	뉴효공현힝녹	4책		111	조웅젼	1책	
29	뉴효공현힝녹	2책	零本(4책 중 1, 3권). 白馬(=庚午)	112	진공필전	1책	진성운전.
30	뉴효공현행록	5책		113	진성운전	1책	
31	니ᄃᆡ봉젼	2권 1책	木版. 1911.	114	진성운전	1책	明治45년(1912). 베틀가 합철
32	대성젼	1책	소대성전	115	창난호연록	2책	零本(3권-1, 3권-2)
33	뎡을션젼	1책		116	창난호연록	8책	零本(1-상·하, 4-6, 24, 72-73)
34	뎡을션젼	1책		117	창난호년녹	1책	零本
35	동잉잉	1책	己巳. 육신전 합철	118	창난호년녹	1책	零本(6). 己亥.
36	됴웅젼	3권 1책	木版. 光緒19년(1893)	119	창난호연녹	2책	零本(3, 6). 己酉.
37	됴웅전	1책	木版.	120	昌蘭好緣錄	1책	
38	됴웅젼	3권 1책	木版. 1911.	121	창선감의록	1책	零本(2)
39	됴웅젼	1책	零本(3). 癸亥.	122	창선감의록	1책	零本

40	됴웅젼	1책		123	창선감의록	1책	漢文
41	됴웅젼	1책		124	창선감의록	1책	
42	두껍젼	1책		125	창선감의록	1책	
43	명쥬긔봉	1책	零本(12)	126	최고운전	1책	
44	목엽전	1책	목시룡전	127	최호양문녹	1책	甲戌粧
45	박씨전	1책		128	춘풍젼	1책	戊午
46	박씨전	1책	甲子	129	츈향젼	1책	丙午
47	박씨조화무궁녹	1책	昭和14년(1939). 박씨전	130	츈향젼	1책	木版. 西溪書鋪.
48	박태보전	1책	癸亥. 加衣于梧閣	131	톡긔젼	1책	
49	박학사전	1책	박태보전.	132	현봉쌍의록	1책	
50	ᄇᆡᆨ학션젼	1책		133	하진양씨젼	2책	丙午始, 丁未畢. 괴정학사
51	소학사전	1책		134	현씨쌍인긔	3권 3책	1-3.
52	쇼ᄃᆡ셩젼	1책	木版	135	현시양웅생인긔연	4책	零本(1, 3, 5-6). 丁丑-辛巳
53	소현성록	1책	零本	136	玄氏兩雄錄	1책	
54	숙향전	1책		137	玄氏兩人錄	1책	乙亥
55	슈ᄆᆡ청심녹	1책		138	현씨쌍인긔	3책	零本(1, 2, 5)
56	슈ᄆᆡ청선녹	1책		139	홍연전	1책	
57	슈ᄆᆡ청심녹	1책	표제: 壽梅淸心錄	140	홍계월젼	1책	
58	新增龍圖神斷公案	8권 4책	한문본	141	홍길동녹	1책	몽유가·도덕가와 합철
59	심청젼	2권 1책	木版	142	홍백화전	1책	甲子
60	沈淸傳	1책	檀紀4285年(1952)	143	화룡도	1책	木版(全州 龜洞 丁未)
61	심청가	1책		144	화룡도	1책	木版
62	쌍녈옥소록	2권 2책	戊午	145	화룡도	1책	木版
63	양주봉젼	1책		146	화룡도	1책	
64	양풍운젼	1책		147	화룡도	1책	
65	어룡전	1책		148	화룡도	1책	

66	옥년몽	23책	乙巳	149	화산즁봉긔	1책	光緖15년(1889). 蘭洞宅
67	옥련몽	2책	零本(10-11)	150	화씨팔대충의록	1책	
68	완월누	1책	중단본. 북천가와 합철	151	화씨충효록	1책	
69	옥단춘전	1책		152	화씨충효록	2책	
70	원자실전	1책	光緖9년(1883)	153	화진젼	1책	己酉. 표제: 권효젼
71	위시전	1책		154	花珍傳	1책	
72	유씨전	1책		155	황월션젼	1책	大正11년(1922)
73	유문셩젼	1책	零本(2권)	156	황월셩젼	1책	
74	유양젼	1책	己丑. 틱이유씨젼	157	효경젼	1책	光武3年(1899)
75	유최연젼	1책		158	흥보전	1책	辛未(1899)
76	유최현젼	1책	庚申	159	흥부젼	1책	己亥
77	유츙열젼	1책	丙午	160	삼국지	3책	零本(8, 10, 11)
78	유충열젼	1책		161	삼국지	1책	零本(3권 중 3)
79	유충열젼	1책		162	언삼국지	2권 1책	木版(完州, 梁冊房). 1937.
80	유츙열젼	1책	표제: 忠烈傳	163	셔유긔	24책	零本(2-9, 11-14, 17-19, 21-28)
81	뉴츙녈젼	1책	癸丑	164	서한연의전	1책	零本
82	유충열전	1책		165	초한지	2권 1책	木版. 西溪書鋪. 1911.
83	유한랑샤시언힝녹	3권 3책	丙午	166	초한지	2권 1책	木版. 西溪書鋪. 1908.

목록을 통해 확인한 바, 현재 동산도서관에 소장된 고전소설은 총 166종 284책이다.[3] 고전소설 284책 중 절대 다수는 한글본이다. <구운몽>·<남정기>·<장두영전> 등 몇몇 한문소설도 있지만, 그 대부분은 한글

3) 이 수치는 최소한이다. 앞으로 조사가 더 이루어지면 실제 동산도서관에 소장된 고전소설은 166종 284책을 훨씬 상회할 것이 분명하다.

소설이다. 표기 방식만으로 독자층을 상정할 수 없지만, 그래도 한글소설의 독자는 여성일 개연성이 높다. 특히 동산도서관에는 규방에서 주로 읽었던 가문[장편]소설류가 많이 소장되어 있다는 점도 이러한 추정에 힘을 실어준다. 책의 형태는 필사본이 주류다.

동산도서관에 소장된 166종은 이본을 별종으로 본 것이고, 동일 종류의 이본을 한데 묶으면 동산도서관에 소장된 고전소설 종(種) 수는 총 78종이다.[4] 여기에 <삼국지>·<서유기>·<서한연의전>·<초한지>·<신증용도신단공안(新增龍圖神斷公案)> 등과 같은 중국소설까지 합하면 총 83종이 된다. 즉 동산도서관에는 총 83종의 고전소설 이본이 있고, 그 책 수는 총 284책이라고 잠정할 수 있다.

이들을 '소재'에 따라 유형별로 분류하면 다음과 같다.[5]

가문[장편]소설류(17종) : 구래공전, 구운몽, 남정기, 도앵앵, 명주기봉, 소현성록, 유씨삼대록, 유효공현행록, 옥련몽, 창난호연록, 창선감의

4) 78종이라 함은 제목을 달리하더라도, <진공필전>과 <진성운전>·<위시전>과 <유양전>처럼 그 내용이 유사한 경우는 한 종류로 묶었다. 그러나 <강릉추월전>과 <소학사전>·<정을선전>과 <유최연전>·<장두영전>과 <장풍운전>처럼 일정한 영향 관계가 있지만, 그 성격을 달리하는 작품은 별종으로 보았다.

5) 여기에 제시한 유형 분류는 우리 문학사에서 취하는 가장 보편적인 형태를 따랐다. <권익중전>·<백학선전>·<소학사전>처럼 영웅소설과 애정소설의 중간에 놓이는 작품은 어느 유형에 귀속시켜도 문제가 될 수밖에 없다. 그렇다고 '영웅+애정'이란 중간혼합적인 유형을 설정하는 것은 소설 유형화 양상을 더 혼란케 할 뿐이다. 유형화가 지닌 여러 문제를 충분히 인지한다 해도, 결국 그 판단은 전적으로 주관에 맡길 수밖에 없다. 이 글이 본격적인 소설 유형화 논의가 아닌 이상, 특정 작품을 특정 유형에 귀속시킨 것은 필자의 판단임을 밝힌다. 또한 필자가 직접 확인하지 못한 소설은 오로지 제목에 따라 그 유형을 결정할 수밖에 없었다. 예컨대 <김희량전>은 <김희경전>의 한 이본으로 본 것도 그러한 예다.

록[화진전], 최호양문록, 하진양씨전, 현봉쌍의록, 현씨양웅쌍린기, 화씨팔대충효록, 화씨충효록.

영웅소설류(23종) : 김원전, 김진옥전, 김태백전, 김희량전, 박씨전[박씨조화무궁록], 소대성전, 양주봉전, 양풍운전, 어룡전, 유문성전, 유충렬전, 이대봉전, 임진록, 장국중전, 장두영전, 장백전, 장풍운전[장풍훈전], 조웅전, 진성운전[진공필전], 최고운전, 홍계월전, 홍길동록, 홍백화전.

가정소설류(6종) : 김이양문록, 유최현전[유최연전], 장화홍련전, 정을선전, 정해경전, 황월선전[황월성전].

애정소설류(12종) : 강릉추월전[강남추월전], 권익중전, 백학선전, 소학사전, 수매청심록, 숙향전, 쌍렬옥소록, 옥단춘전, 유씨전[위시전, 유양전], 이춘매전, 장학사전, 정수경전.

판소리계소설류(7종) : 심청전, 장끼전, 춘풍전, 춘향전, 토끼전, 화룡도, 흥부전.

도덕소설류(4종) : 계상국전, 목엽전, 자녀혼가전, 효경전.

중국소설류(5종) : 삼국지, 서유기, 서한연의, 초한지, 新增龍圖神斷公案(중국 공안류).

야담계소설류(2종) : 원자실전, 홍연전.

실기[및 수필]류(3종) : 곽분양충장록, 박태보전, 유한당사씨언행록.

기타(4종) : 김부인열행가(가사), 두껍전(우언소설), 완월루(신소설), 화산중봉기(송사소설).

동산도서관에 소장된 고전소설을 유형화해서 보면 소위 영웅소설류가 23종으로 가장 많은 종수를 차지한다. 수치상으로만 보면 영웅소설이 가장 많다. 그렇다고 해서 '동산도서관에 소장된 고전소설의 중심이 영웅소설이다'고 말할 수는 없다. 왜냐하면 영웅소설은 우리나라 고전소설 중 가장 많은 종(種)을 가지고 있고, 또한 가장 널리 분포되어 있기 때문이다. 특정 장르를 염두에 두고 일부러 수집하지 않는 한, 영웅소설이 고전소설 중에서 가장 많은 종 수를 차지하는 것은 당연한 결과일 수밖에 없다. 이런 점을 고려할 때 위에 제시한 유형화 양상에서 눈여겨봐야 할 점은 영웅소설이 가장 많은 종을 차지하고 있다는 사실이 아니다. 오히려 세 가지 측면에 더 주목할 필요가 있다. 첫째, 영웅소설 못지않게 가문소설[장편소설]이 많다는 점. 둘째, 판소리계소설이 적다는 점. 셋째, 중국소설류가 지극히 적다는 점 등이 그것이다.

가문[장편]소설은 영웅소설에 이어 17종이 소장되어 있다. 그런데 책 수로 보면 동산도서관에 소장된 총 284책의 고전소설 중 135책이 가문소설에 해당한다. 동산도서관에 소장된 고전소설의 48% 남짓, 즉 전체의 반은 가문소설인 셈이다. 다른 도서관과 굳이 비교해 보지 않아도 동산도서관에 소장된 소설 중 가문소설이 차지하는 비율이 높음을 알 수 있다.

동산도서관에 소장된 고전소설이 어느 지역에서 어떤 경로로 유입되었는지에 대해서는 좀 더 따져봐야 하겠지만, 다른 도서관에 비해 가문소설이 높은 비중을 차지하는 것은 일차적으로 지역적인 특수성에서 비롯된 것으로 보인다. '대구'와 그 주변 지역의 규방문화가 다른 지역보다 발달하였다는 논의는 이미 널리 알려진 사실이다. 또한 규방문화가 발달한 지역일수록 소위 '녹책(錄冊)'으로 대표되는 가문소설이 많고, 여항문화가 발달한 지역일수록 '녹책'보다는 '전책(傳冊)'이 널리 분포된다는 것도 상식적인 일이다. 이러한 점을 고려한다면 동산도서관에 가문소설이 많다는 것은 이 지역 문화의 한 특성에서 비롯된 현상이라 하겠다.

'안'의 문화산물인 가문소설류가 중심에 놓이다보니, '밖'의 문화를 대표하는 소설 유형은 상대적으로 낮은 비율을 차지한다. 실제 영웅소설류가 23종이나 되지만, <조웅전>과 <유충렬전>을 제외하면 대부분은 그 이본 수가 한두 종에 불과하다. 달리 말하면 두 작품을 제외한 나머지 영웅소설은 대구와 그 주변 지역에서 그다지 널리 읽히지 않았음을 뜻한다. 또한 <조웅전>과 <유충렬전>을 제외한 다른 작품들은 근래에 외부로부터 유입되었을 개연성이 높다. 실제 전라도와 충청도 지역을 중심으로 향유되었던 <장풍운전>과 같은 작품은 기실 이 지역에서 향유되다가 동산도서관에 유입된 것이 아니라, 전국적인 유통망을 가지고 있는 고서점 등과 같은 외부적인 유통 경로로 들어온 것이 분명해 보인다. <장풍운전>의 한문본이라 할 <장두영전(張斗英傳)>은 전라도 정읍 지역에서 필사되고 향유되다가 어떠한 경로로 동산도서관에 유입된 것이 명확하기 때문이다.[6] 즉 대구를 중심으로 한 이 지역에서는 가문소설이 주류를 차지하였고, 다른 소설은 상대적으로 소통이 적었다고 보아도 큰 무리가 없겠다.

판소리계소설이 상대적으로 적은 이유도 이와 궤를 같이한다. 동산도서관에도 <춘향전> 2종(목판1, 필사1), <심청전> 3종(목판1, 필사2), <흥부전> 2종(필사2), <토끼전> 1종(필사1), <화룡도> 6종(목판3, 필사3), <이춘풍전> 1종(필사1), <장끼전> 1종(필사1) 등 다양한 판소리계소설이 존재한다. 그 중 남성이 주 독자였던 <화용도>를 제외하면 나머지는 1-3종에 불과하다. 다른 지역에 비해 그 수가 적은 편이다. 이런 현상은 판소리계소설의 지역적 기반과 긴밀한 관련이 있는 것으로 추정할 수 있다. 즉 판소리계소설은 기본적으로 경상도 지역 문화의 산물이 아니기

6) <장두영전> 말미에는 "大淸光緒十污年戊子孟秋, 井邑內藏山靈隱寺圓寂庵中, 沙彌法眞"이란 기록이 있다.

때문에 대구와 그 주변 지역에서는 판소리계 소설이 상대적으로 적었던 것으로 이해할 수 있겠다. 문화 환경의 차이가 곧 소설 향유 방식에까지 영향을 미쳤음을 확인케 한다.7)

중국소설이 적은 것도 흥미롭다. 정확히 말하면 중국소설은 적지 않다. 적은 것은 우리나라에서 필사된 중국소설이다. 기실 동산도서관에도 <삼국지(三國志)>·<열국지(列國志)> 등 중국에서 찍은 판본 소설이 적잖이 남아 있기 때문이다. 이를 어떻게 이해할 것인가? 아무래도 중국에서 찍은 판본은 독자가 남성일 개연성을 높이지 않는가? 중국소설은 남성이 주로 향유하였고, 안방에서는 중국 연의류 소설을 상대적으로 덜 읽고 덜 베낀 것이 아닌가? 물론 이런 추론은 전대의 기록과도 상치된다.

> 역대 연의류는 또한 마땅히 한 번 살펴보아야 한다. 지난 세대의 治亂과 興亡의 자취를 대략이라도 알게 되면 덕성을 기르고 식견을 넓힐 수 있는지라. 이러한 것인데, 어찌 보지 않을 수 있겠느냐? 그러나 혼인, 부귀, 신선, 귀신 등을 다룬 패관잡기는 일체 볼만한 것이 못된다."8)

민익수(閔翼洙, 1690~1742)의 모친 이씨가 손녀들에게 연의류 소설을 읽도록 권유한 18세기 초의 상황이다. 당시에는 규방에서 연의류 소설을 긍정적으로 인식하여, 널리 읽었음을 확인할 수 있다. 그런데도 동산도서

7) 동산도서관에 남아있는 판소리계 소설은 모두 1900년대 이후의 것이다. 특히 <심청전>처럼 1953년에 필사된 것도 있다.

8) 閔翼洙. <李夫人行錄>. 至於歷代演義之類, 亦當一再繙閱. 略知前世治亂興亡之跡, 則庶幾養其德性, 廣其識見, 如此者, 何可不見. 若婚姻富貴神仙鬼物等稗說雜記, 一切不足觀也.

관에 중국소설이 적은 것은 분명 다른 이유가 있을 듯하다. 그것은 앞서 추정한 것처럼 이 지역의 여성 독자들은 중국소설에 대해 상대적으로 관심이 적었기 때문으로 보인다. 실제 반가(班家)의 여성 19명을 중심으로 소설 독자를 연구한 이원주의 조사를 보아도 중국소설을 읽은 사람은 두 사람뿐이다.[9] 중국소설의 향유와 규방문화의 상관관계는 좀 더 따져봐야 하겠지만, 지금으로서는 중국소설은 대구와 그 주변 지역의 규방에서 그리 널리 향유되고 있지 않았던 것으로 잠정할 수밖에 없다.

동산도서관에 소장된 고전소설 중에 4종 이상의 비교적 많은 이본을 가지고 있는 작품은 총 11편이다. 그 작품은 다음과 같다.

순위	작품명	종 수	비 고
1	조웅전	9	목판 3종, 필사 6종
1	구운몽	9	목판 3종, 필사 6종
3	창선감의록	7	화진전 2종을 포함함. 화씨충효록은 제외함.
4	유충렬전	6	
4	창란호연록	6	
4	화룡도	6	목판 3종, 필사 3종
4	유한당사씨언행록	6	
8	정을선전	5	유최현전은 제외함.
8	현씨양웅쌍린기	5	
10	유씨삼대록	4	
10	임진록	4	

9) 이원주. 1975. 「고전소설 독자의 성향」. 『한국학논집』 3. 계명대학교 한국학연구원. 읽힌 중국소설은 <삼국지>와 <열국지>다.

가장 많은 이본을 가지고 있는 작품은 9종의 <조웅전>과 <구운몽>이고, 그 뒤를 이어 7종의 이본을 가진 <창선감의록>이 차지하였다.[10] <유충렬전>·<창란호연록>·<화룡도>·<유한당사씨언행록>이, 다음으로는 <정을선전>과[11] <현씨양웅쌍린기>가, 그 다음으로는 <유씨삼대록>과 <임진록>이 뒤를 이었다.

유형별로 이야기하면, <구운몽>·<창선감의록>·<창란호연록>·<현씨양웅쌍린기>·<유씨삼대록> 등 5종을 포함하고 있는 가문[장편]소설이 수위를 차지한다. <조웅전>·<유충열전>·<임진록>과 같은 영웅소설, <정을선전>과 같은 가정소설, <화룡도>와 같은 판소리계소설도 비교적 널리 읽혔음을 짐작할 수 있다. <유한당사씨언행록>은 강필로(姜必魯, 1782-1854)의 처 유씨의 언행을 사실적으로 기록한 것으로, 엄격한 의미에서 보면 소설이 아니다. 그렇지만 가문소설을 향유하던 층에서 이 작품도 소설처럼 읽었다는 점을 고려한다면, 이 작품 역시 소설 향유의 틈에서 경쟁력을 가지고 소통되고 있었음을 확인할 수 있다. 이 외 3종의 이본을 가지고 있는 작품은 비교적 많다. <박씨전>·<수매청심록>·<심청가>·<유씨전>·<유효공현행록>·<진성운전> 등이 그러하다. 이들 역시 다른 작품에 비해 상대적으로 많은 관심을 받은 소설이라고 할 수 있다.

이러한 결과는 일찍이 경북 지역 소설 독자의 성향을 고증한 이원주의

10) 또한 2종의 이본을 가지고 있는 <화씨충효록>은 <창선감의록>을 장편화한 소설로, <창선감의록>의 자장권에 놓인 작품이다. 이런 점을 고려하면 <창선감의록>'류' 역시 선두권에서 폭넓게 읽혔다고 볼 수 있다.

11) 또한 2종의 이본을 가지고 있는 <유최연전> 역시 <정을선전>의 자장권에 있다.

조사와 대비할 때 더욱 흥미롭다. 이원주의 조사에 따르면 19명의 독자 중 4명 이상이 읽은 작품은 다음과 같다.[12)]

순위 및 독자 수	작품명	동산도서관본 고전소설의 순위	비 고
1 (12명)	옥루몽	×	활자본은 조사 대상에서 제외함.
2 (11명)	창선감의록	3 (7종)	
3 (10명)	유씨삼대록	10 (4종)	
4 (8명)	사씨남정기	×	1종의 이본만 있음.
5 (7명)	조웅전	1 (9종)	
5 (7명)	현봉쌍의록	×	1종의 이본만 있음.
7 (6명)	구운몽	1 (9종)	
7 (6명)	이씨효문록	×	이본이 없음.
7 (6명)	창란호연록	4 (6종)	
10 (5종)	현씨양웅쌍린기	8 (5종)	
11 (4종)	명주기봉	×	1종의 이본이 있음.
11 (4종)	숙향전	×	1종의 이본이 있음.
11 (4종)	유충렬전	4 (6종)	
11 (4종)	유한당사씨언행록	4 (6종)	

이원주의 조사 결과와 대비해 보았을 때, 동산도서관에 소장된 고전소설과 반가(班家) 여성들이 읽은 소설 사이에 큰 차이가 없음을 엿볼 수 있다. 이는 대구와 그 주변 지역에서 널리 소통되었던 소설이 무엇인가를 단적으로 드러낸 한 예로 보아도 무방할 듯하다. 즉 이원주의 조사와 동산도서관에 소장된 고전소설 중 공통적으로 수위를 차지한 <창선감의

12) 이원주. 앞의 논문. 1975.

록>·<유씨삼대록>·<조웅전>·<구운몽>·<창란호연록>·<현씨양웅쌍린기>·<유충렬전>·<유한당사씨언행록> 등은 이 지역에서 비교적 널리 읽혔던 작품이었다.

다만 동산도서관에는 <사씨남정기>·<현봉쌍의록>·<이씨효문록>·<명주기봉>·<숙향전>의 이본이 없거나 1종에 불과하다. 반면 <화룡도>·<정을선전>·<임진록> 등과 같은 작품은 다수 소장되어 있다. 그런데 이원주의 조사 결과에는 <화룡도>와 <정을선전>을 읽은 독자는 없다. <임진록>의 독자가 한 명 있을 뿐이다. 이원주는 조사 대상을 반가 여성에게 한정한 반면, 동산도서관에는 반가와 일반인이 향유했던 소설을 모두 포괄하기 때문이다.

또한 김재웅은 경북 지역에서 필사한 작품을 조사하였는데, 그 중 <강릉추월전>·<조웅전>·<황월선전>·<유충열전>·<김진옥전> 등이 널리 유통되었음을 밝혔다.[13] 이 중 <조웅전>과 <유충열전>을 제외한 나머지 작품은 이원주의 조사 과정에서 빠져있다.[14] 반면 동산도서관에는 이 중 <강릉추월전>이 2종, <황월선전>이 2종, <김진옥전>이 1종 등 적지 않은 이본이 존재한다. 이 점을 고려하면 김재웅이 조사한 작품은 반가 여성 집단이 아닌 집단에서 향유되었던 것으로 보아도 큰 무리가 없을 듯하다.

---

13) 김재웅. 2007.「경북 지역에 유통된 필사본 고소설에 대한 실증적 연구」.『고소설연구』 24. 한국고소설학회.

14) 이 중 <김진옥전>을 읽은 독자가 한 명 있을 뿐이고, 나머지 작품을 읽은 독자는 없다.

2. 계명대학교 동산도서관 소장 고전소설의 가치

동산도서관에 소장된 83종 284책을 모두 정밀하게 살피고, 또한 그 결과를 토대로 동산도서관에 소장된 고전소설의 가치를 논하는 것이 마땅하다. 그렇지만 여건이 그렇게 되지 못했다. 따라서 이 글은 동산도서관에 소장된 고전소설 중 필자가 열람한 자료 중에서 고전소설사에 일정한 가치를 갖는 몇 작품을 중심에 두고 논의를 펼칠 수밖에 없다.

동산도서관에 소장된 고전소설 중에는 주목할 만한 몇 작품이 있다. 그 양상은 크게 두 갈래로 나누어 살펴볼 수 있다. 그 하나는 유일본으로 존재하거나, 혹은 이본이 많지 않은 작품들이 보인다는 점이다. <김이양문록>, <김태백전>, <원자실전>, <자녀혼가전>, <화산중봉기>, <효경전> 등이 여기에 해당한다. 다른 하나는 이본으로서의 가치를 갖는 작품들이 다수 보인다는 점이다. 예컨대 아직까지 이본 논의 과정에서 언급된 적이 없는 <홍길동녹>,[15] 권72와 권73의 영본(零本)을 가지고 있는 <창란호연록>, 근대 신문에 연재되었던 <신단공안(神斷公案)>과 관련을 가질 것으로 보이는 <신증용도신단공안(新增龍圖神斷公案)>, <육신전(六臣傳)>을 합철한 <동잉잉>, 한문소설 <금선각(金僊覺)>의 향유 양상을 엿볼 수 있게 하는 <장두영전(張斗英傳)>, 야담계소설 <홍연전>, 신소설을 필사한 <완월루>, 낙질이지만 24책이나 남아 있는 <서유기> 등은 그 이본적 가치를 충분히 상정할 수 있다. 그렇지만 이 글에서는 이본적인 가치를 갖는 작품에 대한 세세한 논의를 펴지 않는다. 이

15) 이윤석은 『홍길동전연구』(계명대출판부. 1997)에는 총 29종의 이본을 대비하였는데, 계명대 동산도서관본은 여기에서 빠져 있다.

문제를 해결하기 위해서는 좀 더 시간적인 여유를 두고 따져봐야 하기 때문이다. 이는 추후의 과제로 남겨둔다. 따라서 이 글에서는 주로 유일본으로 존재하거나, 혹은 이본이 많지 않은 고전소설에 한해 그 가치를 따져볼 수밖에 없다.

아직까지 확인되지 않은 유일본 소설의 출현이나 이본이 많지 않은 작품을 소개한다는 것은 고전소설사에 보다 풍부한 자료를 제공함으로써 그 영역을 확장시킨다는 점에서 언제나 환영할 만한 일이다. 그런데 그 자료가 소설사에 미치는 영향이 클 경우에는 더욱 큰 의미를 갖게 된다. 동산도서관에 소장된 고전소설 중에 유일본, 혹은 이본이 많지 않은 작품은 여섯 종 정도가 있는 것으로 보인다. <김이양문록>, <김태백전>, <자녀혼가전>, <원자실전>, <화산중봉기>, <효경전> 등이 그러하다.

<화산중봉기>는 하버드대 연경도서관본으로 알려진 본인데,[16] 실제 하버드에 소장된 책은 계명대 동산도서관본을 복사한 본에 불과하다. 이 책은 송사소설 유형으로, 가문의 올바른 위상을 찾는 데에 초점을 둔다. 진가(眞假)를 다툰다는 점에서는 <유연전>·<최수전>·<옹고집전> 등과 긴밀하게 연결되나, 그 가치를 가문에 맞추었다는 점에서 다른 소설에 비해 좀 더 도덕적인 성향을 갖는다.[17] 이처럼 이야기가 지닌 가치를 '밖'의 세상에 대한 다층적인 모습을 담아내기보다 '안'의 세상에 대한 이데

16) 이 책은 이상택이 편한 『해외수일본 한국고소설총서』 5권(태학사, 1998)에 영인되어 있다.

17) 이순우는 이 책을 "가문 내에서 가족 간의 화합과 안정"을 요구하는 작품으로 인식한다. 이순우. 2002. 「화산중봉기 연구」. 『한국고전연구』 8. 한국고전연구학회.

올로기 문제로 회귀한 것은 그만큼 소설이 지닌 오락성이 약화되었음을 의미한다. 그런데 동산도서관에는 <화산중봉기>처럼 오락성 보다는 도덕성을 강조하는 소설이 많다. 실제 <자녀혼가전>·<효경전>은 모두 도덕을 직접적으로 제시한다. 도덕소설이라 할 만하다.

<자녀혼가전>은 혼인은 인륜대사니 잘못할 수 없다는 전제를 깔고 논설의 방식으로 각각 '부부공경편' '형제우애편' '효행편'으로 나누어 이야기를 전개한다. 세 편으로 나누었다고 하지만, 기실 거의 모든 내용이 '효행편'에 집중되어 있다. '효경편'은 <진대방전>을 축약한 것인데,[18] 그렇다고 단순한 축약에 그치지 않았다. 거기에는 우리나라 동해에 사는 효부 이야기를 비롯하여 '효감천(孝感泉)'의 주인공인 '오준(吳浚)'의 이야기도 실었다. <자녀혼가전>의 찬자는 여기저기에서 효자·효부의 일화를 수집하여 '효행편'에 담아낸 것이다. 인간이 지켜야 할 도리를 직접적으로 이야기한다는 점에서 <자녀혼가전>은 집안의 이데올로기를 강화하는 구실을 한다. 반면 <효경전>은 이와 형식을 조금 달리한다. <효경전>은 공자에게 배움을 청하러 온 7살 어린아이인 증자(曾子)와 안연(顔淵)에게 삼강오륜, 천지의 원리, 인륜의 역사 등을 공자가 직접 설명하는 방식으로 되어 있다. 물론 후반부에는 오락적인 면이 없지 않지만, 그 대체는 진중하다.

---

18) 이는 앞 부분만 봐도 확인할 수 있다. 히쥬 ᄯᅡ의 사ᄂᆞᆫ 진ᄃᆡ방이라 ᄒᆞ난 사람이 잇시되 그 안히 양녀로 더부러 부모ᄭᅴ 불효ᄒᆞ기로 ᄉᆡ어미 그 연고을 ᄐᆡ슈게 원졍을 알외니 히쥬판관 김두ᄇᆡᆨ은 도덕군ᄌᆞ라 치민ᄒᆞᄂᆞᆫ 법이 ᄇᆡᆨ셩 효제 츙신 예의 념치로 슝샹코ᄌᆞ ᄒᆞ다가 이 날 고관을 듯고 ᄃᆡ경ᄒᆞ야 공사문을 닷고 회과ᄌᆞ젹왈 (중략) 바로 ᄃᆡ방의 집에 힝ᄎᆞᄒᆞ야 ᄃᆡ방의 모ᄌᆞ 형제 양녀을 불너 ᄯᅳᆯ의 세우고 (중략) 분부ᄒᆞ되

<효경전>의 내용은 딱딱하지만, 소설 향유와 관련해서 흥미로운 작품이다. 이 이야기는 공자가 어린아이를 직접 가르치는 스승으로 설정되어 있기 때문이다.

공자와 아이의 대담과 관련하여 널리 알려진 이야기는 이런 형식보다 오히려 '공자와 동자의 문답' 유형이다. 이 유형의 이야기는 중국의 <소아론(小兒論)>을 수용하고,[19] 그것을 한국적으로 변용한 것이다. 공자가 천하를 주유하다가 어린아이를 만나 지혜를 다툰다는 내용인데, 항간의 어린아이가 공자보다 더 뛰어난 지식을 가지고 있음을 우회적으로 드러낸다. 그러면서 한 편으로는 공자를 희화화하는 측면도 없지 않다.

그런데 <효경전>은 이와 정반대의 면모를 보인다. 공자는 한층 높은 위치에서 어린아이를 가르치는 모습으로 그려진 것이다. 이 모습이 현실적으로 당연하지만, 소설적인 흥미는 오히려 공자가 어린아이에게 역전당하는 것보다 떨어질 수밖에 없다. 그런데도 이런 방식의 글쓰기가 요구되었던 것은 '희화화되는 공자'를 다시금 제 자리로 되돌리고자 한데서 비롯된 것으로 보인다. '공자와 동자의 문답'에 대한 이야기도 <효경전>에 "증ᄌᆡ ᄭᅮ려안져 대왈 황공ᄒᆞ오ᄃᆡ 셕ᄌᆞ의 방흘이 문답을 드러지이다."이라 하여 증자가 직접 질문하고, 공자는 그에 대해 답변하는 방식을 취하였다. 따라서 공자의 희화화는 그만큼 약화될 수밖에 없다.

<효경전>의 찬자는 이미 널리 알려진 '공자와 동자의 문답' 유형의 이야기를 공자와 증자의 문답 안으로 끌어들임으로써, 그 이야기까지도 희화화된 공자를 제 자리로 환귀시키는 소재로 활용한 것이다. 소설 주체

---

19) 소아의 이름은 方希禮인데, 그게 향유되는 과정에서 '방울' '방훌' 등으로 변모된다. <효경전>에는 '방흘'로 나온다.

와 객체를 어떻게 이야기할 것인가에 따라 소설의 향유 방식도 달라지고 있는 일면을 엿볼 수 있다는 점에서 <효경전>은 흥미로운 작품이라 하겠다.

도덕적인 요소 중에 어떤 부분을 더 강조하느냐의 차이가 있지만, <자녀혼가전>과 <효경전> 모두 직접적인 목소리로 교훈을 주려는 목적으로 창작·향유되었다. 이러한 유형의 소설은 이미 <진대방전>·<임시각전>·<목시룡전>·<김의백효행록> 등에서 보았던 터다. 이런 유형의 도덕소설은 우리 문학사에서 크게 주목 받고 있지 못하지만, 소설 향유 저변에는 상당히 넓게 분포되어 있었던 것으로 보인다. 특히 규방문화가 발달한 대구와 그 주변 지역에서 아직까지 소개된 적이 없는 도덕소설류가 두 종이나 발견된 것은 흥미로운 일이다. 실제 <자녀혼가전> 후미에는 '늙은 자신이 온갖 힘을 다해 베꼈으니 모든 부인과 모든 소저들은 웃지 말고 보고, 아이들에게도 보일만하다'고 밝히고 있다. 도덕 교육의 일환으로 규방에서 이런 작품이 읽히고 있는 풍경을 엿볼 수 있다. <효경전>도 마찬가지다. <효경전> 말미에는 '小女要覽'이라고 씌어 있는데, 이 책의 독자를 나이 어린 여성으로 설정했음을 짐작케 한다.[20] 두 작품 모두 규훈서(閨訓書)의 역할을 톡톡히 한 셈이다.

이처럼 직접적으로 도덕을 강조하는 작품은 교훈의 목적이 소설의 흥미보다 앞선 것이라 하겠다. 하지만 흥미를 지향한 소설이 주류인 상태에

20) <효경전>에도 필사 후기가 있다. "니 칙의 잇는 글을 명심불망ᄒᆞ야 잘 빅우면 나라의 츙신되고 부모의계 효셩되여 츙효을 보젼ᄒᆞ고 부〃화합ᄒᆞ고 형졔화목ᄒᆞ며 삼강오륜지도을 분명니 알며 가급인족ᄒᆞ며 국틱민안허며 고진흥망지도가 쇼연한 고로 일권 칙을 등셔허여 쥬니 부듸 명심불망허여 챡실히 공부ᄒᆞ시물 ᄇᆞ리ᄋᆞᆸ"

서 도덕을 표방한 소설의 독자층은 특정 집단에 한정될 수밖에 없다. 도덕소설은 특정집단을 염두에 둔 개인적인 차원에서 독서 행위가 이루어질 뿐, 대사회적인 영향력을 확보하기란 쉽지 않다. 따라서 동산도서관에는 우리 문학사에서 아직까지 언급된 적 없는 두 편의 소설 작품이 발견되었지만, 한정된 집단을 염두에 둔 개인적인 글쓰기에 그쳤다는 한계도 동시에 가질 수밖에 없다. 이에 반해 소설적인 흥미를 앞세우되, 그 흥미소 안에 교훈적인 내용을 담아낸 <원자실전>과 같은 작품은 주목할 만하다.

<원자실전>은 『계서잡록(溪西雜錄)』·『청구야담(靑邱野談)』·『계압만록(溪鴨漫錄)』 등에 실린 몇 편의 야담을 적극적으로 활용하여 소설화한 것이다. 야담계소설이라고 볼 수도 있지만, 그렇다고 꼭 야담계소설로 단정할 수도 없다. 왜냐하면 형식은 야담계소설을 지향하지만, 그 내용은 도덕성을 강조하고 있기 때문이다. <원자실전>의 내용은 다음과 같다.

원자실은 평소에 친하게 지내는 목군이 벼슬길에 나아가게 되자 문권(文券)도 받지 않고 은 200냥을 그에게 빌려준다. 이후 도적의 침입으로 가산을 탕패한 원자실은 이미 벼슬길에 나아가 있는 목군에게 찾아가 도움을 구한다. 하지만, 목군은 문권이 없음을 알고 원자실을 냉대한다. 원자실은 이에 목군을 죽이려고 하다가 마음을 고쳐먹는다. 하늘은 이것을 아무나 할 수 없는 선행으로 받아들인다. 그에 따라 원자실은 지옥과 천당을 모두 구경하며 인간의 잘잘못을 듣게 된다[원자실전 대부분이 이런 내용임]. 그리고 앞으로 있을 전란에서 벗어날 수 있는 장소까지 점지받는다. 속세로 돌아온 원자실은 마을 사람들과 전란을 피할 장소로 떠나

고, 목군은 난리에 목숨까지 잃는다. 이후 원자실의 자손은 현달한다.

<원자실전>은 『청구야담』에 수재한 <행흉억윤변배의(行胸臆尹弁背義)> 등 당시에 유행하던 야담 서너 편을 틀로 삼았는데, 그 내용에서는 도덕적인 면을 부각시켰다. 도덕적인 내용은 명부(冥府) 여행을 하는 데서 특히 강조된다. 생시에 탐욕을 부린 자, 형벌을 가혹하게 한 자, 부역을 심하게 한 자, 주색과 음률에 빠진 자 등이 지옥에서 고통을 받는 모습을 생생하게 그려냄으로써 독자로 하여금 스스로 자기반성을 꾀하게 한다. 이러한 방식은 저승에서 고통 받는 매국노들의 모습을 한놈의 눈으로 그려낸 단재(丹齋) 신채호(申采浩, 1880~1936)의 『꿈하늘』을 연상시킨다. 요컨대 <원자실전>은 도덕의 직접적 언술이 아닌 자기반성을 통한 도덕적 성찰을 꾀한 작품이라 할 만하다.

<원자실전>에 그려진 저승 여행담 역시 당시 소설에서 자주 접하는 방식이다. <김이양문록>에도 <원자실전>과 거의 유사한 저승 여행담이 들어 있다. 당시 저승여행을 소재로 한 이야기가 널리 퍼져 있었던 한 양상을 엿보게 한다. 이처럼 <원자실전>은 당시에 유행하는 서사 양식을 적극적으로 활용하고, 그 내용 역시 당시 널리 향유되던 소재를 사용하여 한 편의 소설로 만든 것이다. 앞서 보았던 <효경전>이나 <자녀혼가전>과 달리 <원자실전>은 개인적인 글쓰기가 아닌 대사회적인 메시지를 전달하기 위한 데에 초점을 둔 소설인 셈이다.

<원자실전>은 다양한 서사 양식을 활용하여 새로운 양식을 추구하고 있으며, 또한 개인적인 글쓰기 차원이 아닌 불특정 다수를 독자로 염두하고 있다는 점에서 일정 부분 근대적인 글쓰기에 한층 가까이 가 있다. 특히 이러한 서사적인 '모험'을 꾀하는 작품은 19세기말-20세기초에 집

중적으로 나타나는데,21) <원자실전> 역시 당시 이런 서사적인 흐름에 편승한 작품이라 할 만하다.

<김이양문록>은 세 종의 이본[여승구본, 이수봉본, 동산도서관본]을 가지고 있는 고전소설이다.22) 다른 이본과 꼼꼼하게 검토하지 못했지만, 동산도서관본은 다른 본에 비해 상대적으로 가치가 떨어진다. 뒷부분이 낙장인 점은 물론이고, 텍스트 자체도 전대의 본을 전사한 것이 확실하기 때문이다. 특정 부분을 무의식적으로 반복해서 쓴 경우도 있고, 비의도적인 오류도 적지 않게 보이는 점은 이러한 추론을 뒷받침한다. 이 점에서 자료 자체가 갖는 가치는 크지 않다. 다만 그 내용이 흥미로운데, 이 역시 <원자실전>과 함께 19세기말-20세기초 역동적인 고전소설의 움직임을 포착하는 한 예가 되기 때문이다.

<김이양문록>은 독특한 두 가지 특징을 가지고 있다. 그 하나는 <춘향전>을 적극적으로 모방했다는 점이고, 다른 하나는 <원자실전>처럼 야담을 활용했다는 점이다.

<김이양문록>은 가정소설이다. 남주인공 김태을과 여주인공 이소애는 결혼을 약속한다. 하지만 결혼 첫날밤, 태을은 계모 송씨의 저해로 인해 소애를 부정한 여자로 인식하여 달아난다. 이후 소애는 7년간 방밖으로 나오지 않아 귀신 형상을 하고, 태을은 과거에 급제하여 전라어사가 되어 내려온다. 그리고 태을은 비로소 지난날에 자신이 겪은 일이 오해에서 비롯된 것임을 알고, 자신을 수렁에 빠트린 자들을 징치하기 위해

21) 이에 대해서는 김준형의 「근대전환기 글쓰기의 변모와 구활자본 고전소설」(『고전과해석』 창간호, 고전문학한문학연구학회, 2006)을 참조할 것.
22) 김재웅. 2007. 「김이양문록의 창작방법과 가정소설적 의미」. 『영남학』 12.

거지 차림을 하고 연석에 나아가 걸반(乞飯)한다. 그 대목은 <춘향전>을 연상하기에 충분하다.

> ᄌᆞᆫ치 보로오난 거동보소. 각읍관즁이며 원근양반이며 ᄉᆞᆼᄒᆞ노소 구암못흣 ᄒᆞ엿드라. 어ᄉᆞ 거동보쇼. 편ᄌᆞ업ᄂᆞᆫ 헌망그ᄂᆡ 놋ᄭᅵᆫ얼 다라 귀얼걸쳐 덥벅씨고, 쳘ᄃᆡ업난 헌갓ᄃᆡ 발님쥴노 열십ᄌᆞ로 둘너ᄆᆡ고, ᄉᆞᄆᆡ업난 ᄒᆞᆫᄎᆞᆼ오셜 ᄉᆡᆨ기쥴노 둘너ᄯᅱ고, 목만붓튼 ᄒᆞᆫ보션을 집신으로 강발ᄒᆞ고 (중략) 좌석의 은근히 안ᄌᆞ시니 그 좌ᄉᆞᆼ거린 즁 ᄉᆞᆼ거린이라. 모다 보난ᄉᆞ암 뉘아니 ᄃᆡ쇼ᄒᆞ이요. 그날ᄌᆞᆫ치 ᄉᆞᆼ드난 즁 ᄎᆞᄋᆡ로 들인즁의 어ᄉᆞ압ᄑᆡ 왓난지라. 어ᄉᆞ난 분ᄒᆞᆫ 마암이 흉듕의 드러 울울ᄒᆞ여 그 음식ᄒᆞ나 먹을 ᄉᆡᆼ각업드라. (중략) 이윽ᄒᆞ여 광풍이 〃러나면 후원셰양힝으로 어ᄉᆞ츌도소ᄅᆡ 두세번나면 모든 군조리 집을 둘너ᄊᆞ고 깃치ᄎᆞᆼ금 좌우의 부르며 그위엄츄ᄉᆞᆫ갓드라

문체와 내용 모두 <춘향전>을 모방하고 있다. 이러한 방식은 이미 <월하선전>에서도 볼 수 있었던 것인데[23], 조선 후기 장르간 소설 교류의 한 양상을 보여주는 예라 하겠다. <김이양문록> 역시 이러한 기류에 편승한 셈이다.

또한 <김이양문록>은 야담에도 상당 부분을 기대고 있다. 특히 <김이양문록> 후반부는 굳이 필요가 없는 부분이다. 남주인공 김태을과 여주인공 이소애가 서로 만나 행복하게 살았으면 그만이기 때문이다. 그런데도 굳이 보은담(報恩談)을 집어넣고 있다. 보은담은 『기문총화(紀聞叢

---

23) 이에 대해서는 김준형. 1998.「옥소선이야기의 변이 양상과 그 의미」.『한국민속학』. 30. 민속학회를 참조할 것.

話)』에도 실려 있는 것으로, 죽어가는 사람에게 은을 주어 구제하였는데, 그 결과 상황이 역전되어 은을 준 사람이 큰 보답을 받는다는 내용이다. <김이양문록>의 편자는 일부러 이 이야기를 삽화로 활용한 것이다. 이러한 방식은 앞서 보았던 <원자실전>처럼 새로운 글쓰기 방식을 요구하는 19세기말-20세기초의 소설 움직임이 잘 반영된 것이라 하겠다.

19세기말-20세기초에 형성된 고전소설 작품은 전대의 글쓰기와 다른 새로운 글쓰기를 지향한다. 그 양상은 크게 구비설화에 바탕을 둔 부류, 문헌설화(야담)에 바탕을 둔 부류, 전대 소설과 구비설화가 혼효된 부류, 전대 소설의 형식을 답습한 경우로 나누어 볼 수 있다. 이러한 움직임은 분명 19세기말-20세기초, 즉 중세에서 근대로 전환하는 과정에서 고전소설은 매너리즘에 빠진 것이 아니라, 늘 자기갱신을 하며 자생적인 발전을 꾀하고 있음을 방증하는 한 예가 된다. <김이양문록>과 <원자실전> 역시 중세에서 근대로 이행하는 과정에서 소설의 자기갱신 양상을 잘 보여준 작품들이라 할 만하다.

<김태백전> 역시 동산도서관에만 있는 유일본이다.[24] <김태백전>은 유일본이면서도 다른 이본도 없는, 오로지 동산도서관에만 있는 소설이다. 작가가 직접 교정을 본 부분도 보인다는 점에서 이 책은 저자의 친필본이기도 하다. 고전소설 중에 작가가 직접 쓴 작품이 존재한다는 것 자체만으로도 <김태백전>은 흥미롭다.

그러나 단지 작가의 친필본이란 점만으로 이 책의 가치를 높일 수는

---

24) 이 책은 烏絲欄이 있는 근대 무렵의 종이라는 점, '지나'라는 표현을 쓴다는 점, 교정 표시를 한 부분에 일본어도 몇 자 씌어 있다는 점 등을 통해 볼 때, 그 창작 시기는 지금으로부터 그리 오래지 않음을 알 수 있다.

없다. 오히려 책의 소통과 관련하여 이 책은 일정한 의미를 갖는다. 이 책 후미에 쓴 작가의 말에 더 주목해 보자. 다소 번다한 듯하지만 전문을 인용한다.

> ᄃᆡ져 소셜이라 ᄒᆞ난 거슨 혹은 실디사젹을 드러 발힝ᄒᆞ난 것도 잇고, 혹은 무ᄉᆞ실ᄒᆞᆫ 거슬 신져작ᄒᆞ여 발힝ᄒᆞ난 것도 이스나 ᄃᆡ기 취지는 오륜삼강을 버셔나지 아니ᄒᆞ고 권션증악의 취지로 사회를 발달을 고취ᄒᆞᄂᆞᆫ 한극미미(閑隙美味)의 ᄌᆡ담이라. 실업상(實業上) ᄌᆡ미를 붓칠 거슨 안이로되 혹시 노ᄂᆞᆫ 심ᄉᆞ 울젹ᄒᆞᆫ 젹에 간혹 보게 되면 울울ᄒᆞᆫ 마음도 위로되고 사상과 지식도 널거지나니 이상의 져작ᄒᆞᆫ 김틔빅젼으로 말삼ᄒᆞ면 지나에서 본시 ᄉᆞ젹이 잇ᄂᆞᆫ 말노 지나 연극게에서 유명이 흥힝ᄒᆞ난 오호평남과 오호평셔를 졀츙ᄒᆞ여 져작ᄒᆞᆫ 거시온ᄃᆡ 본 져작자가 어단필둔ᄒᆞ와 ᄋᆡ독ᄒᆞ시ᄂᆞᆫ 각위의 장졀쾌졀ᄒᆞᆫ 흥미난 무ᄒᆞ오나 김뎡됴 삼인의 ᄉᆞ젹은 오륜상강의 사표되난 ᄉᆞ젹이요, 문무의 쌍젼ᄒᆞᆫ 거슨 고금 학자이 안목을 송연케 ᄒᆞᆯ지요 명쥬옥픽 양소져와 칠보공쥬의 유신유용ᄒᆞᆫ 힝젹은 렬졀이 관일ᄒᆞ고 지사렬녀의 고진감ᄅᆡᄒᆞᆫ ᄉᆞ실을 ᄒᆞᆫ번 보면 가히 사회상 젼감(前鑑)이 될 터인 고로 본져작자난 용우ᄒᆞᆫ 말을 가지고 감히 사ᄒᆡ동포에게 발포ᄒᆞ오니 한번 보신 후 용셔ᄒᆞ시고 황영ᄒᆞ여 주심을 간졀이 바라옵나이다.

작가는 소설이 사실을 드러낸 것도 있고 허구를 통해 새로 지은 것도 있지만, 그 목적은 권선징악을 통해 사회의 발달을 고취하는 데에 있다고 한다. 또한 소설을 읽으면 적적함을 달랠 뿐 아니라 지식도 넓어진다고 한다. 소설의 개념과 목적, 그리고 효용성까지 모두 언급한 셈이다. 작가는 소설에 대해 정확하면서도 분명하게 인식하고 있었다. 그런 인식 아래

작가는 당시 연극으로 유명한 <오호평남(五虎平南)>과 <오호평서(五虎平西)>를 절충해 <김태백전>을 지었다고 밝히고 있다.

<오호평서>는 14권 112회로 구성된 중국소설로, 1801년에 출간되었다. <오호평남>은 6권 24회로 구성된 중국소설로, 1807년에 간행되었다.[25] <김태백전>은 이 두 소설[혹은 연극]을 보고 지은 작품임을 확인할 수 있다. 즉 <김태백전>은 번안소설을 지향했다고 볼 수 있다. 그런데 문제는 작가의 후기와 별도로 <김태백전> 내용 말미에 다음과 기록을 다시 남겼다는 점이다.

> 이 ᄎᆡᆨ은 이거스로 ᄭᅳᆺ츨 막고 이 ᄒᆞ권인즉 금방 장원급뎨ᄒᆞᆫ 오인 영웅이 남복 젼장ᄒᆞ난ᄃᆡ 신출귀몰(神出鬼沒)ᄒᆞᆫ ᄌᆡ조와 의긔가 만ᄊᆞ와 ᄒᆞᆫ 번 아니 보지 못ᄒᆞᆯ 지나(支那)의 유명ᄒᆞᆫ 오호평남(五虎平南)과 오호평셔가 잇ᄊᆞ오니 연속ᄒᆞ여 환영ᄒᆞ여주시옵쇼셔.

이 기록을 보면 <김태백전>에 이어 중국의 <오호평남>과 <오호평서>를 계속해서 읽으라고 한다. 이 기록만 보면, 이 작품은 창작이 아닌 이미 완성되어 있는 다른 작품을 필사한 것처럼 보인다. 그리고 <김태백전>은 <오호평서>·<오호평남>과 전혀 무관한 작품처럼 보인다. 이는 <오호평서>·<오호평남>을 번안한 것처럼 밝힌 앞서 본 후기와 일정한 차이가 있다.

<김태백전>은 <오호평서>나 <오호평남>처럼 군담이 중심을 이루는

---

25) 江蘇省 社會科學院 편. 1990.『中國通俗小說總目提要』. 中國文聯出版公司. 585-589쪽.

데, 기실 이러한 군담은 이미 기존의 영웅소설에서도 볼 수 있는 바다. 그러나 다섯 명의 영웅을[26] 내세운 것이라든가, 유사한 서사적인 줄거리가 나타난다는 점에서 두 작품 간의 연관성을 전혀 무시할 수도 없다. 또한 <김태백전>을 볼 때, 작가는 '적어도' <오호평서>만큼은 분명히 알고 있었다. 이러한 전제는 <김태백전>을 이해하는 시각을 더욱 혼란스럽게 만든다. '영향 관계의 비중을 얼마큼 고려해야 하는가', 혹은 '단지 가탁한 것뿐인가?' 이 물음에 대한 확답은 잠시 유보해 두기로 한다. 다만 이 글에서는 <김태백전>이 창작이든 번안이든 간에 중국소설과의 연관을 가지면서 새롭게 창작된 작품이란 점만을 분명히 해두기로 한다. 그것은 근대적 의미의 '작가'라는 의식을 가진 자에 의한 소설 창작과 그것이 소통될 수 있는 소설 환경의 변화를 기대하는 한 요인으로 설명할 수 있기 때문이다. 우리나라에는 널리 읽히지 않은 <오호평서>와 <오호평남>이 이미 읽히고 있었고, 비교적 장편의 소설을 토대로하여 새로운 작품을 창출하려는 노력이 있었음을 <김태백전>은 분명히 말하고 있기 때문이다.

지금까지 살핀 <김이양문록>, <김태백전>, <자녀혼가전>, <원자실전>, <화산중봉기>, <효경전> 등 여섯 작품은 동산도서관에 소장된 유일본, 혹은 이본이 많지 않은 작품이다. 이들의 등장은 단지 우리 문학사

---

26) <김태백전>의 다섯 영웅은 각각 김태백, 정충국, 조웅천, 소문길, 정순화를 말한다. 이 중 뒤의 두 사람, 즉 소문길과 정순화는 그 활약상이 거의 없다. 이 점에서 <김태백전>은 세 명의 영웅의 활약상이라고 할 만하다. 그렇지만 작가가 굳이 두 명을 추가한 것은 <오호평남>과 <오호평서>를 염두에 둔 것으로 보인다. 실제로 작가는 이후 이들의 자식 다섯 명의 활약상을 그리겠다고 이야기를 하였는데, 이 역시 <오호평남>과 <오호평서>를 염두에 둔 것이다.

에 몇 종의 소설을 추가하는 데에만 의미가 있는 것이 아니다. 물론 유일본이나 이본이 적은 작품은 소설 분야의 영역을 넓힌다는 점에서 늘 중요한 가치를 갖는다. 그렇지만 보다 중요한 의미는 소설이 특정 지역과 어떻게 연관을 맺는가, 특정 시기와 어떻게 연관을 맺는가, 그리고 현재를 사는 우리들에게 어떠한 가치를 제공하는가를 따지는 데에 있을 것이다. 그것은 소설이라는 장르 자체가 지닌 근대성과 자본성과 개성이라는 의미를 어떻게 해석할 것인가와도 긴밀한 연관을 지닌다.

대구와 그 주변 지역의 규방에서는 도덕성을 강조하는 소설이 있었고[<자녀혼가전>·<효경전>], 비특정 다수를 염두에 둔 소설[<원자실전>·<화산중봉기>]에도 도덕성이 강조된다. 이것은 대구와 그 주변 지역이 지닌 지역적인 특수성을 말하는 것이 분명할 터다. 규방문화의 발달은 '도덕'이라는 가치를 표면화하였고, 이야기문학 역시 도덕성을 강조하는 쪽으로 방향을 전환하였음을 엿볼 수 있는 한 계기가 된다. 규방 '안'의 이데올로기를 강조하고, '안'의 가치를 확장하는 데서 어떠한 소설이 만들어지고, 소설 속에 그 가치를 어떻게 담아내고 있는가를 여실히 확인케 한다.

또한 동산도서관에는 19세기말-20세기초에 필사된 고전소설이 다수 포진하고 있다. 그 중 야담이라든가 판소리를 활용한 소설[<김이양문록>·<원자실전>]도 새롭게 창작되고 향유되었다. 이러한 양상은 중세에서 근대로 이행하는 동안 고전소설의 역동적인 흐름을 반영한 것이다. 중세에서 근대로 이행하는 동안 우리 고전소설은 결코 정체되거나 퇴락한 적이 없다. 늘 자기갱신을 하며 발전하고, 성장하였다. 그 양상은 전대의 작품을 단순하게 필사하는 데에 그치지 않고, 새로운 작품을 만들어내는 방식을 취했다는 점에서도 확인할 수 있다. 구비설화를 소설로 만든 작품[<순금전>, <여선담전> 등], 문헌설화(야담)을 토대로 한 소설[<김학사우배록>, <백련전> 등], 전대 소설과 구비설화가 혼효하여 만든 소설[<홍연전>, <이운선전>], 전대 소설의 형식을 답습한 소설[<김일선전>, <계향전> 등] 등이 만들어진 것은 그만큼 19세기말-20세기초 고전소설의 창작과 향유의 폭이 넓었고, 또한 발전적이었음을 뜻한다. 이러한 움직임에 편승한 <김이양문록>이라든가 <원자실전>의 등장은 소설 환경의 변화에 따른 한 면모를 엿보게 한다.

이처럼 동산도서관에 소장된 고전소설을 통해 우리는 고전소설에 접근하는 몇 가지 가능성을 읽어낼 수 있었다. 이것은 중앙문화에 반하는 지역문화가 아닌 중앙의 보편성에 대한 지역의 특수성을 읽어내는 차원에서, 일반화된 가치에 반하는 특정시기의 현상이 아닌 일반화된 가치에 준하는 특정시기의 현상을 읽어내는 차원에서 고전소설을 읽는 한 묘미가 아닐까 한다. 동산도서관에 소장된 다양한 고전소설에 대한 구체적인 논의는 차후의 과제로 남겨두기로 한다.

참고문헌

江蘇省 社會科學院 편. 1990.『中國通俗小說總目提要』. 中國文聯出版公司.

김재웅. 2007.「경북지역에 유통된 필사본 고소설에 대한 실증적 연구」.『고소설연구』24. 한국고소설학회.

김재웅. 2007.「김이양문록의 창작방법과 가정소설적 의미」.『영남학』12.

김준형. 1998.「옥소선이야기의 변이양상과 의미」.『한국민속학』30. 민속학회.

김준형. 2006.「근대전환기 글쓰기의 변모와 구활자본 고전소설」.『고전과해석』창간호. 고전문학한문학연구학회.

이상택 편. 1998.『해외수일본 한국고소설총서』1권, 5권. 태학사.

이순우. 2002.「화산중봉기 연구」.『한국고전연구』8. 한국고전연구학회.

이원주. 1975.「고전소설 독자의 성향」.『한국학논집』3. 계명대학교 한국학연구원.

이윤석. 1997.『홍길동전연구』. 계명대학교출판부.

장효현 외. 2007.『고소설해제 - 이명선 구장본을 중심으로』. 국립중앙박물관.

조희웅. 1999.『고전소설 이본 목록』. 집문당.

최봉원 외. 1998.『중국역대소설서발역주』. 을유문화사.

계명대학교 동산도서관 소장 간찰첩 · 시첩의 자료적 가치

백 승 호

1. 서언

간찰은 발신자와 수신자가 있는 편지 형식의 私文書이다. 간찰의 내용은 매우 다양하나, 주된 내용은 안부를 전하고 물품 수수를 확인하며 일상의 사적인 의견과 정보를 교환하는 것이다. 이와 같은 간찰을 수 장에서 수십 장에 이르기까지 배접하여 서첩의 형태로 만든 것이 간찰첩이다.

선인들이 간찰첩을 만든 목적은 여러 가지가 있겠으나, 대개 내용 때문이 아니라 간찰을 書寫한 인물의 필적을 소장하고 완상하기 위함이었다. 이처럼 간찰을 서법 완상용 예술품으로 간주하는 시각은 현대에 이르기까지 일반적이었다. 그러나 근래에 고문서 연구가 활발해지면서, 비로소 간찰은 문학과 역사의 자료로서의 가치를 주목받기 시작하였다.

간찰에 대한 연구는 간찰의 형식에 대한 연구와 내용에 대한 연구로 살펴볼 수 있다. 최근 김효경은 「조선시대 간찰 서식 연구」[1]에서 "간찰에 담긴 내용을 온전히 파악하기 위해서는 간찰 서식에 대한 연구가 바탕이 되어야 한다."라고 하면서 간찰 서식에 대해 본격적으로 분석한 논문을 발표하였다. 이 논문은 간찰의 정의, 연원에서부터 피봉 서식, 내지 서식까지 간찰 연구에 방향과 지표를 제시하였다는 중요한 의의가 있다. 다만 귀납적인 방법으로 간찰의 서식을 도출한 것이 아니라, 『簡式類編』 『寒暄箚錄』 등 간찰서식집에 수록된 서식을 실제 간찰에서 확인하는 연역적인 방법으로 연구가 이루어졌다는 점은 한계로 지적할 수 있다.[2]

한편 박철상은 「『名家筆蹟集』에 보이는 僞作의 사례」[3]에서 간찰 위작의 유형과 위작을 판별할 수 있는 기준을 제시하였다. 연구의 동기는 여러 전시회 등에서 간찰의 위작 논란이 꾸준히 제기되었으나 본격적인 위작 연구가 부재하였기 때문이다. 이 논문은 위작의 유형을 완전히 새롭게 만든 僞造, 기존 간찰을 이용한 變造, 그리고 작성자의 이름이 동일한 점을 이용한 의도적 혼동 등으로 분류하였다. 그 동안 연구자가 간찰을 인용하면서 형식적인 면에서 간찰의 진위를 크게 고민하지 않았는데 위

1) 김효경. 2005. 「조선시대 간찰서식연구」. 한국학중앙연구원 박사학위논문(미간행).

2) 이밖에 김효경은 간찰서식집을 분석한 「18세기 간찰교본 簡式類編 연구」(『藏書閣』9, 한국정신문화연구원, 2003), 「寒暄箚錄에 나타난 조선후기의 간찰 양식」(『書誌學報』27, 한국서지학회, 2003), 「조선후기에 간행된 간찰서식집에 대한 연구」(『書誌學研究』33, 서지학회, 2006), 「『名家筆蹟集』을 통해서 본 간찰의 서식」(『簡札二』, 국립중앙박물관, 2007) 등의 논문을 발표하여 간찰 서식에 대한 연구를 진행하였다.

3) 박철상. 2007. 「『名家筆蹟集』에 보이는 僞作의 사례」. 『簡札二』. 국립중앙박물관.

연구는 그러한 태도에 새롭게 문제를 제기하였다는 의의가 있다.

간찰의 내용에 대한 연구는 이상과 같은 간찰 형식에 대한 연구를 바탕으로 한다. 간찰의 가치는 역시 공식적인 기록의 이면에 있는 간찰의 내용에서 생생하고 미묘한 정보를 추출하는데 있을 것이다. 상당수 간찰이 사적인 안부를 전하고 물품 수수 여부를 확인하는 데 그치는 이른바 '문안편지'에 불과하지만 발신자와 수신자, 작성 시기 등에 따라 간혹 중요한 정보를 제공할 때도 있다. 하지만 문집 편찬 과정에서 편자의 검열을 거치면서 중요한 정보가 누락되는 경우가 적지 않다. 그러므로 문서형태의 원 간찰이 지닌 내용의 생생함이 소중하다.

정민은 「새발굴『연암선생서간첩』의 자료적 가치」[4]에서 서울대학교 박물관 소장 『燕巖先生書簡帖』의 자료적 가치를 밝혔다. 『연암선생서간첩』은 연암 박지원의 편지 30여편이 실린 간찰첩으로 연암의 병력, 인간적 면모, 당대 인물에 대한 연암의 솔직한 인물평, 연암이 작문하는 정황 등 간행된 문집에서는 볼 수 없었던 정보가 담겨 있다. 정민의 논문은 간찰이 지닌 자료적 가치를 잘 보여준 논문으로 공식적인 기록에서는 찾아볼 수 없었던 연암의 여러 면모를 밝혀주었다.[5]

박철상은 선인들의 편지 읽기라는 기획 아래 『문헌과 해석』에 연재한 일련의 원고들에서 공식 기록에서 볼 수 없었던 중요한 사실을 밝혔다. 「茶山의 아버지, 丁載遠의 편지」[6]에서는 정약용이 1791년 晉州로 覲

---

4) 정민. 2005. 「새발굴『연암선생서간첩』의 자료적 가치」. 『대동한문학』 22. 대동한문학회.

5) 아직 논문으로 간행되지는 않았으나 정민 선생은 정약용이 제자 황상에게 보낸 편지를 모은 「다산여황상첩」에 대한 소개의 글을 발표한 바 있다. 여기서도 공식적인 간행물에서는 볼 수 없었던 정약용의 유배 기간의 삶을 알 수 있다.

親간 사실을 확인하였다.[7] 그간 이 사실이 『俟菴先生年譜』에 누락되어 정약용이 지은 「石岬山丁氏六塚辨」마저도 진위를 의심받았는데, 이 글을 통해 논란이 매듭되었다. 한 장의 편지가 사료로써 결정적인 역할을 할 수도 있다는 점을 보여준 예이다.

문화사, 사회사적인 측면에서의 연구로는 하영휘의 「한 유학자의 서간을 통한 19세기 湖西 사회사 연구」[8]와 김건우의 「簡札을 통해 본 扶安金氏家의 경제활동」, 김상환의 「간찰을 통해 본 扶安金氏家의 교유관계」[9] 등이 있다. 이밖에 한국학중앙연구원 등에서 출간한 한국간찰자료선집 시리즈[10]와 여러 공·사기관 도록, 그리고 『고문서집성』 등에서 간찰을 소개한 글들이 여럿 있다.[11]

---

6) 『문헌과해석』 38, 2007.
7) 이밖에 박철상. 2006.「편지에 담긴 연암과 초정의 우정」.『문헌과 해석』34. 문헌과해석사; 박철상. 2005.「서남원이 후재 직소에 회답한 편지」.『문헌과해석』31. 문헌과해석사; 박철상. 2005.「선인들의 편지 읽기」.『문헌과해석』30. 문헌과해석사; 백승호. 2007.「다행히 목숨은 구했으나: 김만중이 고종사촌에게 보낸 편지」.『문헌과해석』39. 문헌과해석사; 백승호. 2006.「부채를 보내며 : 정조 어찰」.『문헌과 해석』37. 문헌과해석사; 백승호. 2005.「아름다운 사제 간의 인연 : 번암 간찰」.『문헌과 해석』33. 문헌과해석사 등 일련의 간찰관련 연재가 있다.
8) 하영휘. 2003.「한 유학자의 서간을 통한 19세기 湖西사회사 연구」. 서강대학교 박사학위논문(미간행).
9) 두 논문 모두 『장서각』12(한국정신문화연구원, 2004)에 실려 있다.
10) 『韓國簡札資料選集. 1, 鄭經世篇』; 『韓國簡札資料選集. 2, 全州李氏 石門·白幹家門 篇』; 『韓國簡札資料選集3, 恩津宋氏 霽月堂篇: 先札 所載 諺簡』; 「韓國簡札資料選集. 4, 安東金氏淸陰家門篇, 1』; 『尙州 延安李氏 息山 李萬敷宗宅篇. 1』; 『(懷德恩津宋氏)同春堂 宋浚吉後孫家篇. 1』; 『安東 固城李氏 臨淸閣篇』; 『禮山 韓山李氏 修堂古宅篇』; 『驪州李氏 退老 雙梅堂 藏』; 『(南原 順興安氏篇)己卯諸賢手筆 己卯諸賢手帖』; 『慶州李氏 華谷 李慶億 後孫家篇』.
11) 『簡札一』. 2006. 국립중앙박물관; 『簡札二』. 2007. 국립중앙박물관; 『簡札一』. 2002. 국립전주박물관; 『簡札二』. 2005. 국립전주박물관; 『簡札三』. 2006. 국립전

간찰 연구는 고문서학적 측면으로 접근하는 것이 일반적이다. 실제로 현재 여러 기관에서 진행하고 있는 고문서 조사, 정리의 일환으로 간찰을 촬영하고 탈초 · 번역하여 도록으로 제공하고 있다. 그러나 간찰이 오고 간 정황과 맥락을 밝히는 데까지는 미치지 않았다. 때로 한 장의 간찰이 공식적인 기록에서 누락된 결정적인 정보를 제공하기 때문에 문학 · 역사 연구에서 1차 史料로 적극적으로 활용할 필요가 있다. 이를 위해 간찰의 형식과 내용에 대해 정확히 파악하고, 문집과 역사 자료 등을 종합적으로 검토한 후 간찰을 시간 · 공간 · 인물의 관계적 맥락에서 이해하는 연구가 필요하다. 그렇기 때문에 특정 분야의 연구자가 연구와 관련 있는 간찰의 관계적 맥락을 철저히 파악한다면 더 풍부한 성과를 도출할 수 있다.

계명대학교에는 현재 李胤永, 李麟祥, 尹汲, 趙熙龍 등의 서첩과 여러 간찰첩이 있는데 본고에서는 일단 이들 첩의 내용을 검토하였다. 다만 한 사람이 단기간에 모든 간찰첩을 다룰 수는 없으므로 본고에서는 먼저 계명대 소장 간찰첩 자료를 개관하고 특히 몇몇 중요한 간찰첩을

주박물관; 『고간첩』 I. 2005. 경남대학교박물관; 『고간첩』 II. 2006. 경남대학교 박물관; 『權墨』. 1981. 성균관대학교 박물관. 청문사; 『명현간독』. 2000. 경남대학교 박물관; 『서계 박세당의 필첩』. 2003. 한국학중앙연구원; 『설촌가 수집 고문서집』. 2003. 국민대학교박물관; 『성호기념관』. 2002. 안산시청; 『세 분 선생님의 편지글』. 2001. 삼성문화재단; 『여주이씨 성호가문 전적』. 2002. 한국정신문화연구원; 『영남선유묵적』. 1996. 대구화랑. 대보사; 『옛 글에 밴 선현들의 정』. 2003. 성균관대학교 박물관; 『옛 문인들의 초서간찰』. 2003. 다운샘; 『재상이 보낸 편지』. 2003. 국민대학교 박물관; 『전주이씨(백헌상공파)기증 고문서』. 2003; 『정조대왕의 편지글』. 2004. 삼성문화재단; 『조선시대 간찰』. 1989. 건국대학교 박물관; 『조선시대간찰첩모음』. 2006. 다운샘; 『창원황씨고문서』. 1998. 국립민속박물관; 『편지-조선시대 사대부의 일상』. 2003. 순천대학교 박물관; 『e-mail시대에 조선선비들의 간찰읽기』. 2004. 충현박물관.

소개하고자 한다. 계명대 소장 자료는 학계에 처음 소개되는 자료이므로 주요 간찰첩에 대해서는 목록을 정리한 뒤 중요한 간찰의 내용을 살펴보기로 한다. 모든 간찰의 관계적 맥락을 파악하기는 어려우므로 해당 분야의 전공자를 위해 우선 자료정리를 하는 것을 1차 목표로 삼았다. 또한 필자가 서법 전공자가 아니므로 진위가 의심스러운 몇몇 필첩에 대해서는 가치 판단을 유보하였다.

2. 계명대학교 동산도서관 소장 간찰첩·송별시첩 개관

현재 계명대학교 동산도서관 소장 고서목록에서 확인할 수 있는 간찰첩·시첩 관련 자료는 약 삼십여 종이다. 이 중에 간찰첩, 필첩 형태의 자료는 약 20여종이고 나머지는 간찰을 초록하여 성책한 것이다. 먼저 朴樅茂(1582~1664) 관련 『簡帖』(이귀811.65 박종무ㄱ-1-2-3), 孫英濟의 『鄒川先祖遺墨』과 같이 연대가 오래된 간찰첩과 서첩을 우선 주목할 수 있다. 박종무는 임진왜란 때 혁혁한 공을 세운 朴毅長(1555-1615)의 사위로 이 간첩에는 朴毅長, 朴瑜, 李崇彦, 李燦, 李尙彦, 蔡聖龜, 朴敏行 등 선조-인조 연간에 활동했던 박종무 친지들의 간찰이 있다. 이 간찰첩은 원 간찰을 한 줄씩 해체하여 다시 붙인 관계로 간찰의 원형을 확인할 수 없다는 아쉬움이 있지만 그래도 현전하는 간찰첩이 적은 인조 연간의 간찰첩이라는 가치가 있다. 孫英濟의 본관은 밀양, 자는 德裕, 호는 鄒川이다. 퇴계 이황의 문인이며 학봉 김성일의 형 藥峰 金克一의 친우이다. 『鄒川集』이 있다. 이 두 자료는 연대가 오래된 보기 드문

16-17세기 간찰첩 · 시첩이라는 점에서 가치가 있다.

그리고 서법 완상의 측면에서 명가의 필적을 모아놓은 서첩으로는 남궁옥의 『知分翁』[12], 이윤영 · 이인상의 『丹壺墨蹟』, 윤급의 『近庵墨蹟』, 조윤형의 『松下翁眞蹟』, 조희룡의 『鐵笛道人翰墨』등이 있다.[13] 여러 문인의 간찰을 모아 놓은 간찰첩으로는 『簡牘精華』, 『東賢尺讀』, 『簡札帖』(고811.65임세준ㄱ) 등이 있다.

이밖에 간찰첩은 아니지만 왕복 간찰을 다른 책에 베껴 성책한 것이 있는데 엄밀한 의미의 간찰첩은 아니므로 연구의 대상에서 제외하고 잠시 소개하기로 한다. 松潭 蔡應麟의 후손이 현양사업을 위해 중앙 정계의 채제공[14], 채홍리, 이가환, 최흥원 등에게 보낸 편지를 초록해 둔 『諸賢書柬』, 윤선거 등의 글을 모은 『坡山知舊簡牘』 간재 전우의 글을 모은 『艮翁手柬』 『艮齋先生手簡』 등이 있다.

蔡應麟의 자는 君瑞, 호는 松潭으로 한강 정구와 교유하며 대구 북쪽 금호 가에 압로정을 짓고 강학하였다. 19세기 이후에 『송담선생실기』가 목판으로 간행되었다. 특기할 점은 계명대 소장 『제현서간』이 바로 『송담선생실기』 원고를 뒤집어 그 이면에 필사한 책이라는 점이다. 그리고 『諸賢書柬』은 비록 간찰첩은 아니지만 채응린의 현양사업을 통해 중앙 정계의 남인과 영남 남인이 교통하는 생생한 증거를 보여준다는데 의의

12) 南宮鈺(1620-1699): 본관은 咸悅, 자는 汝常, 호는 滄洲. 아직 목록으로만 확인하였다.

13) 목록상으로는 조위한의 『玄谷筆帖』 신위의 『紫霞眞墨』, 김정희의 『阮堂筆帖』 등이 올라와 있으나 서법에 관한 필자의 무지로 가치와 진위 판단을 유보한다.

14) 채제공은 채응린의 유사에 대해 「書松潭蔡公遺事後」(『번암집』권56, 한국문집총간 236, 547쪽.)

가 있는 책이다. 후반부에는 채응린의 후손 채일규 등과 관련한 편지가 초록되어 있다. 계명대에는 현재 채응린 관련『狎鷺亭題詠』이라는 책도 있다.

본고를 위해 일별한 간찰관련 자료 목록은 다음 표와 같다. 전시중이거나 기타 사정에 따라 실견하지 못하거나 일부만 열람한 책도 있다.

간찰첩

자료명	저 자	청구기호	권책수	비 고
簡牘精華	興宣大院君외	(이귀) 811.65간독정	筆寫本 2帖	흥선대원군외 32인의 간찰 모음첩
簡札		(고) 811.65간찰	筆寫本 2冊	
簡札帖	任世準	(고) 811.65임세준ㄱ	筆寫本 1帖	일제시대 활동한 임세준의 가족과 친지들의 왕복 서한
簡札帖		(고) 811.65간찰첩	筆寫本 1帖	발신자 수신자, 일자 미상
簡帖	朴樅茂	(이귀) 811.65박종무ㄱ-1-2-3	筆寫本 3帖	박종무 수신 간찰첩 印 : 錦川朴氏
東賢尺讀		(벽) 811.65동현척	筆寫本 1帖	李志淵, 洪奭周, 金弘根, 申緯, 徐榮輔, 洪鍾應등 簡札 52편. 전시중

필첩 · 시첩

자료명	저 자	청구기호	권책수	비 고
近庵墨蹟	尹汲	(귀) 741.362윤급ㄱ	筆寫本 1帖	1816년 南周獻의 발문
丹壺墨蹟	李胤永	(귀) 741.362이윤영ㄷ	筆寫本 1帖	이윤영, 이인상의 필첩
樊翁遺墨	蔡濟恭	(고) 741.36채제공ㅂ	筆寫本 1帖	채제공의 글씨를 잘라서 붙인 첩. 상당수 내용 손실
書帖	李令翊	(고) 741.362이영익ㅅ	筆寫本 1帖	印: 菊隱, 李令翊, 令翊 목록으로 확인
松下翁眞蹟	曺允亨	(이) 741.362조윤형ㅅ	筆寫本 1帖	

三淸酬唱帖	金鍵	(이) 811.1김건ㅅ	筆寫本 1帖	목록으로 확인
肅齋趙先生書帖	趙秉悳	(고) 741.361조병덕ㅅ	筆寫本 1帖	19C 문인 조병덕의 필첩
阮堂筆帖	金正喜	(고) 741.362김정희ㅇ	筆寫本 1帖	판단유보
燕行別章	尹汲	(귀) 741.362 윤급ㅇ	筆寫本 1帖	
紫霞眞墨	申緯	(이) 741.362신위ㅈ	筆寫本 1冊	판단유보
知分翁	南宮鈺	(고) 741.31남궁옥ㅈ	筆寫本 1帖	1671 목록으로 확인
鐵笛道人翰墨	趙熙龍	(고) 741.36 조희룡ㅊ	筆寫本 1帖	
鄒川先祖遺墨	孫英濟	(이귀) 741.361손영제ㅊ	筆寫本 1帖	목록으로 확인
玄谷筆帖	趙緯韓	(고) 741.36조위한ㅎ	筆寫本 1帖	판단유보

간찰을 초록한 책

자료명	저 자	청구기호	권책수	비 고
嘉陵往復		(고) 811.65 가릉왕	筆寫本 1冊	
家問往復		(고) 811.65 가문왕	筆寫本 1冊	
家庭通札		(고) 811.65 가정통	筆寫本 1冊	
簡牘		(이) 811.65 간독	筆寫本 1冊	
艮翁手柬	田愚	(고) 811.65 전우ㄱ	筆寫本 1帖	牛岡 安斯文 택 수신 18건
艮齋先生手簡	田愚	(고) 811.65 전우ㄱ	筆寫本 1冊	
簡札聚選		(고) 811.65 간찰취	筆寫本 1冊	송시열과 김창협의 서찰을 초록한 것
東國文藻		(오) 811.5 동국	筆寫本 1卷1冊	
東賢簡帖		(고) 811.65 동현간	筆寫本 1冊	이황, 金墪, 이단상, 金光煜, 金德遠, 姜栢年, 金鏞, 송준길, 吳竣, 申濡, 그 이후로는 편지의 발신자와 수신자 일자 미상

遂初篇	金粹然	(고) 811.65김수연 ㅅ	筆寫本 1冊	內容: 李崇逸과 李栽(1657-1731) 등의 書札 목록으로 확인
諸賢書柬		(고) 811.65제현서	筆寫本 1冊	蔡濟恭, 丁範祖, 李光靖, 崔興遠, 등 書柬
坡山知舊簡牘	尹宣擧	(이) 811.65윤선거 ㅍ	筆寫本 1冊	허목, 송시열, 정철, 성혼 등 여러 문인의 글을 초록하였음.

본고는 이상의 자료 가운데 작자와 시기가 확실하고 자료적 가치가 높은 『丹壺遺墨』, 『近菴墨蹟』, 『燕行別章』, 『簡牘精華』를 중심으로 논의하고자 한다. 『단호유묵』은 1750년대에 이윤영과 이인상, 김종수, 이유수 등 그룹의 교유를 생생하게 증언하는 자료이고, 이윤영과 이인상의 서화 자료도 실려 있어 가치를 더한다. 『근암묵적』은 그간 잘 알려지지 않았던 윤급이라는 작가의 가치를 발견하는데 일조할 수 있을 것이며, 『연행별장』은 18세기 전반 노론 문인의 의식과 교유의 현장을 증언할 것이다. 『간독정화』는 19세기 주요 문인을 망라한 간찰첩으로서 가치가 있을 뿐만 아니라 수록된 간찰의 내용 중 중요한 정보가 있기에 소개한다.

3. 주요 자료의 내용과 가치

1) 『丹壺遺墨』

李胤永(1714-1759)의 본관은 한산, 자는 胤之, 호는 丹陵이다. 고조 李廷夔는 김상용의 孫壻로 벼슬이 이조 참판에 이르렀고 증조 李渟은 이단상의 사위로 김창협과 동서지간이다. 이윤영의 증부 李台重은 벼슬이 호조판서에 이르렀는데 노론 사대신을 변호하다 흑산도로 유배되었다.[15] 이윤영은 노론 명문가의 자제로 벼슬에 뜻을 두지 않고 산수와 문묵으로 스스로 즐겼고 집에 고서화와 기물을 소장하였다고 한다.[16]

李麟祥(1710-1760)의 본관은 전주, 자는 元靈, 호는 凌壺, 寶山子, 雷象觀이다. 李敬輿의 현손이나 증조부가 이경여의 서자였다. 관직은 음죽현감에 그쳤다.[17] 『병세재언록』에서 전서와 팔분서, 편지 글씨를 잘 썼다고 칭하였다.[18] 이윤영과 이인상은 신분의 차이는 있지만 노론 명문가의 자제였고 서로 의기투합한 절친한 사이였다.

『단호유묵』은 제목에서 알 수 있듯이 단릉 이윤영과 능호관 이인상의 필적을 모은 첩으로 표제가 '단호유묵'이고 형태사항은 필사본 1첩, 無界, 行字數不定, 無魚尾; 38.0×26.3cm.이다. 『단호유묵』의 내용을 개관하면 다음과 같다.

---

15) 이윤영의 생애에 대해서는 박경남. 2001. 「단릉 이윤영의 『산사』 연구」. 서울대학교 석사학위논문(미간행)를 참조하였다.

16) "早廢擧子業, 惟以山水文墨自娛, 爲文章, 奇崛高緊, 旁通篆畵, 凡以適意, 而家居聚古書畵彝器于樓上, 瞑目而坐, 客至命酒賦詩, 風流溢發, 見者無不心醉, 愛丹陽山水, 將就而家焉, 故自號丹陵山人"(『근역서화징』; 진홍섭. 1998. 『한국미술사자료집성』 6. 일지사. 920쪽에서 재인용)

17) 이인상의 일생에 대해서는 유승민. 2006. 「능호관 이인상 서예와 회화의 서화사적 위상」. 고려대학교 석사학위논문(미간행)을 참조하였다.

18) 이규상 저. 1997. 민족문학사연구소 한문분과 역. 『18세기 조선인물지-병세재언록』. 창작과비평사. 138쪽.

『단호유묵』의 내용 개관

번호	발신인(작성자)	수신인	날짜	주요 내용
1	李胤永	金鍾秀		이윤영 연꽃 그림, 李麟祥과 任邁의 찬
2	李麟祥			인기: 頭流慢吏
3	李麟祥	金鍾秀		『논어』 學而 장 전서. 古友館에서 김종수를 위해 씀.
4	李麟祥	金鍾秀		남헌 장재의 '蟬蛻人欲之私,春融理義之妙'를 전서로 씀. 天籟閣에서 씀李胤永 찬
5	李麟祥	金鍾秀		『시경』「女曰鷄鳴」장, 李胤永 찬. 주역 건괘의 彖辭가 쓰여 있음. 印: 頭流慢吏
6		金鍾秀		소옹의 <依韻和陳成伯著作史館園會上作> <後園即事三首>를 초서로 씀
7				소옹의 <惜芳菲>를 초서로 씀 후반부 반장 낙장
8	李麟祥	正言行次入納	壬申五月廿五日	문안편지
9	李胤永		壬申(1752)六月廿日	측면에 작은 글씨로 李運永의 편지도 적혀 있음. 이윤영이 서울서 내려오면서 상대와 龜亭에서 헤어질 때까지 즐겁게 보냈는데 이후에 李丈의 부고가 와서 슬퍼했다는 내용 吳敬甫, 尹丈(吳瓚, 尹心衡 언급)
10	李胤永	李惟秀	壬申六月十日	윤심형이 13일 출발하니 상대도 내려와 만나고 한벽루에서 이별자리를 갖자고 제안하는 내용
11	李胤永		任 三 廿三	조모 제사와 고모 소상으로 모임에 못가는 것을 사과, 그림 못그려준 것에 대한 사과
12	李胤永			보내준 시 2편에 감사하고 답시는 후일에 보내겠다는 내용
13	李胤永	李惟秀		길이 엇갈려 못만난 아쉬움, 서울서 한강을 타고 내려오면서 놀았던 즐거움, 서울 친구들이 무사함을 알리는 편지

1번은 이윤영이 김종수를 위해 그려준 연꽃 그림이다. 우측 상단에 '惱殺水仙遺寶/珮湧來金佛/放祥光-元靈[19], 暎月不禁金粉/冷籠波但覺騎/霞明-伯玄, 胤之寫贈/定夫'라고 써 있어 이윤영이 김종수를 위해 그림을 그렸고 이인상과 任邁[20]가 찬을 썼음을 알 수 있다.

〈그림 1〉『단호유묵』 소재 이윤영의 연꽃 그림

2번은 전서로 "野菴村雨"라 썼고 頭流慢吏라는 인기가 있다. 이인상이 경상도 함양의 沙斤道 찰방을 지낸 적이 있기 때문에 쓴 도장이다.

19) 이 시는 『능호집』권1에 <七月望日, 與任子伯玄仲寬兄弟李子胤之, 賞荷西池, 共賦荷花詩, 余得八首> 가운데 2번째 시에 실려 있다. 이윤영, 이인상 그룹이 西池에서 연꽃 감상을 하고 시와 그림을 창작한 것은 이윤영의 <西池賞荷記>(『丹陵遺稿』권12)에 자세하다. 이들 모임이 있었던 해는 1739년으로 연도의 차이가 있으나, 1739년이면 1728년생인 김종수가 아직 관례 전이다. 위 그림에 실린 두 사람의 찬이 모두 한 사람의 필적이므로 김종수 연보의 기록대로 1751년 김종수가 단양으로 내려가 이윤영, 이인상과 교유했던 때 창작된 것으로 보는 것이 합당하다.

20) 임매는 이윤영의 동생 이운영과 동서지간이다. 이운영이 任行元의 사위이다.

3번은 이인상이 김종수를 위해 논어 學而 장을 전서로 써주었는데 古友館에서 썼음을 밝히고 있다.[21] 4번은 이인상이 김종수를 위해[22] 남헌 장재의 '蟬蛻人欲之私, 春融理義之妙'를 전서로 썼는데 李胤永의 다음과 같은 찬이 있다.

> 元靈의 전서는 그 글자 배열이 마치 능운대의 재목처럼 銖兩이 딱 맞다.[23] 그 붓놀림은 큰 길 가는 좋은 駟馬처럼 꺾고 돌리는 것이 법도에 맞아 빨라도 그림자가 끊어지지 않으며 느려도 자취가 막히지 않는다. 그 먹 쓰는 법은 구름이 바람을 만나 흘러가듯, 샘물이 벼랑을 따라 떨어지듯, 자연스럽게 행하고 만나는 바에 따라 형체를 이룬다. 그의 고심처는 오래된 우물이 담담한데 가을 달이 바야흐로 중천인 데 있다. 나는 마음 두는 것이 가장 어렵고 먹 쓰는 것이 다음이고, 붓놀림과 글자 만드는 것이 또한 다음이라 생각한다. 수정루[24] 눈 쌓인 창에서 이윤영이 또 제하다[25]

5번도 이인상이 김종수를 위해 『시경』「鄭風」 <女曰鷄鳴>장을 전

---

21) 古友館/雪後爲/金子定/夫作
22) 필첩에는 김종수를 위해 쓴다는 말은 없고 『단릉유고』에 의거하여 보충하였다.
23) 왕세정 「藝苑巵言」권1에 율시 포치의 공교로움을 설명하는 말을 전용하였다. 위명제 조예는 능운대를 세울 때 재목의 미세한 무게까지도 딱 맞게 하였다고 한다.
24) 수정루는 이윤영의 서울 집 서재 이름인데 1757년경에 완성되었다. 찬의 위치나 '또 제하다'라고 하였으므로 이윤영이 나중에 김종수를 위해 찬을 쓴 것 같다. (金鍾秀, 「水精樓記」, 『夢梧集』 권4, 한국문집총간 245, 541쪽)
25) 元靈之篆 其排字, 如凌雲臺材木, 銖兩相稱; 其運筆, 如通逵良駟, 折旋中矩, 迅不絶影, 緩不滯跡; 其用墨, 如雲受風逐, 泉從厓落, 行其自然, 隨遇成形. 其苦心所在處, 古井湛湛, 秋月方中, 余謂處心最難, 用墨次之, 運筆作字又次之, 水精樓雪囪, 胤之又題.(『단호유묵』, 계명대소장본)

서로 썼다. 「여왈계명」은 어진 부부가 서로 경계하는 말을 기록한 것이다. 이인상이 「여왈계명」장을 써준 의도는 분명하지 않지만 음란하다고 일컬어지는 「정풍」 가운데 <여왈계명>은 그래도 선인들에게 좋은 평판을 받은 시였다.[26] 아마도 남편과 아내가 자기 본분을 다하고 화락하게 지내라는 뜻에서 써준 것 같다. 여기에도 이윤영이 다음과 같은 찬을 지었다.

> 우리나라 사람의 翰墨은 때가 끼었다. 비유하자면 기름집 옷이 천 곡 양잿물로도 때를 다 뺄 수 없는 것과 같다. 유독 元靈의 글씨만이 봄밭의 깨끗한 해오라비 마냥, 가을숲의 외론 꽃 마냥 氣韻이 아득하고 신이하여 한점 티끌도 붙을 수 없다. 이윤영이 부질없이 쓴다.[27]

이상의 찬은 이윤영의 『단릉유고』에 「元靈大篆贊」이라는 제목으로 동일한 내용이 실려 있다. 다만 두 찬이 마치 하나의 글처럼 5번 찬이 앞에, 4번 찬이 뒤에 붙어있고, 4번의 "수정루 눈 쌓인 창에서 이윤영이 또 제하다"라는 구절과 "이윤영이 부질없이 쓴다"라는 구절이 빠져 있다. 이윤영의 문집만 보면 마치 하나의 전서 작품에 대한 찬으로 보이지만 실제로는 두 작품에 대한 별도의 찬이라는 것을 본 첩을 통해 알 수 있다. 6번은 소옹의 <依韻和陳成伯著作史舘園會上作> <後園即事三首>를 김종수에게 초서로 써준 것이고 7번은 역시 소옹의 <惜芳菲>를 초

---

26) "御問曰女曰鷄鳴, 是鄭詩中開眼處, 然朱子以爲使人手舞足蹈, 何歟"(「詩經講義」, 『여유당전서』, 한국문집총간 282, 406쪽)

27) "東人翰墨, 沁入垢膩, 譬之賣油家衣裳, 非千斛灰所可濯盡, 獨元靈落筆處, 如春田鮮鷺, 秋林孤花, 氣韻迥異, 一塵着不得. 胤之漫書"(『단호유묵』, 계명대소장본)

서로 썼는데 후반부가 탈락되어 누구에게 쓴 것인지 알 수 없다.

그림과 글씨를 받은 김종수(1728-1799)의 본관은 청풍, 자는 定夫 호는 夢梧이다. 정조연간 우의정을 지낸 인물로 이윤영과의 교우가 가장 친밀하여 이윤영이 죽었을 때 상복을 입을 정도였다.[28] 김종수는 1779년 평안도 관찰사를 지낼 때 이인상과 이윤영의 문집을 간행하였다.[29] 이 작품이 창작된 시기는 1751년으로 보이는데 김종수는 1751년 3월 이윤영, 김상묵, 이유수, 이인상 등과 단양 일대를 유람하였기 때문이다. 이 때 김종수는 24세로 사마시에는 합격하였고 아직 문과에는 합격하지 못한 상태였다. 이인상은 당시 단양과 가까운 경기도 陰竹縣監으로 있어서 이 모임에 합류하였다.[30]

8번은 이인상이 정언 벼슬에 있는 상대에게 보낸 편지이고 9-12는 이윤영이 보낸 편지인데 2건이 李惟秀(1721-1771)에게 보낸 것이다. 이유수의 본관은 전주, 자는 深遠, 호는 莞爾이며 관직은 병조판서에 이르렀다. 서천군 李廷熤의 증손이며, 다음 장에서 다룰 尹汲의 숙부 尹世緯의 외손자이다. 이 편지를 받은 1752년경 그의 부친 李在가 제천군수로 부임하였기에 부친을 따라 제천에 내려왔다. 김종수가 그의 행장과 유고의 서문을 써주었다.[31] 이유수는 도성 낙산 아래에 집을 짓고 정원과 연

---

28) "公與李公交契最密, 爲之加麻, 操文而祭, 又撰墓表, 及爲箕伯, 損俸錢刊行遺稿, 有跋文"(『연보』권1, 『몽오집』, 한국문집총간 245, 590쪽.)

29) 「凌壺集跋」; 「丹陵集跋」(『夢梧集』권4, 한국문집총간 245, 548쪽.)

30) "二十七年辛未-公年二十四歲-二月, 遊丹陽 : 時丹陵李公胤永及其弟運永, 方在丹陽郡, 公與金公尙默, 往會遇李公於淸風寒碧樓下, 遂溯流抵丹陽郡, 李元靈麟祥追至, 共遊龜潭舍人巖等諸勝, 抵永春而還."(「年譜」, 『夢梧集』, 한국문집총간 245, 589쪽.)

31) 김종수는 이유수의 외조부 윤세위의 형 尹世紀의 증손서이다.

못을 꾸며놓고 고서화와 골동품을 소장하고서 모임을 가졌고, 김종수, 남유용, 김상묵, 심이지, 윤시동 등과 함께 13학사로 일컬어지던 인물이다.[32]

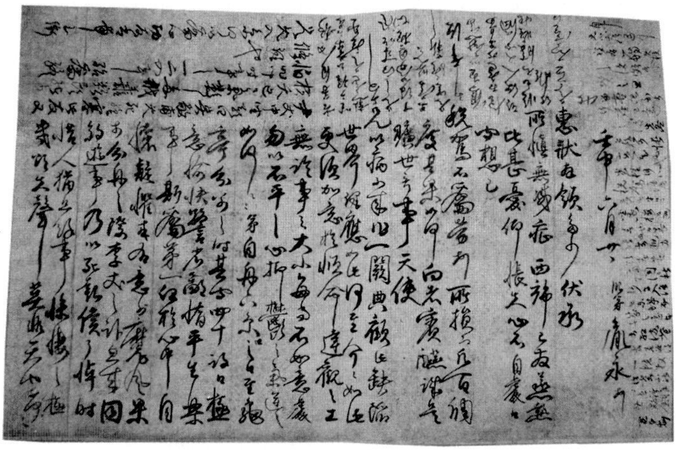

〈그림 2〉『단호유묵』 소재 李胤永의 편지

『단호유묵』은 1751-52년 즈음 이윤영과 이인상, 김종수, 이유수 등 노론가 자제들이 산수와 문묵 사이에 교유했던 일면을 볼 수 있게 해주는 자료이다. 또한 이인상의 당호로 그간에 잘 알려져 있지 않던 古友館, 天籟閣을 확인할 수 있었고 이인상이 사근도 찰방을 지냈기 때문에 頭

32) "有祭文, 撰行狀, 又有遺稿序, 李公家東城駝駱山下, 有樹石園池之勝, 蓄古書畵彜器于其中. 公與尹公伋, 南公有容, 李公得培, 趙公暾, 宋公載經, 沈公履之, 金公尙默, 尹公蓍東, 兪公彦鎬, 金公熤, 金公光默, 日會于李公家, 時號爲十三學士."(「年譜」, 『夢梧集』, 한국문집총간 245, 589쪽.)

流慢吏라는 인장을 썼음도 알았다. 미술사적인 측면에서는 이인상의 장처인 전서 4점이 수록되어 있고, 이윤영의 그림이 1점 수록되어 있으며, 『단릉유고』에 하나의 글로 합쳐져 있는 이윤영의 발문도 각기 대상 작품을 찾을 수 있었다. 무엇보다 1750년 즈음 이인상과 이윤영의 글씨가 확인됨으로써 『단호유묵』이 이 시기 두 사람의 서풍을 분명이 판단할 수 있는 기준작이 된다는데 큰 의의가 있다.[33]

2) 『近菴墨蹟』·『燕行別章』

본 장에서는 尹汲(1697-1770)과 관련된 2건의 자료를 소개하겠다. 윤급의 본관은 海平, 자는 景孺, 호는 近庵이다. 尹斗壽의 5대손으로 霞谷 尹堦의 손자이며 부친은 관찰사를 지낸 尹世綏이다. 1725년 진사시에 합격하였고 같은 해 문과에 합격하였다. 1737년에 문과 중시에 을과로 합격하였고 벼슬은 이조판서에 이르렀다. 시호는 文淸이다. 족보에는 從孫 尹蓍東이 찬한 行狀과 趙鎭寬이 찬한 諡狀, 그리고 『近庵集』이 家藏되어 있다고 하였다. 李縡, 朴弼周의 문인이다. 윤급은 이재의 季父 李晩堅의 사위이고 윤급의 仲父 尹世紀가 박필주의 고모부이다. 실록에 실린 그의 졸기에 따르면 "忠逆의 의리에 엄격하고 志操가 확고하였다"라고 하였는데, 이 말처럼 윤급은 확고한 노론 준론의 입장을 견지한 인물이었다. 그러면서도 영조의 신임이 두터워 영조는 만년에 "나를 받드느라고 30년간 고심하였으니, 나는 지하에 돌아가 아뢸 면목이 있게 되었고, 경도

33) 이 점은 계명대학교 한국학연구원에서 개최한 학술발표대회에서 토론자인 유승민 선생이 지적하였다.

또한 돌아가 경의 아버지를 뵈올 면목이 있게 되었다."라고 위로의 말을 한 바 있다.

남공철이 쓴 윤급의 묘표에 따르면 윤급은 집에 만여 권의 장서를 갖추었으며[34] 필법이 정묘하고 화려하여 당시 사람들의 그의 척독을 얻으면 다투어 모방하며 '윤상서체'라고 일컬었다고 한다. 그의 시는 이천보의 『晉菴集』에 따르면[35] 청신하고 민첩하며 묘한 데가 있지만 공교로움이 지나칠 때도 있었다고 한다.

본 장에서 소개할 『近庵墨蹟』(귀741.362윤급ㄱ)은 윤급의 시와 편지를 모은 첩이고 『燕行別章』(귀741.362윤급ㅇ)은 윤급이 1746년 冬至謝恩使의 副使로 연행하는 것을 전별한 글을 모은 첩이다. 이해 윤급이 남긴 연행일기 2책이 일본 駒沢大學도서관 濯足文庫에 소장되어 있다. 『근암묵적』은 필사본 1첩, 형태사항은 無界, 行字數不定, 無魚尾; 42.0×30.5cm이다. 『근암묵적』의 내용을 개관하면 아래 표와 같다.

『근암묵적』 내용 개관

번호	발신인(작성자)	수신인	날 짜	주요 내용
1	尹汲		1769년(73세 작)	程子의 <謝王佺期寄藥> 연한 푸른 빛 장지
2	尹汲			윤급이 연행가기 전에 느낌을 읊은 칠언절구 3수 화분과 벌 그림 녹청황홍 다색인쇄

34) 남공철. 「吏曹判書兼弘文館提學謚文貞尹公墓表」. 『금릉집』. 한국문집총간 272. 344쪽.

35) "景孺之詩, 淸新敏妙, 如其爲人, 而往往有傷於巧者. 伯玉評之得矣"(李天輔. 「題尹景孺詩後」 『晉菴集』 卷7. 한국문집총간 218. 254쪽.)

3	尹汲	洪尙書	壬申(1752)初秋 下浣	인기 9개 칠언율시1수 꽃그림 녹청황홍 다색인쇄
4	尹汲		庚辰(1760)抄秋	李敏輔가 보낸 시에 차운한 시 접시에 과일 그림 다색인쇄
5	尹汲			칠언율시 1수
6	尹汲		戊寅(1758) 六月十六日	칭호로 볼 때 수신자는 정승급으로 보임, 상대가 정국에 적극 나설 것을 권유하는 내용
7	尹汲		三月 望日	약을 부탁하는 내용
8	尹汲		二月四日	약과 약방문을 구하는 내용 韓判府 仁川
9	尹汲		五月 卄日	아들에게 자신과 누이동생의 소식을 전한 편지, 화병, 벼루, 필통, 붓을 녹청황홍 다색인쇄
10	尹汲		二月 五日	인사 및 시사 문제를 논한 편지
11	尹汲		五月 卄五	金仲陟 李謙彬 李湝의 소식을 언급 보랏빛 장지
12	南周獻	尹慶集	崇禎四丙子 (1816) 仲秋	<謹題吏部尙書近庵先生手書後> 인기 2과 宜齋

1번 程子의 <謝王佺期寄藥>는 윤급이 1769년 73세 때 睢陽故事[36]를 본따 鄭亨復의 집에 서 尹鳳五, 安允行, 윤급, 남유용, 이렇게 5명의 노인이 모임을 갖고 소옹과 주자, 정자의 시를 쓴 적이 있는데 나중에 남유용이 이를 병풍으로 만들고 때때로 모임에서 이 시에 화운하여 시를 짓기도 하였다.[37]

36) 宋 至和 연간에 睢陽에 살던 太師 杜衍은 80세, 禮部侍郎으로 王煥은 90세, 司農卿 畢世張은 94세, 兵部郎中 朱貫은 88세, 加部郎中 馮平은 87세였는데, 5명이 치사한 후 五老會를 맺었다.

37) 남유용.「五老書濂洛詩小屛跋」.『雷淵集』권13. 한국문집총간 217. 290쪽.

2번 시는 윤급이 연행 가기 전에 자신의 감회를 읊은 칠언절구 3수이다. 청나라를 중국으로 인정하지 않고 명나라를 그리워하는 내용으로 대명의리를 견지한 당시 노론의 입장을 잘 나타내었다. 그 가운데 첫 번째 시를 인용한다.

寶氣神州久今消	寶氣가 중원에서 사라진 지 오래고
東華門外逮馳驕	東華門 바깥은 말들이 치달리는 지경이네.
皇家舊甲三回日	황가의 옛 갑자 세 번 돌아온 날에
志士霑襟拜表朝	지사는 옷깃 적시며 표를 올리러 가네.

3번 시는 1752년 홍상서에게 보낸 시인데 만나지 못하고 대신 시를 보낸다는 뜻을 보인 칠언 율시이다. 이 시에는 윤급의 인장이 무려 9개나 찍혀있는데 인기는 우측상단에 氷壺秋月, □□, 좌측 끝에 近庵, 尹汲, 景孺, (進士初會/壯元庭試/重試乙科/親臨文臣/庭試入格), □…□, □…□, (政餘翰/墨圖書/客而琴/尊硯局)이다.

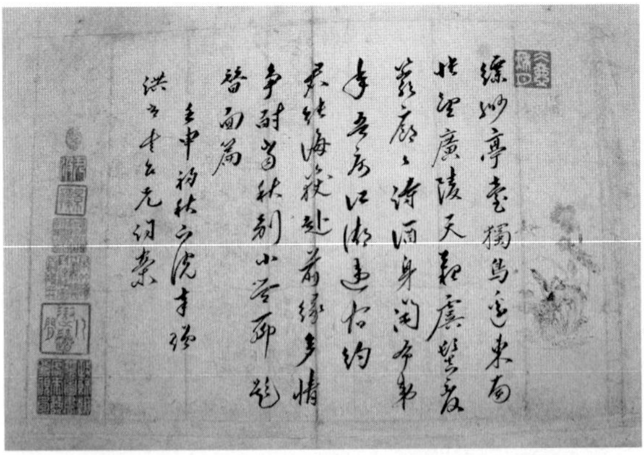

〈그림 3〉『근암묵적』 소재 홍상서에게 보낸 시

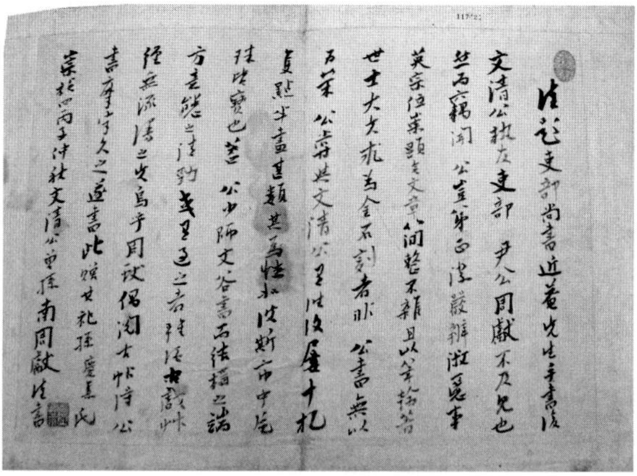

〈그림 4〉 남주헌의 발문

4번은 1760년 李敏輔가 보낸 시에 차운한 시이고 이후 5-11까지 윤급 간찰이 7건 수록되어 있다. 12번은 윤급과 교유했던 남유용의 증손자 南周獻의 「謹題吏部尙書近庵先生手書後」라는 글인데 본 첩의 유통 경위 및 윤급의 서예에 관한 정보를 제공하므로 인용한다.

삼가 이조판서 근암 선생의 수적 뒤에 적다.

文淸公(남유용)의 친우 이조판서 윤공을 나는 뵌 적이 없다. 그러나 내가 듣기로 공은 화락하고 바르고 깨끗하며, 선악을 엄격히 분변하였고, 영조 임금을 섬겨 높은 지위에 올랐다. 문장은 簡整하여 잡스럽지 않았고, 또 筆翰으로 세상에 이름나 금석에 각을 하려는 사대부들은 공의 글씨가 아니면 영광으로 여기지 않았다. 공은 문청공과 수십 차례 서찰을 왕복하였는데, 한 점 반획도 그의 성품과 비슷하여 페르시아 시장의 구슬 조각처럼 모두 보석 같았다. 대개 공은 어린 시절 文谷 金壽恒 공에게

> 서 글씨를 배웠는데 結構의 단정하고 반듯함과 意態의 맑고 굳셈은 혹 더 나은바가 있다. 비록 술자리에서 장난삼아 쓴 글씨라도 절대로 방종한 실수가 없었다. 아! 나는 우연히 옛 첩을 열람하다가 공의 글씨를 얻어 잘 간수하고 있다가 마침내 이를 써서 그의 祀孫 慶集씨에게 준다. 숭정 사병자 중추에 문청공 증손 남주헌 삼가 쓰다.[38)]

남주헌은 남유용의 증손자로 남공철의 형 남공보의 손자이며, 윤급과 절친했던 윤심형의 아들 尹象厚의 외손자이기도 하다. 따라서 윤급의 집안과 각별한 사이라 하겠다. 윤경집은 윤급의 증손자이다. 이 글에서는 윤급이 문곡 김수항으로부터 글씨를 배웠다는 사승관계와 그의 글씨를 세간에서 귀하게 여긴 평가를 알 수 있다.

『연행별장』은 1746년 윤급이 연행을 전별한 57건의 송시 또는 송서를 모은 첩이다. 필사본 1첩으로 형태사항은 無界, 行字數不定, 無魚尾; 41.2×31.0cm이다. 표지는 청색으로 물들인 두꺼운 장지이고 봉면에 태을 진인 도상이 2책 다색인쇄로 찍혀 있다.이 중 처음 3건은 윤급의 조부 尹堦가 1681년 연행할 때 李端夏, 南龍翼, 李敏叙가 써준 송별시이고 나머지 54건은 윤급이 1746년 연행할 때 51명의 문인이 써준 송별시 또는 서문이다. 18세기 중엽 노론의 명사들이 망라되어 있다. 윤급은 별도

---

38) "文淸公執友吏部尹公, 周獻不及見也. 然而竊聞公豈弟正潔, 嚴辨淑慝, 事英宗, 位崇顯矣. 文章簡整不雜, 且以筆翰著世, 士大夫求爲金石刻者, 非公書無以爲榮. 公嘗與文淸公有往復屢十札, 隻點半畫, 甚類其爲性, 如波斯市中片珠皆寶也, 蓋公少師文谷書, 而結構之端方, 意態之淸勁, 或有過之者. 雖酒間戲草, 絶無流漫之失. 烏乎! 周獻遇閱古帖, 得公書, 摩守久之, 遂書此, 贈其祀孫慶集氏. 崇禎四丙子仲秋, 文淸公曾孫, 南周獻謹書" (「謹題吏部尙書近庵先生手書後」, 『근암묵적』, 계명대학교 소장, 규장각소장 『宜齋集』권11에 「近菴尹文貞公-汲-手書跋」이라는 제목으로 실려 있다.)

의 시전지를 만들어 별장을 부탁한 것으로 보인다. 상당수의 별장은 동일한 지질에 2-4색으로 다색인쇄한 그림이 있고 중복되는 그림도 있다.『연행별장』의 내용을 개관하면 다음과 같다.

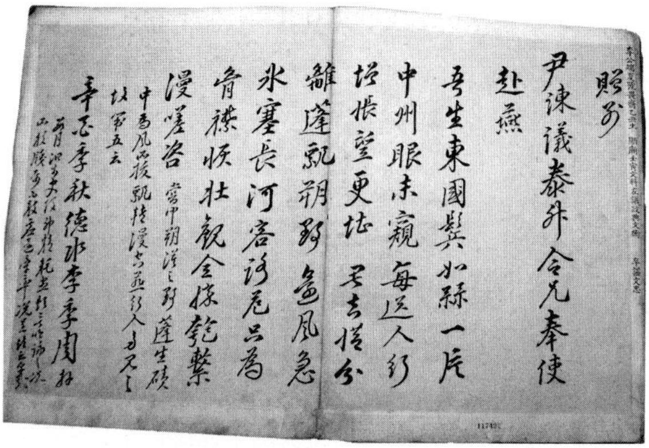

〈그림 5〉『연행별장』 소재 李端夏가 尹堦를 전별한 시

『燕行別章』 내용 개관

번호	발신인 (작성자)	수신인	날짜	주요 내용
1	李端夏	尹堦	辛酉(1681)季秋	<贈別尹諫議泰升令兄奉使赴燕>
2	南龍翼	尹堦	辛酉季秋	<尹侍郎赴燕之行>종이 상단이 잘린 듯
3	李敏叙	尹堦	辛酉九月二日	<奉贈謝恩副使尹兄大諫赴燕>
4	李縡	尹汲	丙寅(1746) 陽月十八日	<送小行人尹景孺詩-幷序>인기: '陶菴' 東閣梅 녹·적 다색인쇄 綵箋
5	朴弼周	尹汲	丙寅陽月	<送尹景孺赴燕八章 · 四句> 녹·흑·적 색 다색인쇄 소나무 아래 집 그림
6	李秉淵	尹汲	丙寅冬	<奉送尹大夫景孺氏出疆>, 인기:□菴

7	權褅	尹汲	丙寅復月上浣	<奉別尹侍郎景孺赴燕>, 적색으로 古雅 소나무에 학이 앉아 있는 그림
8	尹鳳朝	尹汲	丙寅仲冬上浣	<贈別尹景孺侍郎赴燕>, 황·녹·적·홍 매화 다색인쇄
9	兪拓基	尹汲	丙寅日南至	<送尹副使景孺赴燕序> 晩節, 적·녹 국화 다색인쇄
10	金鎭商	尹汲	丙寅孟冬上旬	<尹台景孺以冬至副价將出疆, 訪余于京邸, 留紙本求別言, 遂書無幾微出於言面七字以贐之> 骨疲, 청녹황 다색인쇄 대나무 그림
11	李衡鎭	尹汲	丙寅南至月上浣	<送尹副使赴燕>
12		尹汲		
13	李箕鎭	尹汲	丙寅仲冬	
14	趙鼎彬	尹汲	崇禎再丙寅小春之望	<奉贈尹副使出疆之行> 오언고시 6수, 적녹 다색인쇄 화병 그림
15	趙鼎彬	尹汲		<次國甫台所用李一源別語韻, 追奉副使公 座下>
16	趙觀彬	尹汲	丙寅仲冬上浣	<用李槎泉韻 贐尹副學景孺出疆之行>, 古雅 적황청 다색인쇄 소나무 그림
17	洪虞瑞	尹汲	丙寅仲冬上浣	<奉贐尹台景孺燕价之行>오언율시 3수
18	李重協	尹汲	游兆攝提格仲冬	<奉送尹參判赴燕序> 友群 적청 다색인쇄 소나무 옆 사슴 그림
19	宋必煥	尹汲		<次槎川韻, 贈別尹台景孺燕行>
20	申思迪	尹汲	丙寅孟冬下澣	<奉贐尹副學台赴燕之行> 骨疲 청녹황 다색인쇄 대나무 그림
21	申思達	尹汲	丙寅仲冬上旬	<奉別尹副學景孺赴燕之行> 綵箋 청황홍녹흑 다색인쇄 해, 소나무, 거북이, 사슴, 학 그림
22	兪最基	尹汲	丙寅仲冬	청색으로 테두리가 화려하게 인쇄된 시전지, 인기: 無愁亭 兪最基印

23	老泉	尹汲	丙寅初冬下澣	<送孺從充副价之燕>
24	尹德輝	尹汲	丙寅復月	<奉贐宗叔副价之行>
25	鄭益河	尹汲	丙寅陽月下浣	<次李一源韻, 送冬至副价尹景孺之燕> 展新工夫, 청색 파초
26	尹鳳五	尹汲	丙至下澣	<副价尹台景孺, 以副价西赴略述燕路所聞以贐焉> 칠언절구 15수
27	花山 謫尉	尹汲	丁卯暮春	
28	徐命九	尹汲	丙寅至月	<次席上韻, 贈別尹景孺奉使淸國>
29	趙鳳周	尹汲	丙寅仲冬	<奉贐冬至副使尹台景孺之行> 인기: 九山 東籬菊 적청 다색인쇄 국화 그림
30	申曙	尹汲	丙寅仲冬	<敬贐 尹參判景孺台兄奉使赴燕之行>
31	趙明履	尹汲	丙寅仲冬	<贈別冬至副使尹景孺>
32	李天輔	尹汲	丙寅至月上浣	<奉贐尹景孺赴燕> 古雅 적황청 다색인쇄 소나무 그림
33	李天輔	尹汲	丁卯孟夏初九	<宿平山 書寄景孺行軒>
34	南有容	尹汲		<奉贐 尹侍郞景孺使燕> 인기: 南有容印, 惠哉 황녹홍백 다색인쇄 꽃나무 그림
35	李德重	尹汲	丙寅復月上澣	<贈別尹副學景孺赴燕>, 청녹적 다색인쇄 바위와 화초 그림
36	洪象漢	尹汲	丙寅仲冬	<擬贐尹侍郞副价之行>, 인기: 洪象漢印, 雲章
37	李彦世	尹汲	丙寅孟冬上浣	<適過尹侍郞景孺宅, 方就冬至副价赴燕, 要別詩, 走筆以塞> 綵箋 적황녹 다색인쇄 화병 그림
38	尹心宰	尹汲	鶴山吏隱題于浿上	<奉贐冬至副价之燕> 녹적 다색인쇄 바위 화초 그림
39	金用謙	尹汲	丙寅仲冬上浣	送序
40	金文行	尹汲	丙寅南至前二日	<奉別尹侍郞赴燕之行>

41	金和行	尹汲	崇禎紀元後再丙寅南至	<尹侍郎 赴燕之夕, 余適有拘不得攀別於門外, 聊述忼慨, 寄呈短篇, 庸替離筵一闋云爾>
42	朴聖源	尹汲	崇禎後再丙寅孟冬	<送尹亞使赴燕序>
43	兪彦民	尹汲		<拜贐尹副學使燕>
44	趙明鼎	尹汲	丙寅至月初吉	<奉贐冬至副价 尹台赴燕> 東籬菊 적청 다색인쇄 국화 그림
45	宋文欽	尹汲	丙寅十月小望	<奉送尹參判使虜> 展新工夫, 청색 파초
46	宋文欽	尹汲		<聞尹參判使虜歸到龍灣奉寄>
47	黃景源	尹汲	丙寅十一月初五日	<送尹副學 奉使燕山-三首>황녹적홍 매화 다색인쇄 오언율시 3수
48	洪梓	尹汲	丙寅十月下旬	<奉別副价尹公赴燕>空谷幽香 적청다색인쇄 암석에 난초
49	李徽之	尹汲	丙寅至月上浣	<奉贐尹侍郎赴燕都>
50	閔百祥	尹汲	丙寅陽晦	<奉別尹參判赴燕>
51	金陽澤	尹汲		칠언절구 4수
52	金相福	尹汲	丙寅至月上浣	<遙呈一詩, 以替拜別> 疑是君 적청 다색인쇄 바위에 매화 그림
53				<奉別尹大夫燕行>
54	李基敬	尹汲	歲丙寅長至後七日	送序
55	尹顯東	尹汲	丙寅十一月	<敬送宗大父赴燕之行> 오언율시 2수
56	尹象厚	尹汲		<拜呈亞使尹公行軒> 空谷幽香 적청 다색인쇄 암석에 난초
57	沈宅成	尹汲	丙寅南至	<敬別尹副學丈使燕>, 심상규 조부, 13세 작 한 마을에 살았음 청색 장지에 똑바른 해서

『근암묵적』에 실린 윤급이 사행을 가며 읊은 시에서도 나타났지만, 『연행별장』의 주된 정조는 명나라에 대한 그리움과 청나라에 대한 반감이다. 李繂의 송시와 金用謙과 박성원의 송서에서 특히 그 논조가 강하다. 이 자료는 18세기 중반 노론 문인들을 망라하여 그들의 교유관계를 잘 알 수 있게 해줄 뿐 아니라, 18세기까지도 존주대의를 주장한 노론의 생생한 목소리를 전하는 1차 자료로서의 가치가 있다. 또한 연행가는 사람이 시전지를 다색으로 찍어 전별시를 부탁하는 등 18세기 문인의 전별 풍속을 세세하게 알 수 있게 해준다. 게다가 李繂, 李秉淵, 兪最基, 洪象漢, 南有容, 趙鳳周 등이 인장을 남기고 있어 인장 연구에도 기여하는 바가 있다.

3) 『簡牘精華』

〈그림 6〉『간독정화』

『간독정화』는 주로 19세기에 활동했던 문인 33인의 간찰을 모은 첩이다. 필사본 2책이며 형태사항은 無界, 無魚尾; 40.4×29.8cm이다. 표제는 簡牘精華이다. 상책에는 흥선대원군, 李時秀, 徐龍輔, 徐邁修, 金載瓚, 金達淳, 李書九, 朴宗薰, 權敦仁, 李裕元, 金炳學, 申應朝, 尹淳, 李晩秀, 徐榮輔, 金尙鉉 16인의 간찰이 실려 있으며, 하책에는 曺允大, 金魯敬, 金羲淳, 丁若鏞, 徐耕輔, 尹定鉉, 李敦宇, 李鍾愚, 徐戴淳, 曺錫雨, 洪佑吉, 徐承輔, 金永爵, 鄭海尙, 金相喜, 丁學淵, 李公愚 17인의 간찰이 실려 있다. 각 책의 내용을 개관하면 다음과 같다.

『簡牘精華』上 내용 개관

번호	발신인	수신인	날 짜	주요 내용
1	興宣大院君			金炳地와의 혐의 때문에 성균관 관직에 제수된 상대가 물러나려고 하자 김병지의 동정을 보고 결정하자고 권유하는 내용
2	李時秀	湖西新按使行軒執事		충청도관찰사로 부임하는 상대를 전송하는 내용
3	徐龍輔	族大父로 추정		문안편지
4	徐邁修		甲子五月初吉	아전이 전임자의 인장을 잘못 찍어 문건에 문제가 생긴 것을 변호하는 내용
5	金載瓚	白川太守侍案		문안편지
6	金達淳			高陽에서 보낸 편지를 胎簡으로 보내니 상량하여 처리하라는 내용, 칭호로 보아 수신자는 정승 급으로 보임
7	李書九		癸亥九月十九日	緬禮를 치른 상대를 위로하고 永峽에 들르고 싶지만 사정상 그렇지 못하고 대신 동생을 보내겠다는 내용

8	朴宗薰			초대에 응하겠다는 내용
9	權敦仁			䢖兀里의 玄鎰의 묘사에서 芝山子와 함께 만날 일정을 상의 하는 편지
10	李裕元		己酉九月卄八日	문안 편지
11	金炳學		壬戌八月卄七日	보내준 물건에 대한 감사 답장
12	申應朝	駱洞台侍座執事		보내준 묵에 대한 감사 답장
13	尹淳		乙 臘 旣望	보내준 물건에 대한 감사 답장
14	李晩秀	□殿令公執事		패초가 이르면 벼슬하러 나오라는 부탁
15	徐榮輔	內外從兄弟 중1인	戊午二月七日	지방관으로 근무하는 사촌을 위문하는 편지
16	金尙鉉			말을 빌려달라는 부탁

『簡牘精華』 下 내용 개관

번호	발신인	수신인	날 짜	주요 내용
1	曺允大	徐參判執事	丁卯臘月卄六日	문안편지
2	金魯敬	尙州政堂執事回納(李晩奎 또는 兪漢寔)	丁丑(1817)八月十五	김노경이 하회를 지나면서 상주목사의 상소문 초고에 대해 충고한 내용
3	金義淳			사신 행렬 잘 다녀오라는 문안편지
4	丁若鏞	李晩用	癸巳(1833)十有八日	청나라 진횡의 『石硏齋詩集』에 대한 논평
5	徐耕輔		戊子臘月初七日	문안편지
6	尹定鉉		八月十九日	묵 3홀을 보내는 안부편지
7	李敦宇			문안편지

8	李鍾愚	처삼촌	己酉臘月 卄九	문안인사와 보내준 해산물에 대한 감사
9	徐戴淳			胎紙로 三從家의 횡액을 이야기 하였으니 살피라는 내용
10	曺錫雨	石居令座回敬	丙辰至月 十七	문안편지
11	洪佑吉		丙寅元月 三日	신년에 보내는 문안편지, 4년동안 부모님 곁을 떠난 걱정
12	徐承輔		辛未五月 卄一日	서승보가 관찰사인 상대에게 보내는 문안편지
13	金永爵			상대방으로 하여금 양주목사에게 편지를 써줄 것을 청하는 내용
14	鄭海尙			문안편지
15	金相喜		五月朔日	고모의 상을 당한 수신자를 위로하는 편지
16	丁學淵		乙巳七月 十八日	廣峴의 부고에 슬퍼함. 지난 봄에 천마산, 성거산 여러 산을 유람했음을 전함
17	李公愚		戊子至月念 三日	병과 정무로 고생한 자신의 상황과 조만간 서울로 올라갈 것을 알리는 내용

『간독정화』는 앞의 두 자료와는 달리 한 문인의 자료가 아니라 후대에 명가의 간찰을 모은 첩이므로 어떤 경향을 딱 잘라 말하기는 어렵다. 다만 중요한 정보가 있는 다산 정약용의 간찰을 소개하고자 한다.

삼가 동번에게 보내다.

제 아들이 가져온 이른바 『석연재시집』은 장황이 아름답고 글자 모양이 굳세서 사람으로 하여금 눈이 번뜩이게 하기에 급히 가져다가 보니, 열두 권 안에 도무지 한 구절도 아름다운 구절이 없습니다. <買牛歌>에

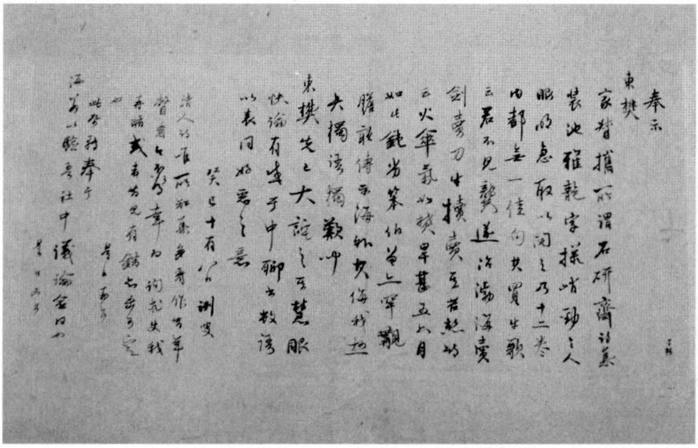

〈그림 7〉『간독정화』下 소재 정약용 간찰

이르기를 "그대는 보지 못하였나 龔遂가 渤海를 다스릴 때 칼을 팔아 소를 사게 했던 것을"이라 하였고, 그 <苦熱> 시에 "뜨거운 햇살 타는 듯한 가뭄이 심한 오륙월이라"고 하였소. 이처럼 졸렬하고 둔한 것은 일찍이 본 적이 드무오. 감히 해외에 전하다니 우리를 모멸함이 참으로 심합니다. 혼자 말하고 혼자 탄식합니다. 듣자하니 동번이 크게 칭찬하였다고 하는데 그대의 혜안과 쾌론에 혹 미혹됨이 있는 듯합니다. 이에 몇 마디 말을 적어 호오를 함께하고자 하는 뜻을 표합니다.

계사 10월 8일 洌叟

청나라 사람의 시는 기이한 작품을 많이 모을 줄만 알 뿐입니다. 지난해 잠시 보았는데 지금 얻을 수 없습니다. 찾아서 구해주셔서 내가 다시 볼 수 있게 해주십시오. 혹시 지난날 본 것에 착오가 있는지 또한 아직 정할 수 없겠습니다. – 이 날 다시 쓰다.

이 편지는 海翁에게 전해주어 우리 시사 가운데 의론이 모두 같음을 보입시다. – 이날 또 쓰다.[39]

이 글은『간독정화』하책 네 번째 간찰로 1833년 정약용이 東樊 李晩用에게 보낸 것이다. 편지의 내용을 요약하자면, 정학연이『석연재시집』을 갖고 왔기에 정약용이 이를 열람하였더니 처음에는 장황과 글자체가 좋아서 눈이 번뜩였으나 12권 중에 좋은 시가 하나도 없었고, 그 예로 몇몇 작품을 들었다. '청나라 사람의 시는 기이한 작품을 많이 모을 줄만 알 뿐'이라는 언급에서 정약용이 청나라 시를 보는 시각의 일면을 엿볼 수 있다. 이만용이『석연재시집』을 칭찬하였다고 하는데 정약용은 이에 동의할 수 없었기에 이 편지를 보냈던 것이다.

『석연재시집』은 청나라 사람 秦釁(1722-1794)의 시집이다. 진횡의 자는 序堂(또는 序唐) 호는 西巖 또는 石翁, 石研齋이다. 江蘇省 江都 사람으로 1752년 진사가 되었고 벼슬은 湖南按察使에 이르렀다.『석연재시집』은 현재 국내에는 확인되지 않았고 1811년 그의 아들 秦恩復이 인출한 각본이 中國 首都圖書館에 소장되어 있다.[40]

그런데『석연재시집』이 정학연 그룹에서 주목을 받고 심지어는 우리나라에서 판각할 것을 도모했다는 사실을 알려주는 정보가 다른 간찰에

39) 奉示 東樊
家督携所謂石研齋詩集, 裝池雅艶, 字樣峭勁, 令人眼明, 急取以閱之, 乃十二卷內, 都無一佳句, 其買牛歌云, 君不見龔遂治渤海, 賣劍賣刀牛犢賣, 其苦熱詩云, 火傘氣如焚, 旱甚五六月.如此鈍劣笨伯, 曾亦罕覯瞻, 敢傳示海外, 其侮我極矣, 獨語獨歎. 聞東樊先已大詫之, 其慧眼快論有惑于中, 聊書數語, 以表同好惡之意. 癸巳十有八日 洌水清人詩, 唯所知集多奇作. 昔年瞥看, 今不可得, 幸爲詢求, 使我再覩, 或者昔見有錯, 亦未可定也. 是日再書 此紙轉奉于海翁, 以驗吾社中議論僉同也. 是日又書

40) 진은복은 자가 敦夫로 수만권의 장서를 갖추고 고본을 수집하여 정밀하게 교감하고 책을 출판하였기에 당시 사람들이 "秦本"이라고 칭할 정도였다.

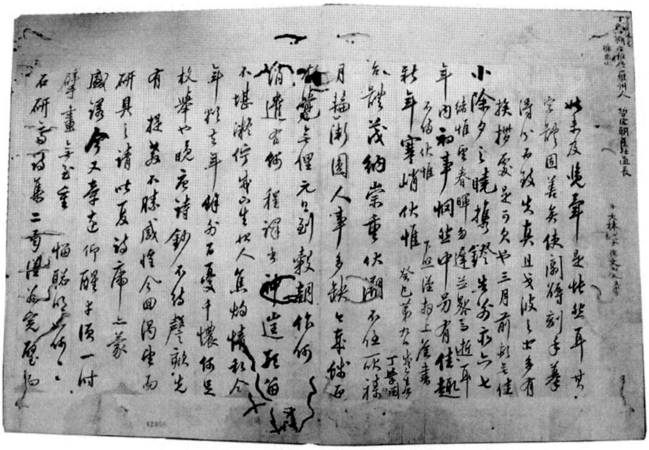

〈그림 8〉 이화여대 소장 정학연 간찰

보인다. 아래 인용하는 이화여대에 소장 정학연의 간찰을 보면 간찰의 수신자가 『석연재시집』을 판각하려고 정학연에게 문의하고 『석연재시집』을 함께 보낸 정황이 드러난다.41)

(전략) 『석연재시집』 2규를 삼가 잘 돌려보냅니다. 다만 아직 다 보지 못한 것이 한스럽습니다. 그 글자체가 참으로 좋습니다. 만약 용렬한 각수가 모각한다면 반드시 참 모습을 잃게 될 것이고 또 필획이 뭉툭한 곳이 많을 테니 이것이 흠입니다. 3월 전에는 만날 수가 전혀 없습니다. 오직 봄빛이 지체하지 말고 해와 함께 지나가기를 빕니다. 살펴주십시오. 삼가 답장을 올립니다. 계사제구일 척하생 정학연 돈42)

41) 이 자료는 계명대학교 김영진 교수가 필자에게 알려주었다.

42) (전략) 石硯齋詩集二弓, 謹玆完璧, 而姑未及覽量, 是悵然耳. 其字體固善矣. 使闒(𡎖)刻手摹得, 則必致失眞, 且戈波之間, 多有挨挱處, 是可欠也. 三月前頓無佳緖, 惟望春暉勿遲, 竝晷而逝耳. 不備, 伏惟下照, 謹拜上候書, 癸巳第九日, 戚下生 丁

아마도 이 편지의 수신자는 이전 편지에서 '『석연재시집』을 복각하려는데 어떻게 생각하는가'라고 정학연에게 물었을 것이다. 정학연은 시집은 아직 다 보지 못했지만 글자체가 아주 좋다고 답하였고 각수 솜씨가 모자라면 원 필획의 생생함이 사라질까 걱정스럽다고 답하였다.

정약용의 편지에서 또한 주목할 만한 것은 이른바 杜陵詩社에 대한 정약용의 생생한 증언이 보인다는 점이다.[43] 정약용이 유배에서 풀려난 후 1830년대 한강 양수리 근처에서 시회가 열렸는데, 문학사에서는 이를 杜陵詩社라 지칭한다. 이 시사에는 정학연, 정학유가 주축이 되어 이만용, 홍길주, 홍현주, 윤정현, 윤정진, 이명오 등이 참여하였다. 이 편지에서 지칭하는 해옹도 아마 해거재 홍현주 또는 해옹 홍한주로 보인다. 홍현주는 1830년대 杜陵詩社에 참여한 바 있고 이만용의 『동번집』에도 그와 수창한 시가 실려 있다. '海翁에게 전해주어 우리 시사 가운데 의론이 모두 같음을 보이자'는 다산의 발언에서 시사에 대한 강한 소속 의식을 느낄 수 있다.

4. 결언

이상에서 계명대 소장 간찰첩과 송별시첩의 자료적 가치에 대해 살펴

學淵 頓

43) 두릉시사에 대해서는 김영진. 2008. 「유산 정학연 자료 해제」. 『다산학단문헌집성』 1. 성균관대학교 대동문화연구원에 실린 해제를 참조하였다. 정학연의 생애에 대해서는 김영진. 2008. 「유산 정학연의 생애와 저작에 관한 일고」. 『다산학』 12. 다산학술문화재단 참조.

보았다. 계명대학교에는 이윤영과 이인상, 윤급, 조희룡 등의 친필 간찰첩, 시첩이 소장되어 있다. 귀중한 자료를 해당 전공자가 잘 활용할 수 있도록 목록과 내용을 개괄하는 데 그쳤지만 전공자가 상당한 배경지식과 정황증거를 갖고 맥락 속에서 이해하여 생생한 정보를 얻을 수 있는 중요한 1차 자료로 활용하길 기대한다.

본고는 계명대 소장 간찰첩·시첩 가운데 작자와 시기가 확실하고 자료적 가치가 높은 『단호유묵』, 『근암묵적』, 『연행별장』, 『간독정화』를 중점적으로 다루었다. 『단호유묵』은 1750년대에 이윤영과 이인상, 김종수, 이유수 등의 교유를 생생하게 증언하는 자료이고, 이윤영과 이인상의 서화 자료도 실려 있어 가치를 더한다. 『근암묵적』은 그간 잘 알려지지 않았던 윤급이라는 작가의 가치를 발견하는데 일조할 수 있을 것이며, 『연행별장』은 18세기 전반 노론 문인의 의식과 교유의 현장을 증언하였다. 『간독정화』는 19세기 주요 문인을 망라한 간찰첩으로서 가치가 있을 뿐만 아니라 이 첩에 실린 정약용의 간찰은 그의 문학관과 두릉시사에 대해 생생한 정보를 시사하는 바 있다.

참고문헌

김종수. 『夢梧集』. 한국문집총간 영인본.

남공철. 『金陵集』. 한국문집총간 영인본.

남유용. 『雷淵集』. 한국문집총간 영인본.

남주헌. 『宜齋集』. 규장각 소장본.

윤　급. 『近菴墨蹟』. 계명대학교 소장본.

이윤영. 1981. 『丹陵遺稿』, 한산문헌총서 영인본.

이윤영· 이인상. 『丹壺遺墨』. 계명대학교 소장본.

이인상. 『凌壺集』. 한국문집총간 영인본.

이하응 외. 『簡牘精華』. 계명대학교 소장본.

『燕行別章』. 계명대학교 소장본.

김영진. 2008. 「유산 정학연 자료 해제」. 『다산학단문헌집성』 1. 성균관대학교 대동문화연구원.

김영진. 2008. 「유산 정학연의 생애와 저작에 관한 일고」. 『다산학』 12. 다산학술문화재단.

김효경. 2005. 「조선시대 간찰 서식 연구」. 한국학중앙연구원 박사학위논문(미간행).

류승민. 2006. 「능호관 이인상 서예와 회화의 서화사적 위상」. 고려대학교 석사학위논문(미간행).

박경남. 2001. 「단릉 이윤영의 『산사』 연구」. 서울대학교 석사학위논문(미간행).

박철상. 2007. 「『名家筆蹟集』에 보이는 僞作의 사례」. 『簡札二』. 국립중앙박물관.

이규상. 1997. 『18세기 조선인물지-병세재언록』. 창작과비평사.

정 민. 2005. 「새발굴 『연암선생서간첩』의 자료적 가치」. 『대동한문학』 22. 대동한문학회.

진홍섭. 1998. 『한국미술사자료집성』 6. 일지사.

하영휘. 2003. 「한 유학자의 서간을 통한 19세기 湖西사회사 연구」. 서강대학교 박사학위논문(미간행).

계명대학교 동산도서관 소장 중국본 고서의 가치

박 철 상

1. 서언

계명대학교 동산도서관에는 7만여 책의 고서가 소장되어 있는데, 이 중에는 국가지정 문화재를 포함한 우리나라 고서만이 아니라 상당량의 중국과 일본의 고서도 소장하고 있는 것으로 알려져 있다. 그리고 그 소장 내용은 2004년에 간행된 『고서종합목록』[1]을 통해 살펴볼 수 있다. 필자는 동산도서관에 소장되어 있는 고서들 중에서 바로 이들 중국본의 가치에 대해 논구해 보려고 한다. 다만 동산대학교의 『고서종합목록』은 '듀이십진분류법'에 따라 분류하였을 뿐 중국본을 별도로 분류해 놓지 않았기 때문에 중국본을 확인하기 위해서는 목록을 일일이 뒤져야 하는 불편함이 있다. 이 때문에 동산도서관에 소장되어 있는 중국본의 전체적

1) 『古書綜合目錄』. 2004. 계명대학교 동산도서관.

인 규모를 확인하기는 현실적인 어려움이 있다. 이에 필자는 『고서종합목록』을 보면서 가치가 있을 거라고 판단되는 중국본을 선별하여 그 중 일부는 실물을 열람하였고 나머지는 사진을 통해 확인하였다.(별표 참조) 그러므로 필자가 논구할 동산도서관 소장 중국본의 가치는 애초부터 형태적인 측면에 치중할 수밖에 없다는 한계를 지니고 있다. 따라서 내용상의 가치보다는 판본상의 특징이나 장서인을 통한 서적의 유통과정이나 학술적으로 의미가 있는 소장자의 수택본을 중심으로 그 가치를 살펴볼 수밖에 없었다. 이를 위해 먼저 한국에서의 중국본 고서의 의미를 알아보고, 계명대학교 동산도서관에 소장되어 있는 주요 중국본들의 가치를 살펴보도록 하겠다.

2. 한국에서 중국본 고서의 의미

우리나라에서 중국본 고서는 특별한 위치에 있다. 한국의 서지학 연구자들이 대부분 중국본 고서를 연구의 대상으로 삼지 않았기 때문이다.[2] 이는 그 가치에 비해 중국본 고서들이 저평가 되어 있다는 것을 의미한다. 인쇄사 중심의 한국서지 연구사에서 보자면 당연한 현상이기는 하다. 조선에서 간행되지 않았기 때문에 한국서지의 연구대상이 아니라고 여기는 것이다. 그렇다면 중국본 고서의 가치는 어디에 있는 것일까? 먼저 중국본 고서의 가치는 인쇄사가 아닌 유통사의 측면에서 살펴볼 수 있다.

2) 불경이나 고판본의 경우 일부 연구대상에 포함되기도 하지만 전체적으로 볼 때 여전히 미진한 상황이다.

서적의 유통에 있어서 그 영향력은 어디에서 간행되었는가 하는 문제보다는 누가 무슨 책을 읽었는가 하는 점이 더욱 중요한 문제가 된다. 명대 이전에 중국에서 간행된 서적들은 조선에서 활자본이나 목판 복각본의 형태로 재생산 되는 경우가 많았다. 임진왜란의 경우처럼 우리의 출판시스템이 완전히 붕괴된 상황에서는 우리의 출판물을 대체하는 역할을 담당하기도 하였다. 특히 조선후기로 내려올수록 중국본은 더욱 중요한 의미를 지닌다. 청대에 간행된 서적이 조선에서 간행된 예는 아주 드물었기 때문이다. 그렇다고 청나라에서 간행된 책을 조선의 학자들이 읽지 않았다는 것을 의미하지는 않는다. 끊임없이 수입하여 그들의 학문적 자양분으로 삼았다. 그런 면에서 조선으로 유입된 중국본 고서는 신지식의 수용이라는 면에서 1차적으로 중요한 의미를 지니고 있다. 뿐만 아니라 조선으로 유입된 중국본 고서는 형태적으로도 중국에서 인쇄되고 중국에서 유통된 중국본과는 근본적인 차이를 지니고 있다. 조선의 지식인들은 중국에서 책을 수입하면 대부분 표지를 조선식으로 개장을 하고 상당수의 경우 장서인을 찍었기 때문이다. 더욱이 개장된 고서의 능화문은 일반적인 조선본에 사용되던 능화문과는 전혀 다른 능화문을 사용하는 경우가 많았다. 따라서 외형만으로도 조선에서 유통되던 중국고서란 사실은 쉽게 알 수 있다. 이는 책의 크기와도 관계되는 일이지만 그만큼 더욱 소중히 여기고 아꼈다는 의미로도 볼 수 있다. 중국본 고서가 장정사(裝幀史)의 측면에서도 중요하게 다루어져야 하는 것도 이 때문이다. 물론 이렇게 표지가 개장되는 것은 대부분 18세기까지의 현상이다. 19세기부터는 중국본 표지를 그대로 두는 경우도 많이 발견된다.[3] 이처럼 중국본 고서는 서적의 유통사라는 측면에서 뿐만이 아니라 장정의 역사에서도 중요한 줄기를 이루고 있다. 물론 중국본 고서가 중국본으로서의 가치를 그대로 간직하고 있는 경우도 많이 있다. 그리고 조선으로 수입된 중국본 고서에서 그러한 사례가 종종 발견되는 것도 사실이다.[4] 그러나 우리의 입장에서 보자면 중국에서 수입된 중국본 고서의 가치는 서적의 유통사와 장정사에서 더욱 중요한 의미를 지니고 있다고 할 수 있다. 조선으로 유입된 중국본 고서의 정리가 중요한 것도 이 때문이다.

3. 계명대학교 동산도서관 소장 중국본의 가치

계명대학교 동산도서관에 소장되어 있는 상당수의 중국본 고서 중에는 임란 이전에 간행된 명판본(明板本)들이 다수 있다. 따라서 광서(光緖) 연간 이후의 간본을 제외하더라도 양적으로나 질적으로 그 중요성은 크다고 할 수 있다. 여기서는 필자가 확인한 판본 중에서 중요한 의미가 있는 책들을 중심으로 살펴보도록 하겠다.[5]

---

3) 18세기 이전에 수입된 중국본의 개장 비율이 월등히 높다는 것을 의미한다. 19세기에 수입된 중국본도 개장되는 경우가 많이 있지만 18세기 이전의 개장 비율보다는 훨씬 낮고 그 형태도 18세기 이전에 개장된 표지들과는 확연히 구분된다.

4) 한국학중앙연구원에 위탁 보관되어 있는 元板本『至正條格』은 그 대표적이 예라고 할 수 있다.

5) 물론 서구 문물을 소개한 서적이나 기독교 관련 서적들의 경우는 예외이지만 光緖 연간 이후에 간행된 전통적인 중국본 고서의 조선에 대한 영향력은 크게 떨어지기 때문에 광서 연간 이전에 간행된 서적들을 주요 대상으로 하였다.

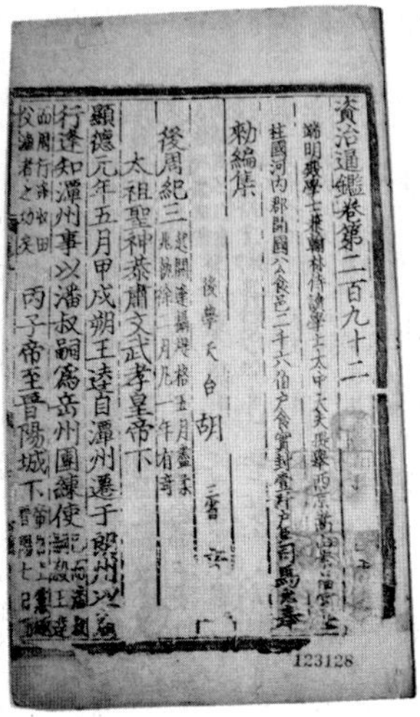

資治通鑑卷第二百九十二

勅編集

後學天台胡三省音注

後周紀三

太祖聖神恭肅文武孝皇帝下

顯德元年五月甲戌朔王逵自潭州遷于朗州以

行逢知潭州事以潘叔嗣爲岳州團練使

〈그림 1〉 자치통감

【資治通鑑: 이952사마광ㅈ】 송나라의 사마광(司馬光, 1019-1086) 이 엮은 294권의 역사책으로 송대부터 이미 여러 차례에 걸쳐 간행되었다. 동산도서관 소장본은 끝에 남송 소흥(紹興) 2년(1132) 7월 1일 양절동로제거다염사공사고(兩浙東路提擧茶鹽司公使庫)에서 소흥부(紹興府) 여요현(餘姚縣)에 판본을 내려주어 소흥 3년(1132) 12월 12일에 완성했다는 기록이 있는 판본이다. 하지만 이 책은 송대의 판본은 아니고 원대에 다시 판각된 것으로 보인다.[6] 1책의 낙질이지만 송원대의 간행 기록이 남아 있는 귀중한 고판본이다.

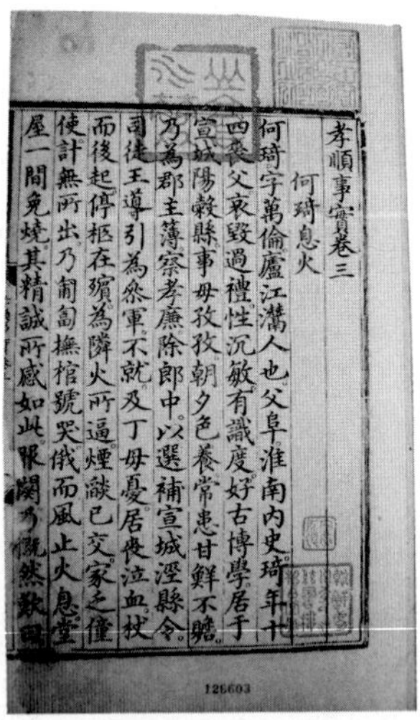

孝順事實卷三

何琦息火

何琦字萬倫廬江灊人也父阜淮南内史琦年十

四喪父哀毀過禮性沉敏有識度好古博學居于

宣城陽穀縣事母孜孜朝夕色養常患甘鮮不贍

乃爲郡主簿察孝廉除郎中以選補宣城涇縣令

司徒王導引爲參軍不就及丁母憂居喪泣血杖

而後起停柩在殯爲隣火所逼煙燄已交家乏僮

使計無所出乃匍匐撫棺號哭俄而風止火息堂

屋一間免燒其精誠所感如此服闋乃慨然歎曰

〈그림 2〉 효순사실

【孝順事實: 이귀172.7성조ㅎ】 조선 세종 당시에 갑인자를 주조하면서 이 책의 글자를 그 자본으로 삼았기 때문에 우리 인쇄사 연구에서는 중요한 위치를 차지하고 있는 책이다. 10권 5책(10행 19자)의 목판본으로 이 책이 처음 간행된 것은 영락(永樂)18년

6) 葉德輝,『書林淸話』권3. <宋州府縣刻書>에서는 孫星衍『平津館鑑藏書籍記』의 기록을 근거로 餘姚縣本『自治通鑑』을 元刊本으로 적고 있다.

(1420)이지만 지질 등으로 볼 때 동산도서관 소장본은 후대의 간본으로 보인다. 특히 이 책은 조선 전래본이 아니라 근대에 중국에서 구입해 온 것으로 추정된다. 그것은 이 책의 앞 부분에 있는 <연객소득(客燕所得)> <조선경주이씨우현서루상백당장(朝鮮慶州李氏友絃書樓想白堂藏)> 등의 인기를 통해 확인할 수 있다. 이 중에서 <객연소득>이라는 인장은 이 책의 주인이 중국의 연경에 갔다가 그곳에서 구입한 사실을 알려준다. 이후 자신의 서재인 상백당(想白堂)에 소장했던 것으로 추정된다.

그렇다면 이 책의 주인은 누구일까? 서울대학교 규장각에는 이와 동일한 인장이 찍힌 책들이 남아 있다.[7] 아울러 이들 책에는 <상백진장(想白珍藏)> <상백문고(想白文庫)> <상백서옥(想白書屋)> 등이 함께 날인되어 있어 이들이 모두 전 서울대학교 교수였던 이상백(李想佰, 1904-1966) 선생의 구장본임을 알 수 있게 해준다. 이상백 선생은 대구 출신으로서 유년시절부터 우현서루(友絃書樓)에서 한학을 공부했으며, 1927년에는 일본 와세다대학 사회철학과를 졸업한 것으로 알려져 있다. 따라서 이 책은 이상백 선생이 젊은 시절 언젠가 연경에 갔다가 구입해온 책임을 알 수 있다. 비록 조선조 전래본은 아니지만 갑인자 글자의 모체를 간직한 책이라는 점에서는 그 의의가 있다고 볼 수 있다.

【書集傳:귀180.22채침ㅅ】 원말·명초에 가장 많은 출판을 한 곳은 섭일증(葉日增)의 광근당(廣勤堂)이었다. 그는 아들인 삼봉(三峰) 섭경규

7) 규장각에 소장된『勅使茶禮儀』『吏文』『通文館志』등의 책에는 모두 <朝鮮慶州李氏友絃書樓想白堂藏> 인장이 찍혀 있다.

〈그림 3〉 서집전 패기〉

(葉景逵)와 함께 광근당이라는 출판사의 이름으로 수많은 서적들을 간행하였다.[8] 이 책은 섭경규가 정통(正統) 3년(1438)에 간행한 것이다. 끝에는 다음 패기(牌記)가 있다.

> 正統三年孟春良旦
> 三峰葉氏廣勤堂刊

비록 1책의 낙질이지만 원말 명초의 대표적인 출판사 광근당의 모습을 보여주는 출판사적으로 중요한 의미를 가진 귀중본이라 할 수 있다.

【春秋集註: 귀180.6춘추집】 금릉(金陵)은 명대 출판 중심지 중의 하나로 부춘당(富春堂), 세덕당(世德堂) 등이 유명하였다. 이 책은 융경(隆慶) 임신(1572)년에 금릉 부춘당에서 간행한 책이다. 부춘당의 주인은 당부춘(唐富春)이며 호는 대계(對溪)다. 끝에 다음의 패기가 있다.

> 隆慶壬申冬月, 金陵唐對溪梓

부춘당 간행본 중에서는 전본이 드문 책이다.

---

8) 葉德輝,『書林淸話』권4. <元建安葉氏刻書>

【昌黎先生集: 이귀812.081한유차】 명말에 동오(東吳) 서시태(徐時泰)가 동아당(東雅堂)이란 출판사의 이름으로 간행한 책이다. 특히 이 판본은 송나라 요영중(廖瑩中)의 세채당본(世綵堂本) 『한창려집(韓昌黎集)』을 저본으로 했기 때문에 아주 높은 평가를 받았다. 그 때문에 섭덕휘(葉德輝)는 동아당에서 간행한 『한창려집』을 명대 목판본 중 명품으로 꼽기도 하였다.[9] 판심하단에는 '동아당'이라 새겨져 있고, 권말에는 '동오서씨각재가숙(東吳徐氏刻梓家塾)'이라 새긴 패기가 있다. 초기에 인쇄본들이 대부분 백면지에 인쇄된 반면 후대본들은 죽지에 인쇄되어 있는데, 동산도서관 소장본은 후쇄본으로 죽지에 인쇄되어 있다. 임란 이후의 간본으로 보인다. 14책의 완질이다.

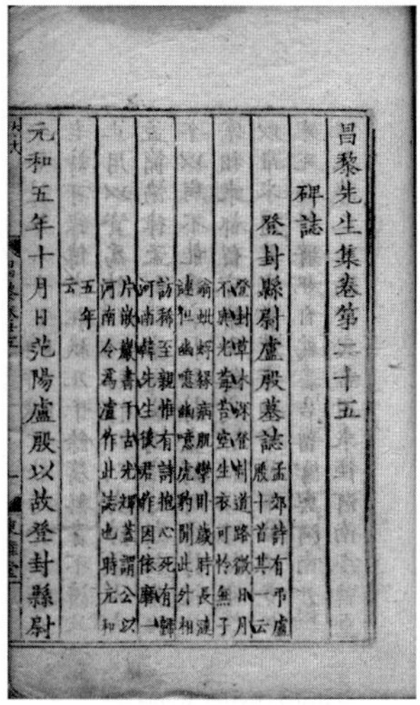
昌黎先生集卷第三十五
碑誌
登封縣尉盧殷墓誌
元和五年十月日范陽盧殷以故登封縣尉

〈그림 4〉 창려선생집

【新刊唐荊川先生稗編: 고030당순지ㄷ】 명나라의 문장가 당순지(唐順之,1507-1560)가 엮은 것으로 만력 9년(1591)에 문하각(文霞閣)에서 간행하였다. 당순지는 왕신중(王愼中), 모곤(茅坤), 귀유광(歸有光) 등과 함께 당송파(唐宋派)의 중심인물로 조선의 문인들에게 지대한 영향을 끼친 인물이다. 이 책에는 <청풍김씨(淸風金氏)><성하사비(聖廈士庇)>

---

9) 葉德輝,『書林淸話』권5. <明人刻書之精品>

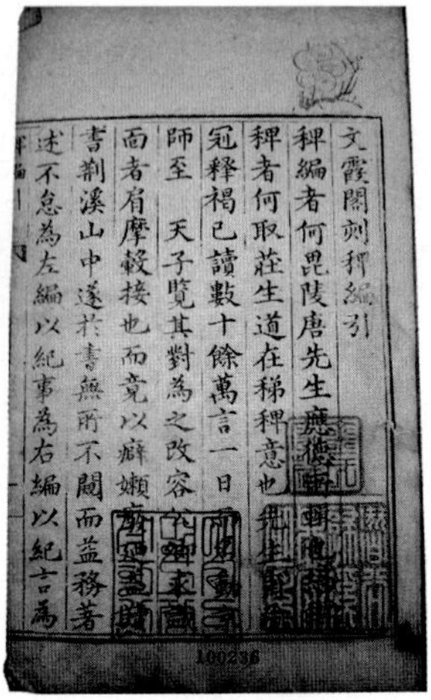

〈그림 5〉 패편

<잠곡귀계식암지손(潛谷歸溪息庵之孫)>이라는 인장이 찍혀 있다. 이 인장의 의미를 살펴보면 이 책의 주인의 청풍 김씨로 이름은 '성하'이고 자는 '사비'이며, 잠곡(潛谷) 김육(金堉, 1580-1658), 귀계(歸溪) 김좌명(金佐明, 1616-1671), 식암(息庵) 김석주(金錫胄, 1634-1684)의 손자라는 사실을 알 수 있다. 실제로 김성하는 김도연(金道淵)의 아들이며 김도연은 김석주의 아들이다. 김석주가 당송파의 영향을 크게 받은 사실을 상기해 볼 때 김성하가 이 책을 소장하고 있었던 데에는 그 내력이 있었음을 알 수 있게 해준다. 34책이 완질이지만 2책이 일실되고 32책만 남아 있다.

【新刻山居四要: 이615.3201왕여무ㅅ】 명나라 호문환(胡文煥)이 간행한 『수양총서(壽養叢書)』의 하나이다. <의령(宜寧)><남구만(南九萬)><운로보(雲路父)>의 인장이 남아 있어 남구만(1629-1711)의 구장본임을 알 수 있다. 동산도서관에는 이 외에도 『류수요결(類修要訣)』『후생훈찬(厚生訓纂)』을 비롯한 『수양총서』의 여러 종이 남아 있다.

【陸放翁全集: 고812.081육유ㅇ】 송나라의 유명한 시인 육유(陸游, 1125-1210)의 시문집이다. 판심 하단에 '급고각(汲古閣)'이라 새겨져 있으므로 모진(毛晉, 1599-1659)의 급고각에서 간행한 책임을 알 수 있다. 그러나 이 책은

사실 모진이 간행한 것이 아니다. 급고각은 3대에 걸쳐 600여 종의 서적을 간행했지만 이후 장서와 책판은 여기저기로 팔려나갔다. 그 중에서 『육방옹전집』은 상숙(常熟) 장씨(張氏)에게 팔려갔다.[10] 그 때문에 봉면지에는 '우산시례당장씨장판(虞山詩禮堂張氏藏板)'이란 기록이 남아있게 되었다. 『육방옹전집』이 간행되자 조선에까지도 그 소식이 알려졌지만 이를 쉽게 구할 수는 없었다. 농암(農巖) 김창협(金昌協, 1651-1708)의 제자 서암(恕菴) 신정하(申靖夏, 1681-1716)는 육유의 글이 뛰어나다는 스승의 이야기를 듣고 이를 구해보려 하였지만 구할 길이 없었다. 그러다가 겨우 영안도위(永安都尉) 홍주원(洪柱元, 1606-1672)의 집에 가서 전집을 빌려다가 보았는데 바로 50책 완질의 급고각본(汲古閣本)이었다는 기록을 남기고 있다. 아울러 서울에서 이 책을 가지고 있는 사람이 아주 드물다는 이야기도 전하고 있다.[11] 『육방옹전집』이 얼마나 귀하게 취급되었는지 알 수 있는 대목이다. 모진이 간행한 『육방옹전집』은 본래 48책이었는데, 장씨에게 책판이 팔려간 뒤 간행된 책은 50책으로 이루어져 있다. 동산도서관소장본은 바로 이 50책본 완질이다. 신정하가 보았던 책도 이 50책본이었다. 더욱이 이 책에는 조선 후기의 문신 이미

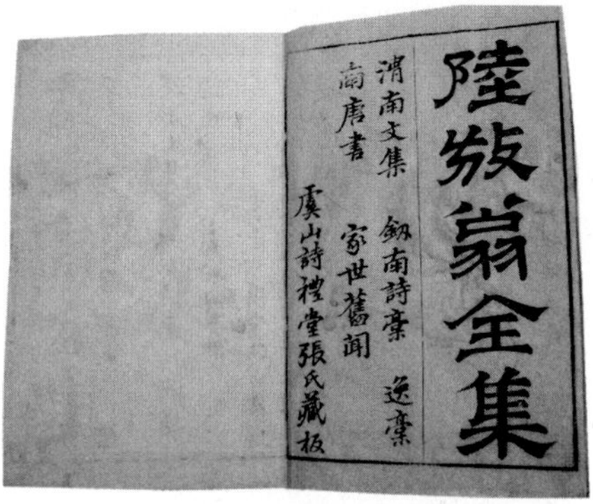

〈그림 6〉 육방옹전집 표제면〉

10) 汲古閣에 대해서는 『서림청화』권7에 자세하다.
11) 申靖夏. 『恕菴集』 권10. <渭南文集鈔序>.

(李瀰, 1725-?)의 장서인이 찍혀 있어 더욱 그 가치를 더해주고 있다.

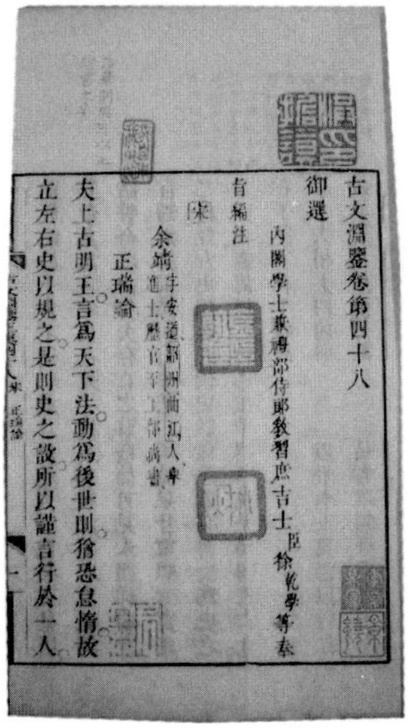

〈그림 7〉 고문연감

【古文淵鑑: 이12.8서건학ㄱ】 중국 청나라의 강희제가 편찬한 고문선집이다. 위로는 춘추시대부터 아래로는 송나라 때까지의 산문을 뽑아 모은 총집이다. 강희 24년(1685) 내부(內府)에서 5색 투인본(套印本)으로 간행하였다. 이 책은 조선조 문인들 사이에는 대단한 인기가 있었다. 그러나 가격이 너무 비싸 아무나 가질 수 있는 책이 아니었다. 정조 때 문인인 이가환(李家煥, 1742-1801)은 이 책에 대한 다음의 일화를 남기고 있다.

이 책은 처음 완성되어 어람용으로 올렸던 것이다. 그래서 지묵(紙墨)이 장량(精良)하고 황견(黃絹)으로 장황을 하였다. 후에 친왕(親王)인 아무개에게 하사하였는데, 아무개가 우리나라 수역(首譯)인 김지남(金指南)에게 주었다. 그가 죽자 집이 가난해져 그의 손자인 김홍철(金弘喆)이 간수할 수 없게 되었다. 선군(先君, 李用休)께서 이 소문을 듣고 말을 팔아서 구했다. 이 때 부터 집에는 말이 없게 되었다.[12]

말 한 마리 값이었으니 책값치고는 너무도 비싼 책이었다. 동산도서관

12) 이가환. 『錦帶詩文抄』 「古文淵鑑跋」.

소장본 역시 투인본이다.[13] 이 책에는 여러 명의 인장이 찍혀있다.

먼저 들 수 있는 것은 <이정관인(李鼎寬印)> <경요(景繞)>이다. 그 다음은 <홍철모인(洪哲謨印)>이 있다. 그 다음으로는 추사의 손자인 김한제의 인장을 들 수 있다. <김한제인(金翰濟印)> <완정(阮亭)> <군헌(君憲)> <월성인(月城人)> <소추(小秋)> <직재장서(直齋藏書)> 등은 모두 김한제의 것으로 보인다. 그 밖에도 <동이지인(東夷之人)> <솔진(率眞)> <수졸산방(守拙山房)> <고계림인(古鷄林人)> <견한(遣閒)> <사대부당유추기(士大夫當有秋氣)> <장의자손(長宜子孫)> <김정희인(金正喜印)> 등 추사 김정희(1786-1856)의 인장이 찍혀있는데, 이는 추사 자신이 찍은 것이 아니라 추사 집안에 남아 있던 추사의 인장을 이 책에 찍었던 것으로 보인다. 장서인으로 볼 때 이 책은 이정관과 홍철모를 거쳐 김한제의 수중에 들어갔을 것으로 추정된다. 추사의 손자 김한제의 인장이 새롭게 나타났다는 면에서도 의미가 있다. 24책이 완질이지만 6책만 남아 있다.

【淳化秘閣法帖考正:이741.36왕주ㅅ】 청대의 대표적인 서예가의 한 사람인 왕주(王澍, 1668-1743, 호는 虛舟)가 『순화각첩(淳化閣帖)』을 연구하여 정리한 것이다. 추사 김정희는 왕주의 글씨를 높이 평가하여 그의 진적을 소장하기도 했는데, 특히 이 책은 집첩(集帖)의 효시로 불리는 『순화각첩』을 연구한 책이었기 때문에 북학에 심취해 있던 조선의 문인들에게도

13) 실물을 보지 못해 4색인지 5색인지는 확인하지 못했다.

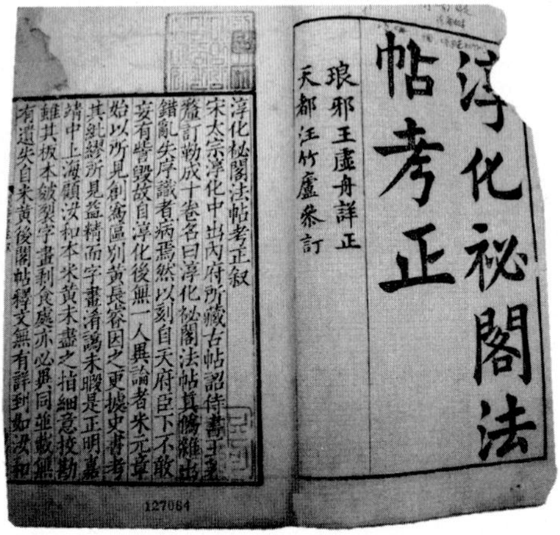

〈그림 8〉 순화비각법첩고정〉

상당수 유포되었다. 동산도서관 소장본의 상단 서미(書眉)에 <유재소인(劉在韶印)> <구여(九如)>의 장서인이 있고, 그 밖에도 여기 저기에 <옥병산인(玉屛山人)> <지가자이열(只可自怡悅)> <옥병(玉屛)> <김경연인(金敬淵印)> 등의 인장이 찍혀 있다. 그러나 본문 우측 하단에는 인장이 할거(割去)된 흔적이 남아 있어 또 다른 주인이 있었던 것으로 보인다. 따라서 누군가가 가지고 있던 이 책을 김경연(1786-1820)이 구하여 가지고 있다가 다시 유재소(1829-1911)의 수중에 들어갔을 것으로 추정된다. 김경연은 추사와 함께 북한산 올라 진흥왕순수비를 심정했던 추사 김정희의 친구였다. 1책의 완본이다.

【國朝書徵錄:이926.952장경ㄱ】 청나라 장경(張庚,1685-1760)이 엮은 청대 서화가의 약전이라 할 수 있는 책이다. 이 책은 조선으로 건너와 많은 영향을 주었고, 특히 추사 김정희의 화론에 큰 영향을 주었다. 장경의 화론이 없었다면 추사의 화론도 없었을지도 모른다. 장경은 원대풍의 산수화에도 특장이 있었는데 이 역시 추사에게 강한 영향을 주었다. 동산도서관 소장본에는 표지에 추사 김정희가 친필로 쓴 예서체(隸書體)의 제첨과

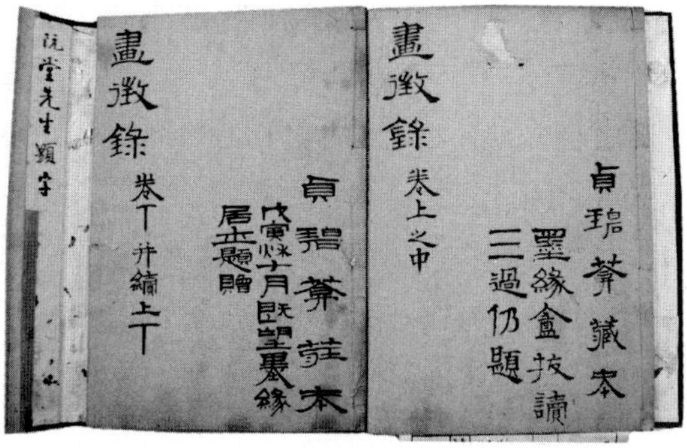

〈그림 9〉 국조화징록 표지 제첨

기록이 남아 있다. 첫 번째 권 표지에는 다음의 기록이 있다.

> 貞碧蒼藏本
> 墨緣盦拔讀
> 三過仍題
> 정벽암 소장본이다.
> 묵연암이 세 번 뽑아 읽고 쓴다.

두 번째 표지에는 다음 기록이 있다.

> 貞碧蒼藏本
> 戊寅秋十月旣望墨緣居士題贈
> 정벽암소장본이다.
> 무인년(1818) 가을 10월 16일에 묵연거사가 써준다.

1818년 가을에 정벽암이 소장하고 있던 『국조화징록』을 본 추사가 그

중의 일부를 뽑아 읽고 나서 표지에 제첨과 함께 그 사연을 기록해 준 것이다. 추사가 자신을 묵연암(墨緣盦)이라 한 기록은 있지만, 묵연암(墨緣盦)이나 묵연거사(墨緣居士)라고 한 실물은 처음 확인되는 것이다. 그리고는 포갑에도 다음과 같이 해서로 썼다.

畵徵錄　一函二冊 詩盦題

시암(詩盦)은 추사가 젊어서 사용하던 별호 중 하나이다. 그렇다면 이 책을 가지고 있던 정벽암(貞碧葊)은 누구일까? 옹방강(翁方綱, 1733-1818)의 아들 옹수곤(翁樹崑)은 일찍부터 추사를 비롯한 조선의 문인들과 교유하였다. 그중에서도 추사 김정희, 자하(紫霞) 신위(申緯,1769-1847) 및 정벽(貞碧) 유최관(柳最寬)과 가까웠다. 어느 날 옹수곤은 자신을 포함한 네 사람의 호를 한 글자씩 가져다가 '성추하벽지재(星秋霞碧之齋)'라는 편액을 걸었다. 아울러 이를 인장에 새겨 사용하기도 하였다. 정벽암(貞碧葊)은 바로 그 유최관의 별호이다. 유득공(柳得恭,1749-1807)의 아들 유본학(柳本學)은 「정벽암기(貞碧菴記)」를 지어 정벽이란 호가 대나무 그리기를 좋아하는 유최관의 성격을 보고 자하 신위가 지어주었다는 사연과 함께 옹방강에게 글씨를 받아 걸었다는 이야기를 전하고 있다.[14] 동산도서관 소장의 『국조화징록』은 이처럼 30대 초반 추사 예서 및 해서의 기준작을 새롭게 제공함은 물론이고 조청(朝淸) 문사 교유의 한 예를 보여주고 있다. 2책의 완질이다.

14) 유본학.『問庵文藁』乾.「貞碧菴記」.

【積古齋鐘鼎彝器款識: 이741.357완원ㅈ】 청대의 대학자인 완원(阮元, 1764-1849) 이 종정(鐘鼎) 및 이기(彝器)에 남아있는 문자를 연구한 저술이다. 완원은 추사 김정희의 스승으로 조선에도 널리 알려져 있었고, 그에 따라 그의 저술들도 조선으로 상당수 유입되었다. 추사의 수택본도 현재 전하고 있는데,[15] 동산도서관 소장본은 추사의 제자인 소산(小山) 오규일(吳圭一)과 학석(鶴石) 유재소(劉在韶)의 장서인이 남아 있는 책이다. 특히 오규일은 전각(篆刻)에 뛰어나 추사의 인장을 여러 방 새기기도 하였으며, 왕실에 필요한 인장을 새기기도 하였다.

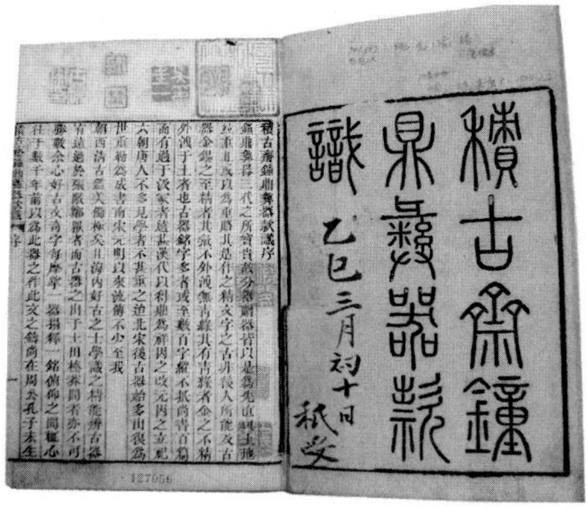

〈그림 10〉 적고재종정이기관지

하지만 그가 새긴 인장을 모아놓은 인보(印譜)는 확인된 바가 없는데, 이 책에 찍혀 있는 100여방의 인장은 모두 그가 직접 새긴 것으로 보여 그의 전각세계를 규명하는 데 중요한 자료가 될 것으로 보인다. <유재소인(劉在韶印)> <구여(九如)>는 유재소의 인장인데 서미(書眉)에 찍혀 있는 것으로 보아 오규일이 보던 책이 유재소에게 전해졌을 것으로 추정

15) 영남대학교 동빈문고에 소장되어 있다.

된다. 오규일의 인장으로는 <가각감인(假閣監印)> <소산심정금석문자(小山審定金石文字)> <신규일(臣圭一)> <오규일인(吳圭一印)> <고연재인(古硯齋印)> 등을 비롯하여 한대(漢代)의 인장을 모각(模刻)한 수십 방이 실려 있다. 모두 4책의 완질이다.

5. 결언

중국본 고서는 이제 더 이상 '중국책'으로만 남아 있어서는 안된다. 새로운 지식에 목말라 있던 조선의 지식인들에게는 중국본이야 말로 복음이었다. 따라서 그들이 남긴 중국본 고서에 대한 연구야말로 그들의 사고의 실마리를 열 수 있는 길잡이가 될 것이다. 몇 가지 사례를 통해 보았지만, 계명대학교 동산도서관에 소장된 중국본 고서는 중국본의 그러한 가치와 의미를 우리에게 충분히 전하고 있다고 할 수 있다. 원대나 명대에 간행되어 임란 이전에 조선으로 유입된 중국본들이 인쇄사적으로 중요한 가치가 있다면, 임란 이후에 조선으로 유입된 중국본들은 조선의 지식인들의 서재를 채우며 그들의 지적 욕구를 채워줬다는 점에서 의미를 찾아볼 수 있다. 그렇게 유입된 중국본들이 조선 지식인들의 학문적 자양분이 되었다는 것은 재론의 필요도 없다. 특히 동산도서관에 소장되어 있는 19세기에 북학파 지식인들이 수입한 『순화비각법첩고정』, 『국조화징록』, 『적고재종정이기관지』 등은 북학파 연구의 공백을 채워줄 수 있는 중요한 자료들이다.

참고문헌

『고서종합목록』. 2004. 계명대학교 동산도서관.

섭덕휘. 『서림청화』. 목판본, 수경실 소장.

신정하. 『서암집』. 고활자본. 국립중앙도서관.

유본학. 『문암문고』. 수경실 소장.

이가환. 『금대시문초』. 한국문집총간 255.

【별표】

청구기호	서 명	책수	비 고
고080유의경ㅅ	世說新語	5책	명판본
고030당순지 ㄷ	新刊荊川先生稗編	32책	명판본, 文霞閣本, 金聖廈 수택본
오082이소문 ㅎ	皇明世說新語	4책	
이180.44대덕 ㄷ	大戴禮記	1책	명판본
고178.11진관호 ㄷ	道德經釋義	2책	청판본
이133부금전 ㅇ	道書一貫眞機易簡錄	4책	청판본
이133부금전 ㄷ	道海津梁	1책	
이181.2419위천응	批點分格類意句解論學繩尺	1책	
고180.02오임신 ㅅ	山海經廣注	4책	청판본
귀180.22채침 ㅅ	書傳	1책	귀중본, '三峰葉氏廣勤堂刊'
오181.152성리대	性理大全書	6책	
고133.3이순풍 ㅅ	新刻萬法歸宗	5책	
고180.19황국정 ㅇ	新刻增定太史仇	4책	
이180.13진매 ㅈ	易經直解	5책	청판본
고180.42진혜전 ㅇ	五禮通考	7책	청판본
고180.85왕우 ㅇ	五子近思錄	4책	청판본
이181.257왕기ㅇ	龍溪王先生會語	3책	영인본(1932, 京城)
이180장원각	狀元閣十三經集字	1책	청판본, 투인본
오181.222오홍 ㅈ	諸子品節	10책	
고180.41주례류	周禮總義	12책	
이180.13왕필 ㅈ	周易正義	4책	명판본, 金聖廈 수택본
이181.2416주희 ㅈ	朱子遺書	10책	
고180.61호광 ㅊ	春秋集傳大全	17책	명판본, 백면지
귀180.6춘추집	春秋集註	4책	귀중본, '金陵唐對溪梓'
고178.11석화양 ㅌ	太上黃庭經註	2책	청판본
이귀172.7성조 ㅎ	孝順事實	5책	귀중본
오180.42흠정	欽定儀禮義疏	40책	

이412.32성조 ㄱ	康熙字典	40책	청판본
이412.12음사부 ㅅ	新增說文韻府群玉	20책	명판본, 黃一皓 수택본
고412.11등개 ㅇ	韻府約編	19책	청판본
고412.12장옥서 ㅍ	佩文韻府	91책	청판본
고510.8성조 ㅇ	御製數理精蘊	41책	청판본
고511정대위 ㅇ	原本直指算法統宗	3책	청판본
고520.902이자명 ㅌ	太乙數統宗大全	16책	청판본
이615.3201왕여무 ㅅ	新刻山居四要	1책	명판본
이귀615.3208왕영 ㅅ	新刻食物本草	1책	귀중본
이615.3201호문환 ㅇ	新刻類修要訣	1책	명판본
이615.3201주신 ㅎ	新刻厚生訓纂	1책	명판본
이751개자원	芥子園畵傳	1책	청판본
고741.366사신 ㄱ	孔廟碑	1책	청탁본
이귀741.366한칙 ㄱ	孔廟禮器碑帖	1첩	귀중본
고741.366태종 ㅅ	淳化閣帖	10책	청탁본, 1949년 중국吳元起 墨書
이741.36왕주 ㅅ	淳化秘閣法帖考正	1책	청판본, 金敬淵 수택본
고741.366고종 ㅇ	御刻三希堂石渠寶笈法帖	32책	청탁본
이741.357완원 ㅈ	積古齋鐘鼎彝器款識	4책	청판본, 吳圭一 수택본
고812.1육유검	劍南詩鈔	4책	청판본
우812.12검남시	劍南詩鈔	8책	
고812.14고문관	古文觀止	6책	청판본
이812.8서건학 ㄱ	古文淵鑑	6책	청판본, 套印本
고812.1조익 ㄱ	甌北詩鈔	5책	청판본
이812.1모진 ㄷ	唐人選唐時	9책	명판본
고812.081당순지 ㄷ	唐荊川先生文集	8책	명판본
이812.081왕사정 ㄷ	帶經堂全集	1책	청판본, 徐箕輔 수택본
이812.081두보도	讀書堂杜工部文集註解	1책	청판본
고812.1소식도	東坡先生詩集註	18책	명판본
고812.8전증 ㅁ	牧齋初學集詩註	10책	청판본
이812.8전여성 ㅅ	西湖遊覽志	4책	명판본

이812.8전여성서	西湖遊覽志餘	6책	명판본
이812.081소장형 ㅅ	邵子湘全集	8책	청판본
고812.16원매 ㅅ	小窓山房詩集	11책	청판본
이812.16왕사정 ㅇ	漁羊山人精華錄	2책	청판본
이812.081왕세정 ㅇ	弇山堂別集	15책	명판본
고812.1방회여	瀛奎律髓刊誤	16책	청판본
이812.12완적 ㅇ	阮嗣宗詠懷詩註	1책	청판본
벽812.4홍매 ㅇ	容齋二筆	1책	
고812.081육유 ㅇ	陸方翁全集	50책	청판본
오812.081윤돈 ㅇ	尹和靖先生集	1책	
고812.081방효유 ㅂ	李卓吾評選方正學文集	2책	청판본
고812.081정선 ㅈ	昨非菴日纂	16책	청판본, 尹光纘 수택본
이귀812.1채정손 ㅈ	精選古今名賢叢話詩林廣記	1책	귀중본, 원판본
이812.6허이충 ㅈ	精選短札字字珠	1책	명판본
이귀812.081한유차	昌黎先生集	14책	귀중본
고812.1고종경 ㅊ	草堂詩餘	11책	명판본
고812.1동문환 ㅊ	秋懷八首	1책	청판본
이812.1진정경 ㅍ	佩文齋詠物詩選	9책	청판본
고812.082종성 ㅎ	皇明十代家文選	10책	명판본, 朴齊曼 수택본
이926.952장경 ㄱ	國朝書徵錄	2책	청판본, 秋史 題識, 柳最寬 수택본
고952마단림 ㅁ	文獻通考	117책	
이952부항 ㅇ	御批歷代統監輯覽	59책	청판본
고952제소남 ㅇ	歷代帝王年表	4책	
이952.23원강 ㅇ	越絶書	2책	청판본
고952.36위수 ㅇ	魏書	24책	
이952사마광 ㅈ	自治通鑑	1책	元板本
오952자치통	資治通鑑綱目	80책	
이귀952유염 ㅈ	增修附註自治通鑑節要續編	12책	귀중본, 원판본
이귀952정초 ㅌ	通志	1책	귀중본
고952.091하장령 ㅎ	皇朝經世文編	8책	청판본
고180.02오임신ㅅ	山海經廣注	4책	청판본, 尹鳳鎭 수택본

장인진은 영남대학교 국문학과를 졸업하고, 계명대학교대학원 한문학과에서 문학석사, 영남대학교대학원 국문학과에서 『영남문집의 문헌적 연구』로 문학박사 학위를 받았다. 현재 계명대학교 동산도서관 고문헌실에 재직하고 있으며, 경상북도 문화재위원회 전문위원으로 활동하고 있다. 『경상도 칠백년사』(경상북도, 1999), 『고서종합목록』(계명대학교, 2004), 『동아시아의 목판 인쇄』 (한국국학진흥원, 2008) 등 공동 저서가 다수 있으며, 「운포 이중린의 척사정신과 의병항쟁」 (2006)을 포함한 20여 편의 논문을 발표하였다.
E-mail : cij@kmu.ac.kr

남권희는 경북대학교 문헌정보학과를 나와, 대구가톨릭대학교 박사과정을 수료하였다. 현재 경북대학교 문헌정보학과 교수로 재직하고 있으며, 경북대학교 중앙도서관장 등을 거쳐 현재 한국기록관리학회 회장, 경북대학교 박물관장에 재임 중이다. 저서로 『고려시대 기록문화 연구』(청주고인쇄박물관, 2002) 외 다수의 논저가 있다.
E-mail: khnam@knu.ac.kr

백두현은 경북대학교 국문과를 나와 경북대학교 대학원에서 박사학위를 받았으며, 경성대학교 국문과를 거쳐 현재 경북대학교 국문과 교수로 재직 중이다. 경북대학교 영남문화연구원 원장 등을 거쳐 현재 훈민정음학회 회장에 재임 중이다. 저서로 『영남문헌어의 음운사 연구』(1992), 『현풍곽씨언간 주해』(2003), 『속사씨남정기와 사씨남정기』(2009) 등 다수의 논저가 있다.
E-mail: dhpaek@knu.ac.kr

김영진은 고려대학교 한문학과를 졸업하고, 고려대 대학원 국어국문학과(한문학 전공)에서 석사와 박사학위를 받았다. 현재 계명대학교 한문교육과 조교수로 재직중이다. 주요 논문으로 「孝田 沈魯崇 문학 연구」, 「朝鮮後期의 明淸小品 수용과 小品文의 전개양상」, 「조선후기 실학파의 총서편찬과 그 의미」, 「조선후기 중국사행과 서책문화」 등이 있고, 역서로 『눈물이란 무엇인가』가 있다.

E-mail : kyj2164@kmu.ac.kr

권순회는 고려대학교 국어국문학과에서 박사학위를 받았으며 현재 한국교원대학교 국어교육과 조교수로 재직중이다. 저서로는 『고시조 데이터베이스의 계량적 분석과 시조사의 지형도』(2002, 공저) 등이 있으며 논문으로 「조롱형태의 놀이로서의 규방가사」(2005), 「가곡 연창 방식에서 중대엽 한바탕의 가능성」(2006) 「『海東歌譜』(전북대학교 소장)의 性格」(2008) 등 다수가 있다. 조선시대 시가 문학에 관심을 갖고 연구하고 있다.

Email : ksh0225@knue.ac.kr

김준형은 고려대학교 국어국문학과에서 박사학위를 받았으며 현재 고려대학교에서 강의하고 있다. 저서로는 『한국패설문학연구』(2004, 보고사), 『이명선전집』(전4권, 2007, 보고사) 등 다수가 있으며 야담과 고전소설에 관심을 갖고 있다.

Email : yaso00@hanmail.net

백승호는 서울대학교 국어국문학과 박사과정을 수료했다. 주요 논문으로는 새로 발굴한 정조어찰첩의 내용개관(『대동문화연구』 66, 대동문화연구원, 2009), 「18세기 생활백과사전 소문사설」(『실학시대의 농업 · 과학 · 기술』, 경기문화재단 실학컨퍼런스 발표문, 2007), 「조선시대 영규율수의 간행과 율수간오정선」(『서지학보』 30, 한국서지학회, 2006) 등이 있으며, 한국한문학과 문헌학에 관심을 갖고 있다.
Email : larmes7@hanmail.net

박철상은 우리나라와 중국의 고문헌(古文獻) 연구를 바탕으로 우리문화의 특질의 연구하고 있다. 또한 역대 장서가(藏書家)와 장서인(藏書印), 조선후기 북학자(北學者) 추사 김정희에 및 조선후기 중인 문화에 대한 연구를 함께 진행하고 있다. 역서로 『서림청화(書林淸話)』(근간, 푸른역사)가 있고, 논문으로 「『완당평전』, 무엇이 문제인가?」, 「추사 김정희의 저작 현황 및 시문집 편간에 대하여」, 「조선금석학사에서 유득공의 위상」 등 20여 편이 있다.
Email : chexiang@unitel.co.kr

계명대학교 한국학연구 총서 24

계명대학교 동산도서관 소장 고서의 자료적 가치

2010년 1월 25일 | 초판1쇄 인쇄
2010년 1월 30일 | 초판1쇄 발행

저 자 | 김영진 외
펴낸이 | 신일희
펴낸곳 | 계명대학교출판부
704-701 대구시 달서구 신당동 1000번지
전화 053-580-6233 팩스 053-583-5213
등록 | 1970. 9. 1. (신고번호 제347-1998-1호)

ISBN 978-89-7585-493-4 93000

값 22,000원